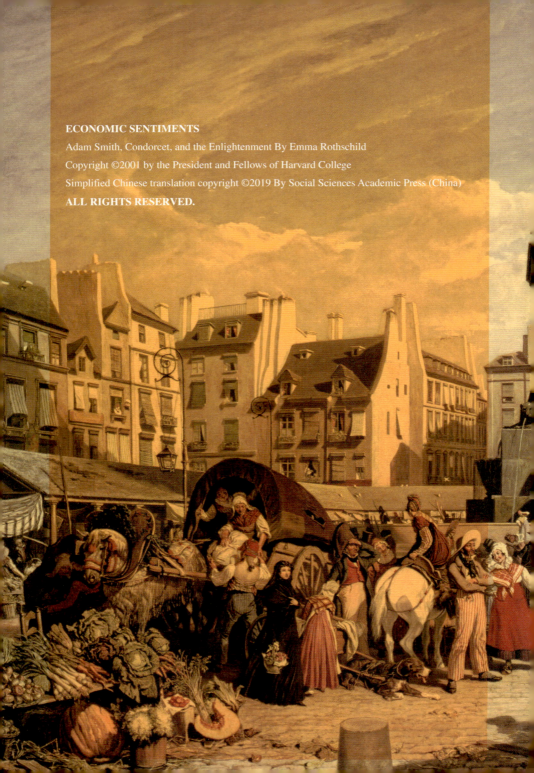

（Emma Rothschild）
[英] 艾玛·罗斯柴尔德 著

赵劲松 别曼 译

经济情操论

亚当·斯密、孔多塞与启蒙运动

ECONOMIC SENTIMENTS
Adam Smith, Condorcet and the
Enlightenment

社会科学文献出版社
SOCIAL SCIENCES ACADEMIC PRESS (CHINA)

亚当·斯密（1723—1790），英国经济学家和哲学家，现代经济学之父，
也是苏格兰启蒙运动的重要人物之一。

孔多塞（1743—1794），启蒙运动最杰出的代表之一，
曾有法国大革命的"擎炬人"之称。

大卫·休谟（1711—1776），18 世纪英国哲学家、历史学家和经济学家。

杜尔哥（1727—1781），法国经济学家，重农学派最重要的代表人物之一。

目　录

引　言 ·· 1

第一章　经济趋势 ··· 9

情操的历史 ··· 9

文明的商业社会 ······································· 13

无畏的心智 ·· 17

两种启蒙运动 ·· 21

魔鬼本人 ·· 26

英雄气质 ·· 30

一种内部的震颤 ······································· 34

理性的寒光与经济生活的温暖 ························· 38

理想的国家 ·· 43

纵容与漠视 ·· 52

历史的启发 ·· 61

启蒙思想与当前 ······································· 73

第二章　亚当·斯密与保守经济学 ···················· 79

著名的哲学家 ·· 79

18 世纪 90 年代的苏格兰 ····························· 88

经济与政治自由 ……………………………… 91

慷慨的劳动力报酬 …………………………… 97

片面的理性自由主义 ………………………… 104

斯密的真正情操 ……………………………… 106

第三章　商业与国家 ……………………………… 116

互惠性依赖 …………………………………… 116

短缺、匮乏与饥荒 …………………………… 118

贫穷与一般均衡 ……………………………… 122

杜尔哥预防饥荒的政策 ……………………… 126

诠释斯密与杜尔哥 …………………………… 129

时间的推移 …………………………………… 132

第四章　学徒制与无保障 ………………………… 138

离奇的冒险 …………………………………… 138

学徒制的平等问题 …………………………… 139

公司与竞争 …………………………………… 142

教育与学徒制 ………………………………… 150

学徒制与童工 ………………………………… 158

学徒制：关于奴隶贸易的题外话 …………… 164

变化的法理学 ………………………………… 168

历史与制度 …………………………………… 176

第五章　血腥而看不见的手 ……………………… 180

朱庇特（Jupiter）的看不见的手 …………… 180

战栗吧，不幸的国王！ ……………………… 186

意图与利益 …………………………………………… 192

政治影响 ……………………………………………… 203

教权主义体系 ………………………………………… 206

斯密的"斯多葛主义" ……………………………… 213

秩序与设计 …………………………………………… 221

一种有说服力的策略 ………………………………… 224

解释与理解 …………………………………………… 229

最有可能的价值观 …………………………………… 238

进化了的秩序 ………………………………………… 244

自由思想的两个缺陷 ………………………………… 255

第六章　经济与政治选择 …………………………… 260

拉顿（Raton）十分震惊 …………………………… 260

普遍的经济依存 ……………………………………… 264

不作为的印象 ………………………………………… 267

沮丧的灵魂 …………………………………………… 272

贫困、税收和有害健康的工厂 ……………………… 278

数理方法 ……………………………………………… 286

社会选择和经济程序 ………………………………… 294

讨论与宪法 …………………………………………… 303

经济竞争和宪法选择 ………………………………… 307

第七章　孔多塞与价值观的冲突 …………………… 315

冰冷的、描述性的笛卡尔式理性 …………………… 315

多样性和单一性 ……………………………………… 318

牢不可破的链条 ·· *329*

文明的冲突 ··· *331*

不协调的普世主义 ·· *333*

家庭美德 ··· *339*

假想的启蒙思想 ·· *343*

思考与讨论的自由 ·· *349*

第八章　失序的世界 ·· *354*

一种不同的启蒙思想 ·· *354*

斯密与孔多塞 ·· *358*

不确定性与优柔寡断 ·· *361*

情操体系 ··· *370*

文明的政治讨论 ·· *376*

经济的情操 ·· *382*

尚未恢复的世界 ·· *396*

合宜的平等 ·· *403*

缩略语 ·· *407*

致　谢 ·· *408*

索　引 ·· *410*

译后记 ·· *419*

引　言

　　本书讲述自由主义刚刚产生时的故事。从 18 世纪 70 年代到 19 世纪 20 年代的半个多世纪，在欧洲大陆的经济生活中，热情与恐惧并存。人们对商人和手工业者的经营项目兴奋不已，而对限制交易进行的规则心怀不满，同时也对亚当·斯密（Adam Smith）在 1776 年所期待的"平等、自由和公正的自由主义方案"（liberal plan of equality，liberty and justice）充满信心。此外，人们对 1816 年在圣赫勒拿岛（St. Helena）研究《国富论》的拿破仑（Napoleon）所描述的"面向全民的自由贸易"的新体系心怀疑虑，这一新体系将在近代社会的数次"剧变"中激发人们所有的想象力。①

　　在如此激荡的年代里，经济生活同政治生活、精神生活相联结，经济思想同政治思想、哲学思想、宗教思想相互交织，冷静、理性的生活与感性、富有想象力的生活交织在一起。人们认为，从政治、法律制度和人类的思想历程中，可以发现经济富足的根源。同时，这些原因更多地从个人性格或思维方式、讨论、争辩，以及对未知的一切无所畏惧的探索中得以体现。

　　我认为，将 18 世纪末至 19 世纪初的经济思想放在所处时代的

---

① 　WN, p. 664；Comte de Las Cases, *Le Mémorial de Sainte-Hélène*, ed. Joël Schmidt（Paris：Éditions du Seuil, 1968）, 2:1441–42.

政治、法律以及哲学争论的背景中来考察，将有助于加深对那个时代各种事态的了解。我们将会看到一部更加清晰的历史，并多少可以窥见为现代经济和政治生活所不熟悉的一幕。

但本书同样也和现实相关。本书所关注的争论议题在当今依然存在，且令人感到奇怪和不安。这些争论议题从亚当·斯密的时代持续到今天，例如自由放任还是国家干预，遵从还是变革现有制度，理性抑或信仰，等等；在 21 世纪初的新背景下，它们更凸显出现实意义。与法国大革命发生前后的自由贸易主张相类似，当今世界仍然处在完全商业化和不确定性中，而这正是本书关注的论题。

18 世纪末探究贸易改革的小册子，在当时很快就被认为是局限且技术性的。1803 年，让－巴蒂斯特·萨伊（Jean-Baptiste Say）就曾写道，《国富论》"仅仅是混乱的各种观点掺杂着一些有用的知识"，充满着历史的细枝末节以及各种"具体事实"。在简·马塞特（Jane Marcet）1817 年的著作《政治经济学对话》中，那位天真的对话者卡洛琳（Caroline）曾抱怨经济学与"关税、贸易、税收、红利、走私、纸币和黄金委员会等"有关，而亚当·斯密的著作不过是一部"并不明智的术语集合"。①

在下文中，我将超越对 19 世纪初期的关注，回顾更早期、更开放的政治经济学。我将重点谈及 18 世纪两位象征冷静和理性启蒙运动的学者：孔多塞（Condorcet）和斯密。他们在许多方面都持相互对立的观点。以法国大革命为例，孔多塞强调的是其理性、

---

① "Discours préliminaire," in Jean-Baptiste Say, *Traité d' Économie Politique*, *ou simple exposition de la manière dont se forment, se distribuent, et se consomment les richesses* (Paris: Deterville, 1803), pp. v-vi, xxv; Jane Marcet, *Conversationson Political Economy; in which the Elements of that Science are familiarly explained*, 2nd ed. (London: Longman, 1817), pp. 5-6.

普世的启蒙意义，（关于人类社会前景的）"乌托邦"式启蒙观；而斯密只强调简化的自由主义经济学的启蒙意义——"保守"式启蒙观。但是，正如我们将要看到的那样，两位哲学家都专注于商业规制方面的相似细节，都注意到了孔多塞在 1790 年所描述的那种贸易政策中"恢复彻底自由（贸易）"的思想，[1] 他们都对经济规律的存在以及普遍不确定的政治政策感兴趣，都对作为讨论过程和解放过程的经济生活充满兴趣。因此，我认为，重新解读一种不同的政治经济学，也相当于发现了另一种意义上的启蒙运动。

在本书所涉及的历史时期内，政治经济学已被看作一门科学。实际上，早在 1771 年，孔多塞就抱怨在"经济科学"中"几何学语言"被滥用，而且杜尔哥（Turgot）神学的一名反对者在 1780 年以其"无用、猥琐且扭曲"的观点[2]认为"经济科学""已经有点过时了"。但在这段历史时期的早期，经济思想同宗教、政治、道德的观念相互联结的特点要比晚期更加明显。而这种相互联结意味着在经济与政治关系，或者是经济生活与其他社会生活之间，只存在一个变化的、模糊的边界。

在让 - 巴蒂斯特·萨伊的论述中，"从亚当·斯密开始"，政治经济学才被定义为"关于财富的科学"，得以与全然不同的政治学区分开。[3] 1823 年，剑桥大学第一位政治经济学教授，经济学家乔治·普莱姆（George Pryme）警醒地看到了斯密之前将经济与政治问题混杂在一起的做法。普莱姆写道，"自斯密起，政治经济学

2

---

[1]　"Sur le préjugé qui suppose une contrariété d'intérêts entre Paris et les provinces" (1790), in *OC*, 10 : 136.

[2]　Condorcet, letter of 1771 to Count Pietro Verri, in *OC*, 1 : 282 – 284; [J. B. de La Porte], *Le défenseur de l'usure confondu, ou réfutation de l'ouvrage intitulé : Théorie de l'intérêt d'argent* (Paris : Morin, 1782), pp. 1 – 3, 9.

[3]　"Discours préliminaire," in Say, *Traité d'Économie Politique*, p. vi.

与纯粹的政治学之间的区分，通常能被注意到了"。政治经济学已开始成为有序的学科体系；"尽管与政治哲学相比，它显得不那么有趣，但它的影响范围更加广泛，因为它同样适用于专制或是民主（社会）"。①

这种新的政治经济学定义符合当时的分类标准。1807 年，黑格尔（Hegel）曾形象地描述了这一标准，说它是自然科学展览馆中对"天地之间所有事物的分类方法"，就像"用一张纸糊起四角的方桌，或杂货店里贴好各种标签的货架子"。② 孔多塞本人通过他的社会科学理论以及他在 18 世纪 90 年代提出的方案，对随后出现的政治经济学专业组织做出了贡献（这些方案包括为把数学应用于政治、道德哲学和政治经济学研究留出一席之地）。③ 而在上一代人中，斯密对新分类宗旨的清晰特点做出了评价。在 18 世纪 60 年代《国富论》的一个早期版本中，他提到了近代哲学的分支，即"机械学、化学、天文学、物理学、形而上学、伦理学、政治学、商学和评论学"。它们的作用是"在整体基础上更多的作品被创作出来，学科的数量由此大量增加"。④

但是，新的谨慎风气和审慎的政治经济学都与后革命时期政治形势的紧张相适应。18 世纪最末期政治经济学的表述习惯大多像马尔萨斯（Malthus）在《人口论》第一段中描述的那样，法国大

---

① George Pryme, *An Introductory Lecture and Syllabus, to a Course delivered in the University of Cambridge, on the Principles of Political Economy* (Cambridge: Smith, 1823), pp. 3, 6.

② G. W. F. Hegel, *Phenomenology of Spirit* (1807), trans. A. V. Miller (Oxford: Oxford University Press, 1977), p. 31.

③ "Sur l'instruction publique" (1791–92), in *OC*, 7:536–537; 有关孔多塞对社会科学的概念，见 Keith Baker, *Condorcet: From Natural Philosophy to Social Mathematics* (Chicago: University of Chicago Press, 1975)。

④ "An Early Draft of Part of *The Wealth of Nations*," in *LJ*, p. 570.

革命将"摧毁地球上正在退缩的民众"。① 为此，法国经济学家在 3
18 世纪 90 年代反雅各宾派（anti-Jacobin）和反哲学的著述中都受
到了牵连。同样，在 1798 年，与康德（Kant）《论系科之争》政
治改革主张的拥护者一样，经济改革者也被认为是服从"革新主
义、雅各宾主义以及政治改革者的共谋，构成了一股对政权的威胁
力量"。② 启蒙运动的性质，或者说商业社会中不确定的、反抗型
的思想特征已被归咎于这一时代的道德革命。

在本书中，我所关注的经济学著作属于另一个不同的、单纯的
世界。在这里，斯密和孔多塞、休谟（Hume）和杜尔哥不厌其详
地论述自由贸易学说；在 19 世纪初的那些年，他们当中没有一人
以专业的政治经济学家身份而为人们所熟识。他们同样撰写关于哲
学、科学史、思想史以及政治学的著作。他们还都曾经担任过政府官
员。休谟逝世于 1776 年。杜尔哥逝世于 1781 年。斯密逝世于 1790 年。
孔多塞逝世于 1794 年，而这时距离雅各宾派恐怖统治的结束仅有几周
的时间。他们的思想都属于一个更早期的思想领域。当托马斯·杰弗
逊（Thomas Jefferson）在 1799 年列出阅读书目时，他把下列图书列入
了书目：洛克（Locke）的《人类理解论》（*Essay Concerning Human
Understanding*）、斯密的《国富论》和孔多塞的《人类精神进步史表纲
要》（*Esquisse d'un tableau historique des progrès de l'esprit humain*）③。在

---

① Thomas Robert Malthus, *An Essay on the Principle of Population*, *as it affects the
Future Improvement of Society*, *with Remarks on the Speculations of Mr. Godwin*,
M. Condorcet, *and other Writers* (1798), in *The Works of Thomas Robert Malthus*,
ed. E. A. Wrigley and David Souden (London：William Pickering, 1986), 1：5.

② Immanuel Kant, *The Contest of Faculties*, in *Kant's Political Writings*, ed. Hans Reiss
(Cambridge：Cambridge University Press, 1970), p. 183.

③ 这是 1799 年 2 月 27 日的来信。见 Robert Darnton, "Condorcet and the Craze for
America in France," in *Franklin and Condorcet：Two Portraits from the American
Philosophical Society* (Philadelphia：American Philosophical Society, 1997), p. 37.

《人类精神进步史表纲要》中，孔多塞的目的是叙述从最早期的圣人到"洛克、斯密和杜尔哥的深刻分析"为止，有关精神、道德和法律思想发展的历史。① 对于亚瑟·孔多塞·奥康纳（Arthur Condorcet O'Connor）这位娶孔多塞之女伊莱扎（Eliza）为妻的爱尔兰陆军上校而言，"杜尔哥、孔多塞和斯密"是政治经济学的"科学之父"，但他们所建立的包括"永恒的平等"在内的基本原则已被革命后重建时期的"所谓新派经济学家们"推翻了。②

以上就是我试图描述的一幅关于早期世界的画卷。本书的第一章主要描绘了 18 世纪晚期经济生活中的情操与特性，以及无所畏惧的思想；个体的思考能不时地把人们从对暴力的恐惧、不公正的烦扰中解放出来。第二章讲述 1790 年亚当·斯密逝世后随之而来的荣誉，包括这一荣誉与法国大革命理念之间不易察觉的关系，以及整个 18 世纪 90 年代，政治经济学在法国、英格兰和苏格兰发生的演变。第三章和第四章是关于经济政策的两大争议，它们影响了 18 世纪后期经济思想的形成。在第三章中我们首先讨论了第一个争议，其内容涉及谷物的自由贸易，包括贸易与政府之间的关系，以及向自由贸易过渡的问题。第四章讨论了第二个争议，即有关学徒制与行会制的争论，包括对市场和劳动力的自由放任以及各行业中政府和商业的关系等。

第五章的主题是看不见的手的思想。在 20 世纪大多数时候，这一思想被视为斯密经济学思想的主题。我要指出的是，斯密本人其实对看不见的手持不同的观点，甚至对它持怀疑态度。我们应当置身于另一个特定的、更为熟悉的看不见的手的时代：如麦克白的

---

① "Avertissement" to the *Esquisse des progrès*, in *OC*, 6:282.

② Arthur Condorcet O'Connor, *Le Monopole cause de tous les maux* (Paris: Firmin Didot, 1849), 1:51.

天意的"血腥而看不见的手",或者是在伏尔泰(Voltaire)的《俄狄浦斯》(*Oedipe*)中拒绝了不幸的英雄并在他的头上不停盘旋的那双看不见的手,并借此来理解这一思想。但看不见的手也带来了一些颇难解决的问题。如经济思想与宗教思想之间的关系,个人的政治选择与经济选择之间的关系;个体如何在规则约束下实现自己的利益,财富如何向政治权力转变,以及权力变化如何改变了规则等。

第六章是关于孔多塞的成就。在孔多塞关于经济政策的著作中,他探讨了竞争规则、交易带来的政治影响,以及对经济议题的表述方法等密切相关的问题。第七章讲述孔多塞对普世的、全灌输式哲学的批判,这一批判哲学已被视为 18 世纪启蒙运动的特征。这一章还涉及孔多塞描述的真理、美德和幸福所构成的"牢不可破的链条"。在 20 世纪大多数时间里,这一观点被视为统领孔多塞政治思想的主题。在第八章中我将探讨关于经济情操和政治情操的理论,以及这些理论在政治启蒙(包括在不确定性的或自由放任世界中的政治)上的应用。

斯密和孔多塞参与的有关盐税、学徒规则,或绵羊出口限制的辩论的细节,与那段时期的政治思想一样(如左派改革与右派保守、政府与市场,以及启蒙运动的性质与流派的区分等),对于现在的读者而言非常陌生。在 21 世纪徐徐展开的画卷中,我们生活在这样一个世界里——在许多重要的方面,这个世界既由法国大革命以及之后的重建所定义,也由自由放任经济政策与政治保守主义的联盟所定义。而建立在反对 18 世纪 90 年代暴力革命基础上的政治保守主义,在 19 世纪的政治制度中占据了支配地位。

但同时,21 世纪初期的我们依然生活在革命后的新世界中:不再心怀对革命的恐惧,政治制度比 19 世纪和 20 世纪任何时候都

5

更为自由。无限贸易的说辞更加不受质疑。古老的、已经失去了普遍意义的 18 世纪晚期的田园牧歌式的政治、经济思想又重新变得熟悉起来。孔多塞在 1786 年曾写道，"在美国这一新社会中人权受到尊重，这个伟大民族所达到的文明状况对所有其他民族都是有用的……它教会我们，无论在何地这些权利都是相同的"。关于法国大革命，他在 1791 年写道，"（法国大革命）为人类的希望开辟了一个广阔的领域……这场革命（的作用）不在于一个政府，而在于一场观念和意志的革命"。①

21 世纪初期的新展望有着更加广阔且没有界限的未来感。在这个商业社会中，我们对无止境的不确定性以及骚乱的想象力更能感同身受。在 18 世纪晚期，此二者都被认为是商业自由化的后果。在这样的情形下，以当时的历史背景来研究其经济思想的努力，同样也将有助于我们理解当今的时代，以及这个时代的经济和政治状况。

---

① 孔多塞批评了美国新社会的许多方针，例如对商业贸易不间断的管制、奴隶制的延续，以及对宗教宽容的有限性。见 "De l'influence de la révolution d'Amérique sur l'Europe" (1786), in *OC*, 8:13; "Sur l'instruction publique," in *OC*, 7:434–435。

第一章　经济趋势

情操的历史

1763 年 1 月，亚当·斯密在他的修辞学讲稿中提到，对塔西佗（Tacitus）而言，"历史写作的美感"就是政治理论有关情操的描述。在斯密看来，历史事件有其内生与外生的动因，前者与人类的情操相关，后者则与环境相关。斯密认为，正是忽视了内生原因才导致现代历史学家的著作"大都沉闷呆板"。相比之下，古代的历史学家们则专注于个人的"思维的感受与激情"或是"人类思维的运动"，从而使作品显得更加精彩。斯密推测，塔西佗想通过引导读者"进入历史人物的情感与思维中"来讲述历史中的公共事件。斯密说，这样写作历史，"或许并不能够教会我们很多有关历史事件发生的原因的知识，然而它更为生动，并且会引导我们学习一门有用的科学，即有关人类行为动机的学问"。[1]

而人类行为的动机，也同样是斯密的关注点。他的第一位传记作家杜格尔德·斯图尔特（Dugald Stewart）在 1793 年的斯密传

---

[1] *LRBL*, pp. 112–113. 这些是斯密于 1762～1763 年在格拉斯哥大学所发表的演讲的学生誊写本。斯密并没有将演讲发表的打算，而且在斯密去世前不久，他的确销毁了几乎全部文稿，包括有关修辞的早期演讲的文本。参见 Dugald Stewart, "Account of the Life and Writings of Adam Smith, LL. D" (1973), *EPS*, p. 327.

记中写道，斯密终生都在研究"在所有活动中人的本性，尤其是有关人类的政治历史"。他关注"人类思维的原则""人类宪法的原则"以及"思想的自然进步"。这一研究风格，正如在《道德情操论》（*Theory of Moral Sentiments*）或者"他的丰富、动人的文章"中所展现的那样，充分体现在他"对人物和习俗的刻画"上，或者体现在"当他作品的主题引导他强调想象与内心的时刻"。①

在斯密笔下，《国富论》是"对大不列颠的整个商业体系的……猛烈攻击"。②但是，它也是一部有关日常商业贸易的历史，是"理性和演说才能发展的必然结果"。《国富论》还是对人类思想史的一份贡献。③它是对日常生活中的个人情操与思想迸发的刻画。正如威廉·罗伯逊（William Robertson）在《查理五世传》中所言，斯密的巨著在欧洲封建社会厚重的神学暗影之下，以"被忽视、被压抑、蒙昧的人类思想"作为开端。④它终结于一个新的启蒙社会中。在这样的社会，个体独立，有理性也有争端，有贸易也有交换。人们以各自的偏见，谈论烦恼与压迫，并反思各自的道德情操。

本书所涉及的这一时期有关经济生活的争论，本身也是一场讨论，在很大程度上是通过思想与演说的角度来描述的。例如，杜尔哥认为，自由贸易就是一场"买卖双方之间的辩论"，在这个过程中，人们订立合同、捕捉传闻、讨论彼此承诺的价值，并反思

---

① Stewart, "Account," pp. 271, 291–292, 314–315.

② Smith to Andreas Holt, October 26, 1780, in *Corr.*, p. 251.

③ *WN*, pp. 25, 30.

④ William Robertson, *The History of the Reign of the Emperor Charles V* (London: Strahan, 1769), 1:18–20；罗伯逊写道，"在查理曼大帝（Charlemagne）之后，黑暗重回并扎根于欧洲，而且比以往更为厚重"（p. 20）。

"观念与现实的风险"。① 孔多塞在 1775 年发表的关于垄断和垄断者的论文中，以列举劳伦斯·斯特恩（Laurence Sterne）的《多情客游记》的开篇揭示了这样的场景。在这本书中，伤感旅行者约里克与小酒馆老板 M. 德桑在加莱大街上谈论着购买一辆轻便马车的事情。孔多塞写道，"他（约里克）感觉到从心底生出的一股对 M. 德桑的隐隐的仇恨"；伤感旅行者象征着对现实世界的敌意：他讨价还价，最后以 12 基尼成交，甚至还在"平衡商业贸易带来的情绪"上占了优势。②

斯密在《国富论》的开篇就提出，财富的源泉应该从对经济规律的把握中找到，这种把握对于个体差异很大的人们（例如，哲学家与普通的街头搬运工人）而言具有共性，它本身是理性与演说才能的成果。斯密将文明社会中的"公平而又有目的的贸易"关系与不平等个体之间（包括狗及其主人之间）那种"屈从、奉承式的殷勤"的关系做了比较。③ 在他的自然法讲稿中，斯密将交换比作一种雄辩术。斯密认为，"每个人都必须去说服别人，这很明显是本能的意愿"，而这是"人类思想的原则，在这一原则基础之上会发现交易的意向"；"对我们而言，支付一先令这种具有如

---

① "Lettres sur le commerce des grains" (1770), in *OT*, 3：326; "Mémoire sur les prêts d'argent" (1770), in *OT*, 3：192.

② "Monopole et monopoleur" (1775), in *OC*, 11：43; Laurence Sterne, *A Sentimental Journey* (1768) (London：Penguin Books, 1986), pp. 33, 38. 在 18 世纪七八十年代的法国，斯特恩的书格外流行。其中最有名的两位崇拜者就是孔多塞的朋友 Amélie Suard 和 Julie de Lespinasse，他确实是取了斯特恩深爱的英印混血儿 Eliza Draper 的名字作为自己的名字（而这一名字稍后也成为孔多塞女儿的昵称）。参见 Francis Brown Barton, *Étude sur l'influence de Laurence Sterne en France au dix-huitième siècle* (Paris：Hachette, 1911), pp. 25−37, and *Correspondance inédite de Condorcet et Mme. Suard, M. Suard, et Garat (1771–1791)*, ed. Elisabeth Badinter (Paris：Fayard, 1988), pp. 139, 180。

③ *WN*, pp. 25−26, 29.

此简单明了含义的行为，实际上是在提供一个论据来说服一个人去支付，并要说明这样做对他而言是有利的……按照这一说法，可以说所有的人终其一生都在不断地对其他人进行演说"。①

8　　对斯密而言，经济生活也事关情操。他在《道德情操论》中写道，对关注与重视的渴望是世人忙碌辛劳与熙来攘往的主要目的，而"我们追求财富、避免贫穷主要是出于对人类情操的关怀"。② 情操是经济奋斗的目标，也是经济交换的附属品。在商业生活的各种关系中，个人的判断常常与自己和他人的情操评价有关。与人们生活中的其他方面相同，在人们的经济生活中，所有人都对斯密所说的"彼此的特点、意图与行为"感兴趣。他们有荣辱感，渴望得到承认和尊重。他们都有"焦虑和沮丧的时刻"。③1776 年孔多塞在《对谷物贸易的思考》中写道，税收改革将释放出"压抑的情绪"，而且，对穷人而言，自由贸易将减轻他们对被忽略的恐惧、"被无视的感受，以及猝不及防地被置于所有的烦恼与暴虐之下的感受"。④

　　情操影响着经济生活中的理性，而理性也影响着情操。⑤ 在1821 年，贾科莫·莱奥帕尔迪（Giacomo Leopardi）在提到"情绪化的"这个词时说过，这个词是欧洲语言（gallicismi or europeismi）中的一个，是"作为日常对话的一部分的哲学"中的

---

① "An Early Draft of *The Wealth of Nations*," in LJ, p. 570.

② *TMS*, p. 50.

③ *WN*, pp. 120, 768.

④ *Réflexions sur le commerce des blés* (1776), in *OC*, 11:161, 191.

⑤ 大卫·休谟在《关于道德原则的调查》 (*Enquiry concerning the Principles of Morals*) 中写道，"理性与情操在几乎所有的道德决定和结论之中同时存在"，它们还共存在于斯密和孔多塞所说的经济关系中。David Hume, *Enquiries concerning the Human Understanding and concerning the Principles of Morals*, ed. L. A. Selby-Bigge (Oxford:Clarendon Press, 1962), p. 172.

一种。"情操"一词也与利欧帕迪称之为术语的词有所不同，它不是赤裸裸的"孤立的"；它是一个能够激发出"一连串思想"与"大量概念"的词，同时它是模糊不清的。[1] 没有被明确界定的情操论却是斯密和孔多塞的政治与道德理论的核心。情操是一种能为人所感知并对它做出反应的感觉。情操也使个人与他（她）所在的更庞大的关系（如社会、家庭或国家）产生联系。[2] 当代生活的交流同时也是在思想和情操方面的交流。在翻译卢梭的《论人类不平等的起源和基础》（*Discours sur l'inégalité*）时，斯密指出，"社会人""通常与自我分裂"；他"仅仅存在于别人的意见之中，而且他只能从别人的意见中获得自身存在的情操"。[3]

文明的商业社会

在本书所涉及的时期里，经济纠纷中那些离题的、反映经济现实以及个体自我觉醒的特征，既是经济进步的原因，也是经济进步

---

[1] Giacomo Leopardi, "Zibaldone di pensieri," in *Tutte le opere*, ed. Walter Binni (Milan：Sansoni, 1993), 2：1213–1216, 1234–1235.

[2] 安妮特·拜尔（Annette Baier）写道，"当休谟使用这些术语时，'情操与热情'是包括思想和意见的。前者极其需要后者"。基于"思考的热情与纠正了的情操"，思想对于休谟的道德理论的必要性和它对于纯推理的必要性是一样的；"反思"与"纠正"都是必需的社交活动。Annette Baier, *A Progress of Sentiments：Reflections on Hume's Treatise* (Cambridge, Mass.：Harvard University Press, 1991), pp. 180–181. 也见 Peter Jones, *Hume's Sentiments：Their Ciceronian and French Context* (Edinburgh：University Press, 1982)；John Mullan, *Sentiment and Sociability：The Language of Feeling in the Eighteenth Century* (Oxford：Clarendon Press, 1988) 以及第 5 章和第 8 章。斯密关于情绪与意见的叙述，见 Martha C. Nussbaum, *Poetic Justice：The Literary Imagination and Public Life* (Boston：Beacon Press, 1995)。

[3] "Letter to the *Edinburgh Review*" (1756), in *EPS*, p. 253.

的结果。斯密和孔多塞认为，商业繁荣的两个最重要的条件就是政
9 治制度与法律制度的完善以及个人人格的独立。斯密认为，一个有
序的良好政府与有着充分安全感的国民相结合，是国民财富增加的
核心，这也使人们的观念和情感解放成为可能。个人得以免除
"对权威的附属地位"，以勤奋工作来改善自身处境，不再"担心
来自上级权威的暴力"。他们拥有对自身的安全感。①

　　自由政府被认为是普遍繁荣的必要非充分条件。休谟认为，它
必须还带有某种意图与观点，"为了产生相应的作用，自由必须伴
随着特殊事件和某种思想的转变"。② 1776 年，孔多塞曾写道，实
现谷物类自由贸易的唯一难题在于"人类的偏见"，包括人们对
"资本家"的偏见；在"贸易自由"与"尊重财产"方面，唯一
真正重要的转变在于"公众观念"。③ 对斯密而言，自由贸易兴起
的历史是一部思想解放的史诗，正如他在《国富论》中所讲述的
关于私人信贷与公众债务的故事那样，自由贸易是"道德因素"
胜出的历史。④ 在人们的生活与观念中，个人变得独立了，尤其是
他们不再受迷信与偏见的束缚。斯密在《国富论》第三卷和第四
卷中描述了财富进步，他说，他将"尽可能全面、清楚地解释"

---

① *WN*, pp. 285, 376, 405, 412, 722 – 723. 邓肯·福布斯（Duncan Forbes）认
　为，斯密在人的本性方面为"商业与自由的主题提供了一个哲学基础"，而这
　反过来与"社会进步的最重要的哲学因素有关，这个因素就是人们对其他人的
　观点与感觉高度敏感的事实"。Duncan Forbes, "Sceptical Whiggism, Commerce,
　and Liberty," in *Essays on Adam Smith*, ed. Andrew S. Skinner and Thomas Wilson
　（Oxford：Clarendon Press, 1975）, p. 194.
② "Of Commerce," in David Hume, *Essays Moral, Political, and Literary*, ed.
　Eugene F. Miller（Indianapolis：Liberty Classics, 1987）, p. 265.
③ *Réflexions sur le commerce des blés*, in *OC*, 11：197, 201, 207–208.
④ *WN*, p. 910.

"利益、偏见、法律和惯例"。①

反过来，商业繁荣也会对思想独立起促进作用。在斯密对中世纪晚期的欧洲城镇的介绍中，商业与制造业逐渐引入了秩序和良好的管理制度，"尽管我们极少注意到这一点，但是迄今为止它是所有影响中最为重要的一个方面"。② 个人对庄园主和他们长官的依附减弱了，也不那么易于感受到突发性贫困所带来的恐惧。当富裕的益处扩展到更大范围的人群，即"仆人、劳工以及各种工人"时，这些影响就更加明显。③ 休谟认为，18 世纪的英格兰的巨大优势就存在于这样的环境之中，在这种环境中，"财富分散于民众之中"，而且"高价格的劳动力"是"数百万民众幸福"的源泉。④ 10 斯密认为，劳动力的高价格使劳工更加勤勉与"愉快"，并且激励了"改善自己境况并可以在安逸与充裕之中度过一生的合理愿望"。⑤

孔多塞认为，人类精神的历史是一部有关大众情操的历史；同时也是思想进步和普通人福祉得以增进的历史。孔多塞曾写道，直到 18 世纪晚期，政治史与哲学史和科学史一样，都只不过是少数人的历史。而大多数家庭的思想与观点是最隐秘、最受忽视的，而且对此仅有极少记载遗留于世，这部分历史是最难写作的。对这部分历史的忽视不能仅归咎于历史学家的缺陷（"史学家的偏见"），它需要大量的信息或观察，但是它是哲学的真正目的。

思想和情操的历史"关乎法律的制定和执行，关乎统治原则

---

① *WN*, pp. 145, 376.

② *WN*, p. 412.

③ *WN*, p. 96.

④ Hume, "Of Commerce," p. 265.

⑤ *WN*, pp. 96, 99–101.

如何形成以及这些原则如何受被统治者的影响而改变，关乎制度形成以及如何被认识；思想和情操的历史是关乎书本知识和大众精神的历史，也是关于那些广泛存在并有显著影响的特定偏见的历史"。就像在人类精神进步的最终时代那样，它将结束于一个"平等的不同原因"彼此强化的社会中。教育变得更加平等，这反过来使工业和财富变得更加平等。至少，社会将会有足够的平等来消除"完全依附"，并确保在日常经济生活中，或者在行使个人权利时，任何人都不会受到强迫而去盲目地依赖其他人。①

斯密和孔多塞都认为，文明的商业社会的兴起绝不仅是有益的。在某些情况下，对普通人的意向而言它的确是充满危险的。斯密认为，劳动分工会"使理解力变迟钝"，并将思想导向"昏庸"。"一生都只是在执行几个简单操作"的人在"人性的特点"方面（包括他享受"理性的对话"的能力和对私人生活与公共生活做出评价的能力）都是残缺而畸形的。孔多塞曾引用斯密的话来表达他的观点，即商业与机器工业的进步会成为人类进步的障碍，甚至是人类"永恒愚钝"的一个原因。但是，斯密和孔多塞都认为，针对这一弊病，普及公共教育是有效的也是唯一的解决方法。商业社会的最终目标不是"平等教化"。但至少，它是对"那种伴随着真正的依赖并助长盲目自信的不平等性"的抵制。②

----

① Condorcet, *Esquisse d'un tableau historique des progrès de l'esprit humain*, in *OC*, 6：232–234，248–249.

② *WN*, pp. 782，783，788；*Essai sur la constitution et les fonctions des assemblées provinciales* (1788)，in *OC*, 8：476–477；"Sur l'instruction publique"（1791 – 92），in *OC*, 7：192；参见第 4 章和第 8 章。也见 Emma Rothschild，"Condorcet and Adam Smith on Education and Instruction," in *Philosophers on Education：Historical Perspectives*，ed. Amélie Oksenberg Rorty（London：Routledge，1998），pp. 209–226。

无畏的心智

人类精神史上最英勇的成就就是逐渐战胜了恐惧。与休谟一样，斯密也认为，未开放社会的境况是"一种低级的最为缺乏勇气的迷信"。① 在休谟看来，恐惧是迷信之源，而迷信会"逐渐地、不易察觉地溜过来"，"让人们驯服"。商业的、文明的社会的兴起与哲学取代迷信的过程是联系在一起的；斯密认为，"当法律确立秩序与保障，而且生存不再充满不确定性的时候，人类的好奇心会增长，其恐惧感就会消失"。② 哲学的最高使命是将人类的思想从恐惧、突发事件以及预兆的束缚中解放出来。③

斯密和孔多塞都认为，恐惧是人类生活中的一种自然状态。斯密在《道德情操论》中曾写过，恐惧是"一股完全来自想象的强烈的情感。它与加剧我们的焦虑的不确定性和波动一起，它们不仅代表着我们的真正感受，还代表着我们将来可能遇到的问题"。休谟认为，恐惧是一种强烈的情感，它与可能性或者"犹豫不决且不连续

---

① "The History of Ancient Physics," in *EPS*, p. 50；斯密在他的"胆怯的迷信"的古代物理学史中也提到过某种主观意志，尽管我们看不见它。"胆怯的迷信"是"早期世界"的典型特征，它是"几乎一切不可预料事件的原因"。"The History of Ancient Physics," in *EPS*, p. 112.

② "Of Superstition and Enthusiasm," in Hume, *Essays*, p. 78；"The History of Astronomy," in *EPS*, p. 50.

③ "Alexander the False Prophet," in *The Works of Lucian*, trans. A. M. Harmon (Cambridge, Mass.：Harvard University Press, 1992), 4：235. 这是卢奇安的著作，斯密在他的关于修辞学的讲座上说过，"很少有比这更有趣的了"，休谟在《有关人类智慧的调查》(*Enquiry Concerning Human Understanding*) 中对其有详细描述，*LRBL*, p. 52；Hume, *Enquiry*, pp. 120 – 121；参见第 5 章。

的”观察世界的方法相联系。① 孔多塞认为，恐惧影响着人们的思维方式，"与那些冷漠的事情相比，我们更相信那些我们所希望或畏惧的事物"。② 它甚至很吸引人，至少能引起人们的兴趣。斯密说，我们对希望、恐惧以及困苦有兴趣。不顾它的"奢侈与内疚"，我们被拉辛的费德尔［指法国剧作家拉辛《费德尔》（*Phèdre*）中的女主角，此处用来比喻恐惧——译者注］迷住了；"因此，她的害怕、羞愧、懊悔、畏惧和绝望变得更加自然和有趣了"。③

但是，即使是在现代社会，恐惧仍然是潜伏着的巨大的恶。在更晚一些的时代中，斯密在《国富论》与《道德情操论》中所说的"宗教恐惧"取代了未开化社会中的由迷信引起的恐惧、极度狂乱、牺牲以及无形的事物。④ 欧洲的封建政府便建立在恐惧之上。在那些不幸的国家中，人们生活在"封建制度的暴力之下"，佃户和商人生存于持续的无保障状态中。他们的租契是不稳定的。他们被迫向地主和国家提供任意的、无规律的劳务。他们发现把货物封存起来或是埋在地下是有先见之明的举动。他们不愿意冒险。在西班牙和葡萄牙，意图保护权贵阶层的"断续和不公正的司法管理"使得"那部分勤劳的国民忧虑地准备着商品以供傲慢的权贵们消费"。⑤

在斯密的描述中，专制加强，或者说政府中央集权的强化，都是由焦虑而引发的统治革新。孔多塞认为，其结果将会使思想"在恐惧和不幸的重负之下"出现退化。即使在那些不那么专制的

---

① David Hume, *A Treatise of Human Nature*, ed. L. A. Selby-Bigge（Oxford：Clarendon Press, 1978），p. 444；*TMS*, p. 30.

② "Fragment de l'histoire de la Xe époque," in *OC*, 6：566 – 567.

③ *TMS*, pp. 32 – 33.

④ *TMS*, p. 164；*WN*, p. 797.

⑤ *WN*, pp. 285, 418, 610.

国家中，税收也是任意的。人们发觉自己处于征税官吏的控制之下。这些征税官吏"可以对那些他们厌恶的纳税人加重税负，或者以此相要挟，勒索一些礼物或额外收益"。① 无论在家里，还是客栈，征税官吏们都随时可能造访，这迫使人们估量那些最卑鄙、最令人不安的可能性，即税官可能是个冷酷而又不公正的人，或者是某人的仇敌；遇到傲慢的买主，又或者买主恰好是君王、检察官的朋友。与16～17世纪英法两国宗教冲突时期的信仰控制一样，商业规制是一部权威们恐惧与焦虑的"杰作"。② 就像斯密在《国富论》中写到的君主试图去恐吓新教的神职人员那样，"在几乎所有情况下，恐惧都是一种令人不悦的政府文书"。③

在孔多塞的描述中，法国的谷物贸易就是一幕充满无尽恐惧的景象。同时还有针对谷物商人的食物骚乱，这场骚乱由一群"惧怕匮乏"的人所引发，并由那些试图"去激起人们的恐惧并从中获利"的人们所引导。在某些"可怕的假设"下，自由贸易的作用变得如同从一个与世隔绝的人手中夺走唯一的一片面包那样；人们"被恐惧感俘获；每个人都相信自己会是那个注定吃不上面包的人"。同时，城里的那些富人们（他们的窗户被打碎）也害怕暴动。穷人们的恐惧感和地方法官的恐惧感交织在一起并彼此强化。孔多塞在其关于垄断与垄断者的文章中写道，"恐惧几乎是所有人类愚昧的根源，尤其是政治愚昧的根源"。它是一种政治压迫与道德压迫的手段："与说教相比，恐惧更能够制伏人们的思想，因为 13

---

① *WN*, pp. 729, 828; *Esquisse des progrès*, in *OC*, 6:171.

② 关于16世纪英格兰的焦虑和权威，见 Stephen Greenblatt, *Shakespearean Negotiations: The Circulation of Social Energy in Renaissance England*. （Berkeley, University of California Press, 1988），chap. 5。

③ *WN*, p. 798.

恐惧是一种专横的强烈情感。"①

　　斯密曾论述过，商业化、自由的社会（斯密指的是宽容的平等计划、自由以及公平，而法国在 17 世纪摒弃了这些原则）的一个伟大承诺就是，人们的思想较少受到恐吓，生命也较少受到威胁。只有在一个拥有规范的司法体系的国家中，或是在一个"对国家的司法管理有某种程度的自信"的国家中，商业才会繁荣。②而商业繁荣和富足反过来也是自信之源，有了自信，人们在遭遇极小的意外后就不那么担心自己会陷入贫困的境地。他们相信自己会舒适地度过一生。

　　处于商业社会核心的法律规定是合同与义务，它们的对立面则是恐惧和胁迫。斯密在自然法讲稿中说过，"在交易的各方中，所有源于恐惧才准备去履行的义务从一开始就是应该取消的"，而且，"想想为了克服恐惧而做的事……一份基于这一原则的契约是没有法律约束力的"。就像是为未出世的后代签订一份契约一样——"没有察觉到它，因此也不会为它所束缚"——出于恐惧而签订一份契约是不公平的，也是有着令人恐惧的不正当名义的结果。对于那些向富人出售商品的佃户、厨师和挂毯商人而言，文明的商业生活的必需条件是能够形成"合理的希望、想象或是预期"。③

　　在这样的环境里，如同蒙昧社会中人类的好奇心那样，理解与启蒙是安全感的源泉。孔多塞在《人类精神进步史表纲要》中写道，生存之艰辛与不确定性让人们没有闲暇去关心他们的思想。但人若能对新思想做出反应、接受教导并花时间进行思考，他将独立

---

①　"Monopole et monopoleur," in *OC*，11：45，54；*Réflexions sur le commerce des blés*，in *OC*，11：205，223.

②　*WN*，pp. 664，910.

③　*LJ*，pp. 50，61，120，430，480.

于本能的空想与恐惧。他将成为这样一种人：他能够"区分他作
为人本身与他的需求、利益、危险、贫穷、焦虑和不幸，可以说，
他能够与自身相分离"。① 他也会成为这样的人：他能形成关于自
己的未来以及关于其他人未来的预期。它会使人远离"由认识到
自己的无知而引起的痛苦的焦虑，这种焦虑产生出一种对于不能使
自己免受苦难威胁的恐惧感",② 甚至质疑自己的理解力与所受到
的教育。人们将不受控制地怀疑、签订契约和冒险。社会将会存在
一种良好的不确定性，也就是说，这是一种不会有征服与恐惧感相
伴随的不确定性。

两种启蒙运动

在 18 世纪晚期，启蒙运动被视为时代潮流，同时它也是一个
派别。首先，它是一种观察与思考的方式。它是人类思维的一种状
态，不是沮丧，但同样也不可忽视。用孔多塞在《伏尔泰传》中
使用的词语来形容，它是一种精神状态、精神倾向。③ 就像康德在
《何谓启蒙?》中所说的那样，它是一场"思维方式的变革"，或者
说是一次在"人类的思想方法"上的渐变。④ 在奥地利改革家温迪
西·格拉茨（Windisch-Grätz）和孔多塞与斯密的通信中，"教育"

---

① *Esquisse*, in *OC*, 6:14; "Fragment de l'histoire de la Xe époque," in *OC*, 6:594.

② "Sur l'instruction publique," in *OC*, 7:259.

③ *Vie de Voltaire* (1789), in *OC*, 4:182.

④ A "Reform der Denkungsart," a change in the "Sinnesart des Volks," Immanuel
Kant, "Beantwortung der Frage: Was ist Aufklarung?" (1784), in *Werkausgabe*,
ed. Wilhelm Weischedel (Frankfurt: Suhrkamp, 1968), 11: 55, 61; *What is
Enlightenment?* in *Kant's Political Writings*, ed. Hans Reiss (Cambridge: Cambridge
University Press, 1970), pp. 55, 59.

一词被译为"文化教谕"。① 就像黑格尔在其 1807 年的《精神现象学》中《启蒙思想同迷信的斗争》一文中所写的那样，启蒙运动的作用领域是"纯粹洞察力及其传播"，会像"香水"或"传染病"一样渗入人们的思想中去。② 这个意义上的启蒙运动，特别是它在政治和经济生活中的作用是本书最为关注的部分。

从今天我们已经非常熟悉的意义上来说，启蒙运动代表着哲学家和文学家群体。它由那些思维方式已有转变的理论家或历史学家，以及倡导启蒙思想的人们组成。几乎每一位介绍 18 世纪晚期政治（或者经济）生活的学者都知晓约翰·哥特弗雷德·赫尔德（Johann Gottfried Herder）在 1769 年提出的欧洲"新思维方式"，或者是诗人罗伯特·骚塞（Robert Southey）称之为在英国"下层秩序特征"上的"剧变"。这一剧变始于 18 世纪 70 年代，而《国富论》就是这场剧变的"宪章"，这一剧变还是一场"巨大的、名副其实的道德革命"的一部分。③ 那些在这一轮思想新浪潮中享受、讴歌以及密谋的人们组成了启蒙运动（或者是哲学家们）的各个流派。在这个意义上，启蒙时代是一个相当小型的 18 世纪文人团体的运动。他们中的大多数人在法国，或者是与法国有联系，而且他们中的几乎所有人都对其他人的思想与倾向感兴趣。

---

① Ian Ross and David Raynor, "Adam Smith and Count Windisch-Grätz: New Letters," *Studies on Voltaire and the Eighteenth Century*, 358 (1998), 172.

② G. W. F. Hegel, *Phenomenology of Spirit* (1807), trans. A. V. Miller (Oxford: Oxford University Press, 1977), pp. 329, 331.

③ Johann Gottfried Herder, *Journal meiner Reise im Jahr 1769* (Stuttgart: Reclam, 1976), p. 79; Robert Southey, "On the State of the Poor, the Principle of Mr. Malthus's Essay on Population, and the Manufacturing System" (1812), in *Essays, Moral and Political* (London: John Murray, 1832), pp. 110 – 111. 索西说过，这个时代中的这种新的倾向或精神是与"制造业体系"相联系的，而"亚当·斯密的书是其法典或者说是信仰的自白"(p. 111)。

托尔·弗兰斯米尔（Tore Frängsmyr）在关于瑞典启蒙思想的著作《寻找启蒙》（*Sökandet efter Upplysningen*）中，区分了对启蒙运动的三种解读，即将启蒙运动作为一种哲学态度，将启蒙运动作为人类历史上的一个特别时代，或是将其作为一场以法国为中心的思想运动；与弗兰克·文图瑞（Franco Venturi）一样，托尔采纳的是第三种（也是含义最为模糊的一种）解读。这也是罗伯特·达恩顿（Robert Darnton）的"通缩主义者"意义上对"一场思想与制度革新运动"的理解。相比之下，J. G. A. 波考克（J. G. A. Pocock）强调大多数的"启蒙思想"是为了改革宗教机构与政治机构之间的关系而提出的。① 我更愿意采用对启蒙运动的第四种意义上的理解，即将启蒙运动看作一种（潜在）思维的普遍趋向。这与将启蒙运动看作一种（牛顿式或培根式的）哲学既有联系又有区别。它体现每一个人的共同思想趋向，即便是那些很少被引导并很少有时间来进行思考的人。这种趋向不仅是哲学家才具备的（启蒙思想流派或运动的一个惯常说法，比如斯密和孔多塞的观点：每个人生来就有成为哲学家的素质，无一例外），它是即将发生改变的思维的一种状态，也是诸多改革方案的一个结果。②

---

① Tore Frängsmyr, *Sökandet efter Upplysningen: En essä om 1700-talets svenska kulturdebatt* (Uppsala: Wiken, 1993), pp. 13 – 32; Franco Venturi, *Europe des lumières: recherches sur le 18e siècle* (The Hague: Mouton, 1971), p. 3; Robert Darnton, "George Washington's False Teeth," *New York Review of Books*, March 27, 1997, p. 34; J. G. A. Pocock, *Barbarism and Religion*, vol. 1, *The Enlightenments of Edward Gibbon, 1737 – 1764* (Cambridge: Cambridge University Press, 1999), pp. 7, 9.

② 波考克写过，"启蒙思想的总目的就是阻止一切形式的形而上学式的确定性"；启蒙思想的倾向既是那些以此为目的的作者们（他们中的一些人是思想家或哲学家）的一种状态，也是所有其他并非研究哲学的人的一种处境，而这些人最终可能会生活在不确定性之中［波考克《野蛮与宗教》（Pocock, *Barbarism and Religion*, 1:250）］。

无论针对何种意义上的启蒙运动，经济思想都是最引人注目的。政治经济学正以我们现在还不了解的程度卷进一场关于公众启蒙的哲学大争论。在柯尼斯堡（Königsberg），哈曼（Johann Georg Hamann）翻译了加利阿尼（Galiani）的《关于小麦贸易的对话》（*Dialogues sur le commerce des blés*）；在里加，年轻的赫尔德（Herder）的愿望是，法国莫雷莱神甫（Abbé Morellet）对东印度公司的批评，也能成为沙俄（改革措施）的一部分。他下定决心要"从政治、国家、财政的角度"来思考每件事情，并"为这个新的经济体提出一些更适合沙俄经济的建议"。[1] 狄德罗谴责对有息借贷的控制，并为谷物贸易的规章辩护。[2] 康德则在《纯粹理性批判》中的第三个二律背反（即自由意志与决定论）中，将决定论者的立场（对魁奈而言）称为"先验的重农主义"。[3] 在《末路的王国》（见《形而上学者的道德伦理的基础》）中提到人性时，他认为人们或者拥有一个"市价""奢侈品般的价格"，或者拥有"一种内在的价值——即尊严"。[4]

---

[1] "What Morellet Did in France, Why should I Not Do That Elsewhere?" Herder, *Journal meiner Reise im Jahr 1769*, pp. 29, 80, 86 – 87.

[2] "Apologie de l'abbé Galiani," in Denis Diderot, *Oeuvres*, ed. Laurent Versini (Paris: Robert Laffont, 1995), 3: 123 – 160; "Observations sur le Nakaz," ibid., 576 – 577.

[3] Immanuel Kant, *Critique of Pure Reason*, trans. N. Kemp Smith (New York: St. Martin's Press, 1965), p. 412.

[4] 一个"与普遍的人类倾向与需要"有关的品质会有一个市价（Marktpreis）；一个仅与鉴赏力有关的品质（诸如"机智、活跃的想象力、幽默"）有一个奢侈品般的价格（Affektionspreis）；基于"意志的箴言"的道德品质（诸如"基于原则基础上的善良"）拥有"一种先天的、无与伦比的价值"。Immanuel Kant, *Groundwork of the Metaphysic of Morals*, trans. H. J. Paton (New York: Harper and Row, 1964), pp. 102 – 103. 也见于康德对才能的市价、禀性的奢侈品般的价格，以及超越了一切价格的品德的内在价值的评论（*Anthropologie in pragmatischer Hinsicht*, in Kant, *Werkausgabe*, 12: 634）。

　　18 世纪的大多数时间人们进行着让人又爱又恨的、无休止的、不着边际的公开争论。这场普遍大讨论通常涉及经济政策。达朗贝尔（D'Alembert）曾写过，"人们把从神学家们的学术纷争到贸易的问题都拿来讨论并分析，或者至少提及这些问题"。① 埃德蒙·伯克（Edmund Burke）认为，"这（事事都拿来讨论的做法）已经成为这个时代的不幸（而并非那些绅士们所认为的荣耀）"；这个时代是一个"诡辩的经济学家以及算计者"的时代。② 税收与规章、行会与税务检查以及宗教是开明舆论的主要关注点。与亚当·斯密同时代的爱丁堡牧师亚历山大·卡莱尔（Alexander Carlyle）认为，亚当·斯密最严重的罪行是"引入无约束的、全民参与的商业，它在流通商品的同时也传播了思想"。③ 在很大程度上，存在于思想中的商业本身就是一种商业观念，或者是商业政策。在《何谓启蒙？》中，康德认为启蒙思想的核心是宗教问题。而这一核心是即将讨论的主题，有必要对它做"尽可能多的讨论并讨论任何你想讨论的话题"。但是康德还认为，经济问题也是讨论的一个主题；征税官员会说："不准讨论，即刻纳税！"而四海为家的公民"公开表达他们认为这种财政措施是不正当甚至不公正的想法"。④

　　即便对于商人，启蒙的潮流，甚至商业思维的哲学史也是受

16

---

① D'Alembert, "Eléments de Philosophie" (1759), quoted in Ernst Cassirer, *The Philosophy of the Enlightenment*, trans. Fritz C. A. Koelln and James P. Pettegrove (Princeton：Princeton University Press, 1951), p. 4.

② Edmund Burke, *Reflections on the Revolution in France* (1790), ed. Conor Cruise O'Brien (London：Penguin Books, 1982), pp. 170, 188.

③ Alexander Carlyle, *Autobiography of the Rev. Dr. Alexander Carlyle* (Edinburgh：William Blackwood and Sons, 1860), p. 547.

④ Kant, *What is Enlightenment*? pp. 55-56, 59.

到关注的领域。1791 年，当作为编辑兼经济学家的詹姆斯·安德森（James Anderson）介绍他那短暂的爱丁堡杂志《蜜蜂》（*The Bee*）时，他以《对外国通信者的常规问题》（"General Queries to Foreign Correspondents"）一文集中讨论了各种见解与思考方式。关于宗教场所，他问，"它们对于某一阶层人们的品行和思维意向有什么影响？""哪种贸易通常会减少较低阶层的妇女参与？""国家在新闻自由方面的情况是怎样的？"关于强加于租赁租约上的条款，他问，"能不受约束且普遍地表述这些问题吗？"关于消费税，他问，"消费税是以随意而又武断的方式来征收的吗？"关于征税官吏，他问，"规则是否十分清楚而明确地约束他们的行为，使得他们在没有明显罪责的情况下无法违背规则？""在这里，哪种偷窃行为被视为最无关紧要的？而普通人认为哪种偷窃行为是罪大恶极的？"他对他的通信者或是贸易旅行者的指导令人印象深刻。它的目的是"阐释人类思想的历史"。①

魔鬼本人

启蒙运动在派别意义（一般而言，也就是启蒙思想的敌对方的立场）上也与经济学家的活动有着广泛的联系，尤其是在 18 世纪 90 年代的反大革命以及反哲学的著作中更是如此。在《法国大

---

① 安德森提议公开来自"在外国的绅士"的报告，他们或者可以服从与爱丁堡有商业关系（从威尼斯到埃尔西诺）的"贸易机构"，或者可以服从编辑（"如果可能的话"，写在"一张完整的纸上；因为在英国，不论一张纸是多小，邮资都是分开支付的"）。James Anderson，"To Foreign Correspondents," *The Bee, or Literary Weekly Intelligencer*, 1 (1791), xvii – xxviii.

革命反思录》中，伯克发现，"这个启蒙的时代"、"理性与启蒙的 17
新帝国" 以及 "被启蒙的高利贷者" 的时代，就是以 "理性金融
家" 群体的 "政治结社、密谋和改变信仰" 为源头的。1803 年，
编辑加上了这一源头 "与杜尔哥以及几乎所有金融人士" 有关。①
神甫巴吕埃尔（Abbé Barruel）在他 1797 年出版的《雅各宾派历
史》中提到，杜尔哥在 1774～1776 年的经济改革期间，"尽可能
地运用他的权力从而使年轻的国王不受雅各宾派的影响"。对巴吕
埃尔来说，孔多塞就是 "魔鬼本人" "魔鬼孔多塞" "最坚定的阴
谋家"。② 同样也写过一部《雅各宾主义的历史》（History of
Jacobinism）的威廉·普莱费尔（William Playfair）在 1805 年的第
11 版《国富论》序言中谈及 "斯密先生与达朗贝尔等人的泛泛之
交"，以及斯密 "与法国经济学家们的一致推断"。于是，经济学
家的 "丑闻"，连同魁奈、杜尔哥、孔多塞和狄德罗的多次秘密会
面被公之于世。普莱费尔将其称为 "在雅各宾派执政时的派系行
为"；"我必须，也的确，将过去 16 年间发生的大部分可怕的交往

① Burke, *Reflections on the Revolution in France*, pp. 171, 183, 213, 308, 359. 波
考克在他对欧洲 "启蒙思想" 的多元论述中认为，"伯克本人是个开明的人，
他使受启蒙思想影响的欧洲不受革命者及其革命后继者的危害"。Pocock,
Barbarism and Religion, 1：7, 251. 毫无疑问，在 18 世纪 90 年代，在用英语传
播的过程中，伯克的《法国大革命反思录》和他关于光亮的隐喻含义（即启蒙
——译者注）应用的改变，对政治上使用 "开明"（enlightened）的说法以及
启蒙思想这一派别的概念的影响是巨大的。关于光亮的隐喻含义的应用的改
变，他在谈到理查德·普赖斯（Richard Price）以及塔列朗（Talleyrand）对开
明的高利贷的看法时说，"如果这位先生想要把开明和自由这类术语局限于英
国人"，"如果按照新的字典将 '开明' 一词理解成它在你新的学校时的那
样"。Burke, *Reflections*, pp. 182, 308–309.
② Abbé Barruel, *Mémoires pour servir a l'histoire du Jacobinisme*（London：Le
Boussonier, 1797）, 1：27, 316, 382–383; 2：128.

都归咎于他们以及与他们有联系的人"。①

　　在这些当时地方预审法官的群体传记学中，经济学家或者经济改革的理论家都是引人注目的。但是，18 世纪中期的经济思想同样备受诟病，巴吕埃尔和普莱费尔后一代的经济思想，也被视为法国大革命哲学与行政思想最深刻的渊源。托克维尔（Alexis de Tocqueville）在《旧制度与大革命》中写道，"尤其是在他们的著作中，你能够最透彻地研究法国大革命的真正本质"，即研究 18 世纪中期经济学家或哲学家，如魁奈、莱托斯尼（Letrosne）、摩莱里（Morelly）、利维尔（Mercier de la Rivière）等成员的真正本质。他认为，"在历史上经济学家没有哲学家那么才华横溢"；尽管如此，他们比哲学家们更能表达蕴涵着"18 世纪的政治哲学"的"单一理念"。这一理念就是："使用源于推理与自然法则的、简单而又基本的规则来替换复杂而又传统的习俗"是合适的。对经济学家而言，过去是"无尽蔑视的对象"。他们主张抽象与一般性；主张行政简化，主张没有"私人权利"的"公共效用"，主张"自由放任"或者不附加"政治自由"的"商品的自由交换"。他们对国家责任的构想，正如托克维尔所描述的，是通过教育来启蒙人们的心智，这种教育又是建立在自然秩序原理之上；"（国家）用具体的思想来充实心智，并用它认为所必需的具体情操来装点人们的心灵"。②

　　本书所涉及的经济争论是一种不同的政治哲学表述，也是一个

18

---

① William Playfair, "Introduction," in Adam Smith, *An Inquiry into the Nature and Causes of the Wealth of Nations*, 11th ed., ed. Playfair (London: T. Cadell and W. Davies, 1805), 1:xvi – xvii, xxx；许多会议本应该一直与对非宗教书籍的价格提供补贴有关。

② Alexis de Tocqueville, *L'ancien régime et la Révolution* (1856), ed. J. – P. Mayer (Paris: Gallimard, 1967), pp. 230 –231, 238 –240, 255 –263, 283 –286.

不一样的启蒙的概念。这些争论既体现了流派的多样性或是启蒙思想，也体现出在古老的政权终结时启蒙思想哲学体系改变的——且更少专制——程度。托克维尔曾写道，杜尔哥凭借其精神与天才的素质，从法国18世纪中期经济改革的所有支持者中脱颖而出；甚至在他晚年的时候，他"对政治自由的钟爱"最终也实现了。[1] 但是，18世纪七八十年代对经济政策的争论，同样也是政治观念经历更为普遍转型的一次机会。我们将会看到，在杜尔哥、斯密、休谟和狄德罗、孔多塞的关于经济学家或重农学派的政治原则的评论文章中，这种改变是明显的；就在1789年之前，在对托克维尔称之为"第一次"法国大革命的行政专制的拒绝服从中，这种改变是明显的。[2] 甚至在古怪的、无畏的、启蒙的倾向概念中，或在正常生活或者经济生活中，这种改变也是明显的。

在本书中，涉及最多的人物在不同程度上都是启蒙运动不同流派间交锋的参与者。孔多塞与杜尔哥是亲密的朋友，如同斯密与休谟；斯密同孔多塞或杜尔哥之间互有通信往来，或者说是互相学习、遥相关注的。他们都对启蒙运动的倾向，或者人类思想的历史非常感兴趣。但是，他们都在不同的时期以不同的方式对变革人们思想的运动持怀疑态度。斯密从不使用"启蒙"（enlightenment）这个词，他仅在更宽泛的意义上使用"开化"（enlightened）这个词；例如，西庇阿（Scipio）对迦太基（Carthage）的温和的印象（迦太基是闪米特种族在非洲北岸的殖民地。在古罗马的共和时

---

[1] Alexis de Tocqueville, *L'ancien régime et la Révolution* (1856), ed. J. – P. Mayer (Paris:Gallimard, 1967), pp. 230 – 231, 238 – 240, 255 – 263, 283 – 286.

[2] 关于在法国大革命之前15年间的"启蒙运动"的危机，以及"社会历史与政治经济学"之间的关系，见 Venturi, *Europe des lumières*, pp. 28 – 29；也见 Steven L. Kaplan, *Bread, Politics, and Political Economy in the Reign of Louis XV*, vol. 2 (The Hague:Martinus Nijhoff, 1976).

代，为了争夺西地中海的统治权，它和意大利西海岸的印欧族罗马人发生了激烈的战争。战争最终以迦太基的灭亡而告终。西庇阿是这场战争中的一名将军。西庇阿曾释放过一名被俘的迦太基女子，让她与她的未婚夫重聚——译者注）这是"一种更为广阔而开明的思想宽容的表现"。① 孔多塞在他的公共指导和知识奉献项目中更多地使用"光"（les lumières）来表示理解的含义；我们将会看到，孔多塞在晚年极力反对公众启蒙的"热情"以及公共教育的"热情"。托克维尔认为，独立的心智及其所需的条件，是 18 世纪 50 年代的经济学家和文人群体最不感兴趣的；而对孔多塞而言，这却是一个最重要的益处。有时候，使人们接受启蒙思想是一种专制，这样做是"迷惑公众而非启蒙公众"。对普通人而言，最期待的是从"对启蒙思想的权威"的屈从中解放出来。②

英雄气质

与哲学启蒙思想的流派一样，启蒙倾向也与经济思想密切交织在一起。在对 18 世纪七八十年代的经济改革争论的过程中，它被看成人们日常生活中的一种条件。他们不再恐惧，并想要形成自己的判断。斯密在《国富论》中写道，"在其所处的环境中，每个人都能够做出判断，而且要比任何政客或立法者为他们做的判断更好。这是很明显的"。③ 在更早一些时候，杜尔哥曾写过，整个自由贸易体系，或者是整个"让每个人自由地做他想做的事情"的

---

① *TMS*, p. 229.

② "Sur l'instruction publique," in *OC*, 7:215; *Esquisse*, in *OC*, 7:224 – 225；参见第七章。

③ *WN*, p. 456.

体系，是建立在这样一种假设基础之上，即"每个人都是确定自己的土地与劳动的最有利使用的唯一评判者。他本人拥有当地的知识，而没有了这种知识，即使是最渊博的人也只是在盲目地推理"。杜尔哥这样对科波特（Cobert）说"自由放任"让商人们自己判断要做什么。杜尔哥本人也说，教育基金的"自由放任"，则是让家庭来选择他们子女的教育。①

在加利阿尼《关于小麦贸易的对话》中，骑士们说起了商业自由的代表者们，"马车夫、磨坊主和面包师这些人本身就是一个英雄阶层"；"在他们想象中的世界图画里，每件事都用微笑的色彩来绘制……恶与不公正已经从这里消失了"。② 狄德罗在其《对加利阿尼神父的致歉》中补充道，经济学家们忽略了"欺骗、冲动、所有贪婪的诡计和所有恐惧的骗术"；经济力量的"平静的流动"在一定程度上是"一场恐惧、欲望与贪婪之间的混乱的冲突"。③ 威廉·普莱费尔在他编辑的第11版《国富论》中写道，斯密"将（对商品）流通的热爱作为全民财富的基础"，并且"在很多情况下，他相信人们的理智"。④

在杜尔哥和狄德罗所在的法国，个人对启蒙思想这种田园牧歌式的理解处在启蒙思想的新哲学的核心位置。从科学知识的意义上，在18世纪50年代的法国，对启蒙思想的热情还是备受嘲笑的

---

① "Éloge de Vincent de Gournay" (1759), in *OT*, 1:602, 605, 620; "Fondations" (1757), in *OT*, 1:591.

② Ferdinand Galiani, *Dialogues sur le commerce des blés* (1770) (Paris: Fayard, 1984), p. 175.

③ "Apologie de l'abbé Galiani," in Diderot, *Oeuvres*, 3:132, 138.

④ Note (p), in *The Wealth of Nations*, ed. Playfair, 2:253 (comment on Book 4, chap. 3, in *WN*, p. 493); note (f), 2:559 (comment on Book 4, chap. 8, in *WN*, p. 660).

20 对象。让－雅克·卢梭（Jean-Jaques Rousseau）在 1750 年的《论科学与艺术》中，嘲讽人类"通过其理性的启蒙，驱散了被自然所笼罩的黑暗"的场景，也嘲笑了那些"只谈论商业与货币"的政治人物；卢梭反对"共和国文学"的总结，且较早对启蒙运动流派进行了有影响的批判。他的论断遭到了达朗贝尔和狄德罗用（本质上）相同的启蒙运动的普世理想的反驳。相对卢梭笔下质朴和拥有美德、尚未被奢侈腐化的个体，他看到的是一幅卖花女、洗衣妇、学生、书商和卡车驾驶员的勤劳而繁忙劳作的场景。达朗贝尔认为，倘若这个时代仍然在堕落着，那是因为"在那里启蒙思想没有均等地传播；那是因为它太过集中在很少数的思想中"。狄德罗认为，"我们的生存是不幸的、争执不休而又永无宁日的"，而"我们有激情和需求"。但是，思考仍然是所有人的状态和本性。① 休谟在给卢梭的回信中写道，商业、工业、知识与高雅出现的可能性就是"人们的思维"得以唤醒并"开始酝酿"。"人们涌进城市，他们愿意去接受并交流知识"，他们抵制专制并同妇女交谈，"男性与女性以轻松友好的方式进行接触"。②

　　个人评价与局部评价的发现——启蒙思想的普遍性——本身就是一个"对本性的发现"。狄德罗曾于 1776 年在他关于绘画的一篇文论中写道，将绘画分为历史题材、风景画、静物画或描绘鲜花、水果、动物，而"国内日常生活场景"的风俗画题材是不合理的。与历史事件中的英雄们一样，夏尔丹（Chardin）和格勒兹

① Jean-Jacques Rousseau, *Discours sur les Sciences et les Arts*, ed. Jean Varloot（Paris：Gallimard, 1987）, pp. 44, 61, 76；d'Alembert, "Lettre à J.-J. Rousseau, citoyen de Genève," in Rousseau, *Discours*, p. 373；"Droit Naturel," in Diderot, *Oeuvres*, 3：44, 47.

② "Of Refinement in the Arts," in Hume, *Essays*, pp. 270 – 271, 277；参见第八章。

（Greuze）绘画作品的国内主题是"那些生活、感受并思考的人们"。① 就像狄德罗所描述的格勒兹那样，启蒙思想家"是在街道上、教堂里、市场中、剧院内、长廊中、公共集会上不停息的观察家"。有时候他们的（观察）对象是忙碌而精明的人。就像在格勒兹的一幅乡村婚嫁场景画中，你不能准确分辨出谁是姐妹，谁是仆人，谁狡猾，谁诚实，谁是农民，谁又是来自巴黎的花商一样。就像在狄德罗最欣赏的画家夏尔丹的画中那样，有时他们是思考着的、安静的、休憩着的。洗衣妇、正在剥萝卜皮的女人们、系着粉色围裙的护士、正在背诵的男孩，乐器、橄榄罐、瓷盘和几篮李子，从市场买回来一些面包的女人：这就是"下层社会普通人简朴生活"的一种写照。它是一种简朴的生活，其中的每个人都无一例外地在深思。②

21

本着这种精神，在 1776 年，年轻的路易十六在凡尔赛宫宣布了杜尔哥的改革法令，该法令产生于作为 18 世纪欧洲政治一个伟大的组成部分——御前会议上，是一篇对人民思想自由的颂词。一些年后，亚当·斯密在他的学术报告会的一篇名为《纪要》的文稿中写道，这是一座"最有价值的丰碑"，"我怀着无限崇敬的心情来纪念他"，"永远令人惋惜的杜尔哥先生"；歌德介绍了在法兰克福报纸上刊出的"新的友善的最高统治者"的宣告，他（路易十六）的卓越目标包括"引进一个合规的、有效的政治经济学体系，免除所有武断的权利，以及仅依照法律与公正

① "Essais sur la peinture pour faire suite au salon de 1765," in Diderot, *Oeuvres*, 4: 506.
② Salons of 1761 and 1763, ibid., 4:218, 278. 参见 Pierre Rosenberg, "Un peintre subversif qui s'ignore," in *Chardin*, ed. Rosenberg（Paris:éditions de la Réunion des musees nationaux, 1999）, p. 33。

来统治"。① 杜尔哥和路易十六呼吁听众独立思考或理解这些人的观点。这些人包括受管理道路的底层官员压迫的耕作者，被排除在公司之外的缝纫女工，独立的花商，被禁止在大街上解开装有谷物的袋子的车夫，房子被地方官搜查的商人等。

路易十六（在查禁行会的法令中）宣布，改革的目的是保护所有臣民的"权利"，尤其是除了自己的劳动力和勤奋之外一无所有的那些人的权利。他希望能够将他的臣民从对"人类不可剥夺的权利"的"一切践踏行为"中"解放"出来，让人们自己选择工作地点，废除"任意成立"的行会及其"在愚昧时代由贪婪起草的、没有仔细而彻底地检查就被采用的、晦涩的规章"。强迫劳动者去为建设道路而工作的强制劳役是一种"压制性奴役的形式"。国王（在关于谷物贸易管理的法令中）颁布"对于那些会受到不公正对待的商人而言不方便且令其失望的"限制性规定。他（在关于动物油脂的管理的法令中）坚持声称屠夫拥有自由买卖的权利，以及蜡烛制造商有对自己的需求做出判断的权利。国王说，行会的作用一直都是"强迫最贫困的成员屈从于富人的法则"。②

一种内部的震颤

对于经济改革的反对者而言，个人独立思考是最可怕的场景。对于杜尔哥在御前会议上的最主要的对手——法律总顾问安东尼－

---

① Letter of 1785, in *Corr.*, p. 286; *The Autobiography of Johann Wolfgang von Goethe*, trans. John Oxenford（Chicago：University of Chicago Press, 1974）, 2：350.

② *Procès-Verbal de ce qui s'est passé au Lit de Justice, Tenu par le Roi à Versailles, le Mardi douze Mars 1776*（Paris：Imprimerie Royale, 1776）. 这六个法令的文本印刷在 *OT*, 5：200 – 213, 218 – 229, 234 – 238, 238 – 255, 260 – 265, 267 – 269, 一个特别长的摘录来自 the *Procès-Verbal in OT*, 5：273 – 295.

路易斯·塞吉尔（Antoine-Louis Séguier）而言，废除行会制将意味 22
着"为了一个不确定的未来而放弃现在的确定性"。这将威胁到商
业与人们认识自己的方式："每个制造商、工匠和劳动者都会将自
己看成孤立的存在，仅仅依赖自己，并将自由地徜徉在不合规矩的
扭曲想象中，所有的从属关系都将被破坏。"塞吉尔说过，"这种
自由只不过是一种真正的独立"，而"独立性在政治体制中是一个
弊病"；"这种自由会很快转变为放任……这样的财富原则将会成
为破坏的原则，而破坏是动乱之源"。① 正如拿破仑的宗教部长 J.-
E.-M. 波塔利斯（J.-E.-M. Portalis）在一篇给塞吉尔的颂词中所
写的那样，杜尔哥改革的那个时期是这样一个时代：商人们"非
常了解自己的独立性与实力"，"虽然工业很发达，但是人们依然
忧虑不安。""讨论与批判的精神"具有"不可思议的作用"，而且
"只有万物是永恒变化着的这一事实是恒久不变的"。② 在御前会议
中，最后一句沉痛的话是国王说的："我绝非想要打破人们的阶
层。我只希望通过公正与法律来实行统治。"③

　　为了反对杜尔哥的经济政策和普遍启蒙的期望，雅克·内克尔
（Jacques Necker）在御前会议前几个月就曾写过，人们只有"一种
单一的情操"。他写道，"养活人们的面包、抚慰人们的宗教，这
些是人们的唯一信念"；"只有通过辛苦劳作，他们才与社会发生
联系，而且在被称为未来的广大空间里，他们也只看到了明天"。
在这样的情况下，内克尔怀疑"启蒙思想增加"的益处；在地主

---

① "Lit de Justice," in *OT*, 5:288.

② Jean-Etienne-Marie Portalis, *Éloge d'Antoine-Louis Séguier, avocat-général au Parlement de Paris*（Paris: Nicolle, 1806），pp. 66 – 67, 80, 82；也见 on Séguier, Kaplan, *Bread, Politics, and Political Economy*, vol. 2, chap. 9。

③ "Lit de Justice," in *OT*, 5:295.

们对财产权感兴趣，商人们对自由权感兴趣时，人们的兴趣只会集中于人性。① 相比之下，孔多塞认为，穷人也对自由与财产安全极为关心。他在 1775 年给内克尔的信中假想了一个来自皮卡迪（Picardy）的劳工。他写道，"你夸大了人们的愚昧"。普通大众也想拥有财产权、公正以及个人安全保障。他们想要的不是"救济金"，而是好的法律。孔多塞认为，在杜尔哥的经济改革之前，"还尚未有人屑于将大众视为一个理性的群体"。②

托克维尔认为，18 世纪中期法国的"社会经济"的特征是"一种内部的震颤"，其中，"每个人在他的境况下都是焦虑而激动的，并且要试图改变这种状况"。在《旧制度与大革命》中，托克维尔的旅行随着"已不存在的法兰西"进了坟墓。他关注"这一古老政权的行政史与财政史"的"细节"。他的目的是从法国大革命所摧毁了的古老社会的"情操、习俗、信念"中了解 1789 年法国大革命的根源。他尤其想要弄清楚，为什么在 18 世纪七八十年代，这场"几乎横跨了整个欧洲大陆"进行准备的革命会在法国爆发，而不是在别处。与孔多塞一样，他对数百万民众的情操的政治史感兴趣："商业经营、真正运行的制度以及人与人之间准确的阶级定位仍未能让世人了解他们的境况与情操。"③

在托克维尔关于 18 世纪情操的历史描述中，有两个伟大的景象，而且它们都展示出了政治与经济生活的细节。托克维尔认为，个人意向的改革，或者法国经济的"新精神"，都与 18 世纪后半期新的"公共繁荣"联系在一起。"统治者与被统治者的精神"发

---

① Jacques Necker, *Sur la législation et le commerce des grains* (1775), in *Oeuvres complètes* (Paris: Treuttel and Würtz, 1820), 1:5, 126 – 128, 131.

② "Lettre d'un laboureur de Picardie" (1775), in *OC*, 11:9, 15, 18.

③ Tocqueville, *L'ancien régime*, pp. 43 – 44, 47, 182, 270 – 271.

生了转变。人们变得"更加勤奋、更加进取、更富有创造性"。与此同时，公众的不满更加严重，人们似乎更加不安与焦虑，而且"针对所有旧风俗的憎恨"越来越强烈。① 但是，这种新精神最终也成为欧洲其余大多数国家的特征。托克维尔在其《旧制度与大革命》中的注释中写道，"在德国，尤其是在德国最为商业化的城市，如汉堡、吕贝克（Lübeck）、但泽（Dantzig）"，法国大革命之前的大繁荣时期同样也是一个"奇怪的社会动荡"时期。那时出现了一次不明确的"人类思维的公开辩论"；一个"无须搜寻就在所有人心里出现的变革的共同信念产生了，尽管还尚未有人知道如何变革"。②

另一个伟大景象——或可被称作托克维尔的关于 18 世纪六七十年代的"第一次"法国革命，它是带有法国特质的。它是政治生活中的规则和管理的一次转变，也是一次在经济关系上的转变。它受托克维尔所说的"政治语言"的影响。这种语言即指由孔多塞提倡的、与人权有关的路易十六改革法令中的"危险的语言"，以及查禁行会的相关法令中的"危险的"语句。正如我们已经看到的那样，它也受到那一时代的思想家与经济学家的理论的影响，还受到启蒙思想一派的理论的影响。

托克维尔认为，伴随"强烈的致富欲望"和"强烈的改变自己境况的欲望"，个人意向的缓慢革命为这些危险而又专横的学说做了思想准备。③ 在托克维尔看来，18 世纪晚期的剧变的确是一场

---

① Tocqueville, *L'ancien régime*, pp. 271, 273, 276.

② Alexis de Tocqueville, *L'Ancien Régime et la Révolution: Fragments et notes inédites sur la Révolution*, ed. André Jardin, in *Oeuvres complètes*, ed. J.-P. Mayer (Paris: Gallimard, 1952 – 1953), vol. 2, pt. 2, pp. 37 – 38, 44 – 47.

③ Tocqueville, *L'ancien régime*, pp. 72, 280, 291.

关于意义的论战，还是新的普遍启蒙意向的结果。"改善全体境况的欲望"同时也是改变个人境况的欲望，而亚当·斯密认为这种欲望是"统一的、不变的、不间断的"，或者说是"共同的、持续的、不间断的"。它是人类思维的共同原则，也是激励节约与进取的原则。[1] 但是在某种环境下，它也是一个政治剧变的原则。在杜邦·德·内穆尔（Dupont de Nemours）关于杜尔哥的著作的一条注释中，托克维尔写道，革命不是由 18 世纪中期的繁荣引起的。但是，"将会产生大革命的精神"也是商业繁荣的激励因素："这种活跃的、不安分的、充满才智而又有雄心的精神，这种新社会的民主精神，开始赋予万物以活力，而且在推翻这个社会的某一时刻到来之前，它就已经足以动摇并推动社会向前发展了。"[2]

理性的寒光与经济生活的温暖

18 世纪晚期的经济思想图景有时候陌生得令人不安。斯密与孔多塞、伯克与内克尔，他们与我们十分相似，又非常不同。他们思考并论证着自利与竞争、制度与公司、"市场"与"政府"。但是，这些词对他们而言有不同的内涵，而且这些词的内涵还表示着不同的，有时甚至是相反的政治观点。最令人印象深刻的后大革命世界的二分法——即"冷静"、理性和深思熟虑的算计对照"温和"与直觉的情操，以及完全操纵和改良的政府对照非计划、非强制性且多样化的市民社会——在 18 世纪七八十年代的政治经济学中也几乎令人难以辨别。在古老的欧洲大陆上，这两种政治哲学

---

① *WN*, pp. 341 – 345.

② Tocqueville, *L'ancien régime*, p. 373, and *L'Ancien Régime et la Révolution：Fragments et notes*, p. 381.

散布各地，如同伯克笔下的松散个体。①

　　冷峻思想与温和思想之间的对立在 18 世纪中期的哲学观点中司空见惯。赫尔德 1769 年从里加（Riga）到南特（Nantes）的旅行中发现，法国的精神存在于其"冷静的语言与思维方法""冷静的推理""冷血""礼貌"以及"精神的富足"之中。② 欧洲新的思维方法逐渐被分为冷峻哲学（cold philosophy）的两个主要的分支。一方面存在冷漠的利益计算：就像伏尔泰的《精神论》和卢梭的《爱弥儿》中描述的"行尸走肉般的灵魂"，或"麻木""冰封的心不再为喜悦而跳动"的人"不公开承认的自私自利"。但同时也存在这种冷峻哲学的责任。同样在《爱弥儿》中，卢梭将狂热的"强而有力的激情"同"理性与哲学精神"相对照。后者以及"哲学的冷淡"构成了"死亡的宁静性"。③ 哈曼谈到了《纯粹理性批判》中的"冷漠主义"，并且认为，康德笔下启蒙的人不过是"心死之人"。哈曼认为，在《何谓启蒙?》中理性的公开使用只不过是一束北极光，"这束冰冷而荒凉的月光"不能为"疲弱而慵懒的理解力"带来任何启蒙思想，也不能"给薄弱的意志力提供任何温暖"。④

25

---

① "他们以其原有的组织的形式，通过古老的、有组织的政府而非通过单独个体采取行动"——这是伯克对处于复辟时期（the Restoration）和大革命时期（the Revolution）的英国的描述。Burke, *Reflections*, p. 106.

② Herder, *Journal meiner Reise im Jahr 1769*, pp. 94 – 95, 114 – 115.

③ Jean-Jacques Rousseau, *Émile*（1762）, in *Oeuvres complètes*（Paris: Pléiade, 1969）, 4: 596, 633.

④ Johann Georg Hamann, *Briefwechsel*, ed. Arthur Henkel（Wiesbaden: Insel, 1965）, 5: 290 – 291; idem, *Sä tliche Werke*, ed. Josef Nadler（Vienna: Herder, 1951）, 3: 279. 也见 Jean Blum, *La vie et l'oeuvre de J. -G. Hamann, le "Mage du Nord,"* *1730 – 1788*（Paris: Felix Alcan, 1912）, pp. 289, 515; Isaiah Berlin, *The Magus of the North: J. G. Hamann and the Origins of Modern Irrationalism*, ed. Henry Hardy（New York: Farrar, Straus and Giroux, 1994）, pp. 107 – 108。

　　在法国大革命之后，这种政治寒暑表的冲突被调换成信仰与死亡之间的剧烈斗争。在黑格尔的描述中，启蒙思想的气质无疑是冷峻的。它将自身分成两种难堪的意识形式，一个是"离散的、绝对僵化且固执的原子论"（意指绝对的个人主义——译者注），一个是"纯粹的、不可改变的冷淡的普遍性"。也就是说，一方面，启蒙思想导致了中产阶级社会的冷漠，在这样的社会中人们的目标是"用钱换取黄油与鸡蛋"，而且"这些持有这种意识并将其作为目标的人们不是绝对的和睦，而是有着各自的狭隘本性和特殊的利益"。另一方面，启蒙思想引起了人们对法国大革命的恐慌：用黑格尔的话来说，即"（它是）所有死亡中最冷酷且最狠毒的，（砍头）像切掉一棵白菜一样没有任何意义"。[1]

　　对启蒙思想的敌人而言，亚当·斯密是第一种意识形式的象征，而孔多塞是第二种意识形式的象征。路易斯-加布里埃尔-安布罗斯·德·波纳德（Louis-Gabriel-Ambroise de Bonald）这样评价孔多塞的《人类精神进步史表纲要》：它使我了解到了革命国家的"匪夷所思的现象"，在发生革命的国家中，指挥者们"冷酷的命令其追随者面对死亡和被遗弃，而这些人也是他们的同胞"；它是18世纪的破坏性哲学的"最终产品"，或者说是"新的福音书中的《启示录》"。[2] 但是，亚当·斯密几乎同样令人惧怕。波纳德写道，《国富论》对社会的整体"道德财富"都是有破坏性的。它也是破坏的一个源头。波纳德在他对斯密的评论中说过，战争、瘟疫、饥

---

① Hegel, *Phenomenology of Spirit*, pp. 339, 353, 359 – 360; idem, *Philosophy of Mind* (1830), trans. William Wallace (Oxford: Clarendon Press, 1971), p. 256.

② Louis-Gabriel-Ambroise de Bonald, "Observations sur un ouvrage posthume de Condorcet," in *Oeuvres complètes*, ed. J. -P. Migne (Paris: Migne, 1864), 1: 721 – 723.

荒不能摧毁公共社会的影响力，"一本书却足以颠覆它"。政治经济学的影响就是要让国家的注意力从"社会的道德体系"中移开，而没有了"政府的持续行动"，社会的道德体系不能得以维持。"因此，对社会的管理导致政府忽略了对人的管理。"①

　　从那时起，孔多塞和斯密就被看作历史长河两大进程中的先驱者，这两大进程在 19 世纪或走向全民政府，或遗弃市场关系。我们会发现，这些进程在 18 世纪七八十年代的经济思想中很难被识别。在孔多塞和斯密笔下，经济生活本身就充满着温暖和散漫的情绪。斯密将自利或自爱看作一种典型的温和（且难以理解）的情操。他在《道德情操论》中提到了"我们自己的强烈的情感"或是"激动与渴望"，在这种情绪中，"自私似乎放大并歪曲了每件事物"。与道德评价一样，商业评价是一种理性与感性的结合。②在《国富论》中，与"企业精神"一样，贸易政策取决于"妒忌"和"憎恶"，偶尔会"被对有趣的错误的所有强烈自信"所激怒。项目经理或进行新冒险活动的企业家，都是富有"想象力"与"激情"的人，而非能够进行"审慎的推理与富有经验"的人，他们沉迷于开矿、帝国和资本投资的"黄金美梦"之中。③

　　斯密认为，对买卖自由与工作自由的干预是一种政治压迫。有时候它也是一种对情感的压迫。在《国富论》中，贸易自由将人从人身压迫、政治压迫，有时甚至是身体压迫中解放出来。穷人受迫于定居地法律；法国人受迫于封建领主的租税；德国人受迫于必须饲养君主的坐骑；小型酿酒商受迫于许可证管制；大型业主的佃

---

① "Sur l'Économie Politique," ibid. , pp. 297, 299; "De la Richesse des Nations," ibid. , p. 309.
② *TMS*, p. 157.
③ *WN*, pp. 142, 310, 496, 563, 947.

户受迫于"管家与代理人"；要出口绵羊的人受迫于"以鲜血写成"的法律；学徒受迫于所在的公司；服装商人受迫于汉堡公司；爪哇人受迫于荷兰东印度公司；而且几乎每一个人，包括他们自己的低等奴仆在内，都受迫于在孟加拉的东印度公司。①

　　在许多这类例子中，压迫是人与人之间的一种关系，它是一种政治权力的滥用。它与小规模的人身专制有关。同斯密一样，孔多塞和杜尔哥都认为这种专制是一种持续的困扰，他们称之为一种"骚扰"。因此，斯密在《国富论》中反复提到"征税官吏令人头疼而恼人的到访"，以及那些可预见的来自"海关官员"的"麻烦或骚扰"。骚扰是一种压迫，它在司法管理不确定的环境中滋生。在这种环境中，人们运用公职的权力来驱赶个人的不满。在这种压迫中，压迫者知道被压迫者的名字、弱点及其住所。斯密说过，海关官员们"经常给他们的邻里带来麻烦"。他们的到来使人们遭受"太多不必要的麻烦、骚扰与压迫；而且，尽管严格意义上来说，骚扰并不需付出金钱上的代价，但是人们会愿意花费相应的金钱使自己得以从中解脱"。②

　　在这里，个人与商业、经济与政治、理性与感性（或者说计划与直觉）的思想是紧密联结在一起的。杜尔哥在 1770 年曾写道，法律管制利息和高利贷的后果就是把人们置于可憎而又危险的骚扰之中。他在《货币借贷备忘》（*Mémoire sur les prêts d'argent*）中写道，"弃公民的命运于随着公众意志变化的、武断而又摇摆不定的法理中而不顾"；他描述了在省一级的小镇昂古莱姆（Angoulême）

① *WN*, pp. 138，157，394，405，636，639，648，734，823，853.

② *WN*, pp. 827，898 – 899，927，936. 骚扰也是劳伦斯·斯特恩的关注点之一。Laurence Sterne, *The Life and Opinions of Tristram Shandy*（*1759—1767*）（London：Penguin Books，1985），p. 494.

中的"眩晕"与"恐慌"、"谴责"与"报复",而这些都是检举高利贷的后果。整个小镇的人们已经"愤怒"了,而司法官员们需要适应"这样的热度"。他告诫巴黎当局,至关重要的是要结束"这种如此可憎的骚扰,它甚至可怕到用遵守法律的热情的表象来掩饰自己的程度"。①

孔多塞在其 1776 年的《对谷物贸易的思考》中写道,规章制度就是一个"欺诈与压迫"的团体,在这里,农民(的生活)受困于那些作为城市生活特征的"检查、禁律、判罪和骚扰"。他们不得不研究那些"下级"官员们的伎俩,并学着如何去唆使他们。他们甚至失去了农业生活中的最大优势——独立,"人类宁愿依靠自然而非其他人;与遭遇不公正对待所引起的损失相比,雹灾带来的危害与痛苦会更小;正是这一点将人与农业联系起来"。孔多塞认为,财政制度的间接税改革本身的问题就在于情操:"它将会拯救那些在现存制度下迫于骚扰与恐慌而呻吟着的人们;它会把人们从那种比苦难还要痛苦一千倍的受压迫的情绪中解脱出来。"②

理想的国家

在这些热情而又散漫的社会中,甚至"政府"与"市场"也是错综复杂地联结在一起的。现在看来,18 世纪晚期的经济思想(对我们而言)如此陌生,部分是由于在政治方面出现了后续的变

---

① "Mémoire sur les prêts d'argent," in *OT*, 3:161 – 164, 199; 也见 Emma Rothschild, "An Alarming Commercial Crisis in Eighteenth-Century Angoulême: Sentiments in Economic History," *Economic History Review*, 51, 2 (1998), 268 – 293。

② *Réflexions sur le commerce des blés*, in *OC*, 11:145 – 146, 191.

革：这种变革既出现在经济改革的政治观点中，也出现在对国家的描述中。在本书所关注的时期内，"左翼"——启蒙思想的支持者、革命的同情者——是对经济、政治、宗教批评最严苛的人。颂扬斯密而批判伯克的托马斯·潘恩（Thomas Paine）描述道，"政府凭借贪婪的双手将自己推向工业的各个角落与缝隙"，他还提倡"减轻税负"，特别呼吁通过一项将文职政府的花费限制在不足国民收入 1% 水平的减税计划。①

在被波纳德称为革命福音的末世的著作中，孔多塞的关于未来发展的田园诗是对贸易与工业的"无限期自由"的赞扬，这会使人们最终从"横征暴敛式财政"的"毁灭性灾难与屈辱的枷锁中"解放出来。② 1793 年，孔多塞认为财政改革的目标应该是确立直接税和最低税率；避免对"累进税"的遏制，以此，"对个人而言，取得一块新土地或是进行一项新的投资本不应该是无收益的"。政治活动的目标应该是使国家"实质上不存在"（即"几乎无效"），人们需要"那些将政府行为减少至最低程度的法律与机构"。③

"右翼"，或者说是革命的反对者，则是政府的捍卫者。在 1776 年，法律总顾问塞吉尔针对杜尔哥辩称道，"正是这些障碍、桎梏、禁律造就了法国商业的荣耀、安定与广袤"。④ 伯克认为，"公共财富的提供与分配"对"国家的繁荣与进步"是至关重要的。一个政府结构被破坏了的社会很快就会被"分割成粉尘般的个体"。更重要的是，正是那些将会遭遇更多苦难的穷人们在为政

---

① Thomas Paine, *The Rights of Man*, pt. 2 (1792) (London: J. M. Dent, 1956), pp. 153, 158, 238.

② *Esquisse*, in *OC*, 6:190 – 191.

③ "De la nature des pouvoirs politiques dans une nation libre" (1792), in *OC*, 10: 607; "Sur l'impôt progressif" (1793), in *OC*, 12:632.

④ "Lit de Justice," in *OT*, 5:288.

府"维持着公众的希望。而最贫穷的人从中发现自己的重要性与尊严"。应该"用虔诚的敬畏之心和忐忑的焦虑"来看待"真正公开的"政府。但是，财政政府本身就是受人尊崇的对象。"国家的税收不仅是国家……宏大、自由、富饶、刚毅、远见卓识的源泉，也是守护美好的艺术和人民生活的源泉。"①

  在整个欧洲，改革与取消经济管制政策将革命政治与帝国政治联系起来。柯勒律治（Coleridge）称拿破仑是经济学家的信徒，他坚持着这一观点，即政府应该"保护全民的自由……超出这一原则政府所做的任何事都是罪恶，而且它最佳的职能就是废除法律与规章，而不是确立它们"。② 在《战争与和平》中有这样一幕：拿破仑的军队占领了莫斯科，靠法国支持的新市政当局宣称，"这个城市的市场已经成立了，在这里农民可以按照买卖双方协商的价格，不受限制地出售他们的剩余产品"。③ 在 1810 年，德国"浪漫主义"经济学家亚当·穆勒（Adam Müller）写道，"亚当·斯密的全球性观点及其自由理念只能在（经济）大衰退的时刻为欧洲

---

① Burke, *Reflections*, pp. 194, 197, 351 – 352. 伯克对财政政府的颂词是相当欢快的，甚至对他的朋友也是这样。菲利普·弗朗西斯（Philip Francis）在他的《法国大革命反思录》的副本中写道，"即使我了解这一事物，他想要证实公众的美德随着税收的增加而增长……那么，对下层人民征税越多，则上层的美德会越多"。弗朗西斯本人认为他自己得出了"相反的结论，即金钱与美德是没有联系的……如果这符合了伯克先生的目的，那么他也会有（同我）一样的观点"。这些是伯克于 1790 年寄给弗朗西斯的《法国大革命反思录》的副本中的评注，现收藏于哈佛大学霍顿图书馆（Houghton Library）。关于伯克在他那个著名的演说结尾时敦促政治改革的拥护者在建筑的风格方面做尽可能相近的修补的观点，弗朗西斯问道，"你会按照什么风格来修补摩洛哥政府呢？"

② Samuel Taylor Coleridge, *The Friend*, in *The Collected Works of Samuel Taylor Coleridge*（Princeton：Princeton University Press, 1969）, vol. 4, pt. 1, p. 198.

③ Leo Tolstoy, *War and Peace*, trans. Rosemary Edmonds（London：Penguin Books, 1982）, pp. 1188 – 91.

的所有国家带来幸福"。穆勒说，那些同斯密一样将国家视为一个"有益的企业"的人们的理想，是一个由缺乏崇敬也缺乏幻想的民族组成的国家———一种共同生活体，一场"不守规矩的婚姻"。[①]

这里，经济改革的政治言论与之后的政治言论几乎是相反的。政治友谊也是如此。我们将会看到，自由放任的经济政策与政治保守主义的联盟是后大革命政治与后拿破仑政治的产物。拿破仑本人在圣赫勒拿岛上研究《国富论》和受到保护的"旧体系"中的垄断组织（比如东印度公司）；就像兰克斯（Las Cases）所记述的那样，拿破仑的结论是自由贸易"激发了所有的想象，震惊了全民族；它与平等完全相同，并很自然地导致独立，而且它在这一点上与我们现代的体系有更多的关系……我宣布支持自由贸易，并且摒弃公司"。[②]

从更深远的意义上来讲，18 世纪晚期经济思想中的政治观点也是陌生的。这是因为人们还未将"政府"和"市场"理解为两个强大且互斥的社会领域，而且它们的确是相互依存的。政府建立起市场，或者说政府将市场强加给不守纪律的贸易商。国家是大而散乱的团体，它包括区郡的政府、行会、公司和已建立的教会。甚至描述政府与市场的词语现在看来也是陌生的，它们从抽象变为具体，又从具体变为抽象。正如伯克所写的那样，市场因此是一套秩序，它的"原则"能被"颠覆"；它也是在特定的时间中按照特定

---

①　"Fragmente" (1810), in Adam Müller, *Ausgewählte Abhandlungen*, ed. Jakob Baxa (Vienna：Gustav Fischer, 1931), p. 86；"Der Staat, als nützliche Entreprise," in Adam Müller, *Vermischte Schriften über Staat, Philosophie und Kunst* (Vienna： Heubner, 1817), 1：228.

②　Comte de Las Cases, *Le Mémorial de Sainte-Hélène*, ed. Joël Schmidt (Paris：Éditions du Seuil, 1968), 2：1441.

的规则组合起来的物理结构。[1] 在《法国大革命反思录》中，伯克 **30** 将政府称为"基于所有学科的伙伴关系；基于所有技能的伙伴关系；基于所有美德与理想的伙伴关系"；对于那些国民议会中的"仅仅作为国家助理牧师"的人，他认为他们是"从未比纸面描述更多地认识到国家本质的人们"。[2]

在 1775 年，孔多塞将理想的经济关系描述成一种"买卖双方的贪欲彼此制衡，没有任何人干预"的（市场）环境。[3] 但是，市场同时也是一个由暴虐而又禁止性的法律所强加的一个障碍。科尔伯特（Colbert）的布列塔尼（Brittany）盐业交易法就是一例。用孔多塞的话来说，即必须从事五年的重体力劳动，盐的销售才被允许，并且只"在市场大厅里、在开市日和市场交易时间内进行，并且盐只能出售给那些在本省内有固定住所的人"。[4] 杜尔哥区分了在互惠互利的基础上发展起来的市场与作为特权和管制的组织的"集市"；然而，一些政府居然"运用警力来建立市场"。[5] 杜尔哥 1776 年的法令之一就是取消那些将谷物运进巴黎的商人"在第三次集市（三次集市之间的时间间隔仅为 11 天）之前"将其出售的义务。[6] 针对内克尔对于商人只有在市场内出售的义务的辩护，孔多塞说过，有时候"不同市场之间存在多达五至六个等级"。当内

---

[1] 伯克可以被看作在最抽象的意义上第一个大量公开使用"市场"这个词的人之一。在 1795 年他写道："只要政府在市场上出现，则所有的市场原则都将被颠覆。" *Thoughts and Details on Scarcity*, in *The Works of the Right Honourable Edmund Burke* (Boston: Little, Brown, 1894), 5:154；参见第二章。

[2] Burke, *Reflections*, pp. 134, 194.

[3] "Monopole et monopoleur," in *OC*, 11:41.

[4] "Réflexions sur la jurisprudence criminelle" (1775), in *OC*, 7:8.

[5] "Foire" (1757), in *OT*, 1:580.

[6] *Procès-Verbal*, p. 39; "Déclaration Royale supprimant les règlements de police, ainsi que les droits et offices établis à Paris sur les grains," in *OT*, 5:221.

克尔承诺不会将法律施诸小型的、地方性的交易时，他仅仅是在承诺一个"主观的容忍"，即官员们可以"根据他们的利益或兴致来选择是睁一只眼闭一只眼，还是确保法律得以执行"。①

在由爱尔维修（Helvétius）协助腓特烈大帝建立的普鲁士，哈曼是一名关税督员。在这里，那些有市场交易发生的城镇就好比"处于农村自由贸易海洋之中的具有保护性关税的岛屿"。② 孔多塞说过，这些城镇不仅是人们聚在一起交易的地方，还是人们"受到诡计与压迫的愚弄"的地方。甚至在英格兰，或者至少在那些斯密很反感的公司化的城镇中，城镇成为买卖的场所和工业发展的场所，尤其是成为调控的场所。这里是浮夸与信息交流的地方；杜尔哥认为，价格的形成是买卖双方辩论的结果。但是，在市场性城镇中，这种对话不可避免地转向了规章与税收。官员与商人们相互扶持着共同生存，官员有时还与商人一样。斯密曾写过［并对两个商业市镇诺维奇（Norwich）和谢菲尔德（Sheffield）与曼彻斯特、伯明翰和伍尔弗汉普顿进行了最不利的比较］："公司性城镇的政府完全处于贸易商与工匠的控制之下了。"③

与纯经济的市场的理念一样，这里出现的纯政治的政府的理念也是难以理解的。斯密认为，"国家的结构"是由教会机构、地方与市政委员会、王国、区郡、行会以及公司组成的。④ 在《国富论》中，英国的政府也是纳米尔的国家（Namier's state）：它合并了巴斯勋爵（Lord Bath）的誊录员于 1761 年所说的"契约、就

---

① "Lettre d'un laboureur de Picardie," in *OC*, 11:21；*Réflexions sur le commerce des blés*, in *OC*, 11:235.

② 这是古斯塔夫·施莫勒（Gustav Schmoller）的话，引自 Anton Zottmann, *Die Wirtschaftspolitik Friedrichs des Grossen*（Leipzig：Franz Deuticke, 1937），p. 26。

③ *WN*, pp. 136 – 137, 141.

④ *WN*, p. 472, and fn. 60；*TMS*, p. 230.

业、捐助、贷款、汇款，等等"。① 斯密说过，它的政策是"由对部分利益的强烈坚持"来引导的。斯密在《国富论》里长篇抨击的文章中，只有一篇涉及将来一国政府的首要经济活动将是什么。这就是他对于有偏见的立法机关所强加的进口限制与出口鼓励的评论，而这些立法机关则像平常一样受到相关垄断者的"过于庞大的常备军"的威胁。② 斯密的另一个主要目标则是针对牧区管理委员会及教会执事的政策（限制贫困人口自由迁移的定居法律）、公司与行会的政策（学徒制度），以及针对整合过的贸易公司（东印度公司）和宗教团体的政策的。

伯克在《法国大革命反思录》中提到英国人时说，"教会与国家在他们的头脑中是密不可分的概念"，而且他们把教会看作"他们整个政权的基础"。③ 斯密也认为"教会政府"是这个国家政权的一部分，而且它也的确是斯密最严苛的评论对象。在介绍官方宗教时斯密使用了经济阻塞的表达方式："每个已有教会中的神职人员都构成了一个庞大的组合体。他们能够采取一致行动，并且用一种精神，根据一个计划来追求其利益。"他本人的建议是支持"两三百个或多达上千个流派"的竞争，就像在临近国内战争结束时对那些流派的支持一样；是一个"教会政府的方案，或者更严格地说，是没有教会政府的方案"。④

在受管制的市场与利益相关的官员并存的背景之下，商业与政府的相互依存是斯密经济改革理论的核心，这对于杜尔哥与孔多塞

---

①　Sir Lewis Namier, *The Structure of Politics at the Accession of George III* (1957) (London：Macmillan, 1961), p. 45.

②　*WN*, pp. 471 – 472.

③　Burke, *Reflections*, pp. 197 – 198.

④　*WN*, pp. 793, 797.

而言也是一样的。制造商同时也是教会执事、市参议院和立法机构的顾问，那些买进羊毛卖出成衣的人们也是一样；斯密说过，"每当立法机构试图调节雇主及其工人们之间的差异时，它们的顾问总是雇主"。① 孔多塞在《对谷物贸易的思考》和《杜尔哥传》中都尽力去区分真正的企业家与政治的企业家："官方认可的"商人们凭借对政府规章的默许来追求其个人利益，因此他们避免了"来自那些财富不足以使其拥有资助人的商人们的竞争"。② 但是总体而言，商人的选择是在不同的市场（或多或少存在管制），获取利益的不同策略（或多或少有政治性）之间做出的。这种利益既有政治方面的又有经济方面的，而且政治影响本身也是一种消费形式。就像孔多塞所写的那样，反对斯密所支持的对奢侈品消费的征税，"不买马，人们会买阿谀奉迎的人和职位；为了取代对嗜好的开支……他们会把花销用在阴谋上"。③

　　骚扰的概念在斯密、杜尔哥、孔多塞对经济生活的情操的介绍中是十分重要的，它对于他们的国家理论与政治压迫理论也同样重要。骚扰的确是一种特殊的、个人权力滥用的形式，它以商业规则与财政规则的强制实施为特点。经济生活中还存在其他（更糟糕的）形式的滥用：当斯密提到有些宗教组织利用民众对永恒苦难的恐惧，或者宗教恐怖来保护其自身利益时，他是在说明精神力量的滥用；当孔多塞提到家庭内部的"权力不平等"——用他的话来说即为"两性之间"的不平等——时，他

---

①　*WN*, pp. 157 – 158.
②　*Vie de M. Turgot*, in *OC*, 5:28, *Réflexions sur le commerce des blés*, in *OC*, 11:200；参见第六章。
③　*Sur les assemblées provinciales*, in *OC*, 8:391.

是在说明"武力的滥用",就像他所解释的那样。① 但是,由于政治生活与经济生活的相互关联性,以及政府统辖与商业领域的相互关联性,骚扰的特殊环境出现了。经济生活不是一个明确的统一体,它是生活的一个"侧面"。就像在生活的其他方面一样,人们在经济生活中(他们像商人或税收官员一样生活着)有着同样的人格或是情操。在其社会关系的方方面面,人们保持着他们的恐惧与敌意。

斯密和杜尔哥认为,所有机构中最有欺凌性的是民间社会的组织和团体。雇主制和学徒制行会是骚扰漫布的小型地狱。它们为个人权力的滥用提供了一个有利的环境;它们是私营协会,受到公共法律的不确切且任意力量的保护。杜尔哥在其 1776 年的查禁雇主制行会的法令中称,行会的规章是"古怪、专制且违反人性与道义"的。法律总顾问塞吉尔认为,至于伯克,改革的效果终将削弱(而非"维护")"国家的古老根基"或"国家这座大厦的政治体制"。塞吉尔说过,团体就像是国家中的"小共和国",每个小团体都为作为全体的国家的利益而努力,没有了国家它只不过是"一个孤立的存在"。② 但是,斯密认为正是这种类似于国中之国的权力暗藏着危机。在斯密看来,学徒制行会是一个封闭的压迫世界,其章程受到"王国的公共法律"的支持。③ 它们是摇摆不定的法理与不可预知的强制实行的法律发挥作用的场所。也就是说,在政府与市场的共同管辖下发展起来的机构并不比这座政治"大厦"本身更加自由与开明。

33

① *WN*, p. 797; *Esquisse*, in *OC*, 6:264.
② "Lit de Justice," in *OT*, 5:279, 288, 291, 293.
③ *WN*, pp. 135–136.

纵容与漠视

　　在这些动乱的时代中，启蒙思想的敌视者和倡导者之间的区分是人们所不熟悉的。与后大革命时期相比，这些区分更难，连续性更小。我们已经知道，在 18 世纪 90 年代的论战中，启蒙思想作为一个团体或是一个派别的意义是显而易见的。这也是对启蒙思想受到的最尖刻、最核心的指责。在批评者看来，当哲学家与经济学家说他们正关注着数百万民众的意向或是精神的时候，他们正在撒着弥天大谎。事实上他们只不过是在关心他们自己的意向和计划。他们缺乏一些会服从他们自己的权威的人们。他们是一个流派，并假装成为公众知识新领域的理论家。

　　在这种指责最有生命力的时刻，它是恒定论的一种复制：拉梅耐（Lamennais）抨击了伏尔泰的双重漠视，即伏尔泰认为宗教对于文化人而言是一种消遣，而它仅对于大众而言是必需的。① 而针对经济学家魁奈、莱托斯尼（Letrosne）和梅西埃（Mercier），托克维尔抨击他们为了适应自己的"基本秩序"或是"虚构社会"的"模式"，而想要重塑人们的精神。托克维尔认为，对于经济学家而言，政府的作用"不仅是去统治国家，还要以某种方式来建设国家"；政府的作用是要去"塑造公民的精神"，向他们灌输那些政府自己认为是必需的"理念"和"情操"——"它不单单是

---

① Felicité de Lamennais, *Essai sur l'indifférence en matière de religion* (Paris: Tournachon-Molin, 1820), 1:88 - 89, 158. 关于伏尔泰的双重宗教或反宗教的评论，参见 Owen Chadwick, *The Secularization of the European Mind in the Nineteenth Century* (Cambridge:Cambridge University Press, 1975), pp. 10, 104。

改造人们，而是在彻底改变人们"。①

　　早期的启蒙思想批评者认为，启蒙思想的一项弊病就是将人引入歧途，对自己的政策后果有时候过于轻浮和漠不关心。拉·巴纳夫人（Madame La Baronne）在大革命前不久出版的巴吕埃尔的反哲学小说《哲学信函》的开篇中写道，"我把书寄给我的装订工，其中就有《自然体系》"，那名装订工"利用夜晚的时间浏览了这些书，并对他师傅的女儿有些随便"，他自信地告诉她，"根本没有地狱，他刚刚在一本拉·巴纳夫人的书上读到的"。②在法律总顾问塞吉尔的保护行会的演说中，他设想巴黎将会到处都是"从工场中逃跑出来的"大群的学徒，他们的"顺服精神将会消失"。至于杜尔哥（和路易十六）认为行会规章是古怪并违反道德的，塞吉尔认为他不会"面不改色地"重复这一观点。③

　　在另一种说法中，（启蒙思想）想要重塑其他人思想的弊病更为险恶。这是因为它想从无宗教信仰中制造出一种信仰来。"思想家流派"的一个子派别就是拉梅耐所说的"不虔诚的信徒"。对他们而言，伏尔泰是"理性的神甫"；在他们的"盲目狂热"中，他们愿意去牺牲整个团体来换取他们的原则。④托克维尔认为，这是经济学家或重农学派的准宗教精神，也是雅各宾派原则的精神。它是罗伯斯庇尔的神的宗教精神，也是公共教育的革命性计划［塔列朗（Talleyrand）在其革命时期的计划］的精

----

① Tocqueville, *L'ancien régime*, pp. 238－239, 259－260.
② Abbé Barruel, *Les Helviennes, ou Letters Provinciales philosophiques*, 4th ed. (Paris: Briand, 1789), 1:5.
③ "Lit de Justice," in *OT*, 5:290, 293.
④ Lamennais, *Essai sur l'indifférence*, 1:52, 390.

神，而公共教育将会"永远铭记新情操、新道德和新风俗"。①但是，道德专制主义的弊病也令 18 世纪七八十年代的少数哲学家（他们是比魁奈与梅西埃更为年轻的一代）痴迷其中。孔多塞提到，伏尔泰真正变得开明是在他来到英国之后。而下面的话用来评价孔多塞自己知识观的转变更合适：他发现，"真理不是少数哲学家的秘密武器，也不在少数引导世界的人的手中；真理更不是哲学家们灌输给别人的那样，同他们一起嘲笑错误的人都是牺牲品"。②

　　这里所说的公开的真理体系是与经济学家或重农学派的"秩序法则"相对立的。杜尔哥描述了针对经济学家的指责，对接受"一个派别的论调"认为是"很正当，理所当然的"："啊！派别！"在 1770 年，他强烈反对杜邦·德·内穆尔通过编辑的校订将他转变成经济学家的努力。他写道，他将永不涉及"秩序法则"；他本人的原则是关于"人类的权利"的，而且他认为经济学家的"监管职权"的概念是对他们学说的一种"侮辱"。这一学说认为，"人们不需要导师。如果人们是理性的，那么他们就知道如何理解他人"。③ 在 1769 年，休谟曾将经济学家称为"现今存在的最怪异又最自大的一群人"，并且他还敦促莫雷莱特神甫在其拟编的《商

35

---

① *Rapport sur l'instruction publique*, *Fait au nom du Comité de Constitution*, *par M. Talleyrand-Périgord*（Paris：Assemblée Nationale，1791），p. 4；参见第八章。

② *Vie de Voltaire*，in *OC*，4：20.

③ Letters of December 26，1769；February 2，1770；March 23，1770；and December 21，1770，in *OT*，3：77，374，384，398 – 399. 托克维尔说过，"对政治自由的嗜好"只是在杜尔哥的晚年才有的，而且杜尔哥在 18 世纪 70 年代早期的公共教育计划——他在一篇 Dupont de Nemours 起草的关于"新的民族"的意向书中对路易十六的承诺——涉及人类的权利远远少于孔多塞在之后的提议中所涉及的。Tocqueville，*L'ancien régime*，p. 257；" Mémoire sur les municipalités"（1775），in *OT*，4：580 – 581，621；参见第 6 章。

业大辞典》中"震慑他们、打压他们、抨击他们"。① 而斯密在说到魁奈及其"流派"时认为，他们的"绝对自由与公正的精确疗法"忽视了人们生活的多样性。至于他们关于土地征税的看法，斯密说过他宁愿去重新审视它，而"不想参与到那场对支撑着他们独创理论的形而上学论点的不愉快的辩论中去"。② 孔多塞认为，"他们的格言如此一般，他们的原则如此僵化"，以至于他们似乎"为了贸易自由的利益而牺牲掉政治自由的利益"。孔多塞曾写过，把公共教育体系中立法者的思想与情操强加给别人是"一种真正的专制"。③

18 世纪中期道德近代化或心理近代化的前景——即义务启蒙——是一个更为久远的计划。在费纳隆（Fénelon）于 1699 年出版的《忒勒马科斯历险记》中，那个辅导者说，"改变整个国家的品位与习俗是有必要的"。在 18 世纪这本书出版了 200 多种版本；那么生活在伊萨卡（Ithaca）的人们可能与生活在提尔（Tyre）的人们一样，他们都是"勤劳的、有耐性的、努力工作的、清白的、认真而又谨慎的；他们有一个明确的法规体系；他们彼此之间达成了完美协调；从未有人会更坚定、更直率、更忠诚且更可靠"。④ 在 18 世纪的大部分时间里，腓尼基城市的心理改革的确是一种商业政策的模式。彼得大帝曾试图制止俄国人民的任性，并将"危害转变成益处，将懒惰转变

① Letter of July 10, 1769, in *The Letters of David Hume*, ed. J. Y. T. Greig（Oxford：Clarendon Press, 1932）, 2：205；也见 n. 1, in *Corr.*, pp. 114 – 115。

② *WN*, pp. 674, 678, 830.

③ *Esquisse*, in *OC*, 6：191；*Sur l'instruction publique*, in *OC*, 7：202.

④ François de Fénelon, *Les aventures de Télémaque*（Paris：Garnier, 1994）, pp. 166, 524；"Critical Bibliography," in Fénelon, *Telemachus, son of Ulysses*, ed. and trans. Patrick Riley（Cambridge：Cambridge University Press, 1994）, p. xxxii.

为勤奋"。① 根据伏尔泰的建议，凯瑟琳大帝想要 "在居民中消除懒惰"，并摆脱掉 "消极、粗心" 和 "漠视一切" 的习惯。② 詹姆斯·斯图尔特爵士认为，"政治家的职责" 就是 "塑造其国民的心智" 或是 "人们的精神、行为举止、习惯与风俗"。斯图尔特说过，"通过对一个民族精神的正确引导和控制，任何事情都能实现"，但是斯图尔特承认，"这需要政治家有部署人们思想的特殊天分"。③

在本书最为关注的政治经济学中，人的思想有着更强的适应性。在被杜格尔德·斯图尔特所引用的一篇斯密 1755 年的手稿中，斯密曾写道，"通常而言，政治家与规划者们认为人是某种政治手段的材料"；在一定程度上，他自己的偏好只不过是 "公平竞争"。④ 休谟在他的随笔《关于商业》中写过，"最高统治者们必须接纳人性，不能假装推行任何在思维原则与方式上的重大改变"。也就是说，存在着一种心理上的自由放任，它是对商业中的自由放任的补充。存在着一种精神的自由，它是对经济自由的补充。休谟认为，商业生活本身就是无序的、不着边际且不确定的；当人们 "对政治、贸易、经济或生活中的任何方面形成计划时，他们从不应该得出太精确的结论，或是把太多的后果联系在一起。有些事一定会发生，这会搅乱他们的推理并产生一种与他们的预期

① 这是罗蒙诺索夫（Lomosonov）在 1775 年所作的一次演讲中的话，引自 Nicholas V. Riasanovsky, *The Image of Peter the Great in Russian History and Thought*（Oxford：Oxford University Press, 1985），p. 32。
② "Instruction," in *Documents of Catherine the Great*, ed. W. F. Reddaway（Cambridge：Cambridge University Press, 1931），pp. 262 – 263.
③ Sir James Steuart, *An Inquiry into the Principles of Political Oeconomy*, ed. Andrew S. Skinner（Edinburgh：Scottish Economic Society, 1966），1：16 – 17, 25.
④ Stewart, "Account," p. 322.

不一样的事件"。① 这也是斯密对商业（与政治）的看法，同时还是孔多塞晚年的观点。

斯密认为，启蒙的倾向也是商业生活的倾向，它是所有人的一种普遍状态。它会受到（来自偏见、恐惧或者各种愚昧无知的）阻碍。它也能得到释放。但是，它是不能够向人们传授、引导或是灌输的东西。在这一方面，包括在关于商业的"政治"理由的理论——这是阿尔伯特·赫希曼（Albert Hirschman）的研究成果《激情与利益》（*The Passions and the Interests*）的主题——中，斯密对于经济情操的观点与詹姆斯·斯图尔特和孟德斯鸠的观点有很大的差异。② 因为将人们的激情视为"可以驾驭"或"利用"的事物的观点是统治者的观点。斯密与孔多塞的一样，认为大体上人们有自己的看法，商业的无名英雄们也一样。③ 与早期的贸易政策的作者一样，他们忙于向统治者（和立法机构）提供意见。但是他们一直对于这些君主和政客们的智慧持怀疑态度。他们反复建议，

---

① "Of Commerce," in Hume, *Essays*, p. 254.

② Albert O. Hirschman, *The Passions and the Interests: Political Arguments for Capitalism before Its Triumph* (Princeton: Princeton University Press, 1977). 也见 Nannerl O. Keohane, *Philosophy and the State in France: The Renaissance to the Enlightenment* (Princeton: Princeton University Press, 1980), 特别是第五章。

③ 正如赫希曼所写的那样，"与早期的作者们相比，斯密更为关注'人类的大量民众'"，而且与孟德斯鸠、斯图尔特或内克尔相比，斯密也更为相信即使是民众也有难以理解的生活。Hirschman, *The Passions and the Interests*, pp. 109 - 112. 就像史蒂芬·福尔摩斯（Stephen Holmes）在他的《利己的秘史》（*The Secret History of Self-Interest*）中所写的那样，他证明"19世纪与20世纪经济学家"的"道德心理学"中的"可怜的贫瘠化"——或者是赫希曼所谓的"简化步骤"、社会思想的"探究领域的缩小"——是《国富论》的拥护者而不是它的一个结果。福尔摩斯写道，斯密关于利己的说明是一种"杰出的策略"，在他所坚持的平等对待贫富的主张中，这一说明既是"颠覆性的"又是"极为平等与民主的"。Stephen Holmes, *Passions and Constraint: On the Theory of Liberal Democracy* (Chicago: University of Chicago Press, 1995), pp. 43 - 44, 63.

统治者们应该试着从其臣民的立场来看待这个世界；与科尔伯特不同，斯密认为，统治者们应该允许"每个人在平等、自由、公正的基础上按照自己的方式来追求自己的利益"。[①] 孔多塞认为，政客们最愚蠢的思想就是把团体作为一个"不可分割的整体"来考虑；就像内克尔在《科尔伯特赞》中描述的那样，政客们最愚蠢的行为是试图"用一种思想来控制人们"。[②]

在这样一种世界观里，没有任何确定性；只存在着人们生活的协调或分歧。拉梅耐的确认为孔多塞的社会观点与其他观点，在某些方面甚至是比罪恶的启蒙运动更为可怕。启蒙运动的这种罪恶是对宗教信仰采取"犬儒式的漠不关心"。拉梅耐曾写过，孔多塞知道，宗教如果只是为人们而保留，那么它就不会流传下来。因此，社会将被遗弃给一个没有基础的道德体系和一个没有确定性的世界。就像在罗马帝国晚期处在伊壁鸠鲁的影响下那样，人类的精神将"被夺去其信仰甚至看法。任由着机会摆布，人类的精神将会沉浸在不确定性与疑虑的汪洋之中"。世界将会成为一个赋予人们"对自己有绝对的至高无上权力"的地方；世界将会是一种"相反的意志与对立的利益共存、不平等的力量与不相称的欲望并存的可怕的混乱状态"，将会是一次"信条的放任以及所有利益与所有激情的一次混杂的冲撞"。[③] 拉梅耐写道，这的确是在一种近代哲学的影响之下的 18 世纪 60 年代法国的情况，是"不合逻辑的思想的极度混乱"，它"幻想着金钱万能"；在这种情况下，人与人之间的所有关系都被颠倒了：女人开始发表正式

37

[①] *WN*, pp. 663 – 664；参见第五章。

[②] *Réflexions sur le commerce des blés*, in *OC*, 11：105 – 106；Necker, "Éloge de Jean-Baptiste Colbert" (1773), in *Oeuvres complètes*, 15：42, 45 – 46；参见第六章。

[③] Lamennais, *Essai sur l'indifférence*, 1：63, 88, 373 – 374, 396, 517.

的关于科学和军事的论文，而男人开始刺绣；长者变得沉默寡言，而孩童却傲慢无礼。①

最为重要的是，本书所涉及的经济学著作是对相对立的利益与不相称的欲望的描绘。它们对不确定性和疑虑表现出格外的宽容。与斯密一样，孔多塞对启蒙思想的看法接近于伊壁鸠鲁的期望，正如卢克莱修所描绘的那样，人们不再像黑暗中的孩童一样焦虑不安，智慧驱走了"心灵的恐惧"；或者像卢奇安（Lucian）所描绘的那样，人们摆脱掉"恐惧、鬼怪和不祥预兆，摆脱掉妄想与奢侈的欲望"。② 但是，他们仍然相信智慧的进程是缓慢而又不确定的，它易受到失误、偶然以及困惑不安的可能性的影响。不确定性的来源之一是人们不十分明了自己的利益；或者说他们对自己的"局部状况"太了解了，以至于他们会选择凭借"恐惧的诡计"或政治阴谋来谋取自己的利益。不确定性的另一个不同的来源就是拉梅耐认为十分可怕的那种状况，即新的启蒙社会将会是既没有根基也没有远见的。还有一种甚至更令人不安的设想，即一种不确定的生活本身最终将成为力量或是美德的来源。对自由放任的质疑——即对心理上的自由放任与商业关系中的自由放任的质疑——将存在于不确定性之中，包括对自己信条真实性的不确定。

在 1773 年，针对爱尔维修建立在利益基础之上的道德伦理的哲学体系，杜尔哥给孔多塞写信提到，"我相信道德伦理本身从来不是局部的"。但是，"根据人们的行为所做出的评价是一个复杂 38

---

① Lamennais, *Réflexions sur l'état de l'église en France pendant le dix-huitième siècle, et sur sa situation actuelle* (Paris：Tournachon-Molin，1819)，pp. 42 – 44.

② 参见 Lucretius, *De rerum natura*, for example，2. 55 – 61；"Alexander the False Prophet," 47, in *The Works of Lucian*, 4：235。

得多的问题"：

> 在道德伦理的问题上，我极力反对漠视而提倡纵容……我
> 认为，正是因为这两种关于评价不同行为的伦理道德方式的观
> 点没有很大的区别，所以在道德伦理的普遍思想的基础之上评
> 价人们行为时，有些人已放弃了极度的严谨性，没有注意到为
> 人们开脱的这种环境；其他人也因此将所有的行为看作漠然
> 的，认为它们只不过是遵循自然法则的事实，因为在某种给定
> 的环境下，几乎没有什么是不能被辩解开脱的。①

这种纵容的道德伦理，或者说维护原则与尊重人们境况的道德
伦理，也是某一种启蒙思想的道德伦理。孔多塞毕生都在与普遍启
蒙的反对者较量，他毕生都在反对内克尔。1775 内克尔曾在他的
《立法与谷物贸易》中论述道，人们就像孩童一般，他们的行为是
"不加思考的，但其行为受本能所启发，并受其需求所支配"；人
们就是一群"盲目而野蛮的群体"，他们"一直都是如此"。② 但
是，在孔多塞的晚年，他甚至更为竭力地反对启蒙思想与理性主义
的热衷者；他反对那些"所谓的哲学家"，如所有流派中的狂热分
子一样，他们都确信自己的"政治真理"，并试图通过"所有热情
的愚蠢行为与所有改变信仰的诡计"将政治献身作为一种"盲目
的观点"强加给别人。即使是将自由宪法作为"一种与普遍理性

---

① Letter of December 28, 1773, in *Correspondance inédite de Condorcet et de Turgot 1770 – 1779*, ed. Charles Henry (Paris：Didier, 1883), p. 155. 孔多塞在回信中写道，"你的对于漠视道德伦理和纵容之间的区分对我而言似乎是极其合理的"。参见 *Correspondance*, p. 156。

② *Sur la législation et le commerce des grains*, in Necker, *Oeuvres complètes*, 1：4, 131, 254.

的原则相一致的学说"来传授，或者是煽动对自己有利的盲目热情从而使人们不能做出评价，这都将"在教导如何珍视启蒙思想的托词之下违反自由最为神圣的权利"。①

历史的启发

这是一本关于历史、关于人们曾经如何思考的书。本书的主旨是想要弄清楚 18 世纪的经济思想（在对启蒙思想产生争论的时代背景下研究它）以及启蒙思想。我希望，将关于行会、动物油脂贸易、补贴和消费税的争论看作存在着密切利益与政治利益的争论——即像那个时代的人们一样来看待它们——将会对那个早期的、不一样的世界的经济状况有一个更为丰富的了解。一直以来，经济史已经与经济思想的历史和政治史保持着一定的距离。在我所涉及的争论中，相比而言，思想、政治机构与立法机构的解放是经济改善的核心。可以认为，经济改革与政治改革、哲学家的经济思想与商人们的经济思想是密切相连的，这种经济状况正是我想要阐述的内容。

总体而言，在提到 1848 年的法国革命时，我较少涉及托克维尔所谓的那种"以过去的历史不实地折射出现在的误导之光"。②但是，从某种令人不安的程度上，我所关注的事件已经成为一种光和声音，通过它过去与现在彼此互为诠释。在 1893 年，伍德罗·威尔逊（Woodrow Wilson）是这样评价亚当·斯密的：他的"哲学已经渗入政治生活的各个角落，并且在思想领域形成了一种世界性

① "Sur l'instruction publique," in *OC*, 7:211–215；参见第六章和第七章。
② Alexis de Tocqueville, *Souvenirs* (Paris：Gallimard, 1964), p. 87.

的影响力"。① 关于魁奈和莫雷莱特，托克维尔本人曾说过，"在他们那个时代的所有人中，经济学家是其中最合时宜的一类人"。托克维尔认为，19 世纪的经济学家与社会主义者有着密切的关系："他们给人一种同辈人的假象……当我翻阅经济学家的著作时，我似乎是和他们生活在一起，而且刚刚正在和他们讨论着"。②

在 19 世纪和 20 世纪的大部分时间里，经济思想的历史是以对当时时代的持续关注为特征的。伯纳德·贝林（Bernard Bailyn）认为，与教育史一样，经济思想的历史已被专家写进了教科书里，"促使我们为当代的历史搜寻根源"。③ 这是一部关于有影响力的人物与学说的历史，是一个教义。它对过去的意图、错误和旁枝末节不感兴趣。就如同让－巴蒂斯特·萨伊曾用化学的历史来比喻经济学的历史一样，它是一种本应该随着科学本身的进步而变得更为简短的历史。萨伊曾问过："通过收集已经受到质疑并值得这样做的那些荒诞的观点与学说，我们能够收获什么呢？"④

启蒙思想的历史也是一种更为深刻的探索，探索当前不满情绪的根源。雅克·内克尔在 1796 年曾写过，可以将法国大革命看作洪水般的事物，它是"哲学思想与最为强烈的热情的惊人联合"的一个结果，"这种联合似乎让我们想起了《圣经》中所讲的不道德的合约，那桩天使与人类女儿的婚姻"。它是有着"理想化的抽象"以及"不同的形而上学的原则"的"法国哲学家的政治体

---

① Woodrow Wilson, *An Old Master and Other Political Essays* （New York：Charles Scribner's Sons, 1893）, pp. 25, 130.

② Tocqueville, *L'ancien régime*, pp. 262 – 263.

③ Bernard Bailyn, *On the Teaching and Writing of History* （Hanover, N. H. ：University Press of New England, 1994）, p. 88.

④ Jean-Baptiste Say, *Cours complet d'économie politique pratique* （Paris：Guillaumin, 1840）, 2：540.

系"，"在我们的时代，这一体系有着震撼世界的影响"。① 从那时起，启蒙思想这一流派的准则就被看作近代的前身或是初期形式。在动荡的变革时期（就像在 18 世纪 90 年代的反雅各宾派哲学中那样），哲学家也是阴谋家。他们是持续动乱的鼓动者（对内克尔来说他们是这样的）。至少，他们是"思想界中具有世界影响力的人"。吕西恩·费弗尔（Lucien Febvre）在其关于 16 世纪宗教怀疑的研究成果中写道，拉伯雷已被看成"一长串名单中的第一人，在这份名单末尾我们列出了 20 世纪的'自由思想家'"："'那是拉伯雷！一个自由思想家，并且是非常早期的思想家'！"② 这支追溯到孔多塞或者是冰冷的普遍理性主义的历史悠久的队伍，同样结束于 20 世纪的社会主义者的计划之中。斯密思想的世系本应在冷酷无情的竞争之中、在利己以及 21 世纪的世界经济的不公正的计划之中结束。

在后续行文中，我希望至少可以避免出现某些倾向。就像基思·贝克（Keith Baker）那样，我会试着在"孔多塞所了解的启蒙思想"的背景下，或是"在哲学家所生活和思考"的背景下来理解孔多塞；与唐纳德·温池（Donald Winch）一样，我会试着去设想那些"对斯密而言可以想到的构思和想法"。③ 我尤其会试着来传达孔多塞与斯密自己对于过去（对他们而言的过去，或是更早一段时期的历史）的理解。关于 18 世纪经济思想的情况，即政

---

① *Réflexions philosophiques sur l'égalité* (1796), in Necker, *Oeuvres complètes*, 10: 346, 371, 496.

② Lucien Febvre, *Le problème de l'incroyance au 16e siècle: La religion de Rabelais* (1942) (Paris: Albin Michel, 1968), pp. 16, 424 – 425.

③ Baker, *Condorcet: From Natural Philosophy to Social Mathematics*, p. xi; Donald Winch, *Adam Smith's Politics: An Essay in Historiographic Revision* (Cambridge: Cambridge University Press, 1978), p. 5.

府、市场、企业，以及冷暖两种意向，在前文中我曾说过，它有令人不安的陌生感。这种陌生感的产生，部分是由于在 18 世纪的经济生活中继续存留着即使在当时看来也已经过时了的规章与习俗。斯密介绍了当时仍未被废除的伊丽莎白一世时代（Elizabethan）的法律。在这种法律下，出口"绵羊、山羊和羔羊"是可被处以肉刑和死刑的（"比如德拉古的血腥法律，可以说，这些法律是用血来写就的"）；汉诺威王朝（Hanoverian）的立法机构对那些在外国进行贸易的"技工们"采用监禁和没收全部财产的刑罚；类似的还有伊丽莎白一世时期的学徒章程。① 孔多塞介绍了法国在对盐业管制（对于这种盐业管制，斯密曾说过，"那些认为与王族的收入相比，人的鲜血算不得什么的人们或许会赞成这种征税方法"）下所施行的死刑和将人驱逐到战舰上的刑罚。②

41

杜尔哥于 1776 年 3 月组织的御前会议（Lit de Justice）在整个欧洲声名鹊起，它是融合了现在和过去的一个令人称道的范例。它是仪式改革的一次盛典。在这样的场合下，路易十六就座于一条"印满了金色的法国王室纹章的紫色天鹅绒毯"上，周围站满了教会与非教会的同侪、穿着"黑色缎袍"的顾问们、一名"穿着佩有圣带的红色礼袍"的法律顾问，以及三名助手，"每个人面前都有一张铺着紫色塔夫绸的桌子"。改革法令一方面与强迫劳役有关，它涉及税收的"骚扰"，在税收管理中，"分配的公正使自己迷失在众多细节之中"；而另一方面与行会有关，它试图废止晦涩难懂的章程，行会和企业通过这些章程强加了一些"频繁的视察权"以及"用于庆典、度假、集会和手续等方面的支出"，其作用

① *WN*, pp. 137, 648, 660.
② "Réflexions sur la jurisprudence criminelle," in *OC*, 7:5–15; *WN*, p. 904.

就是强迫施行使最为贫困的成员屈从于富人阶级的法律。而这些改革法令被"一块红绿图案的丝绸上的绿蜡大印章"所封存了。杜尔哥的反对者米罗墨斯尼（Miromesnil）主席"穿着以绯红色缎子做内衬的紫色天鹅绒袍"。但是米罗墨斯尼称形势是严峻的："今天，一股令人沮丧的悲哀四处弥漫，来提请陛下您的注意。"①

18 世纪晚期经济思想的哲学领域也转向了过去。早期的基督教哲学以一种对现在而言十分陌生的方式对它产生了深远的影响。斯密、杜尔哥和孔多塞从他们的早期教育开始就一直专注于拉丁著作与希腊著作。与拉伯雷（Rabelais）一样，他们谈论德尔图良（Tertullian）和拉克坦提乌斯（Lactantius），谈论卢奇安和西塞罗。在生与死的大事上，教会的力量仍然是普遍存在着的；在斯密的一生之中，他唯一的恶名就是介绍了休谟安乐的、非教徒式的死亡方式，而在达朗贝尔的非教徒死亡的情形下，正是孔多塞的作用使得巴吕埃尔相信他的确是一个披着人皮的恶魔。②

在经济生活中教会的力量也是无处不在的，从英国贫困人口法的实施到巴黎议会的管辖权限，到处都存在着它的势力。在《道德辞典》中描写的那个打算在法国进行放贷的商人被神学家拉莫特（Lamet）与弗洛马格尔（Fromageau）对高利贷的区分所困住：高利贷是"既真实又疯狂"，既"迅速"又"缓和"，"既积极又消

---

① *Procès-Verbal*，pp. 4 – 5，16，30，63，65，67，78. 作为一个严肃的政治事项，御前会议的创立本身就是一个 16 世纪虚构的传统；参见 Sarah Hanley，*The Lit de Justice of the Kings of France*（Princeton：Princeton University Press，1983），pp. 41 – 51。在部长会议中，杜尔哥、马勒泽布（Malesherbes）和国王是运用程序的支持方。Edgar Faure，*La disgrâce de Turgot*（Paris：Gallimard，1961），p. 447.

② Barruel，*Mémoires pour servir a l'histoire du Jacobinisme*，1：383. 孔多塞本应该拒绝允许神职人员来到达朗贝尔临终的床前。

42 极的"，也是"有利可图、惩戒性以及赔偿性的"。① 在《国富论》中，斯密的一个长篇直接抨击了英国居住法案，据此法律，"在教会执事或监工心血来潮时"，"独立工人"易于被遣送离境；斯密的理论来源是理查德·伯恩（Richard Burn）的《太平绅士》。据此可知，教会执事的职责包括对"用错误的量具出售谷物的行为"征收罚款、"在渔节分吃鲜鱼"、"在基督日履行其世间的使命"，以及"不做礼拜"。② 杜尔哥关于有息放贷的自由竞争的记录中表明，与他讨论的人中有法律专家，"他们在准确判断的模糊而又简单的概念上花费了太多的努力"，被"经院哲学的神学家们"引到这条"错误的道路"上。讨论者中还有"严格意义上的神学家们"，他们"带着认为自己源于伪形而上学的偏见"读了路加（Saint Luke）的五章福音书。③

18 世纪政治思想的观念与科学的世界本身常常是不为人熟知的；事实上，在涉及意向与情操的"科学"方面它显得尤为陌生。斯密本人用令人眼花缭乱的一系列名词来表示心理状况；在《道德情操论》的开篇，斯密谈到了情绪、情操、心智、感觉与官能，也谈到了准则与人类本性的激情。④ 其后在谈到霍布斯（Hobbes）

---

① Augustin de Lamet and Germain Fromageau, *La dictionnaire des cas de conscience* (Paris：Coignard, 1733), 2：1569 – 70.

② Richard Burn, *The Justice of the Peace, and Parish Officer* (London：A. Miller, 1758), 1：247 – 250; *WN*, p. 154.

③ "Mémoire sur les prêts d'argent," in *OT*, 3：180 – 181.

④ *TMS*, p. 9. 斯密关于情操、心智、感觉和情绪的丰富的论述在 1759 年版的《道德情操论》中比在 1790 年的最后一版中更加明显，而在这两版中同样要比在《国富论》中的更为明显。"情操"（sentiment）、"情绪"（emotion）、"激情"（passion）这些词语在 1759 年的版本和 1790 年的增订版中的使用同样超过了两次；而"情绪"一词在新的增订版中几乎消失了。关于《道德情操论》和《国富论》中的不同的"表达方式"，参见 Vivienne Brown, *Adam Smith's Discourse* (London：Routledge, 1994), chap. 2。

与神学家拉尔夫·加德沃斯（Ralph Cudworth）之间关于理性与情操的大论战时，斯密认为它展现出"这样一个时代：关于人的本性的抽象科学只不过还处于襁褓时期，这一时期还未对人类思维的不同官能的分区与影响力进行仔细审视和分辨"。① 但是现在看来，与西塞罗的学说或是稍早期的《论情操的愉悦》的作者莱维斯克·德普伊（Levesque de Pouilly）（他借用"精神的显微镜"来介绍"情操的法律"）的学说相比，这门思维的科学几乎不更为人所熟悉。②

　　情操史的思想——斯密和孔多塞认为，它是一种关于主张与偏见、福祉与制度、经济理论与法律实施的内在的历史——也是陌生的。③ 弗朗索瓦·基佐（François Guizot）认为，1828 年的文明大危机"毫无例外的是人或社会发展的危机，这些事实改变了人的内在、人的信念、人的道德伦理，或者改变了他的外部环境、他与周围人关系的境况"。基佐说过，历史学家必须在"介绍思想的变迁与人类情操的变迁"和介绍"社会现状中的外界事实、事件与改变"中做出选择。④ 像基佐本人一样，后来的历史学家们大都选择去介绍生活中的外界事件。尤其是经济关系的历史似乎已经成为与数量和商品、渠道和纸币以及贵金属委员会相关的事情了。经济思想（即经济理论家、公职人员和经济生活中的人们的思想）已

---

① *TMS*，p. 319.

② [Levesque de Pouilly]，*Théorie des Sentimens Agréables*（London：Brakstone，1750），pp. 5，83.

③ 关于孔多塞的历史哲学以及他的作为一种对政治认同贡献的思想的历史计划，参见 Jennifer Paige Montana，"Intellectual Subversion in Eighteenth-Century Political Thought：Condorcet's Philosophy of History"（Ph. D. diss.，Harvard University，1994）。

④ François Guizot，*Cours d'Histoire Moderne：Leçons du cours de 1828*（Brussels：Hauman，Cattoir，1838），pp. 17，25 – 26.

被看成是不大重要的事情了。

最重要的是，由于我们自己知识的不对称，所以我们对于 18 世纪思想通晓的理解是一种错觉。这种信息不对称是政治与思想史学家遇到的最棘手的难题之一：这些历史学家们知道事件是如何结束的，或者他们知道自己怀着或畏惧或期望或漠然的心态所从事的研究项目的史实的结果。① 当涉及正处于或者即将处于急剧变化中的某一段时期时，比如 1800 年之前和之后的各半个世纪，这一困难尤为强烈。历史学家会去读路易十六 1776 年的言论并自言自语地说自己并不知道他后来的命运吗？历史学家会去假设当歌德在经过了一代的时间之后，他对于 18 世纪 70 年代那场不成功的经济改革的回忆没有受到他对后来发生的事件认知的影响吗？关于对《英法贸易条约》（*Anglo-French Commercial Treaty*）的争论以及对杜尔哥的禁止强迫劳役的争论，杜邦·德·内穆尔在其 1788 年 6 月写给亚当·斯密的信中曾说过，"这些（社会）风暴并不像它们看起来那样具有危害性"，"我们正在迅速确立一个好的体制"，"你为了促进这一有益的革命已经做了很多了"。当历史学家看到这些时，他会不感到丝毫的震颤吗？②

法律改革与经济改革的过程本身就带有极大的不确定性。斯密和孔多塞逝于一个经济与政治革命的时期；就像杜尔哥所描写过的 1769 年昂古莱姆的银行家们一样，他们突然被反对有息放贷的古老而沉寂的法规起诉，他们不知道 18 世纪初的工商业革命将会有怎样的命运。他们不知道学徒行会是会被改革、废除还是重新恢复。他们不知道巴黎大学理学院与文学院的学者们或是巴黎与图卢

---

① 参见 Bailyn, *On the Teaching and Writing of History*, pp. 55 – 58。

② *Corr.*, p. 313.

兹的议会是否能够再一次掌管经济调控。他们不知道人类思维的新意向将走向何处——"下个纪元"是否会出现"一些将我们带回到愚昧时代、冷漠时代和奴隶时代的波动",① 这与孔多塞自己的预期相反。

令人不安的是,斯密和休谟、杜尔哥和孔多塞都不知道他们自己的原则将会怎样。在他们的一生中,他们早已习惯了编辑的妨碍与公众异样的眼光。由于杜邦·德·内穆尔对杜尔哥的《思考财富》(*Réflexions sur les richesses*)的原文做了编辑修改,杜尔哥在1770年写给杜邦的信中说道,"你已令我真正感到痛苦","尤其是你还添加了一些既不是我的论调也不是我的思考风格的东西……我坚决要求今后你的修改要忠于我的原稿"。② 在休谟看来,斯密的著作与他的《自然宗教对话录》 (*Dialogues Concerning Natural Religion*)一样,都是"谨慎"而又"巧妙地"写成的。但是,斯密也发现他的作品的命运并非如他所预期的那般。他曾在1780年写信给《国富论》修订版的出版商,"恐怕我不仅是你最好的顾客,而且还几乎是你唯一的顾客了"。他在同一年还写过,与他对休谟死亡的简短介绍相比,《国富论》所引发的公开评论要更少一些。"单张的、我认为没有害处的纸,为我带来了比我曾对大不列颠的整个商业体系所进行的抨击还要多出十倍的恶评"。③

在斯密去世后的几年间,他的著作及其接纳程度有了极度的转变。威廉·普莱费尔编的第11版《国富论》只是一个极端的例子。这个版本是1805年由斯密自己的出版商出版的,《爱丁堡评

44

---

① *Esquisse*,in *OC*,6:196.

② Letter of February 2,1770,in *OT*,3:373 – 374.

③ Hume to Smith,August 1776;Smith to Thomas Cadell,October 1780;and Smith to Andreas Holt,October 1780,in *Corr.*,pp. 205,248,251.

论》（*Edinburgh Review*）对它做出了这样的评价——"在文学调查的整个期间，我们还未遇到过一例对英国出版界而言如此不名誉的事例"；这一版增加了六个"补充章节"（《爱丁堡评论》指出，这部分增加的内容"按同样的形式"付印）以及几百个吹毛求疵的脚注，这些脚注中有许多条都是以这样的方式注释的："单就这一论断而言，斯密先生当然是完全错误的。"①

康德在他的关于道德的形而上学的最后也是最奇特的一篇文章中问道："货币是什么？……书籍是什么？"而他援引了斯密的观点作为答案，即书籍和货币都是通用的交换手段——书籍就是思想交换的工具。康德说道，一部著作是一次"以特殊的形式向公众发表的演说"；它"并不是立即、直接地提出一个构想"，这与雕塑家所做的雕像或模型是不一样的，而且著作的滥用是对作者"个人权利"的有意冒犯。② 与孔多塞和康德的构想一样，斯密自己的构想在随后思想的普遍交流中也被善用和滥用了。

最重要的是，在人类思维的历史方面，我们不相称的认知是令人不安的。我所关注的这个时期是对情操与主张的变迁有着浓厚的、自觉的兴趣的时期。当人们回顾历史时，这就是人们对当时那一时期的记忆；抑或当人们试图重现其父辈们的生活时，当他们想要弄清楚或解释他们自己所处的混乱时代中的事件时，这就是他们能够料想到的事情。约翰·亚当斯（John Adams）在 1815 年写给托马斯·杰弗逊的信中对最近的美国独立战争的历史做了如下评

---

① "Playfair's *Edition of Wealth of Nations*," *Edinburgh Review*, 7, 14（January 1806），470 – 471.

② "Illustration of Relations of Contract by the Conceptions of Money and A Book," in Immanuel Kant, *The Philosophy of Law*, trans. W. Hastie（Edinburgh：T. & T. Clark, 1887），pp. 125 – 131.

价，"革命（的思想）已出现在人们的脑海中，而在这之后经过了十五年（1760~1775年）才打响了莱克星顿的枪声"；后来他写道，它是在"人们的准则、看法、情操和热爱"方面发生的一场变革。① 托克维尔在他为《旧制度与大革命》所做的注解中，将"法国大革命之前的十至十五年这段时间"称为"在没有任何动力推动的条件下，一个内部的运动似乎突然搅乱了整个社会的公共生活，并置换了所有人的思想与习惯"的时代。用采访他的记者哈里特·格罗特（Harriet Grote）的话来说，托克维尔自己的历史计划是要去解释"感觉、情操、偏见和激情是如何融入日常活动中的"。②

对那个时代的评论家而言，看法的持续变化的意义也是普遍的。作为废除既有规章的一个后果，它是被经济改革的反对者所预见到的事情；它是塞吉尔和内克尔在18世纪70年代中对危险的政治权利准则的期望。尽管斯密认为人类思想的进步是一个缓慢而又曲折的普遍意向的解放，但是他最终在确认事件时是注重细节的；在斯密为《国富论》第三版所写的宣传文字中，他认为"事情的现状"是指"1783年和目前1784年的年初"。③ 但是，对历史学家而言，对早期的、持续的不确定性的理解本身就是一种难以捉

---

① Letter of August 24, 1815, in *The Adams-Jefferson Letters: The Complete Correspondence between Thomas Jefferson and Abigail and John Adams*, ed. Lester J. Cappon (Chapel Hill: University of North Carolina Press, 1959), 2:455. 这句评论被伯纳德·贝林用作《美国革命的思想源泉》（*The Ideological Origins of the American Revolution*）第一章的卷首语；关于情操的评论出于1818年约翰·亚当斯致赫泽基亚·奈尔斯（Hezekiah Niles）的信，也被贝林所引用。Bernard Bailyn, *The Ideological Origins of the American Revolution*, enl. ed. (Cambridge, Mass.: Harvard University Press, 1992), pp. 1, 160.

② Tocqueville, *L'Ancien Régime et la Révolution: Fragments et notes*, 2:33, 45; letter to Tocqueville of November 5, 1853, quoted in Lady Eastlake, *Mrs. Grote: A Sketch* (London: John Murray, 1880), pp. 133 – 134.

③ *WN*, p. 8.

摸的状况。因为在某种程度上，18 世纪晚期人们对情操变化的关注，也是他们对自己事实上并非生活在无秩序时代的理解的一个结果。1771 年，孔多塞与他的母亲在一个"外省小镇"中度过了一个宁静的夏天，在那里他曾写信给艾米莉·舍尔德（Amélie Suard），信中曾说，"我们对待情操的方式与贪婪的人对待财富的方式是一样的"。① 斯密设想了专心致力于情操与动机历史的"计划"的历史学家们，因为这符合在安宁稳定的图拉真大帝时代中罗马人的喜好；"情操必须是首先能吸引这样一个民族的兴趣的事物"。②

出于不同的原因，本书涉及的那些 18 世纪七八十年代的经济改革的思想家们对不确定性的前景感兴趣。他们的政治对手迫使他们去思考一个有着相当少的政府约束的世界的不稳定性。在他们自己的生活中，他们易于遭遇持久的不确定性，包括从被突然监禁的可能性（在法国的旧体制下的专制审判）到对进口商品征收关税的摇摆不定的法理。③ 尤其重要的是，他们生活在一个宗教的、道德的、形而上学的不确定的世界中，他们生活在一个没有传承的世界中。但是，正如我们现在所了解到的那样，他们不知道他们生活在一个即将终结的世界中，生活在一个不稳定的时代，生活在一个情操与思想产生着革命性转变的时代，而这超出了我们预期的最大

46

---

① Letter of April 1771, in *Correspondance de Condorcet et Mme. Suard*, pp. 26 – 27.

② *LRBL*, p. 112.

③ 斯密曾在给他的朋友威廉·伊甸（William Eden）的信中写道，"在我成为海关长官大约一周之后"，"就在我察看过自己正在穿的衣服后，我十分惊讶地发现我有一个罕见的领巾、一条男用围巾、一对褶饰和在英国不允许佩戴或使用的一条手帕。我想树立一个榜样，所以把它们都烧掉了"。Letter of January 1780, in *Corr.*, pp. 245 – 246; and see Ian Simpson Ross, *The Life of Adam Smith* (Oxford: Clarendon Press, 1995), chap. 19.

极限。我们现在所难以想象的事情就是这种漠不关心和对不确定的未来的信赖。

启蒙思想与当前

马克·布洛赫（Marc Bloch）在《奇怪的战败》中曾写道，"不熟悉现在，就不可能了解过去"，而没有历史学家的熟悉情况、"批判意见"和"评论"，我们也很难了解现在。① 正如赫尔德提到 18 世纪政治科学时所言，历史学家的关注是远距离的，是一种"敏锐的视角"。② 但是它并非一个没有来由的视角。在《道德情操论》中，斯密透过他的小窗看到了"一幅有草坪、森林和远山的巨大景观"，他试着"至少靠想象"将自己置于一个从其中能够看见他自己的位置的地方。与斯密一样，历史学家必须去观察和评论他自己的"锐利的目光"。③

本书将会从两个不同的方面涉及当下。我会试着去评论现在的某些对 18 世纪的思想，尤其是 18 世纪政治经济学的运用；我也会试着去评论在之后的政治争论中斯密与孔多塞的思想所适用的某些要求。这本书不是一部关于在 19 世纪和 20 世纪接受启蒙思想的历史。但是，它在一些方面受到这些接受方式（以及对这些方式的接受）的影响。我相信，在 18 世纪的背景之下来看待 18 世纪的政治经济学，并不是抛弃现在已不流行的用过去来解释现在的可能

---

① Marc Bloch, *L'étrange défaite* (Paris：Gallimard, 1990), p. 30.

② 法国"机械"哲学的特征是用规定"一个敏锐的视角"来代替痛苦地去了解这个国家的需要与真正境况。Johann Gottfried von Herder, *Auch eine Philosophie der Geschichte zur Bildung der Menschheit* (1774), in *Sämtliche Werke*, ed. B. Suphan (Berlin：Weidmann, 1891, rpt. 1967), 5：536.

③ *TMS*, p. 135.

性。将过去的著作还原于当时的背景下来看待——例如，在对教会与行会的财产进行争论的背景下，或是在有关关税与消费税的立法的背景下，或是在思想进步的理论的背景下来研究 18 世纪晚期的经济争论——是为了更好地理解这些争论，从而能够更好地理解这些争论对当前的重要性。

47　　我不妨来做一个坚定的断言。某些 18 世纪晚期的争论对于 21 世纪而言是很重要的，这是因为它们仍然是我们当前的争论焦点。它们并非是那种随着时代而不断重复的争论，也不是能够启发当代的争论。它们就是我们这个时代的争论。与过去的历史背景一样，它们也是我们的历史背景的一部分。人们生活在多重环境中是可能的，而这正是休谟的期望。在这种多重环境下，一个人会受到他生活的地点、他的朋友圈、他所在国家的体制、他所听的音乐以及他的哲学品位的影响。而社会也有许多种人生。因此，在 21 世纪初，可以将我们当代的争论置于许多不同的背景下。随着时间的推移，其中一些背景延伸到更远的时间范围。这些争论以不同的速度展开，并在不同的时期存续。正如斯密在《道德情操论》中所写的那样，很受喜爱的外衣会穿上一年，时尚的家具会用上五至六年，设计良好的建筑会矗立许多个世纪，而一首好诗可以永世长存。①

　　从字面意思上看，我们现在的环境与 18 世纪晚期的政治经济学的环境是一样的，至少我们共享一些众所周知的文本和立宪文本。1776 年美国独立战争与 1789 年法国大革命的文献在众多国家中仍然是大部分公众生活的文本。托马斯·潘恩翻译的 1789 年的《人权宣言》是"自由、财产、安全与反抗压迫"的宣言，最终确立了"财产权……是神圣不可侵犯的"。而《人权宣言》就是二战

---

　　① *TMS*, p. 195.

后和解协定的共同权利的基础。① 一些 18 世纪晚期的机构与体制仍在使用中，其他的机构明确使用 18 世纪七八十年代的文件与原则。

再举一个不同的例子。非常笼统地说，法国大革命之后的政治大联盟时期在几乎两个世纪的时间中保持不变。按照潘恩或孔多塞的政治观点，在 18 世纪七八十年代，经济改革的政治主张以及人权与财产权的政治主张是与宪政改革的目标联系在一起的。但是，大革命中的事件破坏了市场自由的支持者与革命自由的支持者之间的政治联盟的可能性。到 18 世纪 90 年代末期，至少在英、法两国中，经济的与政治的"自由党"的明显联盟是与"保守的"大革命的反对者的立场一致的。在渐进改革与暴力革命这对矛盾中，自由党人是拥护渐进与协商一致的；在个人财产自由与暴力剥夺这对矛盾中，他们是拥护财产权的。自从那时起，这种骑墙作风就开始持续了；它至少持续到欧洲革命时代的最终终结，伴随着在东欧和俄国的共产主义势力被推翻。

在政治理论与经济理论中也存在着长时间持续的争论，而我也主要着眼于这些争论。最为重要的是，这些争论涉及那些有自己理论的人们的政治理论。启蒙思想的共同意向的观点，抑或是一种不着边际的、好辩的、理论化的生活方式（它也是每个人的生活方式）的观点，在过去的 250 年间已经成为几乎未间断的讨论的主题。本书正是对这一持续讨论一个贡献。也正是在这一持续讨论中，政治经济学的往昔历史（或者早期触发的现代问题）似乎阐明了我们当代的争论。

总体而言，困难在于对复杂而又自我知觉的生活的刻画。通过

---

① Paine, *The Rights of Man*, 1:95 – 97.

反省与想象，众所周知，人有着不一样的、相互矛盾的欲望；人有需求，也有着关于需求的看法；人有着政治情操、经济情操和思想情操；人渴望得到商品与权力，也想要避免烦恼。在某个人的生活中，或是在俄狄浦斯的悲剧中，或是在伏尔泰的传记中，我们很容易在一个人的生活中描述所有的这些。而对于开明的政治理论家而言，最大的难题是如何去刻画一个社会，在这个社会中，每个人有着自己的看法、理论和相互矛盾且又不断变化的欲望，并且勾勒出关于无数单独的个体的情操和思考的"系统"观点。

在斯密去世前不久才出版的第六版的《道德情操论》中，斯密在末尾添加了最后几段文字。其中的一段是他描写的"有条理的人"的美妙片段。他写道，"他设想着他能够轻松地安排一个庞大社会中的不同成员，就像是高手能够部署棋盘上不同部分的棋子那样轻松。他认为……在人类社会的大棋盘上，并非每一棋子都有它自己的行动原则"。这是帝国与王室改革家的一个特征；它也是，或能够成为人类社会理论家的特征。① 因为如果每个人都有其各自的行动原则，那么很难将他们的联合看作一个系统或一个社会。若每个人都有相同的行动原则，那么这个系统太简单了；它丝毫没有使人们生活方式的精妙之处的价值得到充分发挥。若每个人都有一套社会的理论或是关于其他人行动原则的看法，那么这个系统必定是一个关于持有理论的人的理论。

18 世纪晚期的争论现在看来尤其引人回味，这是因为它们发生在一个对于有着自觉意识的人们对整个社会的期望都十分生疏的时代，一个经济与政治之间的界限、经济情操与政治情操之间的界限仍在不断变化着的时代。也就是说，它们是 19 世纪早期经济思

---

① *TMS*, pp. 233 – 234.

想系统化的前身，是极度自制的前身。而政治经济学正是借此将自己定义为（用 1836 年约翰·斯图亚特·米勒的话来形容）"仅仅被看作渴望拥有财富的人类的科学……它完全消除了所有其他的人类激情或动机"。① 这些早期的争论或多或少地涉及经济中的国民，他们有时通过买进商品来实现其目标，有时通过试图影响规章来实现目标，还有时通过寻求与官员之间的友谊来实现目标；而他们的目标有时是变得富裕，有时是复仇，还有时是生活在一个更加公平的社会中。

18 世纪的争论耐人寻味，还因为它们发生在一个情操与目标都在迅速变化中（或者至少认为是迅速变化中）的时代。崔斯坦（Tristan）在 1834 年和莱奥帕尔迪（Leopardi）的一次交谈中说道，"所有的世纪或多或少已经成为或即将成为变迁的世纪"。② 但是，与 20 世纪末期一样，18 世纪的后半部分是一个对经济生活中的规则、标准与机构的变化显示出异乎寻常的痴迷的时期。它已不是一个像米勒所说的英国维多利亚时代的那样的时期。在那个时代，人们会说"正式的大论战"已经在一个又一个主题中终止了，工业似乎进入"一个显然不景气的阶段"，人们只做适宜的事情；在那个时代，人们会说"除了约定俗成的事情之外，他们没有任何意愿"。③ 而令杜尔哥、斯密与孔多塞如此担忧的变化着的法理是这

① John Stuart Mill, "On the Definition of Political Economy; and on the Method of Investigation Proper to it" (1836), in *Collected Works* (Toronto: University of Toronto Press, 1967), 4:321-323.

② Giacomo Leopardi, "Dialogo di Tristano e di un amico" (1834), in *Tutte le opere*, 1:184.

③ John Stuart Mill, *Principles of Political Economy with Some of Their Applications to Social Philosophy* (Toronto: University of Toronto Press, 1965), p. 752; idem, *On Liberty* (London: Penguin Books, 1974), pp. 106, 125.

一种趋势的一个例证，经济规章的迅速改变也是例证之一。在这样一个时期，必须思考经济生活中的是非感，并形成关于经济政策的持续变化的预期的人，并非只有理论家。

鉴于上述全部原因，我的建议是：18世纪晚期的经济思想，包括关于启蒙思想的意向，在政治理论、政治经济学以及政治学方面的确能够使目前的争论更为清楚明了。因为最笼统地说，原有的争论涉及两个大而持久的难题。一个难题是与利己的国民对规则的寻求有关，尤其是与存在经济利益的国民寻求改变政治规章与准则有关，还与金钱转变成权力（包括影响规则的权力）有关。另一个难题与公众舆论和公众教导有关；也与人们自己试着去影响规则的倾向有关，还与其他人影响这一倾向的权力有关。我们将会发现，对斯密和孔多塞而言，这两个难题一直都很重要。最重要的是，它们是生存于不确定性之中的难题。它们也是目前（我们所面临）的难题。

第二章　亚当·斯密与保守经济学

著名的哲学家

1790 年 6 月，亚当·斯密死于爱丁堡，而这一时间正是欧 洲革命时期的开端。① 在18 世纪 90 年代中期以前，他都被当作一名颠覆分子和法国哲学界的朋友；直到 18 世纪末，他才重新被人们看作一名理论家。关于斯密身后不寻常的往事构成了本章的主题。它包括了三个连续的片段：斯密被视为法国大革命的激励者，促进了人民对大革命的讨论；斯密有关自由的观点被再次解释，他的第一位传记作者，哲学家杜格尔德·斯图亚特，通过重新界定斯密对自由的看法，捍卫了斯密的记忆；以及在对稀缺性和工资的政策争论中，斯密第一次作为保守派哲学家而被援引。

在英格兰甚至苏格兰，斯密的死都未受到关注，所发布的讣告也十分稀少。《年度记录》（*Annual Register*）在其死亡纪事中只用了 12 行来记录斯密，却在同一类别中用了 65 行来记录一位对晴雨表感兴趣的陆军军需副总长少将雷（Major Ray）。而在《苏格兰杂

---

① 本章的缩减版发表在《经济史评论》［*Economic History Review*，45，2（1992），74－96］。

志》中对他的评介仅有 9 行。① 而《时代》杂志对他的第一个评论
竟是挖苦他与多疑的休谟之间的友谊。② 第二个传记性的评介关注
他在反宗教方面和在法国的影响力："教堂被他视为不合宜的，因
为在宗教事务中他早就成为一名伏尔泰思想的信徒。"斯密被说成
是关注"那些在欧洲大多数国家中很遗憾地正处于流行中的主
题——维里伯爵（Count Verri）、迪恩·塔克（Dean Tucker）和休
谟的政治经济学体系——斯密博士的体系与他们并没有本质上的区
别"。③ 重印了《时代》评介的《绅士杂志》补充道，《国富论》
已被议会和法国国民议会所引用，而且"促成了目前非常盛行的
自由精神"。④

　　相比之下，法国本土更加深刻地感受到了斯密逝世所带来的

---

① *Annual Register*, 32 （1790），212 – 213；*Scots Magazine*, 52 （1790），363. 也参
　见 John Rae, *The Life of Adam Smith* （1895） （New York：Augustus M. Kelley,
　1965），pp. 435 – 436；F. W. Hirst, *Adam Smith* （London：Macmillan, 1904），
　p. 234。雷引用了一封 1790 年 8 月 20 日刑事改革家萨缪尔·罗米利爵士（Sir
　Samuel Romilly）的来信，在那个年代他是一名革命的热诚支持者。在信中他将
　由斯密的死所引起的 "微不足道的感想" 与更早的给约翰逊博士
　（Dr. Johnson）的颂词做了比较："几乎没有理会这件事（指斯密的死——译者
　注）"。Samuel Romilly, *Memoirs of the life of Sir Samuel Romilly* （London：John
　Murray, 1840），1：403.

② "我们自然会好奇地探听曾对大卫·休谟隐忍的死去发表过一篇如此不流畅的
　悼文的亚当·斯密博士是如何去世的。" *The Times*, August 4, 1790, p. 2. 参
　照斯密在 1777 年与《大卫·休谟的一生》（*The life of David Hume*）一起发表的
　信。在 1780 年他提到这封信时说，"为我带来了比我曾对大不列颠的整个商业
　体系所进行的抨击还要多出十倍的恶评"。*Corr.*, p. 251.

③ *The Times*, August 16, 1790, p. 4. 在最早的版本中，斯密的体系被说成
　"与维里伯爵的体系在本质上是最不一样的"（上面的引文非我之误），而
　这似乎成为一个印刷错误，并在之后的 1790 年再印版的《绅士杂志》中修
　改过来。

④ *Gentleman's Magazine*, 60, pt. 2 （July 1790），673；also ibid., （August 1790），
　pp. 761 – 762.

损失。革命性的《箴言报》（*Moniteur Universel*）曾写道，"欧洲已经失去了这位著名的哲学家"。它将引进新翻译的《国富论》——这一版本有着孔多塞所做的大量评注——特意作为法国的一次机遇，"因为每个公民都能在政府中有一席之地"。它补充道，"你几乎不能相信，后大革命时期的编辑们胆怯得不敢出版斯密的著作"；"现在这不再是一个冒险的行为"。《箴言报》将孔多塞的评注称为"一份可以自成一体的文稿"，这些评注从未发表过。① 但是，孔多塞的确在其 1790～1791 年的《公众人物的图书馆》（*Bibliothèque de l'homme public*）中发表了一篇 220 页的《国富论》概要，它被看作"向大不列颠致以最高的敬意"的著作之一。②

在斯密去世后的几个月中，法国大革命"思想的战争"在英

---

① *Gazette Nationale*，*ou Le Moniteur Universel*，August 24，1790，p. 976；October 25，1790，p. 1232；May 26，1791，p. 605. 在阿朗格里（Alengry）对孔多塞的研究中，他猜想这些评注从来都不是书面的。Franck Alengry，*Condorcet guide de la Révolution francoise*（Paris：Giard and Brière，1904），pp. 20，693；也参见 Eugène Daire，"Notice sur Condorcet," in *Mélanges d'économie politique*，ed. Daire（Paris：Guillaumin，1847），1：458，n. 2；Gilbert Faccarello，"Presentation," in *Condorcet mathématicien*，*économiste*，*philosophe*，*homme politique*，ed. Pierre Crépel and Christian Gilain（Paris：Minerve，1989），pp. 123 – 125。

② *Bibliothèque de l'homme public*；*ou analyse raisonnée des principaux ouvrages françois et étrangers*，ed. M. de Condorcet，M. de Peysonel，M. Le Chapelier（Paris：Buisson，1790），3：108. 斯密似乎排在亚里士多德（Aristotle）之后，而在柏拉图（Plato）之前。图书馆的核心问题是"尽可能地使每个人都能够了解到统治与管理科学"，因为"根据新的宪法，任何人都能够来讨论并捍卫其州、省乃至整个王国的利益"。因此，政治经济学是首要的："这门研究会成为一切好的思想的学问"（1：iv – vi）。在西班牙，孔多塞的概要明显地被认为没有斯密本人的著作有颠覆性：用孔多塞而非斯密的名字出版了一个译本，这个译本用译者的评注来解释原作者有时做过的一些"对他的理论不恰当的应用"的地方，这个概要"便利地提供了一切优点"。Ernest Lluch，"Condorcet et la diffusion de la *Richesse des nations* en Espagne," in Crépel and Gilain，*Condorcet*，p. 192.

格兰和苏格兰愈演愈烈。① 杜格尔德·斯图尔特在后来的自辩中写道，"（就目前我所能获悉的而言）在这个时代没有一个煽情的作者提到过我的观点"。② 但这不适合斯密思想本身的情况。1791 年托马斯·潘恩在《人权论》中不适宜地比较了伯克和斯密，这是他对伯克的《法国大革命反思录》的答复。③ 玛丽·沃斯通克拉夫特（Mary Wollstonecraft）在她 1792 年的《女权辩护》（*A Vindication of the Rights of Woman*）中详尽地引用了斯密的作品，并于 1790 年在她本人对伯克的第一次答复中使用了《道德情操论》中的语言。④ 1791 年詹姆斯·麦金托什（James Mackintosh）赞赏地提到了斯密。⑤ 威廉·戈德温（William Godwin）在 1793 年的《政治正义》（*Political Justice*）中使用了与斯密的语言风格接近的表达方式；一项对戈德温著作的研究使得埃利·哈勒维（Elie Halévy）发问道，"用几乎相同的术语表

---

① "人的道德本质和心理变化都是 18 世纪中期更为普遍的智力探究和某些论战的主题；也是法国大革命时期中激烈的派系斗争的主题……18 世纪 90 年代的作者们回顾了他们上一代的前任，并且睹了颠覆正以最为温和的改良主义的方式在这一时代发生着。"Marilyn Butler, *Jane Austen and the War of Ideas* (Oxford: Clarendon Press, 1987), pp. 7 – 8.

② Letter to Lord Craig of February 20, 1794, in *The Collected Works of Dugald Stewart*, ed. Sir W. Hamilton (Edinburgh: Thomas Constable, 1858), 10: lxxiii.

③ "如果伯克先生拥有与《国富论》的作者相似的才能，那么他根据体会和组合就会理解一个体制的各个部分。"Thomas Paine, *The Rights of Man*, pt. 1 (1791) (London: J. M. Dent, 1958), p. 53.

④ Mary Wollstonecraft, *Vindication of the Rights of Woman* (1792) (London: Penguin Books, 1982), pp. 148 – 150, 252; *Vindication of the Rights of Men*, in *The Works of Wollstonecraft*, ed. Janet Todd and Marilyn Butler (London: Chatto & Pickering, 1989), 5: 24 – 25. See *TMS*, pp. 61 – 62, 256.

⑤ James Mackintosh, *Vindiciae Gallicae: Defence of the French Revolution and its English admirers, against the accusations of the Right Honourable Edmund Burke* (London: G. G. J. and J. Robinson, 1791), p. 30.

达出来的相同的观点，如何能够在不同作者笔下得出如此不同的结果呢？"① 少数小册子的作者也满怀愤慨，其中一人这样维护斯密，认为斯密是法国封建主义的敌人；或者是"伴随着纵欲的憔悴的随员们的专制主义"的敌对力量。②

伯克本人在《法国大革命反思录》中没有提到斯密。但是这本书的大部分抨击了斯密的朋友们，以及《国富论》最后一部分的语言表述。我们将会看到，伯克对斯密观点看法的改变，对于随后的斯密名誉的改变十分重要。在《法国大革命反思录》中，伯克对政府的歌颂扩展到了政府支出（"它是公开的装饰行为"）、政府收入（"国家的收入是国家……在其管理中的每一个积极美德的领域"）和政府官员（"他们代表上帝本人"）。③ 伯克所斥责的那些法国"经济学家"和"哲学家"是公认的斯密的鼓吹者，④ 不义

53

---

① Elie Halévy, *La formation du radicalisme philosophique*, vol. 2, *L'évolution de la doctrine utilitaire de 1789 à 1815* (1901) (Paris: Presses Universitaires de France, 1995), p. 75; 参见后面的关于哈勒维对斯密与伯克的观点的注释（本书第 106 页注释②）。

② [T. Archard], *Suppression of the French Nobility Vindicated*, 其中加上了对斯密博士体系的综合性看法, (London: J. Debrett, 1792), p. 69.

③ Edmund Burke, *Reflections on the Revolution in France* (1790) (London: Penguin Books, 1982), pp. 189, 197, 351; 也参见 J. G. A. Pocock, "The Political Economy of Burke's Analysis of the French Revolution," in *Virtue, Commerce, and History* (Cambridge: Cambridge University Press, 1985), p. 199.

④ 这两个词不只是通常的术语滥用；例如，参见 Burke, *Reflections*, pp. 213 - 214, 299 - 300. 因此，杜格尔德·斯图尔特的维多利亚女王时代的传记作家可能会记述，斯图尔特"在他的政治著作中"没有展现出"比他在读法国经济学家的学说的评判中所流露出来的更高的道德勇气……在那段时间，他们的一般学说正遭受到这个国家的一种所谓的革命趋势的不加分析的辱骂"。在 1793 年，斯图尔特对他新生的教子的承诺是十分大胆的："我承诺尽全力使他成为一名哲学家和经济学家"，并给他一个"在盖子上题有《人权》"的鼻烟壶。John Veitch, "A Memoir of Dugald Stewart," in Stewart, *Works*, 10:1, cxxxv.

的贵族们则是斯密的资助团。① 对伯克而言，孔多塞是"哲学强盗与刺客派系"的领导者，还是"动荡和煽动的诽谤者"。② 而伯克所维护的"偏见"，却又恰巧是贯通《国富论》全书，以及斯密最后写作的几段当中为他所一直滥用的词语。③ 而伯克所支持的"迷信"一词，同样也是斯密（像休谟一样）用来形容英国国教建立的词语，对此，伯克希望要"奉献"和"赞颂"。④ 但伯克在提到这位英国人时，借助《时代》（和《绅士杂志》）用于斯密身上的话说道，"我们不是伏尔泰的信徒"⑤（此处指不同意斯密的观点——译者注）。

直到 1793 年，前首相兰斯多恩勋爵（Lord Lansdowne）才断言斯密是法国政策的激励者。他在上议院说过，"在法国的准则方面，那些准则已经从我们这里出口到法国了……并且由亚当·斯密博士

---

① 在《法国大革命反思录》（*Reflections*）的前几页中，伯克提到了支持大革命的 Rochefoucauld 公爵，斯密一生都与他有着很密切的关系；参见 Dugald Stewart, "Account of the Life and Writings of Adam Smith, LL. D," in *EPS*, p. 303, and *Corr.*, p. 279。斯密与斯坦霍普伯爵（Earl Stanhope）（*Corr.*, p. 278）以及与伯克所厌恶的兰斯多恩勋爵（Lord Lansdowne）[谢尔本（Shelburne）]的关系也很好：*Corr.*, pp. 137 – 138, 278, 295。

② Edmund Burke, *The Correspondence of Edmund Burke*, ed. A. Cobban and R. A. Smith（Cambridge：Cambridge University Press, 1967）, vol. 6（1789 – 1791）, pp. 364, 478. 在《法国大革命反思录》出版之前，孔多塞批评伯克的有关法国大革命的观点，并拿他与英国的女权主义者麦考利夫人（Mrs. Macaulay）做比较：她"对于自由的热情就好比伯克对于暴政的热情一般"，并且不会向"著名的修辞学家用于抨击法国宪法的荒诞而恶劣的言论"俯首。"Sur l'Admission des Femmes au Droit de Cité"（1790）, in *OC*, 10:123 – 124.

③ Burke, *Reflections*, p. 183；斯密关于偏见的评论，参见 *WN*, pp. 124, 340, 361, 474 – 475, 503, 517, 533, 555, 640, 663, 772, and 944, and *TMS*, pp. 228 – 229。

④ Burke, *Reflections*, pp. 187, 189, 192；有关斯密对宗教指导作用的讨论，参见 *WN*, pp. 788 – 814, 以及第五章。

⑤ Burke, *Reflections*, p. 181.

在他的著作《国富论》中加以灌输"。① 斯密在爱丁堡的老朋友拉夫堡勋爵（Lord Loughborough）当时的确维护了斯密，他坚称《国富论》"对于公民政府的准则、道德或人类的宗教并无坏处"。② 但是，与此同时，据称斯密"带着一种宗教般的尊敬"论及卢梭；据称斯密极为崇敬伏尔泰，"与那些只有少数人读到其著作的一本正经的哲学家们相比，伏尔泰为了人类利益付出更多"；据称斯密一直都"不是一名基督教徒"；据称斯密"在他的政治原则上已经接近共和制了"。③

实际上，斯密本人没有写过任何明确涉及法国大革命的书。直到晚年他才开始了解法国的政治。在 1788 年 6 月，杜邦·德·内穆尔就正在发生中的政治"革命"写信给他，信中提到了斯密对革命的影响："我们正快速地向一个好的体制发展……你为这一有利的革命的快速进行已经做了很多，法国的经济学家们不会对它不利。"④ 斯密甚至拥有四册孔多塞成书于 1789 年 9 月的关于法国宪法改革的小册子；在其中一个小册子中，孔多塞提议成立另外一个由杰出

---

① *The Parliamentary History of England*（hereafter *PH*），vol. 30（February 1，1793），cols. 329 – 330. 那时，兰斯多恩是法国大革命主要的英国支持者之一。之后他寄给斯图尔特这篇关于斯密的评论，并引用在 1810 年版的斯图尔特的《记述》中："我感激曾有过一次与斯密先生从爱丁堡到伦敦的旅行，光明与黑暗之间的差异贯穿了我人生中的最好的时光。""Account，" n. 1，p. 347.

② "把法国的失败归结于这些原因显然是错误的"，拉夫堡［即从前的亚历山大·韦德本（Alexander Wedderburn）］继续说道，相比之下，"山中的老人们拥有所有的像一个法国的英雄那般杰出的资质"。*PH*，vol. 30，cols. 333 – 334.

③ 《蜜蜂》的匿名撰稿人在 1791 年曾报道，斯密鄙视约翰逊博士（Dr. Johnson）（除了在他介绍"近代战争的愚蠢之处"时）、怀疑莎士比亚（Shakespeare），并"将法国戏剧视为戏剧杰出的标准"；还曾报道他对休谟的热爱"妨碍他成为一名基督教徒"。见 *The Bee*，3（1791），2，3，5，7，165，166。至少关于斯密敬重卢梭的报道是不令人信服的。斯密在 1756 年的确翻译过卢梭《论人与人之间不平等的起因和基础》（*Discourse on Inequality*）中的一部分，但是斯密后来在一封写给休谟的信中称他是一名"虚伪的学究"。*Corr.*，pp. 112 – 113.

④ *Corr.*，p. 313.

公民组成的立法机构，"在英国"，这些人中的洛克、休谟、斯密和普莱斯（Price）可能会是首批入选的人。① 但是，这些趣事只是在斯密后期的政治著作中间接得以反映出来。

第六版扩展修订的《道德情操论》在斯密去世前的几周出版，而且新的部分在很大程度上与政治公正的理论有关。它们有时是用一种强力的愤慨的语调写成的。例如，就像在斯密提到"民族偏见的平均原则"的时候，或者当他提到由"对崇拜、财富和强势"的倾向所带来的"我们的道德情操的堕落"的时候。② 从斯密频繁涉及伏尔泰和拉辛（Racine）来看，他也特别受到法国思想的影响。但是，只有几个段落与当前的政治事件有关。③ 其中某些——与社会环境有关，在这些环境中，"甚至是明智的人都可能会认为宪法或政府形式中的一些改变是必需的"——这似乎受到法国当时的思想论战以及杜邦信件的影响。④ 它可能也反映了 1788～1789 年

---

① *Adam Smith's Library: A Catalogue*, ed. Hiroshi Mizuta（Oxford: Clarendon Press, 2000），p. 62. 博水田也指出，斯密有一份来自孔多塞 1785 年的关于可能性和选举的文章赠送稿和一份孔多塞的于 1786 年在英国出版的《杜尔哥传》。孔多塞在他的著作（1789）中对斯密做出了评论。见 *OC*, 9:358。

② *TMS*, pp. 61, 228. 斯密在去世前的冬天完成的补充部分相当于完整版的 1/3 左右。Stewart, "Account," p. 328; *Corr.*, p. 310; D. D. Raphael and A. L. Mcfie, "Introduction," in *TMS*, p. 43. 在这一版的"广告"中，斯密说他剩下的"巨著"将会是一个"法理学理论"，其中"我没有全部放弃这一目的"。*TMS*, p. 3. 也参见 Laurence Dickey, "Historicizing the 'Adam Smith Problem': Conceptual, Historiographical and Textual issues," *Journal of Modern History* 58（September 1986），579 – 609。

③ *TMS*, pp. 231 – 233.

④ 杜邦将一本他刚写完的关于贸易改革的书放进封套中。在他的信中，他为自己的温和的论调道歉，并提到了他努力去"说服"那些"活跃甚至是狂热的"人们，即贸易条约的反对者们；斯密提到了控制着更为温和的公共精神的体系的精神"总是活跃着，并经常使它达到狂热的疯癫状态"。杜邦说过，"我已避免了直接撼动我的读者的偏见……所有的公共意见都值得尊敬"；斯密提到了人性，"当他不能通过理性和信念来克服根深蒂固的偏见的时候，他不会试图通过武力来征服它们"。*Corr.*, pp. 312 – 313; *TMS*, pp. 232 – 233.

乔治三世（George III）生病期间的英国宪章危机。① 另外一些——最为慷慨激昂的——似乎与腓特烈二世"经常性的"普鲁士专制君主统治有关。② 在这些段落的基础之上，斯密被视为对早期法国革命事件的批判者，以及改革的支持者。③ 但是在任何情况下，他变化的名声是基于许多关于当前政策的评论的。在 1790 ~ 1792 年的英法政论战中他不站在任何一方，也不属于声称他是支持沃斯通克拉夫特与潘恩的那一方。

---

① 斯密最后的开诚布公的政治评论是写在 1789 年 3 月 25 日致亨利·丹达斯（Henry Dundas）的信中，在信里他强烈支持在危机中皮特（Pitt）指导方式的"各个部分的适宜和审慎"。*Corr.*，pp. 318 - 319. 伯克和福克斯（Fox）是皮特最主要的反对者，他谴责他们的"派系对抗"和"违法的小团体阴谋"。*PH*，vol. 27，cols. 1007. 据推测"法国的"段落在《道德情操论》（pp. 231 - 233）中大量涉及"民间派系"。斯密着重回忆了 1788 ~ 1789 年的议会辩论：他提到了那些意欲"自身扩张"的领导者；他提到了改变"宪法或者政府形式"的努力（*PH*，vol. 27，cols. 959，1117）；他提到了"改造宪法"的计划（cols. 856，948）；他提到了对"内心平静"与幸福的希望（cols. 988，990）；他提到了"适当发怒和节制"的目标（cols. 713）——1788 年 12 月 10 日和 1789 年 1 月 16 日、19 日、26 日的辩论。

② *TMS*，pp. 233 - 234. 斯密带着"普遍甚至是系统的政策与法律的完美思想"对"王室改革家"所进行的介绍似乎是以腓特烈的回忆录为基础的，他有 1788 年在其死后在柏林出版的一个版本。*Adam Smith's Library：A Catalogue*，p. 97. 腓特烈记叙了"王室成员"努力实现"完全的完美"，而且他提议最高统治者"应该从一个限定的政治、军事、财政、贸易与法律系统中作为"；他写到王室成员"必须为整个社会来观察、思考并行动"。"Essai sur les formes de gouvernement，& sur les devoirs des souverains"（1781），in *Oeuvres Posthumes de Frédéric II，Roi de Prusse*（Berlin：Voss and Decker，1788），6：68，69，87.

③ 关于认为斯密愈加保守和对法国批评的理解，参见 Walther Eckstein，"Einleitung，" in Adam Smith，*Theorie der ethischen Gefuhle*，trans. Eckstein（Leipzig：Felix Meiner，1926），pp. xlii - xliii；也参见 Raphael and Macfie，"Introduction，" in *TMS*，pp. 18 - 19。唐纳德·温池的介绍——关于斯密对革命的"不寻常的平静的评论"——现在更加令人信服了。Winch，"The Burke-Smith Problem and Late Eighteenth-Century Political and Economic Thought，" *Historical Journal*，28，1（1985），233.

18 世纪 90 年代的苏格兰

从倾向于激发公众意见的法律角度来看，到 1792 年，斯密的新原则几乎被视为煽动性的。苏格兰的革命本身已是一触即发，而斯密的观点被认为是启发了热门讨论、反战和对英国政府的不满。像休谟那样，在苏格兰人们已经认为斯密受到法国怀疑论的影响。博斯韦尔（Boswell）曾谴责约翰逊"将休谟和斯密的头脑匆忙拼凑起来，其结果就是徒劳无功且倍加荒谬"。[1] 与休谟一样，斯密被认为英文写作水平低下。[2] 按照一位身居领导地位的保守的牧师亚历山大·卡莱尔（Alexander Carlyle）的说法，《国富论》是"冗长烦闷并充满重复内容的"，"他关于政治对象的观点并不是非常合理的"，他曾向约翰·威尔克斯（John Wilkes）喝彩，而且他"偏向于赞成法国的悲剧"。[3] 卡

---

[1] Letter of June 1777, in James Boswell, *Life of Johnson* (Oxford: Oxford University Press, 1980), p. 810.

[2] 沃尔特·贝芝浩（Walter Bagehot）在他不寻常的文章《作为一个人的亚当·斯密》中再现了 18 世纪晚期英国 – 苏格兰的支配优势的总督论调："据说曼斯菲尔德勋爵（Lord Mansfield）已告诉博斯韦尔，当他读休谟或亚当·斯密的著作时，他一点都不觉得他是在读英文著作；还告诉他这很自然，它本应是这样。英语不是休谟与斯密的母语……休谟经常带有方言，但是他的方言（用法）常常是错误的；为此，他的最好的文章中许多都是尤为令人烦躁而困惑的；你感觉他的说话方式非常像一个英国人的说话方式，但是，毕竟由于这样或那样的原因，你会发现他永远不会是一个英国人说的那样……斯密遵循着他在其他人的作品中发现的厚重的'书本'英语，并确信他可以凭自己来重复做出来。" Walter Bagehot, *Biographical Studies* (London: Longmans, Green, 1889), pp. 272 – 273.

[3] Alexander Carlyle, *Autobiography of the Rev. Dr. Alexander Carlyle* (Edinburgh: William Blackwood and Sons, 1860), pp. 281, 283, 430 – 431. 卡莱尔的自传涵盖了 1770 年的这段时间，并于 1800 ~ 1805 年写成。卡莱尔强烈反对斯密在《国富论》的第 5 篇中的对国民自卫队和国家的军队精神的怀疑论点。Ibid., p. 283；以及参见 R. B. Sher, *Church and University in the Scottish Enlightenment* (Edinburgh: Edinburgh University Press, 1985), pp. 236 – 239。

莱尔后来描绘了一个恶意的小幻象，在其中休谟和斯密"退缩到一个坚果壳中"作为"对他们造成世界现在的状态"的惩罚："一个是尽他的力量来逐渐削弱基督教，另一个是通过引入既传播思想又流通商品的自由而普遍的贸易。"①

55

1789 年以后，苏格兰的思想分化急剧增加。科伯恩勋爵（Lord Cockburn）在写到他的保守家庭中发生的关于法国大革命的对话时说过，"他们是多么热情地赞赏着（大革命）啊！""每件事，不是这件事或那件事而是精确的每一件事，都渗透进这一事件中。"斯密是"爱丁堡青年自由派"的英雄。② 但是对于包括从前的崇拜者在内的许多其他人而言，斯密是深度猜忌的对象。杜格尔德·斯图尔特在 1810 年回顾道："自由贸易学说本身被视为一种革命趋势；那些以前得益于与斯密有密切关系的人们，以及那些以热情传播他的自由体系而自豪的人们，都开始质疑哲学家们辩论的权宜之计、国家政策的奥秘以及封建时代难以理解的智慧。"③ 在 1793 年的苏格兰，被潘恩称赞而又由孔多塞来翻译是一件可怕的事情。科伯恩勋爵写过，"苏格兰几乎是处于政治退化的最低点"；他描绘出一个"在一个小而贫穷的国家中绝对权力……得到运用"的场面，可以将其比做"奥地利或俄国的一个省"。④

---

① Carlyle, *Autobiography*, p. 547.
② Lord Cockburn, *Memorials of His Time* (Edinburgh: Adam and Charles Black, 1856), pp. 46, 80. 也参见 Bianca Maria Fontana, *Rethinking the Politics of Commercial Society: The Edinburgh Review, 1802 – 1832* (Cambridge: Cambridge University Press, 1985).
③ Stewart, "Account," p. 339.
④ "当时我们没有任何民意基础，没有改革过的自治城市，没有有战斗力的国家教会的竞争对手"，没有新闻自由，没有公共集会，在民事诉讼中根本没有陪审团参加审判；将苏格兰从对奥地利或俄国的省的屈从中挽救出来的只有几个维新党的律师的"坚定"。Lord Cockburn, *An Examination of the Trials for Sedition Which Have Hitherto Occurred in Scotland* (Edinburgh: David Douglas, 1888), 1:76–77.

　　著名的苏格兰煽动叛乱言行的审判早在 1793 年就开始了，与斯密的思想接近的言论都被涉及。宣传最多的审判——是针对托马斯·缪尔（Thomas Muir）的，他是一位律师，在 1793 年 8 月被判刑流放 14 年——是关于"散播对政府的不满"的罪行。在起诉中有这样的话："他说，如果民意得到了平等的表达，则他们的赋税会更少；他还说，他们不会像法国人那么便宜地把商品从法国繁荣的城邦中带到市场。还有比这更有可能煽动叛乱的言行吗？"法官的概述坦陈："我从不是一名法国的赞赏者，但是现在我只能将他们看作人性的怪物。"①

　　在另外一个审判中，教士托马斯·帕尔默（Thomas Palmer）由于在谈论与法国的战争时说了"战争使商业受到严重限制，几近被毁"的话而被控告。帕尔默关于新闻自由的建议与斯密和休谟的观点有关系。对于被告而言，最重要的事是最贫困的国民也有讨论改革的自由，"衣衫褴褛的乞丐有权利对我们最重要的公共事务发表他的意见"。帕尔默也被流放了 7 年，虽然休谟、斯密和米尔顿（Milton）几乎没有发挥作用。② 一位名叫威廉·斯基文（William Skirving）的农民援引斯密关于公共信贷负担的观点，结果被流放了 14 年。莫里斯·玛格罗特（Maurice Margarot）在法庭上谈论法国与英国之间的贸易条约，并像斯密曾批判过的那样说

56

---

① *A Complete Collection of State Trials*, ed. T. B. Howell and T. J. Howell（London：T. C. Hansard, 1817），23：117, 182, 231 – 238（hereafter *State Trials*）；Cockburn, *Examination*, 1：159, 176；"Trial of Mr Muir," *Scots Magazine*, 55（1793），417 – 424, 484 – 490. 针对缪尔的起诉书中写道，他开始"将这个国家的政府说成暴虐专横的，将国家的法律主体说成腐败且贪污受贿"，他"在履行政府功能所必需的花费的方面"比较了法国和英国，他将君主政体说成是"无用的、迟缓无效率的"（col. 118）。

② *State Trials*, 23：346, 348, 351；Cockburn, *Examination*, 1：188.

道，"在思想上，它们是天生的敌人，应该在任何一个普通的场合开战"，最后他也被流放了 14 年。[1]

杜格尔德·斯图尔特也被迫在他的《人类思想的哲学》(*Philosophy of the Human Mind*) 中对所援引的孔多塞的论述进行了不寻常的删节。两名苏格兰上议院法官在 1794 年一封寄给斯图尔特的信中炮制了一个经典的迫害文本。他们预计"你会以公开而又大器的方式抓住最早的机会来撤销，你曾怀有的每一种情感和你曾说过的每一句话，它们都支持了那些产生极大损害的学说"。斯图尔特的回答相当有尊严。他否认任何一种"在大众中间鼓励政治讨论的意愿"，声称支持的是"经济学家"而不是"法国的哲学家"，并宣布他仅在政治上"热情"地反对奴隶贸易（"它一成为普遍讨论的话题，我就会在讲座中略去这些词语"）；他也补充道，"我曾尊敬地提到过孔多塞的名字，这却使我的一些作品蒙羞，我将为此永远遗憾"。[2]

经济与政治自由

斯图尔特的《对亚当·斯密的人生以及著作的记述》("Account of the Life and Writings of Adam Smith") 一定是在这种狂乱的情景下展开的。它是迄今为止最重要的有关斯密的传记作品，也是斯密后期保守声誉的一个早期来源。但是，在 1793 年对煽动叛乱的言行进行审判的同一周，它在爱丁堡皇家协会中得到宣读，

---

[1]　*State Trials*，23：573，721.

[2]　1794 年 2 月克雷格勋爵与斯图尔特之间的信件，见 Stewart，*Works*，10：lxx – lxxv。韦奇评论道："在这里出现的一封信件的背面，有斯图尔特夫人的笔迹，写着：——'1794 年在苏格兰。来自本周至少三个晚上在我们家中度过的两个人。'"

斯图尔特在一封未公开信件中称这是一个"不可思议的……疯狂"的时刻，"所有的自由"都"暂停"了。斯图尔特在他对上议院司法议员的回答中的确提到了这一记录，这应该被视为对斯密的捍卫，以及他本人对这一时代恐怖政策的回击。①

出于"没有必要在这里提及的原因"，这部回忆录中只有几页涉及《国富论》；斯图尔特在 1810 年解释道，他在评论中间接地提及当时的局势是将"投机主义的政治经济学与不幸在那时出现的鼓动人心的关于政府的首要原则的讨论"混淆在一起的趋势。② 但是斯图尔特的确尝试去介绍斯密的意图。他认为，斯密只关心那些"不想去动摇已有体制或不想去激起民众热情的……猜测"。他的目标是"启发实际的立法者的政策"。他充分地意识到"轻率运用政治理论"的风险。他只关心政策的"最终目标"。③

在这部回忆录中，斯图尔特的结论是，对斯密的名声而言，做出他是"偏激"的判断是不恰当的。相对于"那些我们在他的著作中所欣赏的有所保留的结论"，"在他交际时的轻率和信心中"，他有时会"试探性地提出"关于"推测问题"的观点。但是那些对他进行的草率评论（比如被偶然的读者所"传播"的那些评论）暗示了"他的真实情操中虚假与矛盾的观点"。④ 按照斯图尔特的说法，"真实的"斯密是一个认真而审慎的公众哲学家，

---

① 这部回忆录宣读于 1793 年的 1 月 21 日和 3 月 18 日；第一组对煽动叛乱的言行的审判在 1 月 7～11 日开始，并持续到 3 月。斯图尔特 1793 年 1 月的信出自 Stewart, *Works*, 10：cxxxv–cxxxvi。

② Stewart, "Account," n. G, p. 339. 暗示出现在原始版本的一条脚注中："这本回忆录已经扩展到的长度和没有必要在这里提及的一些其他的原因，它们共同促使我在印刷后面部分时将自己限定在一个比我曾计划的还要更为普遍的国民的观点。" Ibid., p. 309.

③ Ibid., pp. 311，312，319，330.

④ Ibid., pp. 330–331.

而非与朋友谈论宗教偏见、伏尔泰，以及现代战争愚蠢之处的自私的人。

在这些段落中，斯密类似于被告人，而斯图尔特是他的律师。斯图尔特的语言风格的确和那个时代标准的法律文本的语言风格十分接近，在那些文本中法学家试图去解释"推测性言论"和"对宪法的刑事诽谤"之间的关系。在一场对煽动叛乱言行的审判中，要求被告人证实他的作品不是"故意"去"鼓动"的，并证实他的意图仅仅是"使那些有政治权利的人们注意到如何最好地运用政治权利来谋求国家的利益"。引用了这些文本的科伯恩勋爵是完全可疑的："谁将是所有这一切的审判官？"但是爱丁堡"真正地处于恐惧的影响之下"。斯图尔特的回忆录是将斯密努力塑造为一个保守之人的证据，而不只是斯密本人的保守主义的证据。①

斯图尔特对斯密的辩护，是在18世纪90年代中期出现的关于政治学与政治经济学之间的差别以及自由的定义的一个更为广泛讨论的一部分。在这部回忆录中，他的目的似乎是要阐明政治经济学是一个无害的、技术性学科，而斯密是一个害羞的、无意去得罪人的人，对于影响公众观点十分不感兴趣，只对为"实际的立法者"提供政策建议感兴趣。斯图尔特在他对《国富论》的评论中说，"政治自由"是有价值的，主要来自立法改善"本应该有的这种能力"。如果法律本身是合宜的，则人们"几乎没有理由去抱怨，所以它们不是直接促成法律的人"。在某些情况下，政治自由的确是"达成它们自身毁灭的手段"。②

---

① 托马斯·斯塔基（Thomas Starkie）关于1813年诽谤性文字的论文，引自 Cockburn, *Examination*, 1:18; ibid., p. 85。

② Stewart, "Account," pp. 310 – 311.

58　　　斯图尔特所描述的自由的实用价值与斯密本人所写的内容几乎没有相似之处。它也与斯图尔特本人的较早期的观点形成了鲜明的对比。但是，它的确反映了在爱丁堡、巴黎和伦敦出现的对"自由""自主"这些词热烈的公共讨论。①1793 年，托马斯·缪尔在他的法庭上预言，"'自由'一词很快就会在我们的语言中被禁止使用；它的声音中带有警示和煽动性言论"。②取而代之的是，煽动性词语被重新定义，并被分配了新的合适的派生含义。

　　斯图尔特的叙述表明，商业和政治是生活的两个范围。政治经济学与商业生活或经济生活有关。而出于政治经济的目的，自由因此能被解释为"贸易与工业的自由"、"劳动力与原料的自由流通"，以及个体公民之间的"最为自由的竞争"。③反过来，这些自由被看作"国民财富"的推动因素。相比之下，"政治自由"是政治生活的一个属性，是在政治经济的范畴之外。但是它也有中间值：一种"工具"、"手段"，或者公正的"设施"。

　　在这些情况下，苏格兰人可以更有信心地谈论自由。我们将会在商业领域中发现它，它是指财产的自由。十分奇怪的是，与此同时"平等"一词被理解为两个相反的意思。1792 年 12 月，缪尔的《公约》（"Convention"）的会议记录表明了斯图尔特本人典型的精确性。一位代表抱怨"人民之友被那些对财产不利的自由与平等的有趣概念所诽谤"。因此他提议，"应该为决议增加上一些补充部分来解释'平等'一词的意思，即提议我们所需要的仅仅是政

---

① 　Cockburn, *Memorials*, pp. 85, 175.
② 　*State Trials*, 23:218.
③ 　所有这些短语均摘自 Stewart 的"Account,"第 315 ~ 319 页。

治平等"。① 自由属于生活的一个领域，而平等属于生活的另一个领域，而且两者都对国家繁荣有益。

在伦敦，对自由的重新定义在许多相同的条件下继续进行。柯勒律治在 1798 年讲述了一个船主的故事："我的一个熟人（他最不可能是一个政治狂热者）将一艘他刚刚造好的大船命名为自主号（The Liberty）；他的贵族朋友严肃地告诫他换成其他的名字。船主很简单地回答道：什么？——应该叫它自由号（The Freedom）？（友人回答道）那会好很多，因为人们可能就会只想到贸易自由；然而自主（Liberty）有种激进的意味！"② 解决方法最终和杜格尔德·斯图尔特的非常相似。自由类似于将被用于创造繁荣的中间产品或是不得不认可的副作用。柯勒律治的那位熟人的朋友认为，船是漂亮的，但名字"可憎"："自主（Liberty）= 自由（Freedom）吗？——不！绝不！——不是在现在。如果你小心地表明它对于繁荣贸易与商业（这是赚钱的一个必需的副作用）是必要的，你可以使用后者而不带有极凶恶的冒犯意味"。③

在巴黎，同一时期的经济与政治被对立起来。像自由原来包含的观点（如斯密的革命声誉）一直幸存到雅各宾派取得支配性优势为止。把经济自由看作革命自由的组成部分的确是吉伦特派政策的一项突出原则。迟至 1792 年 3 月，孔多塞认为一个完全自由的国内贸易是避免粮食短缺的最好方案。④ 在 1793 年 6 月，他仍然

① 引自 H. W. Meikle, *Scotland and the French Revolution* (Glasgow: Routledge, 1912), p. 249。

② *The Friend*, in *The Collected Works of Samuel Taylor Coleridge* (Princeton: Princeton University Press, 1969), vol. 4, pt. 1, pp. 217 – 218.

③ *The Notebooks of Samuel Taylor Coleridge*, ed. Kathleen Coburn (London: Routledge and Kegan Paul, 1962), vol. 2, *Text* (*1804 – 1808*), p. 2578.

④ "Sur la liberté de la circulation des subsistances" (1792), in *OC*, 10:364.

支持"谷物贸易的无限制自由"的原则，除了像在军事封锁这类极端情况之下。① 但是对于雅各宾派而言，就像对在伦敦与爱丁堡的国教势力一样，自由的定义一直在改变，直到 1793 年。

与苏格兰一样，在法国，经济自由与政治自由是被分开的。但是，在爱丁堡经济自由所适宜的地方，在法国就是有颠覆性的。在爱丁堡政治自由有颠覆性的领域，在法国却是有益处的。斯密的熟人与翻译家莫雷莱特神甫在重建期间出版的回忆录中介绍了这场转变。他说过，这一过程始于 1789 年的夏天。那时他正与爱尔维修夫人（Mme. Helvétius）在一起。直到那时，"自由、宽容、对专制与迷信的恐惧，以及对弊端得以改革的渴望才成为我们共同的心声。但是到了 1789 年 6 月，我们的观点开始有一些分歧"。②

在恐怖统治时代，莫雷莱特仍然留在巴黎，在 1793 年 9 月，他还被人控告。这样，由于他需要一份"公民精神"的证明，所以他带着一个装满他作品的大袋子去见他的控告者。他的叙述和斯图尔特与柯勒律治所使用的词语十分类似，这表明了在 18 世纪 90 年代中政治经济学动荡的命运：

> 我给他一卷相当厚的书，并对他说，这本《对加利阿尼的对话的辩驳》也是支持自由贸易的。他说道，哦！人们不应该提到它。我对他说，难道你不认为这种自由是防止饥饿与粮食价格被抬高的唯一手段吗？我狡黠地补充道，自由总是好的，对一切都有利，难道这不是实情吗？我发现我对自由的赞

60

---

① "Sur le sens du mot révolutionnaire"（1793），in *OC*，12：622.
② *Mémoires de l'Abbé Morellet*（Paris：Ladvocat，1821），2：10.

美使他尴尬，而且他不敢讨论这一问题。他对我说，一切还尚早。但是今天，忧虑太多了，使得人无法谈论那种自由。[①]

慷慨的劳动力报酬

在 18 世纪 90 年代，经济自由与政治自由的分离是斯密本人名誉转变的必要条件。和法国一样，在英国，政策中的决定性议题是食物与经济自由之间的联系。参考一下斯密假定的匮乏与饥荒的"一般性原则"，在几乎两个世纪里，他作为一名贫困民众的冷血敌人的名声被证明是有道理的。在 18 世纪 90 年代中期英国食物危机期间，人们发现了这些原则，在之后很长的时期内，这些原则都是斯密被视为保守理论家的标志。

在 1795～1796 年，以及 1799～1800 年，食品价格的突然上涨在英格兰引发了关于工资率与贫困资助的热烈讨论。[②] 一个片段——萨缪尔·威特布莱德（Samuel Whitbread）提议的 1795 年的最低工资法规——为我们提供了对斯密思想解释发生变化的一个尤

---

① Ibid., pp. 75 - 76. 莫雷莱特经历过指责并在大革命之后幸存下来；当他写一本书来攻击那时已经极不受欢迎的内克尔时，他的质问水平得到了改善。用罗伯特·达恩顿（Robert Darnton）的话来说，莫雷莱特为了证明他自己的努力"可以被看作在大革命与启蒙运动之间的一种对抗"。Robert Darnton, *Gens de lettres Gens du livre*, trans. Marie-Alyx Revellat（Paris：Odile Jacob, 1992）, p. 146.

② 在对这些辩论的广泛讨论中，参见 Halévy, *La formation du radicalisme philosophique*, vol. 2, chap. 2；J. R. Poynter, *Society and Pauperism：English Ideas on Poor Relief, 1795 - 1834*（London：Routledge & Kegan Paul, 1969）, chap. 3；Gertrude Himmelfarb, *The Idea of Poverty：England in the Early Industrial Age*（London：Faber and Faber, 1985）, chaps. 2 and 3；Winch, "The Burke-Smith Problem"。

为清楚的例证。威特布莱德是一个改良派议员，而且他的法案会给予地方法官通过确定最低工资来"调控农牧业劳工工资"的权力。① 他受斯密的影响很深，并通过阐明"他和其他人一样，都认为劳动力的价格应该像其他每种商品那样，由它自己来寻找它的（价格）水平"，来介绍下议院对这一法案的辩论。② 但是他能够并愿意批准一些"立法干预"来保护穷人的"权利"。

威特布莱德在他的议会演讲中密切效仿《国富论》。毕竟，斯密本人对一些工资干预是容忍的："当这些干预……有利于工人的时候，它总是理所当然的、合理的；但是当它有利于雇主时，它有时却并非如此。"③ 斯密在提到现行的确定最高工资的干预时说过，它们是"有利于雇主的"；威特布莱德补充道，它们给了地方法官"压制劳工的权力"。④ 更为普遍的是，在公平基础上，斯密支持高工资："没有任何一个社会肯定会是繁荣而幸福的，它们中的成员有更大的一部分是贫困凄苦的。而且，那些为全体人民提供衣食住行的人应该占有这样一份他们自己的劳动成果以使得自己尚可温饱，这是很公平的。"威特布莱德的目的与之相似："通过给予占有自己部分劳动成果的权利……来使得整日不停辛苦劳作的百姓能够为他的家庭提供一些舒适的吃穿住用。"⑤

61

---

① *PH*, vol. 32, cols. 700 – 705, 714 – 715（December 9, 1795; February 12, 1796）：威特布莱德说过，"在这个国家中贫困劳工的境况"几乎不像"任何观点或宽容的思想所希望的那样"，尤其是"穷人们生活的方式是如此悲惨，它本不应该出现在这样一个以自由和国民的平等权利感到自豪的国家中"。

② Ibid., col. 703.

③ *WN*, pp. 157 – 158.

④ 斯密评论道，"在任何时候立法机关试图调控雇主及其工人们之间的差异，它的顾问总是雇主"。*WN*, pp. 157 – 158; *PH*, vol. 32, col. 705；参见第四章。

⑤ *WN*, p. 96.

　　然而，威特布莱德的斯密式的言辞使人对政治经济学有一种非常不同的理解。皮特用一个"原则的独立运行"的著名辩护来答复威特布莱德。他援引"政治经济学最著名的作者"来证明议会应该"考虑到一般原则的运作，并信赖它们自由应用的效果"。他的解决方法是消除对劳动力自由流动的限制，并开始改革关于居住的法律［济贫法（the Poor Laws——译者注）］。威特布莱德和他的朋友们指出，这样的改革"会花掉相当多的时间"；与此同时，一条面包的花费比"劳工的每日工资的全部"还要多。但是对皮特而言，"目前的情况""不足以成为例外"。①

　　议会中辩论的双方都涉及斯密。和皮特一样，斯密认为英格兰和苏格兰的工资高（至少在18世纪80年代以前）。②他认为公正合理的规章比那些威特布莱德的提议还要更受限制。③但是，正如皮特的反对者所指出的那样，他对它们的形容与威特布莱德的更为接近，而非皮特。④他对一般性原则的看法与皮特的十分不同。他强烈反对"成体系的"政治学的积极运用；杜格尔德·斯图尔特把斯密的严厉批评理解为"对一般原则的实际运用的警告"以及明显地对"不受限制的贸易自由"的警告。⑤他的贸易原则总是受到其他的公正与平等规则的约束。高工资有利于繁荣，也有利于"平等"。工资由供求来决定，也受到"普遍仁慈"的"调控"。⑥

---

①　*PH*，vol. 32，cols. 704 – 712.

②　*WN*，pp. 91 – 96.

③　他给出的例子是一条强迫雇主"以货币而非商品来支付工人工资"的法律。*WN*，p. 158.

④　The Reverend J. Howlett，*Examination of Mr Pitt's Speech*，*in the House of Commons*，*on Friday*，*February 12*，*1796*（London：W. Richardson，1796），pp. 22 – 23.

⑤　Stewart，"Account，" p. 318.

⑥　*WN*，pp. 91，96.

　　与威特布莱德一样，斯密被看作穷人的朋友。在《国富论》中，他把"慷慨的劳动力报酬"称作"最好的公众繁荣的必然结果和原因"；在这部书的"早期底稿"中，他曾写过"劳动力的高价格"是"公众富裕的本质"。① 马尔萨斯在他 1798 年的《人口原理》中指责斯密犯了混淆两个有区别之探究的"错误"：对"国民财富"的探究和对"社会较低层人们的幸福与舒适"的探究。② 在他的《政治经济学原理》中，马尔萨斯证明了斯密更多的不当之处，包括使用有关地主的有争议的语言、把利润看作"一个从劳动产品中扣除的量"、过分低估"资本家所贡献的产量"、谈论仁慈；马尔萨斯曾写过，"如果仁慈能够成功地进行干预，它早就已经发生作用了……但不幸的是，普遍仁慈不能改变一个国家的资源"。③

　　更为普遍地说，斯密的语言与皮特的不一样。皮特在批评有关居住的法律时效仿斯密。但是，斯密所谓的"对自然的自由与公平的明显违背"（"穷人"认为自己被这种违背的痛苦所压迫着）在皮特看来却只不过是一种"牢骚"而已：（这是）"干预束缚了工业的例子"。④ 与斯密一样，威特布莱德和他的朋友们想要"把痛苦的穷人们从一个没有独立性指望的国家中解救出来"。劳动者不应该"像一份施舍的礼物般那样收到他应得的部分"；穷人的依赖尤其是有害的，因为那些已经接受援助的人被阻止参加选举，因

---

① *WN*, p. 99; "An Early Draft of Part of *The Wealth of Nations*," in *LJ*, p. 567.

② *An Essay on the Principle of Population* (1798), in *The Works of Thomas Robert Malthus*, ed. E. A. Wrigley and David Souden (London: William Pickering, 1986), 1:107.

③ *Principles of Political Economy Considered with A View to Their Practical Application*, in Malthus, *Works*, 5:63 - 64, 181.

④ *WN*, p. 157.

此剥夺了他们的宪法权利。但是对皮特而言，穷人们是与价格而非权利有关系的；若出现最坏的情况，穷人被阻止"进入他能将自己的勤奋发挥到最大优势的市场"。①

我们可以将 1796 年的辩论理解为一次两个不同的"斯密"之间的论战：威特布莱德理解的斯密与皮特理解的斯密。威特布莱德所理解的斯密在许多方面更为接近"真正的"斯密或是真正的《国富论》。但是直到 1800 年第二次食物危机为止，皮特所理解的斯密一直取得压倒性的胜利。埃德蒙·伯克的变化着的经济观点提供了一个引人注意的例子。斯密和伯克关系密切，至少在 18 世纪 80 年代早期的一段时间内是这样的。② 但是正如我们已经知道的那样，在《法国大革命反思录》中，伯克关于政府的观点与斯密有很大不同，例如在涉及国家用于桥梁、宗教和公众崇敬上的开支产生的良好的商业影响方面。③ 到 1795 年，伯克已经对他现在所说的政府"干预"变得怀疑起来。一份他为皮特准备的论文可能已经影响到了对威特布莱德的议会评论。伯克说道，"现在所做的事是假定农民压迫劳工"。但是"市场准则"或者"一般政策的原

---

① Whitbread, Lechmere, Charles James Fox, and Pitt, in *PH*, vol. 32, cols. 704, 708, 712, 702.

② 一般认为斯密与伯克在 1777 年相识。参见 Jacob Viner, "Guide to John Rae's Life of Adam Smith," in Rae, *The Life of Adam Smith*, p. 27; *Corr.*, p. 47。他们在 1782～1783 年交换了四封友好的信件，两人于 1785 年相遇于苏格兰，并在 1786 年就为伯克的堂兄写推荐信的事通信。*Corr.* pp. 258–259, 265, 268, 297–300; William Windham, *The Diary of the Right Hon. William Windham, 1784–1810*, ed. Mrs. H. Baring (London: Longmans, Green, 1866), pp. 59–64. 没有任何后来两人联系的证据，而且他们对当代的大事有着相反的观点。例如，伯克在 1787 年批评英法贸易条约；而我们之前已经知道，斯密在国王生病的紧要关头强烈反对伯克的小派系。

③ Burke, *Reflections*, pp. 235–236, 371–372. 这里的崇敬有着中间产品的意味："为了能够不过于屈从地来获取，人们必须温顺。"（p. 372）

则"不承认偏差。上天有时候拒绝给予穷人们生活必需品，"上天的不满之所以会得到缓和，并不在于打破商业法则，而这些法则同时也是自然法则和上帝的法则"。①

伯克的论文首次出版于 1800 年，是与另一篇文章《纪念》（"memorial"）一起作为作者去世后出版的小册子《关于稀缺性的思想与详情》（*Thoughts and Details on Scarcity*）的一部分。它在几个方面几乎开始公开反对斯密。在这本小册子中伯克没有提到斯密。但是他在几个地方解释了《国富论》，并在其他地方反驳它。他说，"没有什么会像政治的伪善语言'劳动的穷人'如此卑鄙和不道德的了"；斯密在他关于工资的那一章的几个段落中使用这一词语达六次。斯密说过，工资是由"利益绝不相同的两个党派"之间签订的合同决定的；伯克认为"在农民和劳工的例子中，他们的利益总是相同的"。伯克认为，国家的首要职责是"它的宗教信仰的外在确立"；斯密支持"数千个小派系"的竞争。在斯密看来，垄断是一场糟糕的自然秩序的错乱；在伯克看来，"资本的垄断……是一个很大的利益，尤其是一种给穷人的实惠"。斯密认为穷人的子女应该接受教育来参与政治讨论；伯克认为尽管他们能"从较少的有用性成长到较大的有用性"，但他们只不过是"现存

---

① 伯克在 1795 年 11 月为皮特所作的《纪念文》。Burke, *Correspondence*, vol. 8, letters of November 7 and 17, 1795 (pp. 337, 344). 《关于稀缺性的思想与详情》（*Thoughts and Details on Scarcity*）的小册子由伯克的遗嘱执行人在 1800 年出版。据说它将与大概在同一时期写成的另一封信一起纪念皮特；编辑说，第二封信的"节选"是"后插进来的，它看起来似乎衔接得非常好"。"Preface," in Edmund Burke, *Thoughts and Details on Scarcity* (London: F. and C. Rivington, 1800), p. ix. 所引用的评论见于 *The Works of the Right Honourable Edmund Burke* (Boston: Little, Brown, 1894), 5:138, 154, 156–157.

的下水道和血吸虫"。①

　　然而，到 1800 年，伯克的小册子仅被作为斯密"原则"的一个解释性说明而普遍接受。编辑在介绍中声称，斯密在《国富论》中对伯克的观点给予了"最大的尊重"。② 仿佛所有不同的斯密——威特布莱德所理解的带有对劳动产品的权利观点的斯密，或者准法国的、准无神论的、准革命性的"经济学家"——都已经消失于经济自由这一简单的处方之中了。《绅士杂志》上对伯克小册子的简要评述是有典型性的："这位著名的作者继续着亚当·斯密的原则，即所有的贸易应该是自由的；政府不应该通过强制性的法令与规章来干涉，尤其是在谷物与农业方面。他同样反对公共粮仓。"《每月评论》确认了包括伯克的在内的五个不同的小册子，它们涉及"亚当·斯密的所有的贸易应该是自由的原则"；其中的一位作者甚至被称为"斯密主义者"。③ 在 18 世纪末，伯克和斯密不再被当作对手了；他们同样都是经济保守派。

----

① *Thoughts and Details on Scarcity*, in Burke, *Works*, 5:135, 139, 141, 145, 151, 166；*WN*, pp. 83, 91 - 93, 793；关于伯克与斯密，还可参见 Donald Winch, *Riches and Poverty: An Intellectual History of Political Economy in Britain, 1750 - 1834* (Cambridge: Cambridge University Press, 1996)。

② 伯克"在闻名的著作《国富论》的写作过程中也被请教过，而且亚当·斯密对他的观点给予了最大的尊重"。*Thoughts and Details on Scarcity*, p. vi. 在这个相关时期，伯克唯一著名的与斯密的交流是一封请求斯密与巴克卢公爵（duke of Buccleuch）一起介入以支持一位在布里斯托的中国制造商的专利延期申请。1775 年 5 月 1 日的信，见 *Corr.*, pp. 180 - 181。

③ *Gentleman's Magazine*, 70 (1800), 1270；*Monthly Review*, 33 (1800), 392 - 393. 这些评论家只是那些认为伯克是一名斯密的跟随者中的第一批人。哈勒维称伯克是斯密的"信徒"，他是第一个"从纯粹保守的规范性的意义上来理解政治经济学"的人。Halévy, *La formation du radicalisme philosophique*, 2:98. F. Y. 艾齐沃斯（F. Y. Edgeworth）提到这本小册子时说过，"在这里，伯克阐明了《国富论》的典型的一般原理"。Edgeworth, "Burke," in *Dictionary of Political Economy*, ed. R. H. Inglis Palgrave (London: Macmillan, 1901), 1:195.

片面的理性自由主义

到 1800 年，斯密已经变成一个现代的商业英雄。这并不是说对他思想的矛盾解释突然终止了。在英国，直到维多利亚时代，18世纪 90 年代早期的那个有颠覆性的斯密还继续存在着。到了 19 世纪 20 年代，经济学家托马斯·霍奇斯金（Thomas Hodgskin）捍卫斯密思想以免其受到他的"评论者和追随者"的错误解读；他说过，斯密从未混淆自然的法则与人类的财产法则，他也从未将政治经济学的学说扩展到"社会生活的全部关系"。① 迟至 1881 年，阿克顿勋爵（Lord Acton）推论道，斯密的关于契约自由和工人是财富之源的思想，其不可抗拒的结果是"站在工人阶级一边的政府"；这一思想同样也是"斯密的外国影响——法国大革命和社会主义"。② 比阿特丽斯·韦伯（Beatrice Webb）在 1886 年回顾道："亚当·斯密的政治经济学是 18 世纪充满激情的反对少数对多数的阶级暴政与压迫斗争的科学表述。是通过何种静悄悄的革命事件和自然的思想转变，它将自己变为 19 世纪的'雇主的信条'了呢?"③

在德国，这样一个转变的过程甚至更慢。德国没有伯克来宣称贸易自由是封建制度智慧的结果；在 19 世纪的德国经济学说中，在历史法学的"伯克－萨维尼"（Burke-Savigny）派与无民族偏见的一个改革的康德学派的斯密主义学说之间的确存在很大的分歧。

---

① Thomas Hodgskin, *Popular Political Economy* (London: Charles Tait, 1827), pp. 2, 6.

② Lord Acton, *Letters of Lord Acton to Mary*, *Daughter of the Right Hon. W. E. Gladstone* (London: George Allen, 1904), pp. 91 – 92.

③ Beatrice (Potter) Webb, " Diary," July 30, 1886, Passfield Mss., London School of Economics.

实际上卡尔·门格尔（Carl Menger）在 1883 年批评斯密缺少保守的情操，说斯密完全不了解有机的社会结构，因此他"不会去关切地保护它们"；"亚当·斯密及其追随者的理论的特点是片面的理性自由主义；为摆脱现存事物而进行的并不频繁的冲动的努力……不可阻挡地导向了社会主义"。① 在之后的一篇文章中，门格尔辩称斯密是穷人的朋友，并观察到他被路易斯·布朗克（Louis Blanc）、费迪南德·拉萨尔（Ferdinand Lassalle）、卡尔·马克思（Karl Marx）等人频繁引用："亚当·斯密将自己置于一切的富人与穷人、强者与弱者之间的利益冲突之中，而他无一例外地支持后者。我几经沉思才使用'无一例外'这一表述，因为在亚当·斯密的著作中没有一个例子是他作为穷人与弱者的反对者而代表了富人与强者的利益。"② 门格尔的兄弟，即法学家安东·门格尔（Anton Menger），在威特布莱德于 1796 年所使用的相同章节的基础之上，同时称斯密为社会主义法学先驱（见《对全体劳动产品的权利》）。③

　　斯密这种带有颠覆意味的名声甚至持续到 20 世纪的前几十年。斯密的研究者詹姆斯·伯纳（James Bonar）于 1924 年就他所说的 65

---

① Carl Menger, *Untersuchungen über die Methode der Socialwissenschaften, und der Politischen Oekonomie insbesondere* (1883)（London: London School of Economics, 1933）, pp. 207 - 208; idem, *Investigations into the Method of the Social Sciences with Special Reference to Economics*, trans. Francis J. Nock（New York: New York University Press, 1985）, p. 177.

② Carl Menger, "Die Social-Theorien der classischen National-Oekonomie und die moderne Wirthschaftspolitik" (1891), in *Kleinere Schriften zur Methode und Geschichte der Volkswirtschaftslehre*（London: London School of Economics, 1935）, p. 223.

③ Anton Menger, *The Right to the Whole Produce of Labour*, trans. M. E. Tanner（London: Macmillan, 1899）, p. 56.

"亚当·斯密中的革命要素"向国家自由俱乐部（National Liberal Club）讲话。这一讲话从包括了劳工权利的"首要原则"扩展到代表着苦难人们的"情感呼吁"，再到"细节的改革"。伯纳说过，"这个任务并不新颖"，"但是经济学家们不愿意一直考虑这个问题"；"它给那些初次读到它的人留下了深刻印象；然后，读者发现自己把它当作一个规则用来掩盖错误或者进行辩解，此外，他通常不会考虑它"。[1]

斯密的真正情操

对于斯密和不同的"斯密"（阐释）而言，1880 年仍然是一个转折点。试图对反事实问题进行的回答似乎没有什么价值：斯密本人怎样看待他变化了的声誉或者法国大革命？但是，总结一些关于杜格尔德·斯图尔特所谓斯密的真正情操，以及为什么它们能以如此不同的方式来理解可能是有益的。

正如唐纳德·温池和其他人所强调的那样，试图理解斯密的政治经济学存在着很大的困难。[2] 一方面，斯密本人相当不遗余力地来遮掩他的观点。当他在《国富论》中谈论当代政策时，他显得格外谨慎并难以捉摸。在他的书信和对话中，他似乎有几种或多或少不相同的个性。正是这种多样性导致了杜格尔德·斯图尔特所说的，有限公开的斯密与据称是在盲目社交时间中崇敬伏尔泰的私底下的斯密之间存在紧张状态。

---

① James Bonar, "The Revolutionary Element in Adam Smith," *National Liberal Club Transactions*, pt. 99 (1924), 6–7.

② Donald Winch, *Adam Smith's Politics: An Essay in Historiographic Revision* (Cambridge: Cambridge University Press, 1978).

　　根据斯图尔特的回忆录，斯密的真正情操是审慎的公众人士的情操。然而同样的紧张状态被斯密的法国朋友做出了完全相反的解释。因此在斯密逝世后，杜邦·德·内穆尔说，斯密的真正"精神"应该存在于个人或绝对的朋友身上。公开的斯密将他真正的情操通过保守的公众观点隐藏起来。在杜邦对杜尔哥与斯密的评价中，他批评了斯密在《国富论》中对一些政府干预尤其是对间接税的纵容态度。但是他以"似乎已对斯密整部书中所暗示的与英国政策有关的严厉判决感到恐惧"的事实来解释斯密的"错误"。因此，斯密的错误只不过是"他认为他为了这个国家的民意而必须付出的一个代价"；"自由的斯密、在他自己房间中的斯密，或是在朋友房间中的斯密，就像我们都作为魁奈的信徒而一起在魁奈家中看见他那样，我们绝对不会说出这样的话"。①

　　从这种"法国"的角度来看，斯密的谨慎是必须在公众面前遮掩自己真正激进思想的人的那种谨慎。他被看作一位有时会妥协的改革家，而非一位有条理的保守主义者。像杜尔哥、孔多塞或吉本（Gibbon）一样，他以某种代码来写书；魁奈的《重农主义》（*Physiocratie*）是在"北京"出版来躲避法国的书籍检查的。与魁

66

---

①　Dupont de Nemours, "Observations sur les points dans lesquels Adam Smith est d'accord avec la théorie de M. Turgot, et sur ceux dans lesquels il s'en est écarté" (1809), in *Oeuvres de Turgot*, ed. Eugène Daire and Hippolyte Dussard（Paris: Guillaumin, 1844），1:68–69. 杜邦以同样的原则性的胆怯指责斯密，而他在1788年6月写给斯密的信中也承认了自己已有这样的错误，这在之前已被引用过。他把斯密说成是魁奈信徒的一员更像是一个他自己的"派系精神"的反映，而非一个对于在18世纪60年代晚期当斯密在巴黎时他与斯密大量交往的说明。关于斯密的旅行，见 Ian Simpson Ross, *The Life of Adam Smith*（Oxford: Clarendon Press, 1995），chap. 13。

奈一样，他生活在一个绝对权力的社会中。①

杜邦的阐释被大多数斯密的回信以及著作（出版或未出版的）中的革命立场所证实。但是，斯密对保守观念的妥协不是权宜之计。与孔多塞一样，对于斯密的政治哲学而言，尊重公众观点至关重要。"缓慢、渐进并在一个长期警告之后"的行动并不是保守主义。② 用斯密的话来说，在一定程度上这将把流行思想——"人们可能会形成的对政府的看法"——置于政治变化过程的核心。③ 公众许可将会改变社会。在斯密最后的著作中，他最为深刻的评论是关于腓特烈大帝的：他是位试图"将他自己的评价植入最为重要的是非标准中"，并试图"像手支配棋盘上面的棋子一般"来支配人类的帝王改革家。相比之下，这位有人情味的人更像斯密本人：谨慎、随和、尊重人民的意见。④

斯密对公众意见的全神贯注确实成为在 18 世纪 90 年代对他的指责之一。按照卡莱尔牧师（Reverend Mr. Carlyle）的说法，他的破坏性是因为他想要传播观念。他（倡导）的人道主义的改革者是伯克的（同样也是罗伯斯庇尔的）诅咒：那没有成见的人，"在做决定的时刻犹豫不决，怀疑、困惑、不果断"。⑤ 正如之前我们所看到的

---

① 杜邦的第一版的魁奈《重农主义》在 1767 年出现，有一行带着"北京"的日期的字。Luigi Einaudi，"À propos de la date de publication de la 'Physiocratie'" in *François Quesnay et la Physiocratie*（Paris：Institut National d'études Démographiques，1958），1：6.

② 这是斯密为了对那些本国市场突然向外国竞争开放的制造商的利益的"合理关注"所开的处方。*WN*, p. 471.

③ Ibid. , p. 788.

④ *TMS*, pp. 233 – 234.

⑤ Burke, *Reflections*, p. 183；参见第七章。孔多塞的第二院——洛克 – 休谟 – 斯密 – 普莱斯制宪会议——的核心问题的确是把犹豫、拖延、怀疑和优柔寡断引入政治判断中。

那样，杜格尔德·斯图尔特引用了孔多塞关于公共教育的观点的轻率之举甚至给他带来了极大的痛苦。他迫使自己撤销了渐进主义："如果我长期详述着一个缓慢而渐进的对于一个民族不同情况的法律适应，那么，这不是出于一个想要鼓励民众之间政治讨论的意愿，而是出于一种为了防止这样一个危险的恶性焦虑的渴望。"①

　　更为一般的是，这里所介绍的争论已经掩盖了斯密真正的政治情操。在 1800 年的评述中，《国富论》沦为一个单独的"原理"，而斯密本人也成为一个"自由贸易"的狂热者。② 然而，《国富论》与《道德情操论》中最有颠覆性的部分——启发了沃斯通克拉夫特（Wollstonecraft）与西耶士（Sieyès）的段落以及震惊了苏格兰的托利党人（保守党）的段落——甚至不涉及经济政策。斯密变得最为愤慨的时候是在 18 世纪 90 年代（事实）"被掩盖或搪塞"（用伯纳的话来说）的那一时刻。

　　用纳丹·罗森伯格（Nathan Rosenberg）的话来说，《国富论》是"对人类习惯的一次系统性的评论"，③ 从而它成为伯克公开羞辱的对象之一："不像某些人那样与现有机构争吵，取而代之的是，建立起对这些制度有敌意的哲学和信仰，而我们密切地忠实于

---

① Stewart, *Works*, 10:lxxiii. 斯图尔特所引用的孔多塞的评论几乎不能再谨慎或是更为贤者式的了："如果我们想得到完美而永恒的自由，那么我们必须耐心等待这一时刻的到来，那时对索取权的领会将使从偏见中解放出来并以哲学作为指导的人们适合自由。"Ibid., 2:237.

② 正如 Richard Teichgraeber 所指出的那样，限制的过程——即"《国富论》沦为一本这样的书，它的唯一的首要关注点似乎是使人们充分理解自由贸易的学说"——在 18 世纪 80 年代已经开始了；在这里所考虑的时期内，它承担了新的政治重要性。参见 Richard F. Teichgraeber III, "'Less Abused than I had Reason to Expect': The Reception of the *Wealth of Nations* in Britain, 1776 – 90," *Historical Journal*, 30, 2（1987），340。

③ Nathan Rosenberg, "Adam Smith as a Social Critic," *Royal Bank of Scotland Review*, 30（June 1990），17 – 33.

它们……任何事都拿来讨论的状况已经成为这个时代的不幸（不像这些绅士们所认为的是荣耀）。"① 斯密形容了制度对于商业的不利影响。但是他也谈及这些制度的其他影响。杜格尔德·斯图尔特在他的回忆录中就斯密对那些加速国家之间纷争的商人们的批评做出了不同寻常的解释。他说道，斯密的评论"是以一种他很少在其政治著作中使用的愤慨语调表达出来的"。② 当政治著作被认为与商业或者财富有关时，这就是真实的。斯密并不是特别地对价格、投资甚或税收水平感到愤怒。但是愤慨仍然是他的作品最强有力的笔调，尤其当它针对政治与宗教制度的不公正的时候。

在很大程度上，斯密颠覆的名声是建立在他对宗教的批评上。观其一生，他与休谟之间的友谊是最受反对的一部分；在《国富论》中，他提出一些大胆的原则，例如限制已有教会之间的"大联合"，提倡将科学作为缓解"宗教狂热与迷信的药方"。③ 而《道德情操论》长期以来都被看作对宗教偏见进行抨击的文本而被许多人阅读（至少在法国是这样）。这种抨击也是吸引孔多塞的妻子索菲·格鲁希（Sophie Grouchy）的一个地方，而她在法国大革命期间翻译了该书的最后一版：斯密已经"使道德世俗化，并把它从所有的对宗教的依赖中消除掉"。④

斯密危险之名的另一个主要来源是他对于民族歧视和对外军事

---

① Burke, *Reflections*, p. 188.

② Stewart, "Account," p. 316；斯图尔特引用了斯密的"下属商人们的偷偷摸摸的诡计"的描述。见 *WN*, p. 493。

③ *WN*, pp. 796 - 797；参见第五章。按照一位批评者的观点，斯密的看法是无神论，是"对死亡的恐惧的恰当的解药"。[George Horne], *A Letter to Adam Smith LL. D. on the Life, Death and Philosophy of His Friend David Hume Esq, By One of the People Called CHRISTIANA* (Oxford:Clarendon Press, 1777), p. 29.

④ Alengry, *Condorcet*, p. 704.

开支的反对。他对于帝国情操的描述——"读到报纸上本国舰队与军队的英勇事迹时的快乐"、"对征服与国家荣耀的不切实际的希望"——在《国富论》中已经备受怀疑。他钦佩军事力量,认为常备军是可以容忍的。但是他强烈批评"大肆进行"的并且"昂贵而不必要的战争"。他引用"一个大的基督教会的机构就是庞大的舰队与军队"作为"公共挥霍与不当行为"的事例。① 《道德情操论》的最后评论甚至更强烈地表达了这种观点,他说,"民族偏见的平均原则"常常是"恶意"且"残酷"的;"把法国称作我们的天敌"是软弱愚蠢的;"伟大的善战事迹"违反了公平与人道,而且由"品质败坏的人"来指挥。②

实际上,斯密的语言与伯克在《法国大革命反思录》中抨击的那些法国朋友们的语言相近。③ 他的针对伯克的有关军事开支的

68

---

① *WN*,pp. 342,344,920,926.

② *TMS*,pp. 228,230,239.

③ 伯克在《法国大革命反思录》中以讲述与他讨论法国大革命的英国支持者,以及讨论理查德·普莱斯(Richard Price)的著名的 1789 年 11 月 4 日的关于《我们对国家的热爱》("the Love of our Country")的演讲文章的法国对话者开始。斯密不是普莱斯的赞赏者,拉斐尔和麦菲暗示他"很可能"已经在《道德情操论》的段落中做过评论了;见 fnn. 2 and 6 in *TMS*,pp. 229,231,and *Corr.*,p. 290。斯密的确把"我们对国家的热爱"形容为一个"崇高原则",它"似乎不能够从人类的爱中获得"。但是在这些文本中,斯密与普莱斯的看法并没有大的冲突。两人都试图区别"只对国家的爱"和"盲目而狭隘的"民族派系原则(普莱斯),或者是区别"民族偏见的平均原则"和"对我们自己国家热爱的崇高原则"(斯密)。斯密说过,"没有共同的上级来解决它们的争端的国家都处于对另一个国家的持续不断的畏惧与怀疑中",普莱斯盼望着国家"会找到更好的解决争端的方式"的那一刻的到来。*TMS*,pp. 219 - 230;Richard Price,*A Discourse on the Love of Our Country*(London:T. Cadell,1789),pp. 4 - 10,30. 斯密说过,"或许,把法国称为我们的天敌是软弱而愚蠢的";普莱斯在他于 1790 年 7 月 14 日向法国大革命的祝酒词中说道,"在这个王国里,我们一直习惯了称法国人为我们的天敌",但是和平就在眼前。Price,*A Discourse on the Love of Our Country*,4th ed.(London:T. Cadell,1790),p. 36.

论点被法国战争的反对者所援引。皮特作为战时首相的确很恼火于斯密被引用来反对他在对外政策中的花费："正如他所代表的那位伟大作者的大部分观点……他不能避免对他所提出的几个箴言产生异议。他认为，这位伟大的作者尽管总是别出心裁，但有时也是不明智的"。① 而到了世纪末，至少在英格兰，这些不好战的箴言很大程度上被忽视了。斯密的无民族偏见的原则与他对国教的反对一样，都被归入到他的商业理论中。

到 1800 年，斯密对于贫困的真实情操也被忽略了。鼓舞了威特布莱德（Whitbread）的关于工资的论述部分中，这一情感是愤怒的，并且在他未出版的作品中表现得更甚：正像他在法学讲座中说到的那样，贫穷的劳工是"支撑着全社会的框架"，然而"他们自己支配着很小份额的工资，并埋没在默默无闻中"；"可以非常公正地说，为全世界供给衣物的人自己却穿着破旧衣服"；或者"在任何情况下都可以把法律和政府看作一个为了镇压穷人的富人的联合"。② 在他对政府干预的看法中，他是持容忍态度的，尤其当目的是减少贫困的时候。一个例子就是他关于公平工资条例的评论；另一个例子是他对于货运费的累进税制的支持，以便将"富人的懒惰与虚荣拿来为针对穷人的救济做贡献"。③ 然而，在把《国富论》理解为一部有着单一原则"即所有的贸易都应该是自由的"书的时候，这些段落也被忽略了。

斯密对谷物自由贸易的支持对于他在 19 世纪获得作为穷人的敌人的名声是至关重要的。而他本人的论点是自由贸易会防止饥荒

① *PH*, vol. 33（16 May 1797），col. 563.

② *LJ*, pp. 208，341，540.

③ *WN*, p. 725.

并缓解匮乏。① 在这里，他不关心所谓残忍的"自由体系"有例外；与杜尔哥和孔多塞一样，他相信对穷人而言，自由远没有那些暴虐且不了解情况的政府残忍。我们将于第三章中看到，斯密与孔多塞一样，认为谷物自由贸易将会是一个"抵抗稀缺的保护剂"；他与孔多塞一样，都相信它是确保"更平等的"生计的一种方式。② 他几乎没有写到自由国家中的饥荒。但是，没有理由来认定在短缺时代他不同意杜尔哥的政策，即将政府提高贫困人口工资的计划和食品自由贸易联系在一起。

到 1800 年，甚至斯密关于自由的情操也被完全忽视了。自由的思想是斯密著作的核心。但是，作为一种结果的"经济"自由与作为一种手段的"政治"自由之间的差别——正如在杜格尔德·斯图尔特的回忆录中所说，或者对于柯勒律治的船东朋友们而言——完全消失了。斯密写过，当农奴身份与奴隶制被废除，中世纪城市中的市民们"在自由一词的现代含义上是真正自由的"。商业与制造业引入了"自由与个人安全"。"尽管它一直都被忽略，但是迄今为止这是所有影响中最为重要的一个。"③ 斯密认为，自由贸易本身就是很重要的，这一点不言而喻。它是某种感觉：用《道德情操论》中的话来说，即"自在地呼吸自由与独立

---

① *WN*, p. 527；参见第三章。

② "Lettres au Contrôleur Général（abbé Terray）sur le commerce des grains"（1770），in *OT*，3:267；*Réflexions sur le commerce des blés*（1776），in *OC*，11:161. 对于有些不同的解释，参见 Istvan Hont and Michael Ignatieff，"Needs and Justice in the *Wealth of Nations*：An Introductory Essay，" *Wealth and Virtue：The Shaping of Political Economy in the Scottish Enlightenment*，ed. Hont and Ignatieff（Cambridge：Cambridge University Press，1983），pp. 1 – 44。

③ *WN*，pp. 400，412. 也参见 Duncan Forbes，"Sceptical Whiggism，Commerce，and Liberty" in *Essays on Adam Smith*，ed. Andrew S. Skinner and Thomas Wilson（Oxford：Oxford University Press，1975），pp. 186 – 187。

的空气"。① 这就是杜尔哥或孔多塞的感觉。"感受自由的芳香" 是孔多塞在他的《对谷物贸易的思考》中的语句；他在《人类精神进步史表纲要》中批评经济学家们 "为了商业自由似乎忘记了政治自由的利益"。② 索菲·格鲁希在她为斯密做的后记中写道，"自由是人类心灵的第一需要"。③

斯密相信自由是有益的，他也相信它有利于繁荣，正如他在《国富论》的通篇所论证的那样。但是他细微地辨别了这两种论点：在商业政策中，以及在繁荣和 "平等" 中，什么是 "不明智" 和 "不公正" 的。这也是后来对法国启蒙思想的传统区分。孔多塞写道："自由带来的益处有两种，第一，存在自由优势；第二，人们在自由中感受到乐趣。"相应的，奴役是有害的，这既是因为它所引起的痛苦，也因为它导致 "依赖的感觉和人类的退化"。④ 18 世纪 90 年代辩论的影响是混淆了这两种益处，并最终至少在政治经济学中降低了固有利弊的重要性。但这不是斯密对自由的看法，也不是他的政治观点。

斯密真正的情操被他本人所掩盖了，在他去世后他的朋友与拥护者也掩盖了他的情操。但是在他的有生之年，它们成为特别受到法国思想影响的一组信念。⑤ 他批判宗教机构、批判战争、批判贫

---

① *TMS*, p. 290.

② *Réflexions sur le commerce des blés*, in *OC*, 11：179；*Esquisse d'un Tableau* Historique des Progrès de l'Esprit Humain (1793 – 94), in *OC*, 6：191；chap. 7.

③ Sophie Grouchy, "Lettres sur la Sympathie," in Adam Smith, *Théorie des Sentimens Moraux*, trans. Sophie Grouchy Condorcet (Paris：F. Buisson, 1798), 2：403.

④ *Réflexions sur le commerce des blés*, in *OC*, 11：178 – 179.

⑤ 在这些情况下，斯密的思想几乎没有提供任何支持了哈耶克（Hayek）的关于休谟、斯密和伯克作为 "英格兰的自由主义的典型代表" 的描述，这一描述将会 "清晰地与伏尔泰、卢梭、孔多塞以及法国大革命的传统区分开来"；或者是哈耶克的关于 "英国" 传统与 "法国" 传统之间的描述，在这 （转下页注）

困、批判富人的特权。他支持公开讨论。斯密的政治观点中没有一点能把他早期的革命声誉误读为他作为自由之友和法兰西之友的东西。

对斯密而言，自由是以不被他人干预为主要特点的：在人的一生中的各个方面都不被任何外力（教会、区郡监督者、市政当局、海关稽查员、各国政府、雇主、所有者）所干预。干预或者压迫本身是一个非常广泛的概念；斯密有时把不平等称为一种压迫，把低工资称为一种不平等。① 但是，正是这种多样性在他去世后消失了。到 18 世纪 90 年代末，不受干涉的自由已经非常少了，至少对于政治经济学而言是这样。现在只存在着不受（一种）外力（各国政府）干预，以及人们生活的一个方面（经济方面）不受干预的自由。本书的目的之一是超越 18 世纪 90 年代来回顾那些更为接近斯密本人构想的东西。

（接上页注⑤）两者之间"几乎没有一个能想象到的更大的差异"。F. A. Hayek, *Studies in Philosophy, Politics, and Economics*（Chicago：University of Chicago Press, 1967），p. 160；idem, *The Constitution of Liberty*（London：Routledge and Kegan Paul, 1960），p. 56. 詹姆斯·布坎南（James Buchanan）的"古典自由派的社会主义者"的描述对斯密而言更为真实，对孔多塞也同样如此："严格地说，共同持有这种视角的人认为自由有着首要的价值。他亲自质询、摒弃、愤恨、反对其他人对他自己的选择行为实施控制或者影响的尝试……单是处于自由中就会令人愉悦。"James M. Buchanan, *Liberty, Market, and State：Political Economy in the 1980s*（Brighton：Harvester Press, 1986），p. 4.

① "Early Draft," in *LJ*, p. 564；chap. 4.

第三章　商业与国家

互惠性依赖

　　在 18 世纪晚期的欧洲，商业组织与政府组织在日常生活的方方面面都交织在一起。[1] 作为《国富论》主要议题的"大不列颠的商业体系"，是规章、（地方）法规、悬赏、视察、偏见、权利和条例的集合。[2] "自由制度"或者"明显而简单的自然自由体系"是斯密自己的理想，也是杜尔哥与孔多塞的理想，它是一种政府的准则；它是对"普通司法条例"的一个归纳。[3] 因此，主张改革的理论家的职责之一就是确认政府应尽的职能以及应提供的公共物品。这也是为了将商业领域和政府领域区分开来。但是本书所涉及的理论家们也一直在思考着日常生活中的政治组织。他们对所处时代商业政治环境下的政策、政府行为的正义性十分感兴趣。

　　早在 18 世纪 60 年代，有关粮食的政治经济学就已经成为自由制度的核心象征。主张谷物自由贸易，无论对于杜尔哥与孔多塞，抑或斯密，都是其学说的首要目标。他们都认为，自由贸易是保护

---

① 本章的一个较简短的版本出版在 *Economic Journal*，102，414（September 1992），1197 – 1210。

② 这是斯密在 1780 年 10 月的一封信中所使用的词语。参见 *Corr.*，p. 251，以及第一章。

③ *WN*，pp. 538 – 539，687.

人们免受短缺之苦的最好措施；而政府干预粮食供给会妨碍商业流通，因而会引起短缺甚至饥荒。从那时候起，他们的观点就被简单地诠释为贸易是好的而政府是坏的。①

　　对于这些观点，本章的讨论将提出一些更为综合的看法。我们将会看到，杜尔哥、孔多塞与斯密提出了有关政府干预的详尽而复杂的政策，政府干预的正当性与贸易的有限性明确地联系在了一起。关于谷物贸易，他们几乎在同一时间提出了十分相似的观点。但是，与斯密不同的是，孔多塞是为了避免受到对自由事业苛刻支持的指责而被迫为自己辩护，而斯密一生都没有面临过这种指责。同样，杜尔哥与斯密也不一样，他在 1770 年详细地研究过一次现实的饥荒事件。在分析导致饥荒的原因时，杜尔哥和孔多塞远远超越了斯密——从对劳动力与土地以及谷物的"市场需求"的方面，以及涉及这些不同市场的政府政策方面。

　　对杜尔哥与孔多塞而言，对谷物自由贸易的承诺是与对其他市场中的政府干预的支持相一致的。杜尔哥论证道，不同市场的情况"是通过一种互惠的依赖而彼此联系起来的，并且自发达到均衡状态"；他甚至把买卖双方之间的关系称为"某种试错（tâtonnement）"（他明显是第一个使用这一隐喻的人，而后来这一隐喻在市场分析中被广泛运用）。② 但是，他与孔多塞也关注市场

72

---

① 对斯密观点变化的解释在第二章中讨论过了；参见 Srinivasan Ambirajan, *Classical Political Economy and British Policy in India* (Cambridge：Cambridge University Press, 1978)；Salim Rashid, " The Policy of Laissez-Faire during Scarcities," *Economic Journal*, 90 (September 1980), 493 – 503；Amartya Sen, *Poverty and Famines：An Essay on Entitlement and Deprivation* (Oxford：Clarendon Press, 1981)；Donald Winch, *Adam Smith's Politics：An Essay in Historiographic Revision* (Cambridge：Cambridge University Press, 1978)。

② "Lettres au Contrôleur-Général (abbé Terray) sur le commerce des grains," in *OT*, 3：326, 334.

的缓慢出现，关注持续的非均衡状态，关注在早期的自由经济中为了确保起码的安全而进行的政府干预。他们介绍了在一场大的经济改革之后公共政策进退两难的窘境：法国 1763 ~ 1769 年推行的谷物不完全自由贸易。

短缺、匮乏与饥荒

在《国富论》中，斯密描述了导致饥荒的四种情况。第一种是当工资收入迅速下降的时候；斯密揣测这是 1770 年处于东印度公司压迫之下的孟加拉的状况。第二种是当"所有的贸易与交通"中断时引起谷物价格的剧烈变动，并且不同区域之间的粮食流动被阻碍的时候；这是 15 世纪以前英国的状况。第三种是当一个依赖粮食进口的国家的国民总收入下降的时候；如果荷兰的真实财富将减少，这就会是荷兰的状况。第四种是当短缺出现在一个支持自由贸易的国家中——通常是由于战争和气候灾害，而之后不恰当的政府政策促使"短缺转变为饥荒"；这是近代欧洲可能出现的状况。①

斯密不关注第四种情况。他认为谷物自由贸易是避免饥荒的最佳途径："正如谷物贸易无限的、无约束的自由是避免饥荒所带来的不幸的唯一有效的预防措施，它也是对短缺所造成的麻烦的最佳缓解方式。"对穷人而言，谷物贸易自由是最好的政策，他对此重复了五遍；它是"能够为人类所做的最好的事情"。他涉及近代欧洲"大量的谷物国家"，尤其提到了英国。他只考虑了那些影响到国内（在较少的程度上涉及国际）谷物

---

① *WN*, pp. 90 - 91, 204, 209 - 210, 526 - 527.

贸易的规章。①

斯密对于短缺的看法明显接近于杜尔哥与孔多塞在他们关于谷物贸易的重要著作中的观点。1788 年，在杜尔哥去世后出版了《关于谷物贸易的通信》（*Lettres sur le commerce des grains*），该书写于 1770 年的短缺时期，当时他作为一名管理者途经法国利穆赞（Limousin）省。［约翰·莫利（John Morley）后来为一位维多利亚时代的听众解释道，杜尔哥的地位相当于印度的"行政长官"，必须要"解决饥荒，就像英国官员在奥里萨（Orissa）和贝哈尔（Behar）所必须做的那样"。］② 孔多塞的《对谷物贸易的思考》在 1776 年匿名出版。杜尔哥与孔多塞是亲密的朋友，他们广泛讨论了这两个文本；孔多塞在他 1786 年的《杜尔哥传》中以及他在法国大革命时期的政治著作中一直持续关注着谷物贸易。③

与斯密一样，杜尔哥和孔多塞是从谷物自由贸易是防止欧洲各国短缺的最佳方法的观点出发的。杜尔哥在他的《关于谷物贸易的通信》中写道，"自由（贸易）是防止短缺的唯一可能存在的保护伞"。他指出，这并非新观点："有充分理由说明，（谷物贸易的）自由会成为防止频繁短缺的一个可靠的方法，这已被说过了

---

① *WN*, pp. 524 – 527, 534. 斯密称谷物自由贸易为短缺的"最佳缓冲"（pp. 527, 532, 538）、短缺的"最佳预防措施"（p. 532）和"能够做得最好的事情"（p. 534）。

② "Turgot," in John Morley, *Critical Miscellanies* (London: Macmillan, 1886), 2: 112.

③ 参见 *Correspondance inédite de Condorcet et de Turgot, 1770 – 1779*, ed. Charles Henry (Paris: Didier, 1883), pp. 210 – 211, 232, 285。在《杜尔哥传》中，孔多塞表达了他的希望，即杜尔哥的信件"最终会成为一种拯救人类的手段"，而且他之后可能出现在他们的著作中。*Vie de M. Turgot* (1786), in *OC*, 5:41；以及 见 Peter Groenewegen, "Introduction," in *The Economics of A. R. J. Turgot*, ed. Groenewegen (The Hague: Nijhoff, 1977), pp. xx – xxi。

上百次。"然而，他补充道，这种方法不是立竿见影的。"它并不是说，也不应该意味着，自由（贸易）会在它刚确立时产生这种效果。"① 孔多塞在他的《对谷物贸易的思考》中写道，完全自由的谷物贸易是"确保人们生存的方法"。② 迟至 1792 年，他重复强调，随着时间的推移，谷物自由贸易是平等分配谷物的"最为可靠的方式"。③

与斯密一样，杜尔哥与孔多塞介绍了在自由贸易的情况下分配短缺商品的途径。斯密说过，随着时间推移，自由贸易倾向于"尽可能平均地将（短缺带来的）困难分开"；杜尔哥认为，自由贸易将会"尽可能迅速而平均地分配"现存的谷物。④ 它们消除了垄断的恐惧。斯密指出了"所有者的人数"以及他们的"散布情况"，孔多塞提到了"卖方的数量"以及丰收的谷物的"分布"地点。⑤

斯密把人们对谷物商人的普遍恐惧感比作在较早时期"对巫术的怀疑"；孔多塞说过，在那个时候，"犹太人和方士"被指引起了短缺。斯密提到谷物贸易商时说过，即使他"设法阻止底层人群的消费"。"他也从没兴趣"把价格提高到比"真正的短缺"所确定的价格还要高的水平。孔多塞说过，谷物贸易商"没有兴趣让谷物价格高出其自然价格太多"，他宁愿通过"缩减穷人的消费量"来帮助避免饥荒。⑥ 斯密在他未出版的 1776 年关于法学的讲义中说过，谷物"政策"（或规章）"正是它想要阻止的所有短

---

① "Lettres sur le commerce des grains," in *OT*, 3：267，347.
② *Réflexions sur le commerce des blés* (1776)，in *OC*，11：187.
③ "Sur la liberté de la circulation des subsistances" (1792)，in *OC*，10：362.
④ *WN*, p. 534；"Lettres sur le commerce des grains," in *OT*，3：300.
⑤ *WN*, p. 526；*Réflexions*，in *OC*，11：212，214.
⑥ *WN*, pp. 524，534；*Réflexions*，in *OC*，11：101 – 102，202.

缺的原因"；孔多塞在《杜尔哥传》中写道，混乱与"饥荒正是试 　74
图阻止这些事件产生的法律的结果"。①

　　在这一点上，杜尔哥、孔多塞与斯密的论点是相似的。但在对
实际短缺的叙述上，杜尔哥与孔多塞超越了斯密。正如杜尔哥所
言，他已经"时时刻刻处于一种用事实来与原则做比较"的处境
中。1770 年利穆赞的危机表明，谷物贸易条件不能充分解释饥荒。
杜尔哥认为，如果消费者想要存活，有两件事是必需的："第一，
商品存在；第二，商品在他的能力范围之内，或者说他有充分的途
径来获取它。"② 对于 1770 年的大多数危机而言，正是找不到这些
手段，就像杜尔哥在他的官方文件与非官方信件中所指出的那样。
小业主们几乎不能养活自己，然后他们解雇了佣人和雇员，这些人
没有了食物和谋生的手段。价格"极大地超出了人们的承受能
力"；工资是固定的，而且对人们而言工资是"绝对不可能"支付
得起（生活成本）的；在农村，人们失业没有工资；到了危机晚
期，对他们而言无论商品还是购买途径都没有了。③

　　杜尔哥明确关注了各种"市场失灵"的情况，包括劳动力市
场、地租市场以及谷物市场。④ 在最为贫困而偏远的地区，人们一
年中的大部分时间都以栗子、树根和其他未被运输的食物为生。工
资在"习惯性价格"的基础上固定下来，而谷物价格自由上涨。

---

① 　*LJ*，p. 525；*Vie de M. Turgot*，in *OC*，5：41.

② 　"Lettres sur le commerce des grains，" in *OT*，3：273，313.

③ 　1769 年 12 月 16 日致总督的信，见 *OT*，3：125；1770 年 2 月 27 日致总督的信，
　　见 *OT*，3：132 – 133；1770 年 10 月 25 日致总负责人的信，见 *OT*，3：144.

④ 　与斯密一样，对杜尔哥和孔多塞而言，"市场"一词通常有一个实体建筑的具
　　体内涵，它的确是受到令人苦恼的政府规章的保护，就像商人们被迫"在市场
　　中"出售谷物一样。参见 "Circulaire aux officiers de police des villes"（1766），
　　in *OT*，2：473 – 475；*Réflexions*，in *OC*，11：232 – 234；chap. 1。

但是"通过一个残酷的传导"，价格仍然不足以弥补运输成本："尽管存在超额需求，但是谷物不能涨到那个价格水平，因为那个价格对人们而言是绝对无法支付得起的。"①

75   更为一般地说，习惯性的工资水平本身已经很低了，以至于（通过价格上升）对食品消费适度缩减或限制消费都会导致一场大的苦难。用贸易防止短缺的过程需要"时间"。建立沟通需要时间，贸易"产生与形成"需要时间。"总的财富"增长到即使很贫困的人口都以谷物而非自给作物为生的水平需要时间。反过来，也需要有一定量的总财富，从而使工资处于足以维持生计的水平之上，或者包括充分的剩余量，这样人们才能够忍受临时性的消费缩减。"剩余"的确是"十分必要的"；假如即使最穷的劳工在价格上涨时都有一些他能够出售的财产，那么竞争力量最终会引起工资相应的增长。② 杜尔哥在一封致杜邦·德·内穆尔的信中总结道，"如果贸易能够完全防止短缺，那么人们已经开始变富裕了"。③

贫穷与一般均衡

    杜尔哥是一个远比斯密有远见卓识的一般均衡论者。他在《关于谷物贸易的通信》中论证道，只要"贸易和竞争是完全自由的"，则"商品、收入、工资和人口"的价值趋向均衡，并以一个比例维持本身不变。消费品的价格会达到这样"一个均衡点"，使

---

①   1770 年 2 月 27 日致总督的信，见 *OT*, 3:132 – 133。斯密在他未出版的讲稿中持有相似的观点："当谷物价格加倍时，工资继续保持原来的水平，这是因为劳工没有其他的方式来改变它。" *LJ*, p. 497.

②   "Lettres sur le commerce des grains," in *OT*, 3:267, 288, 340, 347.

③   1770 年 3 月 29 日的信，见 *OT*, 3:384。

得"全社会获得最大化的产出、满意度、财富和实力"。① 斯密认为，稀缺的划分是由明智而深谋远虑的谷物商人来确定的，"有时与一艘大船的船长对待他的团队的方式十分相同"。② 相比之下，杜尔哥认为稀缺的划分是由价格"微小程度"的变动所决定的。"买卖双方之间的辩论是一种试错，它必然使得每个人都知道每件东西的真实价格。"在"完全自由"状态下，这种试错的过程将会展现出与真正价值十分相近的价格。即使最开明的公务员——孔多塞称其为"天使"垄断者——都不能期望凭借"推测"来效仿决定价格的"连续变化"。③

但是，在《关于谷物贸易的通信》中，杜尔哥主要关注了导致非均衡的条件。他和孔多塞超越了对短缺的解释而向着一种非均衡的经济学理论迈进。他区分了18世纪晚期法国的三种困境。第一，贸易与竞争自由还没有实现。杜尔哥写道，如果谷物自由贸易的全部作用都被感知到，则它将会"没有矛盾与纷争地得以确立"，并且持续相当长的时期。④ 第二，人们还没有变得富裕。他们几乎没有可出售的家庭财产——他们的"衣服甚至就是家具"。⑤ 事实上，他们仍然十分贫穷，以至于趋向竞争性均衡的过程本身将会造成某种难以为继的痛苦。杜尔哥曾写道，［即便最贫穷的人们

76

---

① "Lettres sur le commerce des grains," in *OT*, 3:315, 334.

② *WN*, p. 525.

③ "Lettres sur le commerce des grains," in *OT*, 3:324–328. 这是杜尔哥关于经济理论的最后著作，而且他没有更进一步发展他的试错概念。但有趣的是，当时这个词带有某些数学上的内涵；见第六章。

④ 1769年12月16日致总负责人的信，见 *OT*, 3:119。

⑤ "Avis sur l'imposition pour l'année 1771," in *OT*, 3:358; 参见 Régis Deloche, "Turgot, Condorcet et la question de l'affectation des ressources," in *Condorcet: mathématicien, économiste, philosophe, homme politique*, ed. Pierre Crépel and Christian Gilain (Paris: Minerve, 1989), pp. 150–159。

也会有一些额外收入，如同"所有机器中一定有一些是运行的"］
"一个全部齿轮都以数学的极度精确彼此联系的钟表，如果没有丝
毫干扰，不会马上停止转动"。① 第三，人们并非完全理性的。孔
多塞认为，这的确是"唯一的难题"。人们不"受理性或他们真正
的利益的引导"。他们仍然对"资本家"和谷物商人怀有偏见，并
相信这些人的利益通过"不好的法律"而最大程度地得到满足。
这一条件也会改变。但是我们仍然需要时间。②

在《对谷物贸易的思考》中，孔多塞提出了一个适合于向普
遍财富、普遍贸易与普遍启蒙时期过渡的公共政策理论。他回答了
自从 1770 年以来所出版的对自由市场政策的批评意见，并针对不
充分"尊重人们的苦难"的抨击进行自我辩护。③ 他赞成私人慈善
行为；他在《杜尔哥传》中指出，杜尔哥在向中央政府提出资金
请求之前亲自借钱来提供援助和救济。④ 但是他也阐述了政府自身
适当的作用。他赞同"拥有一切的人与一无所有的人之间的均衡"
一定是建立在相互需求的基础之上。但是他认为政府必须独立于贸
易之外确保穷人的最低生活保障，即独立于"富人对穷人的勤劳"
的需求。⑤

在后来关于选举和宪政改革的著作中，孔多塞关注了把个人偏
好汇总到社会选择中的困难。在《对谷物贸易的思考》中，他确
认了作为广泛共识的对象的目标。他认为"幸福的量"不是政府
政策合适的目标。但是"福利"（bien-être）是幸福的一个必要

---

① "Lettres sur le commerce des grains," in *OT*, 3:288.
② *Réflexions*, in *OC*, 11:197, 201, 208.
③ Ibid. , p. 103.
④ *Vie de M. Turgot*, in *OC*, 5:40.
⑤ *Réflexions*, in *OC*, 11:104 – 105.

（非充分）条件。孔多塞定义了最低意义上的福利，即"不遭受苦难、羞辱与压迫"。在这一意义上，它是一个合适的政府目标或者是一个"司法职责"；"政府对人们尽责的正是这种福利"。①

"社会中的全体成员每季、每年都应该拥有有保障的生活，不论他居住何处；尤其是那些以工资维生的人们应该能够买得起他们需要的生活必需品：这是每个国家的整体利益，它应该成为所有关于生活食物的法规的目标。"这是《对谷物贸易的思考》的第一句话。孔多塞继续说道，对谷物自由贸易的干预不能确保这一目标的实现。但是其他形式的干预是可行的。政府"有义务为那些受苦的人们提供救助，这是一个人道的职责"。它不应该靠通过不利的法律和征用谷物来提供救助，而应该通过"向穷人确定薪水与工资"来提供救助。②

孔多塞认为，所有的政府对贸易的干预都是无益且实际上是有害的。但是存在着需要某些干预"来避免一场更大的灾难"的一些情况，例如，在向完全自由贸易过渡期间的食物短缺。政府的问题就是要选择那些并非"不公平的"以及结果相对危害较小的政策。与杜尔哥一样，孔多塞关注那些当人们没有支付手段来按照当时的价格购买谷物时所产生的问题。商人们不会把谷物运到他们认为卖不出去的地方，而这就导致了短缺。在这种情况下，政府必须有所作为。但是它不应该征用或补贴谷物，这会损害贸易。它应该"确保穷人的工作并保证工资与商品的成本同比例变动；对财政部门而言，与把谷物价格下调到穷人能够接受的范围的做法相比，让穷人们能够购买谷物是一个较为合算的做法"。③

---

① *Réflexions*, in *OC*, p. 155.
② *Réflexions*, pp. 111, 198 – 199.
③ Ibid., pp. 167, 231.

杜尔哥预防饥荒的政策

　　孔多塞所介绍的政策是杜尔哥在利穆赞亲自开始推广的。杜尔哥的《关于谷物贸易的通信》是他在 1770 年写给法国财政的总负责人的。在同一时期，杜尔哥写了另外一系列的信件，他在其中介绍了短缺经过、他本人的作为，以及省级当局所需要的来自法国的资源。他游历了省里的山区，也收到了掩埋了死者的牧师的来信。他还寄给负责人一片当地的掺假面包。他在写给杜邦·德·内穆尔的信中说道，"我们的不幸花掉了我全部的时间"。①

　　在整个危机期间，杜尔哥都坚持谷物自由贸易。当他的对手在巴黎指责他反复无常时，他向杜邦保证他从不曾退却（"不！不！我永远都不会是一个懦弱的逃兵"），他比以往都更坚信对自由贸易的需要。② 在极度短缺时，他坚持重申运输与储存谷物的自由的敕令。③ 但同时他实施了一系列显著的公共政策来对抗饥荒。它们包括公共就业方案，支持粮食进口，选择性的缩减——有些项目增加——税收，土地所有权的特殊规定。

　　危机开始时，杜尔哥提出的第一个也是最重要的政策是为穷人们提供工作与薪金。他解释说，在农村"所缺乏的是工资"。因此他提议成立"慈善办公室与工作组"，并要求中央政府融资支持来补充地方资源。他说过，有能力去工作的穷人们"需要工资，最

---

①　1770 年 3 月 23 日的信，见 *OT*，3:382。

②　1770 年 5 月 4 日的信，见 *OT*，3:386。关于对杜尔哥的反复无常的批评，参见 Steven L. Kaplan, *Bread, Politics, and Political Economy in the Reign of Louis XV* (The Hague: Nijhoff, 1976), 2:505; and M. C. Kiener and J. -C. Peyronnet, *Quand Turgot régnait en Limousin* (Paris: Fayard, 1979), pp. 274 – 278。

③　3 月 23 日与 4 月 4 日的法令，见 *OT*，3:260 – 263。

好且最有用的救济是给他们提供谋生方式"。杜尔哥在他的地方指示中坚持认为"真正的贫困""不仅应该得到救助，还应该得到尊重"。他担忧公共慈善机构会使一些穷人们"丢脸"，他提议进行特殊的安排来满足人们"合理的敏感"，尤其是对于那些在大城市中只是暂时需要救助的人们更是如此。他反对把穷人们聚在一起来派发"汤或面包"，这样的做法"类似于公认行乞"。①

　　慈善研究所的目标是"使货币在民众之间流通"。通过有效的"公共工程"，诸如铺路和改善"公共场所"，这一目标将会实现；杜尔哥曾为了有益于"省内贸易"及促进"妇女就业"的工程而从小社区中征求建议。② 总负责人在给杜尔哥的第一封信中回复，他为公共工程提供了 20000 里弗（livres），为不能工作的人们购买粮食而提供 80000 里弗；杜尔哥答复道，这似乎是一个错误，他建议"颠倒"这一比例。③

　　杜尔哥的第二个政策是增加"供应量"。当危机恶化时，他利用政府资源，主要是给商人们贷款，来支持运进省内的进口。当地商人几乎没有长途贸易的经验，而且即使是在繁荣的年份运输成本也高得离奇。因此，杜尔哥从来自中央政府的额外资源中拿出1/10 作为对谷物进口的奖金、补偿和利息支付。④ 然而，一旦谷物进入省内，则它大部分流进通常的贸易渠道。正如孔多塞在《杜尔哥

79

---

① 1769 年 12 月 16 日致总负责人的信，见 *OT*，3：125 - 126；"Instruction lue à l'Assemblée de charité de Limoges," February 11，1770，in *OT*，3：212，216 - 217；"Supplément，" in *OT*，3：250.

② "Instruction," in *OT*，3：214 - 215；"Circulaire" of February 16，1770，in *OT*，3：225.

③ 1770 年 1 月 9 日致总负责人的信，见 *OT*，3：131。最终在 1770 年所花费的金额是为公共工程支出 85009 里弗，包括道路建设、城墙防御和传授纺纱技术；为购买粮食支出了 36420 里弗。"Compte rendu," in *OT*，3：435 - 436.

④ "Compte rendu," *OT*，3：459.

传》中所写到的，任何其他的政策都会有"阻止正常的谷物贸易建立的更为持久而普遍的后果"。①

第三个政策是减轻穷人的税收，并对富人实行紧急征收。杜尔哥请求准许对按日计酬的散工以及那些已经"卖了家具、动物和衣物来生存的"最贫困的小业主们豁免其国家税。他废除了短缺最为严重的蒙塔涅（Montagne）地区的所有税收。但是慈善工作组将会得到来自富有业主们的强制捐款的部分支持。杜尔哥希望自愿的慈善机构就能满足需要。在它不能满足的地方，"社区的市政官员们"将被告知按照"捐款名单"向富裕的公民征税。缴纳款项将与财产收入成正比，而且是面向所有的业主，"没有差别"。②

杜尔哥的第四个政策是由对地主权利的特殊的限制性规定所组成的。在危机早期，一些地主解雇了佃农或者依附的佃户。杜尔哥督促所有的业主来资助这些依赖他人生活的人们。"即使不是出于慈善而是出于正义来考虑"，同时也是出于自身利益的考虑。他后来提出了一个新条例，规定所有业主必须维持他们的佃农直到下一个收获季节，并要寻回他们已经遣走的佃农，违反则处以严厉的惩罚。③ 他也对实物租金进行了限制性规定。当谷物价格增长到高于其十年平均价格的150%时，租金必须以货币形式支付，并处在不高于150%的限度的水平上："在短缺时代，法律应该援助租户，这是人道的，甚至也是公平的。"④

---

① *Vie de M. Turgot*, in *OC*, 5:41.
② 1770 年 10 月 25 日致总负责人的信，见 *OT*, 3:151;"Instruction," in *OT*, 3:207 – 208;"Ordonnance," in *OT*, 3:234 – 235;"Avis," in *OT*, 3:360 – 362。
③ "Instruction," in *OT*, 3:212;"Ordonnance imposant aux propriétaires de nourrir leurs métayers jusqu'à la récolte," February 28, 1770, in *OT*, 3:243 – 244.
④ "Lettre au Chancelier" of May 14, 1770, in *OT*, 3:249.

到 1770 年末，杜尔哥的政策将利穆赞从普遍的饥荒中解救出来。① 1769 年这一地区的收成是 18 世纪最差的一次，而在欧洲短缺的时期内，1770 年的收成还是很差。但是到了 1771 年初，尽管谷物的高价仍在持续，但短缺只存在于部分地区。在 1770 年和 1771 年，死亡率几乎没有增加（尽管在 1772 年较多）。在孔多塞简洁的摘要中，"这一次成功的实验证明了杜尔哥的关于谷物自由贸易原则的真实性"。②

在 1774 年，杜尔哥被召回巴黎，成为法国财政部部长。他主持的 1776 年的改革法令，也即路易十六（Louis XVI）法官御前会议的主题，这是将在利穆赞发展出来的政策理念在整个法国进行推广的一次尝试。他提出了彻底的谷物贸易自由政策，但也坚持认为这些新政策不会"妨碍穷人获得帮助"。如果谷物价格升得太高而超出了日常工资所能支付的范围，则政府会"通过为人们提供工作来赚取足够的工资的手段……来满足穷人的需要"。与政府在贸易方面的开支或者使好事的地方官可以"炫耀其父亲般的关怀"的管理体系相比，这会是"更为公正而有效率的帮助"。③ 但是对巴黎而言这次改革太过激进，仅仅在 1776 年 3 月改革法令登记的几周之后，杜尔哥就被免职；这是他的经济政策的最后试验。

80

诠释斯密与杜尔哥

与斯密一样，对杜尔哥与孔多塞而言，政府对贸易的干预始终

① 参见 Kiener and Peyronnet, *Quand Turgot régnait en Limousin*, p. 267。
② *Vie de M. Turgot*, in *OC*, 5:40.
③ "Arrêt du Conseil établissant la liberté du commerce des grains," September 13, 1774, in *OT*, 4:202 - 205, 212 - 214; "Mémoire au Roi" (six draft Reform Edicts), January 1776, in *OT*, 5:155.

令人感到遗憾。杜尔哥曾在写给休谟的信中说过，"你和我都知道所有政府的最大目标究竟是什么：那就是征服与金钱"。① 但是，他们也鉴别出只有政府政策才能阻止更大的灾难所带来的巨大痛苦。在那些贸易还未完全建立起来的国家中，一些政府干预对于确保全体公民的最低福利是必需的。杜尔哥与孔多塞所关注的是去解释这种干预的条件，以及基于此过渡到一个完全贸易化的（且全面繁荣的）社会的条件。

正如我们已经看到的那样，杜尔哥、孔多塞与斯密都坚决反对在谷物贸易中的政府干预。而之后杜尔哥与孔多塞继续思考在其他"市场"中以及在不完全贸易的情况中的政策。在这点上，他们对防止饥荒的政策的分析比斯密的要更为丰富。但是斯密从未拒绝接受杜尔哥所实施的更有选择性的政策。他的确指出了他还没有研究关于欧洲饥荒的"十分精确的报告"。② 他主要关注在英格兰和苏格兰的谷物法令的作用，而在那里严重短缺似乎将要成为一个过时的问题。

斯密不大可能读过杜尔哥的《关于谷物贸易的通信》或者孔多塞的《对谷物贸易的思考》，这两部著作在他的有生之年都并不著名。有关杜尔哥对斯密的影响的大量文献——从孔多塞的写作开始——在很大程度上涉及资本与投资的理论，而仅在最低程度上涉及短缺。③ 但

---

① 1766 年 9 月 7 日的信，见 *OT*，2：503。

② *WN*，p. 526.

③ 参见 Condorcet, *Vie de M. Turgot*, in *OC*, 5：45；Siegmund Feilbogen, *Smith und Turgot*（Vienna：Hölder, 1892）；Peter D. Groenewegen, "Turgot and Adam Smith," *Scottish Journal of Political Economy*, 16（1969），271 – 287；Terence W. Hutchison, "Turgot and Smith," in *Turgot, économiste et administrateur*, ed. C. Bordes and J. Morange（Paris：Presses Universitaires de France, 1982），pp. 33 – 45。

是斯密无疑是了解杜尔哥后来 1774～1776 年的改革法令的。他有 81
一份法官御前会议《纪要》。① 他还有一份孔多塞的《杜尔哥传》
（在《国富论》的最后修订版之后出版），在其中孔多塞介绍了杜
尔哥在利穆赞的政策，并赞扬《国富论》是"一部关乎人类福祉
的著作。不幸的是，它在欧洲并不知名"。②

　斯密支持那些与杜尔哥和孔多塞的提议相似的政策。他赞成通
过政府干预来强迫雇主以货币而非实物来支付工人工资（当价格
下降时）。③ 他赞成累进税制：以租金为例，"富人应该不仅按照收
入的一定比例为公共开支做出贡献，还应该超越这一比例更多地为
社会做贡献"。④ 改革家威廉·威尔伯福斯（William Wilberforce）
认为，斯密"用某一典型的冷淡"来回应边远地区（苏格兰西部
岛屿）的创造就业机会计划。⑤ 但是在西格蒙德·费尔伯根
（Siegmund Feilbogen）对斯密与杜尔哥的研究中，还有许多其称之
为"斯密的社会政策的可靠性"的其他例子；费尔伯根列出了斯
密证明政府干预是正当的九点理由，并继而确定了他支持"社会
平等"的 12 个事例。⑥ 斯密甚至准备去赞成对（外国）谷物贸易
自由的异议，"假如有最迫切的必需品需求时"；正如唐纳德·温
池所指出的那样，至少在关于谷物（贸易）的法规中，他关注

---

① *Corr.*, p. 286；参见第一章。杜尔哥（与塔克一起）赞扬斯密为英国不赞成
"垄断与排斥体制"的两位"论贸易的政治作家"之一。Letter of 1788 to
Richard Price, in *OT*, 5：533.
② *Vie de M. Turgot*, in *OC*, 5：45；*Adam Smith's Library: A catalogue*, ed. Hiroshi
Mizuta（Oxford：Clarendon Press, 2000）, pp. 62, 206.
③ *WN*, pp. 157–158；参见第二章。
④ *WN*, p. 842. 孔多塞与斯密的主要差异的确在于他对间接税形式的政府干预的
容忍。*Vie de M. Turgot*, in *OC*, 5：45, 125.
⑤ *The Correspondence of William Wilberforce*（London：Murray, 1840）, 1：40–41.
⑥ Feilbogen, *Smith und Turgot*, pp. 157–163.

"次优选择"。①

　　斯密去世之后获得了一名自由事业的不懈推动者——作为一位即使在迫在眉睫的饥荒时期也鼓励贸易的理论家——的声誉，他对短缺的讨论对于这一声誉的获得是至关重要的。然而在他的有生之年，他被看作穷人的支持者。马尔萨斯批评他不合时宜地忧虑"社会底层的幸福与仁爱"。② 在斯密去世（1790 年）后的十年间，对他观点的重新诠释，成为他这一不佳声誉的基础。如读者所见，斯密不曾经历过由战争引发的短缺，并且他认为这种情况在富裕而文明的国家并不具典型性。③ 就谷物贸易而言，他支持在一个市场中的完全自由；人们通常认为，斯密在普遍匮乏的特定环境下，倡导一般意义上的"市场"。他反对对国内谷物贸易的管制，人们就认为他拒绝接受一切形式的政府干预，即使这是为了减轻穷人的痛苦。然而他对于谷物自由贸易的支持是与对劳动力市场、土地租赁与公共工程的干预的支持相一致的：这同样也是杜尔哥与孔多塞的著作中的含义。

82

时间的推移

　　杜尔哥与孔多塞都明确地涉及了贸易还未确立的情况，以及穷

---

① *WN*, p. 539; Donald Winch, "Science and the Legislator: Adam Smith and After," *Economic Journal*, 93 (September 1983), 506.

② *An Essay on the Principle of Population* (1798), in *The Works of Thomas Robert Malthus*, ed. E. A. Wrigley and David Souden (London: William Pickering, 1986), 1:107.

③ 斯密的新的声誉在 1798～1800 年得以稳定地确立，这一时期英格兰的谷物价格的增长比过去一个世纪的任何时候都快。参见 B. R. Mitchell and Phyllis Deane, *An Abstract of British Historical Statistics* (Cambridge: Cambridge University Press, 1962), pp. 486 - 487 and chap. 2。

人的初始禀赋太低而使贫困成为一种持续威胁的情况。他们论证了粮食短缺产生的不同市场条件，以及政府必须为这些市场制定的最好政策。[①] 他们的理论涉及在市场出现后的缓慢历程中，政府政策选择的一种可能方式。市场并不是在几个月或几年间得以确立的。在工资与家庭原始禀赋低的地方，当几个不同市场都出现波动时，短缺就会十分突然地产生。政府不能简单地凭借与粮食有关的政策而避免危机。他们必须选择适合于每个市场的公共干预政策组合。

孔多塞对最低福利的定义——从政府防止苦难、压迫与屈辱的职责方面而言——显然是乐于接受不断修正的。他把食物之外的商品归结为免于悲惨生活所必需的部分，认为教育与书籍能使人们的生活免于屈辱。他和杜尔哥在谷物贸易方面一个共同的重要看法，是有关政治对商业活动限制的分析方面的。他们将经济体系比喻为一个向着均衡状态进行调整的过程，指出政府的行为即使会对这一体系有所冲击，但也只应是它继续调整的条件。这种分析可以被看作对政府选择干预破坏性最小的行为的建议性的标准。

第一个标准是考虑将会受到影响的市场组织（或者非市场安排）。在杜尔哥的市场互相依存的概念中，政府对任何一个市场的干预都会造成系统性的影响。但是他也强调了贸易和竞争的程度不同导致各个市场的差异。例如，在谷物方面，建立自由贸易的长期过程早已开始，只是远远没有完成。因此它特别容易受到孔多塞所

---

① 这个政策与在 1880 年饥荒委员会的报告（*Famine Commission Report*）之后的《印度饥荒规章》（*Indian Famine Codes*）中所提议的政策相似，它们都建立在相似分析的基础之上，即"贫困在很大程度上并非来自对粮食的真实的需求，而是来自工资的缺失——购买粮食的货币"。参见 Jean Drèze, "Famine Prevention in India," in *The Political Economy of Hunger*, ed. Jean Drèze and Amartya Sen（Oxford：Clarendon Press, 1990）, 2:17.

83　谓的政府干预的"更为持久、更为普遍的影响"。相比之下，在农村租赁方面，几乎没有被淘汰的市场式的安排。在城市非熟练劳动力方面——其市场受公共工程的影响，贸易地位会得到坚固的确立，而且通过公共就业计划，贸易就不会长期中断。

　　杜尔哥与孔多塞的分析暗示了政府应该干预那些对贸易机构的预期作用最小的市场，而不应该干预那些贸易正处于建立过程中，且政府行为的长期影响很大的谷物市场。实际上，杜尔哥与孔多塞还特别关注了法律与心理因素对商人们的影响。旧有的、受管制的谷物贸易吸引了那些斯密称之为"可怜的商贩"的商人们，以及孔多塞所谓的那些不好的名声（的形成）"是有充分理由的"商人们。① 一个商人永远不会知道他购买商品时所遵守的法律是否会是他将来出售商品时所要遵守的法律；孔多塞指出，这种不确定性抑制了"真正的"商人，并鼓励了"那些知道如何从禁止性法律中获利的人们"。② 在这些情况下，考虑不同市场中的政府政策的长期影响是必要的。

　　第二个标准是政策的分配效应。与斯密一样，杜尔哥承认政府管制偏向于富人而非穷人，偏向于"雇主"而非"工人"。③ 孔多塞指出，法律的实施倾向于保护富人，或是按照实施者的"兴趣或一时兴起"而实施的。④ 因此评估政策对不同群体的影响是重要的。对杜尔哥而言，就业政策比降低谷物价格的政策更加公正而有效。政府开支是靠税收来提供资金的，而税负落在穷人和富人身上。但是富人也买谷物，补贴谷物价格的政策会成为"至少是与

---

① 　*WN*, p. 528; *Réflexions*, in *OC*, 11:200.
② 　*Réflexions*, in *OC*, 11:148, 200; 参见第六章。
③ 　Letter to Trudaine de Montigny of October 28, 1767, in *OT*, 5:697.
④ 　*Réflexions*, in *OC*, 11:235.

给穷人的（补贴）一样多的给富人的救济"。① 就像孔多塞所写到的那样，对财政部而言，给穷人提供就业总是会比为每个人降低谷物价格更加合算。②

第三个标准是财产权的性质。如果其他条件都相同，当财产权是否被（政府的）干预所侵犯都无关紧要时，政府干预的坏处是最小的。当杜尔哥在他的《关于谷物贸易的通信》中提议抑制某些面包行会与面粉行会的特权时，他区别了对于最初"凭借巧取豪夺而得来的"财产的"迷信般的崇敬"，以及对"所有财产中最为神圣的……作为人类劳动果实的财产"的尊重。③ 因此，业主收取实物租金的权利也同样是不光彩的，而农民的权利是神圣的。孔多塞还揭示了有收费权的财产与土地或商品形式的"真正的财产"之间的差别。④ 不过，对竞争性权利的分类是充满争议的；与杜尔哥的观点相反，狄德罗声称，就"公共关注"或者"普遍效用"而言，没有一个人的财产权是"神圣的"。⑤高级大法官塞吉尔在御前会议中说过，学徒制行会的特权本身就是一种"真正的财产"。⑥正如孔多塞所指出的那样，公众对不同权利的理解也会随着时间而变化。但是政府应该尽可能地去尝试把它的干预限制在那些一致认为财产权相对不重要的市场中。

84

---

① "Arrêt du Conseil," in *OT*, 4:205－206; letter of 1774, in *OT*, 4:225.

② *Réflexions*, in *OC*, 11:231.

③ "Lettres sur le commerce des grains," in *OT*, 3:352.

④ *Réflexions*, in *OC*, 11:244－245. 孔多塞的论点是"个人"权利，诸如对遗产或销售征收费用，不是由地主以所有者的身份占有的，而是因为在一定程度上他们在这些土地上曾经行使了一部分权利："国家允许他们享用的以及国家从他们中拿走用于补偿的是税收收入的一部分。"

⑤ *Apologie de l'abbé Galiani*, in Denis Diderot, *Oeuvres*, ed. Laurent Versini（Paris: Robert Laffont, 1995）, 3:133.

⑥ "Lit de Justice," in *OT*, 5:291.

第四个标准是被不同的（政府）干预所侵犯的自由的性质。与斯密一样，杜尔哥和孔多塞批评政府官员不仅侵犯财产权利，伴随着侵犯的还有"无理取闹""压迫"和"访察"。① 杜尔哥在他提交给路易十六的改革法令中写过，巴黎地方官以"搜查劳工与贸易商人的家庭"，以及迫害那些触怒了他们的商人来炫耀特权。② 这种压迫是避免对谷物市场干预的一个理由。相比之下，所有者遣散其佃农的自由是以不公正或者对习惯性义务的拒绝为基础的，因此它受侵犯时人们少有抱怨。③

政府对劳动力市场的干预的确侵犯了个人自由，尤其是当穷人们被强制去为公共工程工作时，因为这被认为是有失尊严的；杜尔哥对于利穆赞的穷人们合理的敏感的关注是缓和这些影响的一次尝试。但是依赖富人的关怀也是有辱人格的。孔多塞曾写道，"在所有安慰与消除人们疑虑的词语中，公正是唯一一个压迫者不敢说出的词语，而仁慈挂在所有暴君的嘴上"。④ 总的说来，在那些只有相对不重要的自由被侵犯了的市场中，政府干预才是坏处最小的。

孔多塞与杜尔哥的标准相当于一个十分复杂的在不同政策之间进行选择的体系。在多重标准的基础之上，以及在标准本身随着时间变化的情况之下，政府能够在许多不同市场的干预之间找到它本

---

① 斯密谈论"麻烦、骚扰和压迫"时，将之与"频繁来访和税吏们的可憎的检查"相联系（*WN*, p. 827）；也与海关规章（带来）的"烦恼"以及甚至"更加无理取闹"的消费税法令（pp. 898 – 899）相联系；以及这些情形与面包师联系在一起的是："税吏们的可憎的到来与检查。"（p. 936）参见第一章和第四章。

② "Mémoire au Roi," in *OT*, 5:154 – 155.

③ "Ordonnance," in *OT*, 3:243 – 244.

④ *Réflexions*, in *OC*, 11:167.

身的选择。但是在短缺与饥荒的情况下，这些标准产生一种明确的　85
排序，其中，对谷物市场的干预是最坏的，而对农村租赁、培训和
劳动力市场的干预是坏处最小的。更一般地说，在向完全贸易自由
缓慢过渡的过程中，他们提供了评估不同市场中的政府政策影响的
一致办法。

第四章　学徒制与无保障

离奇的冒险

　　亚当·斯密严厉批判学徒制，不过，在 18 世纪与 19 世纪，学徒计划的反对者和支持者都对他的论点各取所需。对学徒制的争论也是最早围绕《国富论》论战的主题。1776 年 2 月 26 日（几周之后，《国富论》才第一次在伦敦出版），莫雷莱特神甫在写给杜尔哥的信中说道，"真是离奇"，当天他正在等待他翻译的"斯密先生的作品"——关于公司与学徒的早期《国富论》中的一节——的校样时，他收到消息称原稿已被警方没收了，警方还认为这些稿子应该被烧掉。① 受杜尔哥所托，莫雷莱特的翻译颇为精准；他谈到了各种"换位"，包括汇集了斯密对"农业技能的困难性"的评论以及对"学徒制的无用性"的评论。② 但是，正如梅特拉（Métra）在日记中所描述的，"这一章关于公司的英文著作"被看作对

---

① 1776 年 2 月 26 日的信，见 *Lettres d'André Morellet*, ed. Dorothy Medlin, Jean-Claude David, and Paul Leclerc（Oxford：Voltaire Foundation, 1991），1：312。莫雷莱特有些自大地补充道，他本人至少像斯密一样值得检查："夸耀地说，他不会得到我的一页书稿，这些（书稿）至少和斯密的一样会被烧掉。"

② 1776 年 2 月 22 日的信，ibid., 1：310。可推测提及的是斯密关于学徒制无效率——"漫长的学徒制是完全没有必要的"——以及"农民的技能"的评论。*WN*, pp. 138 – 140 and 143 – 144.

杜尔哥对已有权威批判的贡献；"是绝无可能获得出版许可的"。[①]

　　本章的目的是研究斯密反对学徒制的论点。斯密断言，学徒制本身既无效率也不公平。斯密对学徒制规定以及对谷物贸易管制的批评共同构成了其经济改革思想的核心。与杜尔哥的关于雇主行会以及谷物条例的改革法令一样，他们一起提出了一个贸易自由的包罗性体系：工业与农业，劳动力贸易与商品贸易。至少从 19 世纪晚期开始，相对于斯密对粮食问题的评论，他对于公司的评论——关于伦敦的丝绸织工、谢菲尔德的刀匠、铁匠师的"大学"、古老的面包坊，以及其他不完全的行会——只受到较少关注。在某种程度上，这是英、法两国努力改革旧有的学徒制机构的确凿成功的结果。历史学家，他们从过去中寻找现在的起因，几乎没有兴趣对长期被遗忘的风俗和早已结束的论战进行争论。[②] 但是我们将会看到，从 1790 年斯密去世后的十年间，对他的学徒制观点的接纳在他声誉的显著转变中起了决定性作用。

学徒制的平等问题

　　从更普遍的意义上看，斯密对学徒制的看法属于他对公司制、市政和教会机构批评的一部分，尤其是对滋生这些制度的不确定性的法律环境的批判。反过来，这种普遍批评对于理解斯密对商业与政府的看法，以及对经济生活中既不属于贸易也不属于国家的那些方面的观点——暴虐的或者无理取闹的，不着边际的或者独立的——是十分重要的。

87

---

① *Lettres d'André Morellet*, 1：311，n. 1.

② 参见第一章。

斯密关于学徒制的观点可以归为四类。第一个观点是，学徒制的排他性倾向通过在特定的行业、职业或者地区中保持工资和利润，妨碍竞争并损害公共利益，而这一点是最接近于后来的经济学论点的。第二个论点在某种程度上也与效率有关。斯密赞成普遍的强制教育；他论证道，无论在特定的技能中还是在行业习惯中，学徒制都不是一个令人满意的培训工人的方式。第三个观点是关于效率和平等的。作为对个人自由的一种约束的学徒制，对于处在学徒关系中的工人们与那些被排除在这些受管制的行业之外的人们而言是不公平的。第四个论点是最接近于现在所认为的纯粹的政治学论点，但它实际上是斯密对经济变革叙述的核心。学徒制是不公正的，因为它反映了公共法律与公司章程——一种"企业家精神"——之间的一种压迫性的结合，在这种联合之下，法律是基于权势集团的利益而制定，并凭地方法官、雇主、监管者、教会执事等的一时兴起而得以实施。它们本身就是人民无保障的根源。

在 19 世纪一系列关于学徒制的改革与复兴的辩论过程中，对斯密这四个论点的阐释十分不同，我将依次研究每一个论点。我主要关注 1814 年英国的法定学徒制改革之前的那一段时间。它表明，这四个论点提供了一个有趣的例证，来说明斯密为几乎所有人呈现几乎所有事情的能力；同时也说明在哪些范围内《国富论》已经成为（现在也是）变化中经济时代的一面镜子。比阿特丽斯·韦伯在她未出版的《英国经济学的历史》（*History of English Economics*）中写道，后来的批评者"已经忘记了亚当·斯密生活在一个阶级压迫的时代，他们也忘记了《国富论》是一部有关社会压迫的历史"。她说过，1776～1817 年，也就是在《国富论》的出版与李嘉图的《政治经济学原理》（*Principles of Political Economy*）的出版之间，斯密的声誉有过极大的变化。她问，"那么，那些把这场 18 世纪的运动转变为 19 世纪的'雇主的福音'的事件与思想发生了什么呢?"① 有关学徒制改革的辩论将会为我们提供对这些事件与思想的深刻理解。

韦伯写过,斯密的著作存在着"双重特质"或者"双重个性",在这些作品中,他既是一位旨在发现(并投入实际运用)生产规律的理论家,同时也是一位"社会弊端的改革家"。我们将会发现,斯密反对学徒制的四个论点既涉及了经济学理论,也涉及了社会正义(或者平等)。对斯密而言,学徒制既无效率又不公平。斯密提到英国学徒制章程时说过,"立法者为唯恐雇用不合适的人而假装出来的忧虑,尽显压迫之无理";更早的时候,他在《国富论》中说过,给贫穷劳动者以慷慨的报酬会成为社会的优势,而且,"这是正义之举"。阻止生产商出售其产品以及阻止农民售卖谷物的法律"明显违背了正常的自由,因此是不公正的;而且它们也同样都是不明智的"。②

正是这种将经济与政治原因相结合的理解,为 19 世纪关于学徒制的辩论对政治经济学尤其是《国富论》运用的改变,提供了一种饶有兴味的例证。用 K. D. M. 斯内尔(K. D. M. Snell)的话说,学徒制是一种"文化制度";它应该被看作嵌入"广泛的社会、法律、居住、福利与行政因素之中"。从这一角度来看,在斯内尔所区分的英国学徒制的三个阶段之间存在着明显的改变。这三个阶段是在 1563 年伊丽莎白女王的章程之前的"行会学徒制"(guild apprenticeship)、1563~1814 年的"法定学徒制"(statutory

89

---

① Beatrice (Potter) Webb, "The History of English Economics" (1885), Passfield Mss., London School of Economics, 3:5, 3:16 – 17;还参见比阿特丽斯·韦伯 1886 年的日记记录,引用在第二章。

② *WN*, pp. 96, 138, 530.

apprenticeship），以 及 自 1814 年 开 始 的 "'自 愿' 学 徒 制"（"voluntary" apprenticeship）。① 然 而，我 所 涉 及 的 19 世 纪 的 辩论——涉及学徒制的经济思想史以及其政治、经济史——的一个有趣的特点之一，就是过时的学徒制体系作为一个持续争论的对象所达到的程度。在这些争论中，历史作为一种证明当时政策正当性的方式而被提出。它或者是被怀念的事物（对改革的反对者而言），或者是被推翻的事物。就像对斯密而言，历史也是发现那些随着时间流逝而继续存留的法则与原理的一个方式。用斯密的话来说，伊丽莎白女王之前时期的行会仍然存在于法定学徒制中；企业家精神或者个人意志的附属物仍然存在于 19 世纪晚期的新式自愿学徒制中。

公司与竞争

斯密的第一组论点是关于竞争的。他说过，和 "独享的公司特权"一样，学徒制章程是 "一种扩大了的垄断"。它们的作用是保持工人工资与雇主利润。它们阻碍了 "劳动力从一个雇佣关系到另一个雇佣关系的自由流动"，就像 "阻碍劳动力从一个地方到另一个地方自由流动" 的公司特权一样。"两种规则的目的都是限制竞争"，而限制这种自由竞争的结果就是维持高价格。如果终止学徒制，"公众将会是得益者，而这样所有工匠的劳动力价格在市场中就会更加便宜"。斯密的处方是 "取消公司特许制，废止学徒制以及居住限制法。因为特权与规章无不违背了一般意义上的自由"。②

---

① K. D. M. Snell, "The Apprenticeship System in British History: The Fragmentation of a Cultural Institution," *History of Education*, 25, 4 (1996), 303 – 304.

② *WN*, pp. 79, 135 – 136, 140, 151, 470.

90

在 1814 年的关于暂停并最终部分废除伊丽莎白女王时期的学徒章程的政治讨论中，这组关于学徒制在经济上无效率的论点是最为惹人注目的。① 旧章程的捍卫者为了反驳斯密的论点煞费苦心。"第 11 版"《国富论》的编辑威廉·普莱费尔（William Playfair）是一位学徒制的热情倡导者，而他的版本也是一部针对斯密评论的反驳观点的纲要。斯密对学徒制的叙述被他用急切的脚注打断："单就这一论断而言，斯密先生当然是完全错误的"；"这似乎是基于错误的信息（所得出的），在现实中没有任何这样的基础"。普莱费尔在第 5 篇的第 1 章与第 2 章之间也插入了一个"论教育"的"补充章节"，其中他评论道，"斯密博士是学徒制的敌人"，声称"法律给予雇主的对学徒的控制似乎是在现存秩序下最为幸运的发明"，他还评论道，"与其压抑，不如鼓励这种束缚"。②

普莱费尔因国家衰落理论和对法国哲学的精简谴责（例如，"普鲁士，以前的无神论大本营"，"孔多塞，一位暗杀队长"）而闻名，但在其余作品中他也在同样的主题上打转。他说，在学徒制的情况下，偏见已经把斯密带入歧途，而且"如果发现他的观点是错误的"，就应该"对其仔细调查与驳斥"。普莱费尔写道，斯

---

① 伊丽莎白女王时期工匠们章程中的强迫的学徒条款——5. Eliz. c. 4——于 1814 年废除；自从 1803 年开始，它在毛纺业中暂停实行，并于 1809 年废除。参见 O. Jocelyn Dunlop, *English Apprenticeship and Child Labour: A History* (London: T. Fisher Unwin, 1912), chap. 15; T. K. Derry, "The Repeal of the Apprenticeship Clauses of the Statute of Apprentices," *Economic History Review*, 3 (1931–1932), 67–87。

② *An Inquiry into the Nature and Causes of the Wealth of Nations*, 11th ed., ed. William Playfair (London: T. Cadell and W. Davies, 1805), 1:195, 207; 关于斯密对钟表匠的评论，见 *WN*, pp. 139–140, 斯密对在公司性的城镇中的不称职的工人的评论，见 *WN*, p. 146; 也见 3:243–246。

密否认学徒制是真正的古老制度，在埃及与罗马曾有过相同的制度，在这方面斯密甚至是错误的："难道我们十分肯定，常常被提及的自由民不是曾经做过学徒的人吗？"① 他在 1814 年的一本小册子中写过，"我们很容易探究出贸易自由的理论与那些长期毁灭法国的平行原则之间的密切关系"，对学徒制章程的反对是"建立在同样虚妄地促进法国大革命的理论原理之上的"。②

相比之下，对于那些 19 世纪早期伊丽莎白女王法案的反对者而言，斯密是一个真实准则与有用根据的来源。斯密的例证——被允许制造马车的车轮匠，以及不被允许制造车轮的马车匠；没有实施这一法案的曼彻斯特、伯明翰和其他制造业城镇的成功——在改革家的论点中得以重现。③ 一个成立于 1814 年的伦敦制造商委员会认为，通过"使得工人联合起来要求增加工资的行为真实可信"，这一法案"找到了我们繁荣的根源"。④ 建议废除羊毛法案中

91 的学徒制条款的 1806 年的议会委员会成员说道，从这种联合中"所能领悟到的最轻的危害"就是"工资的累进增长"；这本身"完全足以毁灭我国业已实现的全部商业成就"。斯密的观点仿佛不需要再重复了。这个委员会评论道，"现在，贸易的真正原则已

---

① William Playfair, *Political Portraits in this New Aera* (London: C. Chapple, 1813), 1:364, 385; idem, *An Inquiry into the Permanent Causes of the Decline and Fall of Powerful and Wealthy Nations* (London: Greenland and Norris, 1805), pp. 219 – 220.

② William Playfair, *A Letter to the Right Honourable and Honourable the Lords and Commons of Great Britain, on the Advantages of Apprenticeships* (London: Sherwood, Neely, and Jones, 1814), pp. 15, 30 – 31.

③ Committee of Manufacturers of London and Its Vicinity, "The Origin, Object and Operation of the Apprentice Laws; with Their Application to Times Past, Present, and To Come," in *The Pamphleteer*, 3, 5 (March 1814), 228, 235; 斯密的论点见于 *WN*, p. 137。

④ Committee of Manufacturers, "The Origin," p. 237.

被普遍了解并得到公认，贵委员会并没必要更多地提及它们"。[1]

因此，斯密是（废除学徒制章程的）改革者们幕后（或者绝对）的英雄。但是在他们的论点中引人注意的是，他们对斯密有关垄断与限制的批评的选用程度。举一个例子，斯密本人多次把法定学徒制与公司法人地位的特权联系起来。相比之下，19 世纪早期的学徒制的反对者们经常努力去区别公司章程与学徒制规章。例如，弗雷德里克·伊登爵士（Sir Frederick Eden）认同斯密对学徒制的批评，但是不赞成"他关于公司法律的错误思想"，不赞成他把穷人的迁移归因于"企业家精神"，不赞成他的"实在令人深感遗憾的"关于在公司性的城镇中低质量的工艺的论断。[2]正如在 1810 年杜格尔德·斯图尔特所评论的那样，在斯密去世后的几十年间，去考虑"服从于哲学家们的学术讨论、国家政策的专业知识和封建时代高深莫测的智慧"几乎是无益的。[3] 仅仅数年之后，斯密对于英国公司的批评在关于学徒制的争论中已明显不存在了。

在努力避免质疑公司、学徒制规章的英国渊源的过程中，议会对学徒制的批评导向了十分古怪的论述。他们用奇特的明喻来代替历史，将要进行改革的体系描述得更像印度式的而非英国式的。1814 年修改法案的主要议会支持者萨简特·昂斯洛（Serjeant

---

[1] *Report from the Committee on the Woollen Manufacture of England*; &c. Comnd. no. 268 （1806）, pp. 15, 17.

[2] Sir Frederick Eden, *The State of the Poor* （London: Davis, 1797）, 1:436, 3: ccccxxvi. 与普莱费尔一样，伊登的参考是 *WN*, p. 146: "如果你想要让你的作品完成得尚好，你必须在郊区做这件事，在那里，工人们没有独有的特权，除了他们的品格没有任何能信赖的，然后你必须尽你所能地把它偷带进城里。"

[3] Dugald Stewart, "Account of the Life and Writings of Adam Smith, LL. D. ," in *EPS*, p. 339; 参见第二章。

Onslow）说过，学徒制法案的目的是提出差异，"就像印度的种姓制度所产生的那样"。伦敦制造商委员会认为，学徒被固定在他所在的行业中，"仿佛他属于印度的一个社会等级一样"；另一位改革的议会支持者乔治·菲利普（George Phillips）说过，"事实上，这一原则把这个国家的贸易阶层置于与印度的种姓制度同等的地位上"。① 在推动改革修正案中，昂斯洛的结尾词是一个暗示，即正处于讨论中的只是学徒制而非公司特权：修正案不"影响或改变规则或者任何公司特权或者依法设立的公司——的确，出于十分谨慎的考虑，并为了防止可能激起的恐慌，我已经插入了一个有那样内容的条款"。②

　　另外一个不同例子是，斯密对于学徒制对工资、利润与价格影响的关注，是以大致相同的方式被拆分的。就像我们所看到的那样，斯密的假设是"不同种类的雇员、劳工与工人的"高工资是社会的一个优势，"而且它仅仅是公平"；他说道，慷慨的劳动报酬是"极度公共繁荣的原因"。他更为高利润而不是高工资而烦恼，并在《国富论》的第二版和之后的版本中用一段来解释"在实际中，高利润比高工资更趋向于提高劳动的价格"。与工资原因相比，利润原因也会更容易地限制竞争："我们没有任何议会法案来反对压低劳动价格的联合；但是我们有许多法案来反对提高劳动价格的联合"，而且"除了长期而统一的联合，雇主们时时处处都有些默契，不将劳工的工资提高到实际

---

① "Substance of the Speech of Mr. Serjeant Onslow," in *The Pamphleteer*, 4, 8 (November 1814), 303 – 304; Committee of Manufacturers, "The Origin," p. 231; *The Parliamentary Debates* (hereafter *PD*), 1st ser., vol. 27, April 27, 1814, col. 572.

② Onslow, "Speech," p. 309；也参见 on the origins of Onslow's clause, Derry, "Repeal," p. 79。

利率之上"。①

在 19 世纪最初十年间的争论中，改革的拥护者把斯密的观点简化为担忧学徒制特权对工资的影响。斯密发现，"我们的商人和制造商们抱怨高工资的许多不利影响"，然而"他们根本不谈高利润的不利影响。在涉及他们自己收益的不利影响时，他们沉默了。他们只抱怨其他人带来的恶性影响"。② 正如卢霍·布伦塔诺（Lujo Brentano）在他的行会历史中所指出的那样，1814 年时雇主的行为与斯密所描述的非常相似。③ 乔治·菲利普非常关注印度的种姓等级制度，他认为自己有必要与斯密疏远："亚当·斯密认为，工人们的联合不危险——因为这被他所认为更加频繁的生产商之间的联合所抵消了。事实上这位能干的作家是错误的。"菲利普继续说道，雇主们并不频繁地联合，"另一方面，恐惧却将熟练工人们勉强结合在一起"。④

斯密关于学徒制与竞争的论点还有另一个方面的含义，但它在 19 世纪最初十年的讨论中几乎完全消失了。在斯密看来，学徒制与公司法律是为相对强势的人们提供保障而制定和实施的。公司法律妨碍了劳动力与原料的自由流通，但是"在任何地方，一个富有的商人在城镇企业中进行贸易的特权的获得都要比一个贫穷的工匠在城镇企业中进行工作的待遇的获得更为容易"。很明显，存在一个内部社会与一个外部社会。斯密说道，因此在一个公司性的城镇中，不同等级的贸易商与工匠们会从彼此处购买

① *WN*, pp. 84, 96, 99, 114；也可参见第 599 页，关于"英国股票的高利润"对于"提高英国产品价格"的作用。
② *WN*, pp. 115, 599.
③ Lujo Brentano, *On the History and Development of Gilds, and the Origin of Trade-Unions*（London：Trubner, 1870），p. 100.
④ *PD*, vol. 27, April 27, 1814, cols. 572 – 573.

93 "比起他们可能以其他方式制作的更贵的东西"；"但是在他们与国家的贸易中，他们都是大的获利者"。毫不夸张地说，进入壁垒是障碍，或至少是检查；它们阻挡了那些去城镇出售谷物的农民们，或者阻挡了像斯密笔下"在郊区的"顾客那般带着偷运的书回家的消费者。①

在斯密看来，甚至在工匠等级中，那些最没有力量的人——包括"不能给钱"的学徒——是做得最不好的人。其他人则根本不在规定所能提供的保护范围之内。斯密说道，"我们的纺纱工是穷人，通常是妇女，大约散布在国家的不同地区，没有获得支持或者保护"。"在苏格兰的大部分地区，一个好的纺纱女工一周能赚20便士。"② 对斯密而言，受压迫最深的是普通劳工。他们的智力通常比镇上的技工要高很多。但是他们服从于由学徒制、企业与居住条例的结合所建立起来的整个不公平体系。作为例外，东方异国似乎是一个鼓舞人的先例："于是，在中国和印度，据说农村劳工的等级与工资要比大部分工匠和制造商的高。如果公司法律与企业家精神没有阻止它，他们很可能会遍布各处。"③

在19世纪最初十年间对学徒制的争论中，斯密对内部与外部的描述——对个人的多重身份的描述，例如，人们拥有特权是因为他们是实行学徒制的行业的成员，或者定居在某一城镇中的公民，或者是有某种技能的工人——又一次消失在政治经济学的援引中。伦敦手工业委员会（The London Committee of Manufacturers）在提

---

① *WN*, pp. 141, 146, 151 – 152.

② *WN*, pp. 119, 134, 141, 152, 644.

③ *WN*, p. 144；关于斯密对有大量土地财产和农村劳动力的同情，参见 John Dwyer, "Virtue and Improvement：The Civic World of Adam Smith," in *Adam Smith Reviewed*, ed. Peter Jones and Andrew S. Skinner（Edinburgh：Edinburgh University Press, 1992）, pp. 190 – 216。

及 "封建时代" 时比他们在议会中的同盟者更加大胆，他们明确
指出伊丽莎白女王时期的规章限制富裕家庭子女的学徒生涯；它规
定（从事）羊毛纺织工人的父母们一年应该（在一个后来未实行
的条款中）从土地上赚取 60 先令，而工人们 "被排除在外，并且
不能退出农牧业"。① 委员会成员甚至为非法的女工们呼吁平等：
"通过和平地实施学徒制，你是否在逼迫（她们）成为悲惨而不名
誉的堕落之来源？现在，大量妇女在机械手臂下劳动是为了国家防
御吗？"② 但是，总的来说，改革者们关于贸易与竞争的观点接近
于高度简约且精确度较低的政治经济学，威廉·戈德温在 1820 年
反对过这样的政治经济学，而弗朗西斯·普莱斯为其辩护过。③ 阿
诺德·汤因比（Arnold Toynbee）在他 1881~1882 年的讲座中提到
斯密关于学徒制的观点，"正是劳动力自由交换的学说使得政治经
济学家与人们的感情发生冲突"。然而他说过，斯密自己的目的是

94

---

① Committee of Manufacturers, "The Origin," pp. 221 – 222. 制造商委员会的秘书
是约翰·里希特（John Richter），它是霍纳·图克（Horne Tooke）案的共同被
告之一和弗朗西斯·普莱斯（Francis Place）的亲密伙伴。普莱斯本人也积极
参与到这一事业中，并在 1814 年 1 月写道，"萨简特·昂斯洛的事情部分起源
于我"，而且 "在我的人生中我从未像最近一样如此强烈地想着伊丽莎白女王
时期的规章"。Graham Wallas, *The Life of Francis Place*, *1771 – 1854*（London：
Longmans, Green, 1898），pp. 95, 159. 也参见 E. P. Thompson, *The Making of
the English Working Class*（London：Penguin Books, 1988），esp. pp. 303, 506,
565。

② 萨简特·昂斯洛自己曾在下议院说过，"女性的情况"——妇女非法地在那些
她们没有当过学徒的行业中工作着，"尽管通过检举的威胁已经驱散了许多
人"——"在我心中印象最为深刻"。Committee of Manufacturers, "The
Origin," pp. 231 – 232；Onslow, "Speech," p. 306.

③ 戈德温写道，《国富论》"令我感受到……一次心脏痛苦的抽动"。但是，"在
细读了这样一部与马尔萨斯先生的著作一般的书之后，它重新令人振作起来"。
William Godwin, *Of Population：An Enquiry Concerning the Power of Increase in the
Numbers of Mankind*, *Being an Answer to Mr. Malthus's Essay on That Subject*
（London：Longman, 1820），p. 611；也参见 Wallas, *Francis Place*, p. 157。

代表"工人们的看法"；"我们看到，这一学说首先是由劳工们的胜利才开始普及，人们认为它是其国家一切苦难的真正解决方法"。①

教育与学徒制

　　斯密的第二组论点是，作为传授技能的一种方式，学徒制是无效率的。在对改革所进行的辩论中，这种观点无所不在。总体来说，他不相信在大多数制造业的雇佣关系中，需要大量的知识或技能。他认为农村劳动需要"更多的技能与经验"和"更多的判断与谨慎"，因为人们不得不在不同的情况下劳作。然而即便是制表业也能用几周或者几天的带有"许多实践与经验"的课程来讲解，"长期的学徒制是完全没有必要的"。法定学徒制度的作用是为了防止工人们从衰落中的制造厂转移到繁荣的制造厂；例如，纯亚麻工艺与纯丝织工艺"几乎完全相同"，而且与纯毛纺工艺没有太大的差异。②

　　长期的、带有约束的学徒制度并不是一种合适的教育方式，即使那些技能与判断力最终的确有用；但是，它"无法使年轻人变得勤劳"。斯密曾说过，熟练工人与计件付酬的工人有勤劳的激励，并能找到工作的"乐趣"；他的确相信他们颇有一种"使自己过度劳累并损害自己的健康与体质"的倾向。③ 但是一名"学徒很

---

① Arnold Toynbee, *Lectures on the Industrial Revolution in Britain* (London：Rivington, 1884), p. 16.

② *WN*, pp. 139 – 140, 143, 151 – 152.

③ "如果雇主总是听从理智与人性的驱使，他们有很多机会让工人适度工作而不是去鼓励工人过度劳作"。在这里斯密论证道，"慷慨的劳工报酬"本身就可以"让普通人更勤劳"的事物。*WN*, pp. 99 – 100, 139.

可能是无所事事的，而且几乎总是如此，因为没有直接的利益让他不这样做"。他不享受工作的"乐趣"，他甚至可能怀有"一种对劳动的厌恶"。斯密论证道，学徒制"不能保证做工质量不过关的产品"不会公开出售，而制造纯布料或者冲压布料的体系会提供好得多的质量保障。他说道："出售粗制滥造的商品通常是欺骗的结果，而不是无技术的结果；最长的学徒制也不能防止欺骗。"在独有的、享有特权的公司中，欺骗的风险的确更大。对于没有特权 95 的工人而言，害怕失去顾客的担忧"抑制了他的欺骗行为"；在公司性城镇之外的郊区的工人们"除了他们的品格之外没有任何是可以信赖的"。①

在对学徒制进行改革的辩论中，斯密的论点再次重现。英国委员会指出，在通过学徒制章程 38 年之后，伊丽莎白时代的议会被迫再一次对真正的织布行业进行立法："最终马鞍配在了合适的马上；这是雇主的欺骗。"② 1806 年的毛纺织品议会委员会也听说了粗制滥造的糟糕事例。因此一个商人被（委员会）追问关于时间的问题，"或许在四十年前"，那时西区的布商"丧失了俄国卫队的服装生意"。

> 该商人答：我相信这是由于俄国政府的规章而失去的生意，在这之后，利兹（Leeds）再也没有得到俄国政府的订单。
> 委员会又问：根据最终穿着外套的俄国卫队的一个评述，在一个大雨天，同样的外套第二天早上严重缩水成短上衣了。你从未听说过吗？

---

① *WN*, pp. 138 – 139, 146.

② Committee of Manufacturers, "The Origin," p. 229.

　　但是，俄国订单的例子最终得以通过德国贸易机构的腐败以及俄国人的贸易保护主义来解释，而且委员会与斯密一起断定，对于传授技能而言，学徒制绝不是必要的。与斯密一样，委员会猜测，那些没有享受他们直接勤劳成果的学徒们反而可能养成了持久的"懒散与放浪的习惯"。①

　　这里"真正的贸易原则"也是相当简略而精明的。有趣的是，斯密论点的更广阔的范围——他的政治教育与学徒制的观点——几乎被改革的议会支持者所忽略了，就像在他有关竞争论点的例子中那样。正是改革的反对者们，尤其是威廉·普莱费尔，指出了斯密观点深远甚至是颠覆性的影响范围。普莱费尔在他的第 11 版《国富论》中所补充的"论教育"一章中写道："使年轻人摆脱掉学徒制的羁绊，并使未成年人服从于老师的权威，这是当前政治经济学家们的特长。"他通常把斯密有关学徒制的观点看作在两种生活方式之间强加选择的结果，即由教育聚集起来的一个社会，以及由培训聚集起来的一个社会。他说道："无论它是否对工人的舒适与幸福做出了贡献，读与写是一个没有必要去解决的问题，可能也是一个不那么容易解决的问题。""阅读容易导致不满、毫无根据的野心和对商业的忽略……勤劳的习惯和一个行业的技能是底层人们受教育的最为基本的部分，至少这一点是明确的。但是斯密先生反对学徒制。"②

　　普莱费尔的补充部分在《国富论》中，在这一章中，斯密提出了关于当地"平民子女"学校实施普及的、政府资助的教育，而且普莱费尔认为普及教育明确地反对培训与学徒制。普莱费尔在

96

---

①　*Report from the Committee on the Woollen Manufacture*, p. 14；"Minutes of the Committee," pp. 373 – 374.

②　Playfair, "Supplementary Chapter," in *The Wealth of Nations*, 3：243, 251.

之前的论国家衰落的著作中已经写过，"这部分教育似乎已经有了一个独有的针对声誉的权利，阅读与写作对工人阶级而言是一个非常次要的目标"。他在 1813 年介绍斯密的赞赏者萨缪尔·威特布莱德对贫困儿童的教育的关注时总结道："在注定勤劳的人的优势以及因阅读与写作而导致的贫困等方面，或许我们不赞成他和许多其他人的看法。"①

　　与斯密不同的是，普莱费尔明确地把教育与培训看作两个相对立的体系。但是两个计划之间的这种紧张状态构成了理解斯密学徒制观点所需要的背景。从《国富论》的开头，斯密就坚持天赋平等。他认为，哲学家与常见的街头搬运工的差异"似乎并不是由本性所造成的，而是由于习惯、习俗与教育所造成的。当他们来到世界上，并生活六年或八年后，或许他们会非常相似"。② 作为成年人，他们"十分不同的天生才能"是劳动分工的结果而非原因。人并非生来就是"愚昧无知的"，但是通过他们"普通的职业"，通过他们得到的简单、不变的工作性质，通过那种父母（即使在婴儿时期，他们的父母都几乎无法养育他们）尽可能早地让他们出去工作的环境，他们变成了这样。③ 斯密在他当时未出版的关于法学的演讲中的评论已经证实了普莱费尔的猜疑，他说道，"当一个人的全部注意力都放在了针脚的第 17 个组成部分"时，人们是"极其愚蠢的"，这几乎并不令人惊讶，而且最不利的是，男孩在"6～7 岁时"就被送去工作的英格兰被拿来与苏格兰的情况相比

---

① Playfair, *An Inquiry into Decline*, p. 223；idem, *Political Portraits*, 2：450 – 451. 关于萨缪尔·威特布莱德对斯密在 1795～1796 年的最低工资的讨论中作为劳动的穷人们的帮助者的回顾，参见第二章。
② *WN*, pp. 28 – 29；参见第一章。
③ *WN*, pp. 28，782，784.

较，而在苏格兰，"即使最低贱的搬运工都能读和写"。①

97   斯密认为，民众"能够推动、促进甚至强加""给全体人民"一个教育体系。"教育的最基本的部分"是"读、写、认知"。即使最贫穷的人也应该在他开始工作之前"花时间来学习这些技能"。这里的教育是先于培训并与培训有所不同的事物，这一点很有趣。商业社会强加了对政府教育开支的需要。斯密对于商业社会中愚昧无知的起源的描述——个人"人性特征基本部分"的"支离破碎"——在他对现代文明生活的所有批评中的确是最为严厉的。② 但是，受政府支持的教育本身绝不是为了贸易繁荣的缘故才需要的事物。它是经济进步的一个结果，并不是未来进步的必需品。

        事实上，斯密坚决认为教育在本质上是好的，但它并不是实现商业目标的一个明确手段。当他的确说到普及教育作为一种手段时，这种说法是与社会的政治目的或者政治安全中的共同利益相关的。受过教育的人们"感到自己更体面了"，而且他们"更想去审查，也更有能力去看透"政治规划。③ 也就是说，理性是有启蒙倾向的，或者是在体贴的、沉思的、有自尊心的人们之间普遍公开的讨论；理想是对"在民众之间进行政治讨论"的希望，而杜格尔德·斯图尔特 1794 年在爱丁堡不得不对这一希望做出驳斥。④

----

① *LJ*，pp. 539–540.

② *WN*，pp. 785，788；也参见 Andrew S. Skinner，"Adam Smith and the Role of the State：Education as a Public Service," in *Adam Smith's Wealth of Nations：New Interdisciplinary Essays*，ed. Stephen Copley and Kathryn Sutherland（Manchester：Manchester University Press，1995），pp. 70–96。

③ *WN*，p. 788；参见第八章。

④ 他告诉爱丁堡上议院的两名法官，他对于公共教育的强调在一定程度上来自"防止这种弊端的危险的迫切渴望"。参见第二章。

对斯密而言，教育通常不仅有用，也很有趣。甚至当他说到这些原则在普通行业中是有用的时候，他还补充说它们也是吸引人的，而这成为教给"平民子女们"几何与力学原理的一个正当理由；他补充说这是"最神奇、最有用的科学入门"。在关于法学的演讲中，他又一次更为坦率。对于"底层人们的子女而言"，缺少教育是"他们的极大不幸之一"。因此，一个在很小的时候就开始工作的男孩会发现，"当他长大时，他不知道什么可以让自己感到愉快"。甚至穷人都需要有一些思考和理论化的东西："他们学习阅读，这给予他们信仰的益处。这是一个很大的优势，不仅是出于虔诚意义上的考虑，也是由于这给他们提供了思考与推断的对象。"①

对普莱费尔而言，学徒制是雇主"控制年轻人"的一种方式，也是"良好的道德行为"的根源。他在 1814 年曾写道，设法阻止学徒制"是对社会道德秩序的一个巨大伤害"。它为"社会中下层"的人们提供"使他们的子孙在成年的第一段危险时期中处于适当的隶属关系中的手段"；父母约束孩子让他们去做学徒，"以防止他们变成无业游民和流氓"。在这里，普莱费尔把"现代改革家"比作 1793 年法国的"误导改革家"，"在那时，丈夫对妻子与孩子的权威被看作是对自然权利的一种侵犯，也是封建体系的一个遗留！"②

即便是伊丽莎白女王时期章程的反对者们，在 1814 年废除（章程）之前也提及了某些学徒制对道德与隶属关系的有益结果，这是很有趣的现象。因此，1806 年委员会对于"对隶属关系的看

① *WN*, pp. 785 – 786；*LJ*, p. 540.

② Playfair, *Inquiry into Decline*, p. 222；idem, *Letter*, pp. 11 – 13.

法与感情"的减退感到惋惜，但它推断毛纺行业中的学徒制几乎无法阻止这种减退。① 在章程改革调查方面，大法官昂斯洛（Serjeant Onslow）的前任乔治·罗斯议员（George Rose M. P.），在 1807 年关于萨缪尔·威特布莱德教会学校法案——这一法案受到了批评，因为它很可能会削弱穷人的道德观念"而非教会他们隶属关系"——的辩论中解释道："他丝毫不怀疑应该教会穷人阅读；至于书写，他就有一些疑虑了。"② 令人惊讶的是，昂斯洛本人断然否认他有可能将"国民财富"与"民族道德"放在一起竞争的任何观点。伦敦委员会建议，即使学徒制本身不再是强制性的了，出于孩子自身精神生活的考虑以及"助其养成勤劳习惯的强制服从"的考虑，父母可能倒是希望自己的孩子去做学徒；"而在父母的庇护下、在亲属关系里，勤劳习惯是不可能实现的"。③

相比之下，斯密认为教导从属关系的前景似乎成为一个最无关紧要的问题。它不可能鼓励被长期的、附属的学徒制所遏制的勤劳习惯。尤其是它几乎没有为道德情操的繁荣做出任何贡献。斯密在他补充到《道德情操论》中的最后一段中写道，习惯性的同情是基本的美德，它取决于人们对他的亲属与朋友的爱。他坚决赞成家庭教育，或者是让孩子留在家中。他甚至赞成尊重孩子："对你的尊重一定总是会对他们的行为强加一个非常有用的约束，而尊重他们可能会经常强加给自己有用约束。"④

与那一时代所有其他的政治讨论一样，在 1814 年废除（学徒

---

① *Report from the Committee on the Woollen Manufacture*，p. 14.
② *PD*，1st ser.，vol. 9，July 13，1807，cols. 798，800.
③ Onslow，"Speech，" p. 305；Committee of Manufacturers，"The Origin，" p. 233.
④ *TMS*，pp. 220 – 222.

制）之前的学徒制辩论充斥着法国大革命的先例式的事件；充斥 　99
着 1806 年毛纺织品委员会（Committee on the Woollen Manufacture）
的成员们所谓的 "不久之前在姐妹王国中发生的不幸例子" 的影
响。① 普莱费尔认为大法官昂斯洛被更坚决的人当成了立法工具，
比 1780 年法国的奴隶制反对者所受的欺骗更甚。昂斯洛的法案将
会成为 "这个国家的自由与平等的第一步，就如同大约 25 年之
前，在巴黎成立的黑人之友协会（Society of the Friends of the
Blacks）那样"，将会带来 "可怕的革命"。② 正如我们已经知道的
那样，人们普遍认为斯密是法国的支持者，而且他关于无知与普及
教育的观点的确在革命的法国受到好评。1788 年孔多塞引用斯密
的话评论道，公平教育是治疗作为劳动分工所产生的后果之一，即
普遍愚昧的唯一方法。正是 "那些只知道如何去做一件事，甚至
是一件事的一个部分的工人们" 尤其可能会失业并陷入贫困。在
孔多塞所建议的公共教学体系中，孩子们不会学习一个行业的技
能；取而代之的是，他们会学习如何认识新的行业。

　　与斯密一样，对孔多塞而言，传道授业是一个目标而非手段。
如果人们不那么无知，他们会更加善于购买，而且 "不容易成为
无数的骗术与烦恼的牺牲品"。他们会更好地过 "普通的生活"。
他们会形成对 "他们的权利与义务" 的正确的观念以及对 "当地
法理" 的理解。大革命时期孔多塞在他的公共教学的最终计划中
也引用了斯密的思想，而且教育体系扩展到了成人，政府会在周
末为父母和各个年龄段的人们开课。"因此，在整个人生的持续
传授中"，人们可以保持精神活跃，学习新的法律，学到 "传授

---

① *Report from the Committee on the Woollen Manufacture*，p. 17.
② Playfair，*Letter*，p. 31. 即在英国也发生法国大革命那样 "可怕的革命"。——
　译者注

本身的技巧"。① 斯密是 1788 年和 1791 年革命性的公共教学计划的鼓励者之一；与普莱费尔通过职业培训来实现的道德从属体系相比，他的教育观点与这些计划十分贴近。

学徒制与童工

斯密反对学徒制的第三组论点是与压迫和个人自由有关，19世纪前 20 年的议会辩论对此几乎不感兴趣。斯密说过，"由于每个人劳动所得的财产是所有其他财产的原始基础，它是最为神圣而不可侵犯的"；斯密认为，学徒制阻碍穷人以他认为合适的方式劳动，"是对这个最为神圣的财产的直接侵犯"，因此也是对"合理的自由"的侵犯。反过来，不公正以两种形式出现。第一，阻止工人从一个职业转向另一个职业，或者从一个郡流动到另一个郡，这一点与之前考虑到的劳动力自由流动的观点有密切联系。斯密说，"一千个纺纱工和织布工可能依赖于六个精梳机的梳工"；而由于拒绝接受学徒，精梳工能够"使整个生产退化到奴隶制水平"。②

斯密认为，学徒制体系与英国济贫法中的居住法令有密切联系。它同穷人的迁移与证明体系相辅相成，斯密将其称之为"对天赋自由与公正的明显侵犯"，其中"对自由如此渴慕"的普通人被"最残酷地压迫着"。因此，在能够获得安置或定居的"保障"之前，贫穷的工人必须得到"保障"——例如，在区郡中拥有财产的保障，或者是做学徒的保障——作为条件。他罕有自由，他屈从于"教会执事与穷人督察员以及两位地方官"的意志。参与到

---

① *Essai sur la constitution et les fonctions des assemblées provinciales* (1788), in *OC*, 8：275，471，473；"Sur l'instruction publique" (1791 – 92)，in *OC*，7：455 – 456.

② *WN*，pp. 138，143.

学徒制中的熟练工人甚至被阻止去国外谋生："我们所感受到的如此精心守护鼓吹的公民自由……是如此明显地牺牲给商人与制造商的无意义的利益。"①

另一种不公正源于学徒制本身。斯密曾写道，"学徒的全部劳动属于他的师傅"；他是一个"有义务为一个雇主的利益而在一个特定行业工作的雇员"。正是这种关系——这种不自由——使得学徒变得懒惰。学徒制能提供技能培训或道德教育的期望，注定在它所依附的不平等关系中破灭。斯密认为，"当人们沮丧时会比他们精神状态良好时"工作得更好，"当他频繁生病时会比他健康良好时"工作得更好，这些是最不可能发生的事情。雇主们喜欢低水平的实际工资，因此他们的雇员就"更为卑微与依赖"。斯密本人的观点是："不同的独立状态"对工业与"道德体系"都更加有益。②

斯密关于学徒制与天赋自由的观点再一次与法国大革命之前以及革命前期改革者们的立场接近。杜尔哥的抑制行会以及与其相联系的学徒制的法令，是 1776 年 3 月路易十六的御前会议的核心。如前所述，这一法令在杜尔哥委托莫雷莱特神甫初次翻译《国富论》前就已部分完成。与斯密一样，杜尔哥"绝不担心对学徒制的抑制"会使公众面临不好的服务。如斯密那样，他认为人在其劳动中所拥有的财产是"一切事物中最为神圣而不可侵犯的"；他认为学徒制体系妨碍了贫穷的工人靠自己的劳动谋生，认为学徒制排斥了妇女，并认为学徒制强迫穷人服从于"富人的法律"。③ 在 1786 年出版的《杜尔哥传》中，孔多塞称对行会的抑制是"一次

101

---

① *WN*, pp. 154 – 157, 660.
② *WN*, pp. 100 – 101, 119, 139.
③ "La suppression des jurandes," in *OT*, 5:242 – 244.

伟大的正义行为"，它"废除了这一可憎而又荒唐的奴隶制"（也
导致了价格的降低）。只有几个条款得以保留，"就像古代宫殿的
废墟一样"；1789 年最早的一个革命法案的确废除了这些残留的学
徒制条款，对此布伦塔诺在他的行会历史中写道："在法国，最高
统治者们最终在 1789 年 8 月 4 日的晚上扫荡了企业。"①

　　相比之下，杜尔哥的反对者认为，人们对自己劳动的财产权只
是许多财产权中的一种。它并非不可侵犯的；倡议的改革者也可能
"侵犯到组成公司的雇主的财产"，对他们而言，特权是"他们买
过的真正的资产，他们在规章的基础之上享受特权"。他们预期这
些改革措施会对社会与经济关系产生深远且灾难性的影响。行会倡
导者塞吉尔在御前会议中曾说，如果行会遭到破坏，"所有的隶属
关系将被打破；责任与标准也不再存在；在每个车间中对收益的渴
望都将被鼓励，而且由于诚实并非总是获取财富的最佳方式，全社
会"将会处于秘密敌对势力的摆布之下。与普莱费尔后期的观点
相同，一种论点是，行会的"内部准则"被用来约束"不安分且
漠视规则的年轻人"，并防止他们"认为自己是独立的"。另一个
更加令人费解的观点是，对一个受约束团体的奉献或者对一个团体
的服从是经济繁荣的必要条件。塞吉尔在权力机关的"有益的束
缚"的条件之下对比了"独立"的"无限自主"与自由的"真正
自主"之间的差异。个人的意志，包括他对获利的渴望，是受到
集体规制的："为个人的效用而工作的每个成员有必要为了整个社
会的真正效用而工作，即使他不愿意这么做。"②

---

①　*Vie de M. Turgot*, in *OC*, 5：68，77；Brentano, *The History and Development of Gilds*, p. 100.

②　"Lit de Justice," in *OT*, 5：278，287－288，291；参见本书第一章；关于不是出于意愿为集体效用工作的内容，参见本书第五章。

在英国，对学徒制改革的辩论持续了十年之后，杜尔哥的敌人们关于财产权与隶属关系的论点激励了改革的支持者与反对者。描述不可侵犯的权利或者天赋权利的词语似乎既有颠覆性的陌生——对弗朗西斯·普莱斯［他是边沁（Bentham）与詹姆斯·穆勒（James Mill）的朋友］而言——又稍微有些荒唐。正如我们已经知道的那样，大法官昂斯洛声称他根本不知道所有对"特许权利"的干预。支持学徒制的工匠们维护他们拥有的"法律作为财产所授予他们对一些各自技能与手艺不公开的、专属的使用与享有"的"不可争辩的权利"。① 伦敦制造商委员会甚至目睹了学徒制行业中的工匠对雇主权利的侵犯："雇主会成为工人们的奴隶吗？"②

但是，19 世纪前 20 年的辩论反映了一个包括不同类别工人的权利在内的各种权利之间尴尬的冲突。对于那些反对废除学徒制的工匠们而言，学徒制的伟大承诺是对"稳定"的承诺。甚至斯密也承认实行学徒制的行业提供了一种保障；在普通生产中参与学徒制关系的工人在某种程度上会比普通劳工多赚一些，而且"他们的就业情况的确更加稳定"。③ 在 18 世纪八九十年代和 19 世纪初期十年间的生产扩张中，正是这种期望被突然中断了。1806 年毛纺织品委员会的调查是对"家庭制度"与"工厂制度"之间矛盾的长期探索，是对在两个体系中的雇主与工人的情操的长期探索，也是在一个体系向另一个体系让步时对人们生活方式转变的长期探索。④ 由传统所导致的与家庭制度相联系的学徒制似乎提供了一个恢复保障的希望。通过执行学徒约束而为棉布印染工人（从伊丽

---

① Derry, "Repeal," pp. 78 – 79.
② Committee of Manufacturers, "The Origin," p. 238.
③ *WN*, p. 119.
④ *Report from the Committee on the Woollen Manufacture*, p. 10.

莎白女王时期的规章中得到豁免的一个职业）"救助与保护"的请求辩护的理查德·谢里登（Richard Sheridan）描述了一个转型中的工业的"不公正"事件。儿童被纳入学徒制中，要在一个"公认对健康有害的职业"中度过七年甚至更久，而到那时再被一群新的儿童所取代；他曾说过，一家作坊雇用了50个学徒而仅有两个熟练工人。因此，稳定不变的职业期望改变了，而且谢里登还说过，只有通过阻止雇佣儿童做学徒的方法，"成年"工人才能得到保护；"在这一问题上，他从未改变过他对亚当·斯密学说的信仰"。①

103

在这些动荡年代中，学徒制允诺恢复失去了的世界。正如一位家庭雇主在1806年对委员会说的那样，在那个世界里，"人们通常与雇主在情感上联系在一起，而且如果可以允许我使用对彼此的爱这一词语的话，他们不希望被分开，如果他们能促成此事的话"。②对于一些学徒制体系的辩护者而言，它也是对他们自己青年时代的一次回归：或许是对他们自己私下期望的回报，或者是对他们凭借自己的学徒劳动而曾经赚得财产的报酬。威廉·普莱费尔本人曾在他的教父去世后给一位"非常天才的磨坊主"做过学徒。③在1806年的调查中，一位最为雄辩的家庭体系的支持者，一个叫威廉·柴尔德（William Child）的工人，被委员会问到他是否曾被约

---

① *PD*, 1st ser., vol. 9, April 23, 1807, cols. 535 – 536. 它是关于棉布印染工人被童工所替代——"在他们的学徒期限到期之后立即被取代"，或者是"他们的视力一衰退就被取代"。Brentano, *The History and Development of Gilds*, pp. 122 – 123. 布伦塔诺说，儿童"一半是区郡中的学徒，一半是工人的孩子，当工人拒绝让其孩子当学徒时，雇主通过立即解雇来威胁这些工人"（p. 122）。

② "Minutes," p. 43.

③ Playfair, *Letter*, p. 21；也参见 obituaries of Playfair, in the *Gentleman's Magazine*, 93, pt. 1 （June 1823）, 564, and the *Dictionary of National Biography*。

束过："我当了十六年半的学徒；我在 1758 年被送出区郡，那时我七岁半。"①

19 世纪前 20 年间，在这些情况下对学徒制的辩护远比斯密所设想的权利与特权之间的矛盾更为尖锐。它是老行业对新行业的捍卫，年长的人对年轻人的捍卫，甚至是年老的人对其子女的捍卫。但是在这场关于改革的争论中，完全没有对学徒制关系中自由的捍卫——对儿童自身权利的捍卫，而这才是斯密观点的真正核心。废除伊丽莎白女王时期规章的后果就是使学徒制变成自愿的，就是允许在不同行业与不同职业之间转换的自由。但是对于学徒本人而言，成为一名学徒意味着不自由。在一个有限的时期内，他要服从其他人的意志。

被约束的个人意志的确对学徒制的司法管理非常重要。在界定区郡学徒制的规章中，用多罗西·马歇尔（Dorothy Marshall）的话来说，在这一可耻的体系下，区郡监察员把儿童遣送到其他区郡从而获得收益。将一个小女孩交给姜味饼制造商可以得到 7～10 英镑，遣送一个跛脚男孩会得到 18 英镑——因此教会执事、监察员、地方官被赋予了约束贫民儿童的权利，"就好像这样的孩子是成年了，而且会通过学徒协议来约束他自己"。② 但是，这种违反事实的假设——"仿佛"他们真的是自由的——对于其他学徒制的司法管理而言也是关键的。因此，受父母约束的儿童会被要求亲自立约来承诺成为学徒完全出于"他本人的自愿意志"；被要求自愿承诺自己变得不自由。③ 他并不完全自由；如果他是自由的，那么在

104

---

① "Minutes," p. 102.

② Dorothy Marshall, *The English Poor in The Eighteenth Century：A Study in Social and Administrative History* (London：George Routledge and Sons, 1926), pp. 182, 189.

③ 被转载的学徒契约，见 Dunlop, *English Apprenticeship*, p. 353。

成年的意义上，他不可能是一个学徒。就像 1806 年委员会所讨论的玛丽安·戴维斯（Mary Ann Davis）的例子一样，他/她必须是"未成年的"。①

学徒也并非完全不自由，他不得不与他的父亲一起出现并保证学习如何成为一个负责任的人。斯密认为，正是这种权利的空白地带对于行业和职责是十分不利的。但是，正如普莱费尔与杜尔哥的反对者所认为的那样，对于 1814 年学徒制改革的支持者而言，对青年的束缚是人们所希望的，也的确会继续存留在自愿的学徒制的新世界中。正像伦敦委员会说的那样，父母仍然会希望他们的孩子在一个严厉而陌生的环境中长大。毕竟，正在讨论中的自由只是对儿童而言。作为议会的一员，奥尔德曼·阿特金斯（Alderman Atkins）在关于废除规章的下议院辩论中总结道："父母与雇主的答案是，'我们不敢信任你；我们会有我们的协定，然后当你们履行自己的职责时我们就有了保障'。"②

学徒制：关于奴隶贸易的题外话

斯密关于学徒制与压迫的观点是不合时宜的，就像他在 19 世纪前十年的审慎辩论中提及了不可侵犯的权利一样。但是，学徒制在 19 世纪 30 年代再次成为一个在政治上有重要性的议题，在一个

---

① "很明显，在任何年龄用七年的时间来做学徒都不是合法的，同样明显的是它在学徒未成年的状态下被履行"；根据委员会所引用的一个文件，在玛丽安·戴维斯的例子中，这一结论可以从凯尼恩勋爵（Lord Kenyon）的决定中得出来。玛丽安·戴维斯在 17 岁时失去了七年的自由，但是她当时只有 14 岁。"Minutes," p. 36.

② *PD*, 1st ser., vol. 27, April 27, 1814, col. 573.

非常不同的背景下它们又被重新提出来，这是很有趣的。① 我们已经涉及的 19 世纪前十年的讨论只是一个适度的与议会相关的事件。在废除伊丽莎白女王时期规章的关键阶段，下议院甚至没有被计算在内："只有 27 位成员出席，下议院休会。"② 相比之下，19 世纪30 年代对学徒制或"学徒法案"的讨论是 19 世纪最壮观的议会政治场面。

1833 年的《废除奴隶制法案》（*The Abolition of Slavery Act*）作为一个"强大的实验"而由殖民大臣［斯坦利（Stanley），后来是德比（Lord Derby）］引进，这寄托了"百万民众"的福祉。但它所讨论的并不是自由。殖民办公室官员们的关注点已经是确认所谓的既能保护种植园主的权利也能使奴隶获得自由的"奴役与自由的中间状态"——"一个比较安全的中间过程"，或是一个"过渡状态"。③ 因此，政府考虑了几个提议，包括那些规定奴隶每周有

105

---

① 在 19 世纪末期，它们又一次被提出来。因此 W. S. 杰文斯（W. S. Jevons）最终于 1882 年在强烈谴责"学徒制或工业中的青年苦役"中引用了斯密的话。他称伊丽莎白女王时期的规章是"一个可怕的法律"；"从开始到结束，它旨在实施工业苦役"，在这种规章之下，"如果当地官员选择运用权力，他们会成为他们所在区域的工业暴君"。正如他所指出的那样，这一章程完全被 1875 年的密约与财产保护法所替代（关于这一法案，一位支持者称，"应该存在一个共同适用于富人与穷人的法律，每个人都会认为这是极为可取的"）。但是杰文斯说过，即使在当前普通法律之下，"学徒对其雇主而言是处于奴隶地位的"，如果有一点保护方式，也是凭借着"法官仁慈的决断"。儿童处于父母与雇主的支配之下，服从他们的意志。杰文斯说道，"儿童在他没有明确判断的年龄时被束缚住了"（他引述"最权威的人"，"尤其是亚当·斯密"的话）；"即使是在十分年幼时，通过象征性的同意来把他委托给工业奴隶制"。参见 W. S. Jevons, *The State in Relation to Labour*（London：Macmillan，1887），pp. 34，36，75 – 81；*PD*, 3rd ser., vol. 225，July 12，1875，col. 1342。
② *PD*, 1st ser., vol. 28, June 8, 1814, col. 14.
③ *PD*, 3rd ser., vol. 17, May 14, 1833, cols. 1193 – 94, 1222；*Annual Register*, 75，202.

两天自由的计划，或者是那些他们会获得解放，但是必须为他们原来的主人的供养付税的计划。最终被采纳的计划是《学徒法案》（*The Apprenticeship*）。奴隶得到解放，当时他们将"有权被注册为学徒工"；他们将签约，从而在长达六年的时间内为他们原来的主人无报酬地每周工作四天半。在英国制度的替换中，只有六岁以下的儿童——太小而不能成为学徒的儿童——是真正自由的。①

　　正是这个《学徒法案》及其在西印度群岛的实施变成了 19 世纪 30 年代后期改革的焦点。之前的奴隶的学徒制与我们所关注的学徒制体系有很大不同。但是关于改革的辩论仍然是对有关英国学徒制争论的一种怪异的思考：关于不同权利之间的矛盾，或者地方官员压迫性的决断，或者勤奋的激励。因此，《学徒法案》的反对者与支持者都以在英国学徒制的早期辩论中的话语来论证。据报道，海军上将查尔斯·罗利爵士（Admiral Sir Charles Rowley）已经"正式宣布，如果自己生来就是绝对劳动的状态，他宁愿去做牙买加的一个黑人也不愿做一个英国的白人劳工。在他看来，在前者的情况下他很快就会成为自己的主人"。起草这一法案的詹姆斯·史蒂芬爵士（Sir James Stephen）相信，干预"勤劳激励"的"自然"运行显然是"不明智的"。②前往西印度群岛去证实这一制度恐怖之处的伟大贵格会教徒、改革家约瑟夫·斯特奇（Joseph Sturge），依据英国法律质问布鲁厄姆勋爵（Lord Brougham）："如果大法官您有一位当学徒的被监护人在法院提起

---

① *PD*, 3rd ser., vol. 17, May 14, 1833, col. 1230；W. L. Burn, *Emancipation and Apprenticeship in the British West Indies* (London：Jonathan Cape, 1937), pp. 108 – 120, 374.

② *PD*, 3rd ser., vol. 18, May 30, 1833, col. 142；Burn, *Emancipation*, p. 145.

诉讼，而且他的雇主正在侵犯学徒契约条款时，请问您会怎么做？"①

议会中这一法案的强烈反对者之一丹尼尔·奥·康奈尔（Daniel O'Connell）说过，"它推出了一种新的社会状态。过去曾有过狩猎国家、畜牧业国家、农业国家，以及主人与奴隶的国家，但是他们之前从未听说过师傅与学徒的国家。一位 80 岁的老妇人将要成为一个学徒，她被告知，如果她活到 92 岁，在所剩无几的时间里她就能凭借自己的账户开始过上愉悦的生活"。② 政治经济学普遍性或公理性的真理被引用于早期辩论。另一位反对者曾说过，"在各种情况下，学徒劳工的实验已经在极为有利的环境下尝试过了，而且已经失败了"；这是一个"得到如此普遍承认的真理，就像公理一般，以至于只能通过把自己的劳动果实归属自己的方式来教会人们勤劳"。③

在 1838 年，学徒制提前两年被废除了。到现在，这场辩论吸引了年轻的 W. E. 格莱斯顿（W. E. Gladstone）的注意力，这发生在他早前的一个较重要的演讲中（对此，他曾在日记中写道，"此时，祈祷的热忱从我生活的必需里消失，因为支持了为不公正的原因进行的辩护，我希望它不是一个不敬的祈祷"）。在这次演讲中，格莱斯顿的动机是出于他自己、种植园主以及社会的利益而为学徒制辩护。格莱斯顿说过，学徒制是为了赔偿所有者以前做奴隶的时间（以及"儿童的自由"）的损失而支付给他的报酬中的不可分割的一部分，除此之外还有受这一法案所支持的 2000 万英镑的间接

---

① Stephen Hobhouse, *Joseph Sturge: His Life and Work* (London: J. M. Dent, 1919), p. 45.

② *PD*, 3rd ser., vol. 18, June 3, 1833, col. 313.

③ *PD*, 3rd ser., vol. 17, May 14, 1833, cols. 1235, 1245.

赔偿。通过这一计划，"疑虑替换成了保障，不动产变成可以买卖了"。①

格莱斯顿后来也经常援引法律与贸易的高级原理。他在演讲的结尾处强调了英国制造商的良心："有人说，九岁的孩子在你的工厂一天工作八小时，也有人说工作的时间更长。"他用一个独特的比喻把隐藏在 1833 年法案中的合同比作原始契约或社会契约："例如，我经常听说统治者与臣民之间的原始契约。那种契约是在何处签订的，或者那种契约保存在哪种档案馆中？……在这里情况也是如此。"他说过，这一法案所产生的权利——对某人以前（拥有）的奴隶实行六年强迫劳动的权利——"是最有可能接近合同形式的事物了"。②

变化的法理学

斯密的第四组也是最后一组论点是关于不公正、不可靠的学徒制的法理学。我曾说过，这第四组论点是最接近于现在所谓的纯粹的政治学观点的。但是，就像我们已经知道的那样，斯密的每一个论点在某种程度上都是政治学的，都是关于效率以及"平等"的。通常而言，学徒制规章的特征是：它们既是政治上的（从被公共法律所支持的意义上说），又是狭隘的（从由私人机构或区郡机构来执行的意义上说）。斯密认为，在公司性质行业中的学徒制是由

---

① *The Gladstone Diaries*, ed. M. R. D. Foot（Oxford：Clarendon Press, 1968）, 2：358（March 30, 1838）; W. E. Gladstone, *Speech Delivered in the House of Commons on the Motion of Sir George Strickland, for the Abolition of the Negro Apprenticeship*, *March* 30, 1838（London：J. Hatchard, 1838）, pp. 12 – 13.

② Gladstone, *Speech*, pp. 8, 49.

公司的章程来管理的；然而，这些章程"由王国的一条公共法律 107
所批准"。事实上，伊丽莎白女王时期的学徒制规章的问题是，
"之前已经成为许多个别公司章程的条款在英国成为市场化城镇中
普遍的、公共的法律"。在斯密看来，伊丽莎白女王时代的济贫法
的法理以及随后的居住法律的作用也同样是间接的。对穷人的救济
由王国的公共法律来确立（43. Eliz. C. 2），然后委托给教会执事、
地方官和被任命的每个区郡的监察员来执行。①

　　自从 19 世纪初期以来，《国富论》就被解释成对政府的广泛
的、无情的批评；用斯密的词语来说，即一个"对大不列颠整个
商业体系的……严厉抨击"。② 总的说来，（人们）较少关注的是斯
密本人如何理解政府的范围——他认为什么应该包含其中。在 19
世纪的英国，出于贸易的目的，认为政府随着国家政策而共同扩张
是很自然的事情。但是，用这种方式来限制斯密的抨击范围是在一
个基本方面对它做出了错误的描述。因为斯密的抨击对象不仅是国
家政府的机构，甚至还包括区郡、行会与公司、宗教机构、公司性
的城镇与享有特权的公司中的压迫性权力。国家政府最有潜在危害
的角色之一的确是制定或者认可这些中间机构拥有的压迫性权力。
对地方机构隐秘、不太公开且非官方的权力的批评是斯密政治观点
的核心，也是他对学徒制体系批评的核心。

　　在 19 世纪关于学徒制的争论中，斯密的反对者与支持者对斯
密有关章程与公共法律的介绍几乎不感兴趣。我们已经知道，弗雷
德里克·伊登爵士（Sir Frederick Eden）批评斯密经常提到与学徒
制有关的企业家精神。③ 他也是最早反对斯密更多地关注立法的法

① 　*WN*, pp. 136 - 137, 152 - 153.
② 　1780 年 10 月 26 日的信，见 *Corr.*, p. 251。
③ 　可以参见 *WN*, p. 136, 142, 143, 734。

律基础，而不关注在 18 世纪的英国法律真正生效的方式（在他关于学徒制和居住法律的言论中）的人之一："这个事例与许多其他事例一样，不易觉察到的社会进步已经把特许的权利变为一种闲置的状态。"① 伊登对于斯密颇为理论化地理解学徒制的批评无疑是合理的，这正如斯密（文章）的现代编辑所指出的那样。② 斯密在很大程度上信赖书本上的规章和伯恩的《治安法官》（*Justice of the Peace*）；他可能也已经关注（就像在其他场合中那样）法国而非英国的公司障碍，或者关注杜尔哥十分感兴趣的同样具有压迫性的行会与权利。正如第一位政治经济学教授乔治·普莱梅（George Pryme）在他的一本普莱费尔版的《国富论》中，在普莱费尔的脚注旁边所写的有关消费者从郊区走私商品的内容那样，"大体上斯密正在谈论的是欧洲，但是没有谈到英国"。③

然而，用斯密的方法来对抗更为复杂且在某些方面更为亲和的 18 世纪英国的历史，就是忽略了他的法理学的政治观点。因为它恰好是伊登所说的不完全实施的、不知不觉发生了变化的法律的情况，斯密认为这是英国制度中潜藏最深的危害。法律未被执行，但是它们仍然存在；它们根据公司、区郡或教会的官员们的意愿而能够在任何时候生效。1814 年萨简特·昂斯洛在议会上曾说过，学徒制的规章"已经被白白浪费了"，"没有被废除和改进"，使得陪

---

① Eden, *The State of the Poor*, 1:436 – 437.

② R. H. Campbell and A. S. Skinner, "General Introduction," in *WN*, pp. 53 – 54, 138, n. 14, and 152, n. 50; 也参见 K. D. M. Snell, *Annals of the Labouring Poor: Social Change and Agrarian England, 1660 – 1900* (Cambridge: Cambridge University Press, 1985), pp. 228 – 269。

③ Annotation at p. 207 of the first volume of Pryme's copy of Playfair's *Wealth of Nations*, Cambridge University Library, Rare Books Room.

审团根据其规定勉强宣判，令"法官几乎像立法者"。[1] 事实上，工人们的某些"机构"或"团体"的短暂成功，使得 19 世纪前十年的改革危机变成了根据这些长期被遗忘的条款对雇主进行的起诉。但是，正如斯密指出的那样，未执行的、不合时宜的法律的存留通常是对有权势的人与消息灵通的人有利，即对富人而非穷人有利。

斯密对未执行法律的法理学批评是以这样的假设开始的，即假设法律通常是根据权势者的利益或建议制定出来，并且它们是以同样的精神来实施的。在斯密《国富论》关于工资的章节中，有几段经常被他的更加激进的崇拜者引用，包括威廉·戈德温（在他对马尔萨斯的《人口论》的抨击中）、比阿特丽斯·韦伯、卢霍·布伦塔诺和阿诺德·汤因比。[2] 我们已经知道，斯密支持高工资，而且他曾说过，没有任何议会法案来反对降低工资；他也说过，当立法机关试图调节雇主与其工人们之间的差异时，"它们的顾问总是雇主。因此，当规章对工人有利时，它始终是公正而平等的；但是当它对雇主有利时，它有时就并非如此了"。[3] 正像布伦塔诺指出的那样，在学徒制规章的改革中，雇主明显是议会的顾问。[4]

出于权势者的利益，法律被制定并实施；斯密说过，法律没有秉公处理雇主与工人的联合，而且关于工资的法规"凭借法律来

[1]　Onslow，"Speech，" p. 303.

[2]　Godwin，*Of Population*，pp. 607 – 611；Brentano，The *History and Development of Gilds*，p. 113；Toynbee，*The Industrial Revolution*，pp. 15 – 16；Webb，"History，" 3：15.

[3]　*WN*，pp. 157 – 158；参见第二章。

[4]　Brentano，*The History and Development of Gilds*，p. 113.

实施，而雇主有时候通过这种联合来试图确立的就是这种规章"。①
因此，章程变成了法律，规章变成文本，区郡条例变成了公共准
则。对弗雷德里克·伊登爵士而言，英国城镇与区郡中不易察觉到
的习俗有时是被信赖的；对斯密而言，应该以极大的怀疑来对待它
们。因为斯密反复提到的企业家精神的核心就是这样的：与其他限
制性机构一样，公司是由一个外界不易察觉到的共同精神而非规则
组织在一起的团体。它们的创始人一直都是地方法官、雇主和
"团体"的成员。[在对另一个关于殖民的"学徒制"的辩论中，
有许多相同的对比，格莱斯顿指责魁克尔·斯特奇（Quaker
Sturge）在伦敦派去的特委法官面前缺乏自信，这些法官负责监督
对学徒的惩罚以及对他们被释放的"评估"。斯特奇在提到新的地
方法官时说过，他们经常是"完全服从"于当地地方官，他们本
人"几乎无一例外的是种植园主和雇主的朋友"，以便于"C 先生
作为一位地方法官来开庭评估 S 先生，而 S 先生也同样为 C 先生行
方便"。格莱斯顿以其威严反驳道，"这些地方官是英国绅士的主
体"。]②

　　在斯密所描述的压迫中，存在着一个更深层甚至更隐藏的因
素，即个人的烦恼。斯密对法规起源的说明在某些方面是高度抽象
的。有趣的是，比阿特丽斯·韦伯在总结斯密的政府"一般原则"
时突然转向了代数学："如果利益 A 实际上是政府的，而且若利益
A 与利益 B 是对抗的，则任何关于 A 与 B 的共同事物的政府规章
将对利益 B 不利。"③ 在英国工资管制的具体例子中，斯密反对雇

---

①　*WN*, p. 158.

②　Gladstone, *Speech*, p. 25; Joseph Sturge and Thomas Harvey, *The West Indies in 1837* (London: Hamilton, 1838), pp. lxxxv, 350 – 351.

③　Webb, "History," 3：16.

主与商人的政策；更一般的话，他预期权势集团的利益将会反映在他们行使权利的机构的政策上。但是这种权利所采取的具体形式既不抽象也不客观。斯密认为，国家是由不断变化并互相依存的公共机构、私人机构和半公共机构所构成的。他所描述的利益与团体是由带有逐渐形成的个人目标的人所构成的；他们容易突发奇想或者嫉妒，或者容易心灰意冷。

因此，在斯密看来，非强制法下变化的法理学对于那种他称之为令人烦恼的高度人身压迫尤为有利。给个人自由裁量和当地环境留有余地的规定也将为个人专制留下机会。斯密在关于法理学的演讲中说道，"对统治的热爱……恐怕是人类的天性"，而且与地方税收体制一样，公司就是自行支配的小共和国。① 烦恼是个人处境也是政治处境；我们已经知道，斯密在《国富论》中经常提到"令人感到屈辱的、无理取闹的到访""可憎的到来"，以及被税务官养成的"某种苛刻的性格"。② 这是非常无法预料的。这取决于官员的性格，还取决于他们所厌恶的人的性格——用法官昂斯洛的话来说就是，在非强制实施的规章下的检举取决于"个人的恶意"。③

在《国富论》的大部分篇章中，"利益、偏见、法律与关税"是斯密首要关注的问题，而且若执行或者制定它们的人还算是公正的，那么它们的结果也尚可接受。④ 1806 年委员会所做的描述是，在企业中制造业的家庭体系运行良好，其中人们与雇主"在情感

---

① 在这里，他谈到了"煤厂主人"。*LJ*，p. 192. 在《国富论》中，他在对奴隶制的说明中也谈道，"人的自尊使得他喜欢对别人发号施令，没有什么会像不得不屈尊去说服他的下级那样使他难堪了"。*WN*，p. 388.

② *WN*，pp. 827，899，927，936；参见第一章。

③ Onslow，"Speech，" p. 308.

④ *WN*，p. 145.

上联系在一起"。如果一个人有一个好的雇主，则他的学徒生涯会过得不错。如果一个人能确定当他违背了含义模糊的法令时他的朋友会是仁慈的，则他的生意会经营得不错。在 18 世纪，奥·乔斯林·邓洛普（O. Jocelyn Dunlop）提到哈拉米希尔·卡特勒斯（Hallamshire Cutlers）时说过："那些被证明已经破坏了行会规则的人们会被施以重罚。但是几乎在所有情况下，罚款被取消了，以至于真的可以打破规则而不受惩罚……（违反学徒制）的费用提高到 10 英镑，但是记录显示 9 英镑至 19 英镑通常被免除。"①

　　斯密认为，这一体系的困难在于它本身就是不稳定的。斯密试图去设想，如果体系运行得并不好，人们将会成为什么人：遇到不好的雇主的孩子、工作不再稳定不变的棉布印染工、最终费用没被取消的刀匠。他用他的"忧郁与不祥预兆的感知"发现，事实上，章程与法令体系从来都不是稳定可靠的。② 它对于那些穷人或者被厌恶的人而言尤其不稳定。总之，它是一个不稳定的贸易发展的基础。斯密说道，取决于利益、偏见、法律与关税的富裕必然是"缓慢的、不确定的，且容易受到无数意外的干扰与阻碍"。③

　　斯密认为，自由与个人保障是贸易增长的条件，也是它最重要的结果。④ 像杜尔哥与孔多塞一样，他再一次从个人角度来理解保障。举例来说，杜尔哥最深刻的一部经济著作涉及信贷发展的心理条件与法律条件。杜尔哥形容了 1769 年在昂古莱姆镇开始显露的

---

① Dunlop, *English Apprenticeship*, pp. 234 – 235.
② 这是斯密自己对于他的倾向的描述。参考 1789 年 3 月 25 日的信，见于 *Corr.*, p. 318。
③ *WN*, p. 145.
④ *WN*, p. 412.

一场信贷危机，一个不讲道德的债务人根据以前未强制实施的高利贷法律针对他的债权人发起了法律诉讼。这一事件使他明白，如果让人接受贸易，则高利贷法律必须被废除。杜尔哥写道，一个"主观的、随公众看法而改变的法理学"既不公正，也是一个不稳定的贸易基础。① 孔多塞在他的《杜尔哥传》中的评注明显使人联想到18世纪英格兰的学徒制法理学；他说过，据认为，"人们可以让法律不起作用，而同时保留根据偏见、公众谣言、法官的一时兴起等情况来激活它的可能性"。② 这不是一个贸易能够繁荣或者个体商户能够感觉自己受到保护的环境。

威廉·普莱费尔在他的《国富论》的一个补充章节中评论道，与法国的经济学家们不一样，斯密不倾向于"通过极为尊重来维持人类的美德"。③ 这只是部分正确。因为斯密以有限的尊重来维持的，或者是他认为只是有限供给的是公共美德。他几乎不相信商人与制造商的公共精神；正如我们已经知道的那样，他的政治计划之一是考虑独立于法官的自由裁量权，或者是考虑教区监察员的仁慈之外的制度。例如，这就是他著名的"教会政府计划，或者更恰当的说是无教会政府的计划"。他说过，"每个国教教会的神职人员组成了一个大的团体"，当他们"处于规范的纪律与服从中"时，他们可能会是危险而麻烦的。因此，他自己的处方是支持宗教派别之间的自由竞争，从而"没有人的权力会大到足以扰乱公共安宁的程度"。④

斯密的普及公共教育的计划也是一项社会工程，其中人们独立

---

① "Mémoire sur les prêts d'argent," in *OT*, 3:155.
② *Vie de M. Turgot*, in *OC*, 5:43.
③ Playfair, "Supplementary Chapter," in *The Wealth of Nations*, 3:519.
④ *WN*, pp. 793, 797.

于机构，而机构独立于个人的美德。儿童不学习服从和企业精神。
112　他们要通过计划学习理解，并学习认识到自己是值得尊敬的。他们
会成为那种能够从一个职业换到另外一个职业、从一个区迁移到另
一个区的人。他们学着去思考许多不同的事情，有上百个思想来为
他们的利益而迸发，就好像有上百个派别来争夺他们的精神一样。
他们也学习善良。但是这是一个私人的或家庭中的美德，不适于
在公共场合发挥重大作用。它尤其是从家人中、"从亲属的关系
中"学到的，就像伦敦制造商委员会在 1814 年如此苛刻地说过
的那样。的确，斯密非常尊重的美德就是对家人与朋友的同情心。
正是这种美德使得孩子们受到其父母的尊重，它也是"对友谊的
明智的保护"。①

历史与制度

　　斯密关于学徒制体系的观点以及在 19 世纪早期对这些观点的
运用为本章开始的疑问——比阿特丽斯·韦伯的疑问——提供了某
种回答。她问道，亚当·斯密在 1776～1817 年进行的反对压迫的
运动是如何转变成 19 世纪雇主的福音的呢？我们发现，答案仿佛
正在从学徒制改革大辩论的委员会及其会议记录中逐渐显露出来。
亚当·斯密的四个论点是关于竞争、教育、排斥和企业精神，每一
个最后都涉及压迫与不公正，这与关于效率的内容一样多，甚至超
过了效率的内容。但是，在这些 19 世纪早期的争论中，每一个都
作为激励性问题而被提出。由此，这些争论可能为后来的英国政治
经济学的历史，以及 18 世纪在经济与政治生活中情操的命运等问

---

　　① *TMS*, p. 225.

题提供了某种洞察力。

对学徒制的争论也为历史在经济政策中的临时运用提供了某种领悟力。本章在经济史的背景下一直关注着经济思想的历史。但是就像记忆一样，历史本身就是这段历史的大部分主题。我们所关注的人们经常谈论过去。他们记得那些事件，从俄国卫兵的军用厚大衣缩成短上衣的那个雨天开始，他们也记得生活方式。他们用伟大的历史比喻来形容贸易原理；他们谈论古埃及人的学徒制体系，就像普莱费尔那样。他们把不易觉察的企业条例的发展转变为一个公开辩论和政治理论的主题。他们通过说明未来的学徒制不应该是什么样的方式来定义未来的学徒制。

113

至少从弗雷德里克·伊登爵士的《穷人的国家》开始，亚当·斯密就因为他关于学徒制的历史观点有一点过时与不合时宜而受到批评。他死于 1790 年，处于这段历史一个巨大动荡时期的开始，并处于关于儿童和其他劳动者的经济思想的历史中。但是，他本人并不认为对英国学徒制的描述具有重要的历史（或者对英国重要）意义。沃尔特·贝芝浩（Walter Bagehot）对斯密做出了有趣的评论，认为他不像看起来的那么具体或真实："他的著作是半具体的，似乎确实这样。"① 斯密相信他正在揭露社会制度的永恒真理。这些真理常常采用关于个人性格与人身压迫的抽象原则的形式。正如已经看到的那样，斯密的观点是：法律与规章受到权势集团的影响；小的机构在这些法律的保护之下保卫内部人而排斥外部人；公共法律变动的法理为个人的烦恼提供了机会，它既针对内部人也针对外部人。这些是永恒或者持久的历史事实，部分从经济情操的历史中能够找到迹象。斯密尤其钦佩修昔底德（Thucydides）

---

① Walter Bagehot, *Economic Studies* (London：Longmans, Green, 1908), p. 129.

的论证，即"没有谁能比参加者更了解行动计划"。他自己的方法也是修昔底德式的：对于已经发生的事件有着一个明确的看法，并且对于"那些将来有一天会以同样或者相似的方式再次发生的事件"也有一个明确的看法。①

贝芝浩认为英国的政治经济学是一种仅对单一种类的社会合乎事实的理论："（它是一种仅对于）一个成熟的竞争性的商业社会（合乎事实的理论），就像英格兰那样的（社会）。"② 在已经发展了一段时间的意义上，以及在作为由成年人所继续进行的事情的意义上，商业是成熟的。把儿童看作完全没有意志（就像"消费品"一样）的人来描述是有着众所周知的困难的，把他们作为微小的经济人来描述也有困难。在斯密的说明中，由学徒制所引起的困难在于，它是一个制度，涉及从一种条件（和描述）向另一种条件（和描述）的转换；涉及儿童在"未成年"或者仅有部分意志的情况下正式就职于其中的无人地带，在这里他们必须学会果断、理智和善良。

对学徒制的辩论涉及那些被视为（具有）不完全理性的人们：儿童、上了年纪的奴隶，或者非常贫穷的人。正是在这种学徒制关系中，他们应该学会如何去获取收益，或者至少学会如何变得勤劳。但是在这些辩论中，学徒制有趣的一面是：它也传授了许多其他的事情。人们（从学徒制中）学习历史（例如，他们公司的历史）；他们学会忠诚；他们学会服从；他们学习规则，在其范围内他们可以去追求自己的私利；他们知道了他们自己公司或者机构的规则与公共社会的规则不一样。在 1806 年毛纺织品委员会的报告

---

① *LRBL*, pp. 106, 164；Thucydides, *History of PeloponnesianWar*, vol. 1, trans. Charles Forster Smith（Cambridge, Mass.：Harvard University Press, 1980）, 1. 22, p. 41.

② Bagehot, *Economic Studies*, p. 22.

中，存在着成员们开始思考国内制造商的心理状况的不寻常的时刻。他们得出了结论，"勤勉、节约、审慎，而不是创造、品位和进取心是他的性格中所必需的品质"；"只要他沿着已有路径前进，他就走在一条确定的道路上"。① 也就是说，在家庭体系中成为一名优秀企业家的要求与在工厂体系中的要求不一样；在某些情况下，这些要求甚至可能彼此矛盾。好的学徒也可能发现自己要学习一系列冗长的、相互矛盾的、不协调的方法来变得明智。

---

① *Report from the Committee on the Woollen Manufacture*, p. 12.

第五章　血腥而看不见的手

朱庇特（Jupiter）的看不见的手

　　亚当·斯密的思想有着不同寻常的世俗命运，而 20 世纪是看不见的手（有时看不见的手在文献或著作中也被称为无形的手——译者注）的时代。[①] 肯尼思·阿罗认为，"斯密最为深刻的评论"是"这个体系是不经参与人同意而运行着的；指导的'手'是'无形的'"。对于阿罗和弗兰克·哈恩而言，这只看不见的手"无疑是经济思想"对社会过程的认识的"最重要的贡献"；对于詹姆斯·托宾而言，它是"历史上的伟大思想之一，也是最有影响的思想之一"。[②] 本章的目的是研究看不见的手的思想史，并给

[①]　本章的一个简短摘要递交给 1994 年美国经济学年会中由罗伯特·诺奇克（Robert Nozick）组织的分会场讨论，并出版在《美国经济评论》（*American Economic Review*）第 84 卷第 2 期（1994 年 5 月），第 319~322 页。我十分感谢罗伯特·诺奇克、史蒂芬·马丁（Stephen Martin）、艾米丽·罗蒂（Amélie Rorty）、格莱·维文扎（Gloria Vivenza）和 A. C. 沃特曼（A. C. Waterman）的有帮助的讨论与意见。

[②]　Kenneth Arrow, "Economic Theory and the Hypothesis of Rationality," *in The New Palgrave:A Dictionary of Economics* (London:Macmillan, 1987), 2:71; Kenneth Arrow and Frank Hahn, *General Competitive Analysis* (San Francisco:Holden-Day, 1971), p. 1; James Tobin, "The Invisible Hand in Modern Macroeconomics," *in Adam Smith's Legacy:His Place in the Development of Modern Economics*, ed. Michael Fry (London:Routledge, 1992), p. 117.

出斯密本人理解这一思想的视角。我将要说明的观点是，斯密并没有特别推崇看不见的手。看不见的手的比喻最好理解为一个温和的讽刺笑话。我们将会看到这一解释的证据，同时也提出了斯密及20世纪的看不见的手的有趣问题。

斯密分别在三个十分不同的场合中使用了术语"看不见的手"。① 在斯密的《天文学史》（*History of Astronomy*）（该文据说写于18世纪50年代，但是它被斯密所保存，在其去世后发表出来）中第一次使用时显然是讥讽性的。斯密谈论多神论社会中人们的轻信，这些人认为诸如打雷与风暴等"大自然的无规律事件"是由"智慧但无形的存在——神、鬼、巫婆、精灵、仙人"决定的。他们不把神的支持归到"日常可见的事物"："火燃烧，水冲刷；由于自身性质的自然规律，重物下降，而较轻的物质上升；宙斯的看不见的手从未用在那些事情上"。②

第二次使用是在1759年出版的《道德情操论》中的一段话里，而且在斯密对这部著作后续修改的整个过程中这种使用保持不变。这里他用了一个不同的方式来讥讽。斯密形容了一些使人尤其不愉快的富裕的所有者，他们不关心人道或者公正，仅仅在"他们天生的自私与贪婪"的驱使下去追求满足"他们自己的虚荣和贪得无厌的欲望"。然而，他们的确雇用了上千贫穷的工人们来生

116

① 参见 James Bonar, *Philosophy and Political Economy in Some of Their Historical Relations* （London：Sonnenschein，1893），pp. 150，173；Alec Macfie，"The Invisible Hand of Jupiter," *Journal of the History of Ideas*，32，4（October-December 1971）：595 – 599；Gloria Vivenza，*Adam Smith e la cultura classica*（Pisa：Ⅱ Pensiero Economico Moderno，1984），pp. 15 – 16。

② "The History of Astronomy," in *EPS*, pp. 49 – 50. 怀特曼（Wightman）认为，虽然《天文学史》可能是分成几部分写成的，但即使"'最后的部分'也在1758年之前写完了"。W. P. D. Wightman，"Introduction," in *EPS*, pp. 5 – 11.

产奢侈品："他们被一只看不见的手所引导……来促进社会的利益，他们并未打算这样，也不知道它的存在。"①

斯密第三次使用看不见的手是在《国富论》与国际贸易有关的一章中。他强烈反对对进口的限制，反对支持这种限制的商人与制造商，他们形成了"一支过快膨胀的常备军"，"在许多场合威胁立法机关"。他说道，国内垄断对某一行业有利，但是对"整体的工业社会"不利。不过，如果没有任何进口限制，商人出于"他自己的保障"的考虑将仍然会倾向于支持国内产业。因此，他会促进"社会的"利益："与许多其他情况一样，在这种情况下，一只看不见的手引导他去实现一个并非是他本意的目标。"②

看不见的手的三次使用向经济思想史学家提出了问题。在第一次使用与后来的使用之间，手被假定拥有一个"改变的作用"；A. L. 麦菲（A. L. Macfie）认为，"神圣的看不见的手的作用似乎恰恰被颠倒了"，从一种"反复无常的"力量转变成一种及时的、"保持秩序的"力量。在麦菲看来，这种改变必须被解释为一个文字喜好的问题；"喜欢精练、有力的词语的"斯密仅仅提及了宙斯的看不见的手，但是他"彻底转变了它与自然秩序的联系"。③

相反，我认为斯密对于看不见的手的态度在这三种情况中的每一个上都是相似的，而且都是讽刺的。他取笑了在《天文学史》中相信看不见的手的多神论者；在《道德情操论》和《国富论》

---

① *TMS*，pp. 184 – 185.

② 斯密继续说道，"它也并非一直是对其不所属的社会有害的"。"通过追求他自己的利益，他频繁促进社会的利益，而且比他真正想要促进社会利益时的做法更加有效。我从来都不知道那些假装为了公共利益而从事贸易的人做了多少好事。它的确是一种在商人中不常见的做作，而且几乎没有什么词语能用来劝阻他们不这样做。"*WN*，pp. 453，456，462，471.

③ Macfie，"The Invisible Hand，" pp. 595，598.

中，他取笑了那些由看不见的手（他们看不见的手，或者不让他们觉察到的手）所指引的人们。他也取笑了那些相信神的秩序和体系的哲学家们。在后者的情况中，在对哲学家的刻画中甚至还有些许对沉迷于一个美丽而虚构的秩序的自嘲或者自我承认的因素在内。

对于这种解释的证据是间接的。斯密本人似乎没有高度重视看不见的手，而且他三次都是粗略地提及它。① 斯密的评论家也提到，在 20 世纪之前，看不见的手只是很少被提及。例如，在杜格尔德·斯图尔特的斯密的一生及其著作的回忆录中，或者在普莱费尔或麦卡洛克（McCulloch）版的《国富论》中，并没有单独挑选出看不见的手；在 1876 年举办的《国富论》一百周年的重大政治庆典中它也没有被引用。② 在很大程度上，19 世纪末正是斯密的历

117

---

① 麦菲注意到，"看不见的手在《国富论》中只是微不足道地出现过一次"，《天文学史》对它的提及也是不经意的，而且甚至是在《国富论》的段落中也没有特别强调。A. L. Macfie, *The Individual in Society*（London：George Allen and Unwin, 1967），p. 103. 麦菲和 D. D. 拉斐尔也在他们给格拉斯哥（Glasgow）版的《道德情操论》（*TMS*, p. 7）写的导言中评论道，"评论家对'看不见的手'太过强调了"。

② 1876 年在伦敦举办的《国富论》一百周年庆典——由政治经济学俱乐部组织的，W. E. 格莱斯顿任主席，有八场演讲，后来的法国财政部长 Léon Say 也参加了——上，看不见的手没有被提及；在《经济学家》《纽约时报》《每日新闻》《培尔美尔街公报》以及《资本家与工人》上的关于这一庆典的文章中也没有提到看不见的手。Political Economy Club, *Revised Report of the Proceedings held in cebration of the 100th year of the publication of the "Wealth of Nations"*（London：Longmans, 1876）. 由国际自由贸易联盟在纽约举办的一个类似事件的记录中没有提到看不见的手。"The Adam Smith Centennial," in *New Century*（New York：Randolph, 1876）. 在 1874 年，奥古斯特·翁肯（August Oncken）没有从《国富论》中引用看不见的手那一段，但是他评论道，"这个现实主义哲学的原理并不是最初的原理"。August Oncken, *Adam Smith in der Culturgeschichte*（Vienna：Faesy and Frick, 1874），p. 19. 到 19 世纪末，这种观点似乎和当今一样备受重视，而且詹姆斯·伯纳在 1892 年的《帕尔格雷夫经济学辞典》关于斯密的文章中注意到了这一点。*Dictionary of Political Economy*, ed. R. H. Inglis Palgrave（London：Macmillan, 1892），3：413, 415.

史主义评论家们第一次非常强调看不见的手的时期。T. E. 克利夫·莱斯利（T. E. Cliffe Leslie）认为，斯密在他对看不见的手的评论中所表达的"自利本性"的假设就是一个学说，这一学说"对政治经济学所造成的伤害……已经是无法估量的了"；在克利夫·莱斯利之后的约翰·克尔斯·英格拉姆（John Kells Ingram）认为，这是斯密著作中的学说的"神秘基础"的一个证据，"一半神学的，一半形而上学的"。① 相比之下，1891 年卡尔·门格尔（Carl Menger）在他为斯密的大量辩护中并没有提到看不见的手；事实上，他一再严厉斥责斯密对未加思考的社会结构不完善的理解，后来的评论家们认为这是看不见的手的同义语。② 有趣的是，在 20 世纪初期，甚至是"看不见的手"这一词语还几乎是陌生

---

① 克利夫·莱斯利在他对斯密的"抽象概念"的抨击中从《国富论》和《道德情操论》中引用了看不见的手的一段，并总结道，"演绎推理的神职体系无疑贯穿并曲解了亚当·斯密的全部哲学体系"；"这个假设承认了自利性质，因此也承认了一切人类的意愿与欲望。这一假设对政治经济学所造成的伤害是无法估量的"。Thomas Edward Cliffe Leslie, *Essays in Political and Moral Philosophy*（Dublin：Hodges, Foster and Figgis, 1879）, pp. 154 – 155, 158. 英格拉姆甚至更加怀疑："存在另一个有恶意的推理，正如克利夫·莱斯利所指出的那样，它严重地影响了斯密的哲学体系……当然，这个理论并不是作为斯密的经济学说的基础而明确地由斯密提出来的，但是它们真的是建立于这个神秘基础之上的。"英格拉姆对斯密的常见抨击是颠覆性的："对高级目标和宗教的持久重要性的一种死气沉沉的状态"，以及未能"关注我们种族的道德目标"。但是在这种情况下，他愿意加上补充的抨击，即实际上斯密太关注宗教观念的重要性："正如我们看到的那样"，斯密"被先验神学思想所引导"。

② Carl Menger, "Die Social-Theorien der classischen National-Oekonomie und die modern Wirthschaftspolitik"（1891）, in *Kleinere Schriften zur Methode und Geschichte der Volkswirtschaftslehre*（London：London School of Economics, 1935）, pp. 219 – 245; idem, *Untersuchungen über die Methode der Socialwissenschaften, und der Politischen Oekonomie insbesondere*（1883）（London：London School of Economics, 1933）, pp. 200 – 207.

的；针对历史主义评论家而为斯密辩护的阿尔弗雷德·马歇尔（Alfred Marshall）在 1923 年提到了斯密关于"看不见的手"的评论。[1]

在这些情况下，有必要去考虑看不见的手是否是斯密曾经认真思考过的某种思想。斯密是思想史中有名的麻烦课题，他关于社会秩序的思想尤其让人难以理解。[2] 我们将会看到，人们受到他揭示的观点或者他的自然宗教观点的影响，还受到他想要避免其他人对这些观点过分好奇的影响。他们在用一种休谟式的方式来讽刺。他们既表达了他对"安静"或者不被公众争议的渴望，也表达了他希望公众明白他的提议的价值的愿望。在 1757 年，达朗贝尔请求伏尔泰原谅自己已经在《百科全书》中发表了"关于神学与形而上学的不好的文章"。与达朗贝尔一样，斯密试图不与官方书籍检查产生矛盾；与达朗贝尔一样，他似乎已经相信"时间会区分开我们所想和我们所言"。[3] 但对于斯密而言，子孙后代已经成为敌人，或者至少是一个不值得信赖的朋友。

---

[1] 在这里，马歇尔是从德国的 Adolf Held 转译的。他写道，"一些对斯密观点的误会已经从德国输入这个国家中；但不幸的是，德国已经进行的对那些错误的改正还没有在这里出现"。在马歇尔的说明中，Held 反对斯密的评论家们对于"自然而必要的和谐"的强调，以及"过度重视斯密谈到'虽然人们自己并不打算这样，但人们被引导着来实现这一目标的看不见的手'的偶然的段落"。参见 Alfred Marshall, *Industry and Trade* (London：Macmillan, 1923), pp. 747 - 748; 以及见 Adolf Held, *Zwei Bücher zur socialen Geschichte Englands* (Leipzig：Duncker andHumblot, 1881), p. 160。

[2] 参见 Ernest Campbell Mossner, *Adam Smith：The Biographical Approach* (Glasgow：University of Glasgow, 1969); and Ian Simpson Ross, *The Life of Adam Smith* (Oxford：Clarendon Press, 1995)。

[3] Letter of July 21, 1757, in The *Complete Works of Voltaire*, vol. 102 (Oxford：Voltaire Foundation, 1971), p. 106; 也见 John Morley, *Voltaire* (London：Macmillan, 1888), p. 339。

战栗吧，不幸的国王！

在早期的思想史中，看不见的手的含义普遍是令人不快的。例如，英国—苏格兰文学作品中，最著名的看不见的手是麦克白（Macbeth）的远见。在第三幕中，就在晚宴和班柯（Banquo）的谋杀场面之前，麦克白向夜呼吁，"用你那血腥而看不见的手"；他请求黑暗来掩盖他将要犯下的罪行：

> 来吧，蒙上了眼睛的夜晚，
> 用你那血腥而看不见的手
> 遮住可怜的白昼的温柔眼睛吧，
> 那张伟大的契约令我苍白无力
> 废除并把它撕成碎片吧。①

讲授莎士比亚对隐喻的运用的斯密很有可能十分了解《麦克白》。

---

① 　*Macbeth*，3.2.47 – 51.18 世纪非常受欢迎的达文南特（Davenant's）的简化版《麦克白》保留了看不见的手，但是替换为：
Come dismal Night，Close up the Eye of the quick Sighted Day
With thy invisible and bloody hand
［来吧阴沉的夜，
用你那无形而又血腥的手
合上白昼的眼睛］
引自 Dennis Bartholomeusz，*Macbeth and the Players*（Cambridge：Cambridge University Press，1969），p. 23。在威尔第的《麦克白》的歌剧剧本中，夜晚的那段台词（夜变得浓厚了）给了麦克白夫人，夜晚的手变成了丈夫的手：
Notte desiata，provvida veli
La man colpevole che ferirà
Giuseppe Verdi，*Macbeth*，ed. Eduardo Rescigno（Milan：Mondadori，1983），2.2，p. 94。

他当然熟悉18世纪50年代的爱丁堡戏剧界，在那里威斯特·迪格斯（West Digges）在1757年上演了一场著名的戏剧《麦克白》，这场演出带有"全新的人物装扮，模仿古代苏格兰的风俗"。①

斯密是伏尔泰悲剧的欣赏者，而伏尔泰也引用过几次无形的、令人不悦的手的说法。② 在他1718年的《俄狄浦斯》（Oedipe）——用伏尔泰自己的话来说，它脱离了古希腊悲剧诗人的"粗俗"和多种瑕疵，而且它是以乔卡斯塔（Jocasta）原来的恋人来到底比斯作为开场的——中，俄狄浦斯（Oedipus）两次受到看不见的手的威胁。大祭司（High Priest）在第三幕中说道，"战栗吧，不幸的国王"；"一只看不见的手正悬在你的头上"，它是威胁的复仇之剑。在第四幕中，俄狄浦斯详细讲述了在科林斯（Corinth）的难忘的一天。那一天，当他带着献给神的贡品来到一座神殿时，供桌开始摇晃起来，风中夹杂着一个令人害怕的声音，"一只看不见的手推开了我的礼物"。③

---

① James C. Dibdin, *The Annals of the Edinburgh Stage*（Edinburgh：Richard Cameron，1888），pp. 89，95. 斯密在伦敦和巴黎戏剧界的熟人大卫·加里克（David Garrick）在1767年给斯密的朋友里科博尼夫人（Mme. Riccoboni）的信中写道，"我已经看过你的朋友斯密先生，并与他交谈过。他是一位最和蔼的人"。*The Letters of David Garrick*, ed. David M. Little and George M. Kahrl（Oxford：Oxford University Press，1963），2：552.

② 参见 on "the tragedy of Mahomet, one of the finest of Mr. Voltaire's," and "that beautiful tragedy of Voltaire, the Orphan of China," *TMS*, pp. 177，227。

③ 大祭司是来复仇的：

Tremblez, malheureux roi, votre règne est passé; Une invisible main suspend sur votre tête

Le glaive menaçant que la vengeance apprête

而俄狄浦斯是可悲的：

Pour la première fois, par un don solennel,

Mes mains jeunes encore enrichissaient l'autel：

（转下页注）

斯密很有可能也知道，更早出现的一个更加使人不悦的看不见的手的说法；它出现在奥维德（Ovid）的《变形记》（*Metamorphoses*）中：英雄（即勇士 Caeneu，他当时被半人半马怪所包围，其中的一个怪物正在讥讽他天生是一个女人，名叫 Caenis）"扭转他看不见的手，令手伤上加伤"。① 在这里，那只手是看不见的，因为它不被受害者所察觉；在斯密拥有的那版奥维德的《变形记》中，有一个例证是一只戴手套的手拿着长矛刺向一

（接上页注③）　Du temple tout-à-coup les combles s'entr'ouvrirent；

De traits affreux de sang les marbres se couvrirent；

De l'autel ébranlé par de longs tremblements

Une invisible main repoussait mes présents

Voltaire，*Oedipe*，3.4.69 and 4.1.128．伏尔泰也承认古希腊悲剧诗人对这两个片段的影响。参见"Lettres sur Oedipe"（1719），见于 *Oeuvres complètes de Voltaire*（Paris：Firmin-Didot，1876），1：69，有关古希腊悲剧诗人的粗俗的内容，1：66。伏尔泰写道，乔卡斯塔原来的浪漫史——同样都是菲罗克忒忒斯（Philoctetes），那个在特洛伊战争（Trojan Wars）中保存海克力斯（Hercules）的箭的人，古希腊悲剧诗人在《菲罗克忒忒斯》中把带有严重脚伤的他遗弃在荒岛上——的作用是，通过表现她对曾经爱过的人的担心的方式，给她一个"至少是合法的爱情的回忆"以及一些"强烈的情感"，从而使她不那么"乏味"（1：72）。斯密是古希腊悲剧诗人的研究者，他在晚年迷上了"罪孽深重"的俄狄浦斯和乔卡斯塔，他肯定已经通晓了伏尔泰的戏剧；参见 *TMS*，pp.30，107，and *LRBL*，pp.121-124。伏尔泰在1730年的《俄狄浦斯》的序言中讨论了斯密最关注的两个文学话题，即三种戏剧统一体和无韵诗的缺陷。这个序言很有可能影响了斯密论诗歌的讲座以及他的论音节与韵律的文章与论模仿的艺术技巧的文章。*LRBL*，pp.117-127；*EPS*，pp.176-123，220-225．杜格尔德·斯图尔特在他给斯密作的传记中的确提到，在《伏尔泰的〈俄狄浦斯〉的序言》中对"difficulté surmontée"的说明是斯密"模仿的困难"的观点的"很可能的"来源。Dugald Stewart，"Aount of the life and Writings of Adam Smith，LL. D"（1793），in *EPS*，pp.305-306．《俄狄浦斯》和它的手无疑是十二音节韵律诗的缺点的著名例子：

La main des dieux sur moi si long-temps suspendue

Semble ôter le bandeau qu'ils mettaient sur ma vue.

① Ovid，*Metamorphoses*，trans. Frank Justus Millar（Cambridge，Mass.：Harvard University Press，1984），12.492-493，p.215.

个士兵的肩胛骨，它是这本特别的书的一幅卷首插图。①

　　当看不见的手的历史被解构成手的组成，或者是无形的概念和非现实的大手时，看不见的手的历史并没有进步。在《伊利亚特》（*Iliad*）中，宙斯（Zeus）的"非常强大的手"从赫克托（Hector）的背后推他；希腊字"chirokratia"或者手的规则在很大程度上意味着靠武力来统治。② 就像斯密及斯密同时代的人所熟悉的拉丁作品一样，在罗马图解中，朱庇特的手是世俗力量的一个辅助品："皇帝生活中的正常关系就是硬币上所显示的那样，一个巨大的朱庇特在矮小的皇帝头上举起一只保护之手。"③

　　在基督教著作中，上帝之手后来成为对虔诚信徒的安慰之源（就在班柯在麦克白的命令下被杀害之前，不幸的班柯宣布，"我站在伟大的上帝之手上面"）。④ 但是，在斯密同时期人的世俗作品中，强大的手通常是不正义的。孔多塞指责其十分厌恶的帕斯卡尔（Pascal）——斯密将他形容为"爱发牢骚的忧郁的道德家"——有意让人们感觉到"他处于一个全能之手的控制之下"，并"感觉着这只全能之手的分量"而找到了基督教。⑤ 杜尔哥说过，在复杂的社会中，人"只是领导者手中的一件缺乏理性的工

119

---

① 根据博水田的目录，斯密拥有 1662 年莱顿（Leyden）版的奥维德的作品。参见 Ovid, *Opera omnia*, ed. Heinsii（Leyden, 1662）, vol. 2, plate opposite p. 574; *Adam Smith's Library: A Catalogue*, ed. Hiroshi Mizuta（Oxford: Clarendon Press, 2000）, p. 183。

② "宙斯用非常强大的手从后面推他。" Homer, *The Iliad*, tans. A. T. Murray（Cambridge, Mass. : Harvard University Press, 1985）, 15. 695, p. 159.

③ Arthur Darby Nock, *Essays on Religion and the Ancient World*（Cambridge, Mass. : Harvard University Press, 1972）, 1 :146.

④ *Macbeth*, 2. 3. 129.

⑤ "Éloge de Pascal"（1776）, in *OC*, 3:619; *TMS*, p. 139.

具"；康德说过，在战争中，人是"另一个领导者（国家）手中的工具"。① 在 1797 年，约瑟夫·德·梅斯特尔（Joseph de Maistre）设想了一只甚至比麦克白的手还要血腥的看不见的手。他在《论法国》中写道，"可以把人类看作一棵树，一直都被一只看不见的手修剪着"；法国大革命余波中的暴力破坏被认为是有益的，在这场破坏中，被怀疑和过度文明所弱化的人类灵魂仅通过"鲜血的洗礼"就可以恢复到正常状态。②

"无形的"一词也经常令人不悦。它是上帝所使用的一个修饰词语，至少自从拉谭修斯（Lactantius）和圣·奥古斯丁（Saint Augustine）开始就是这样的。③ 与休谟一样，斯密主要用它来形容迷信的对象或者在科学体系中填充空白的事件。第一次对这一词语的使用在休谟的《宗教的自然史》中，很典型，这本书是与斯密论天文学的文章同时写成的；休谟把无形与"偶像崇拜者"和"绝对无知"联系在一起，把"无形的力量"与"仙人、精灵、妖

---

① "Recherches sur les causes des progrès"（1748），in *Oeuvres de Turgot et documents le concernant*，Ed. Gustave Schelle，Paris：Alcan，1913 – 1923，1：133；*Zum ewigen Frieden*（1795），in Imanuel Kant，*Werkausgabe*，ed. Wilhelm Weischedel（Frankfurt：Suhrkamp，1968），11：198.

② Joseph de Maistre，*Considérations sur la France*（1797）（Paris：Complexe，1988），p. 49. 在对英国与法国革命的长期比较中，拿破仑在圣赫勒拿岛上使用了一个同样令人沮丧的比喻，而且查理一世（Charles I）和路易十六（Louis XVI）的弑君者说过，"在英国，这一事件是由一只看不见的手所指引的，它有着更多的思考与平静。在法国，它是由民众所指引的，他们的愤怒是没有限制的"。Emmanuel de Las Cases，*Mémorial de Sainte-Hélène*，ed. Joël Schmidt（Paris：Éditions du Seuil，1968），p. 614.

③ 根据刘易斯（Lewis）和绍特（Short）的研究，除了塞尔苏斯（Celsus）之外，拉丁语形容词 invisibilis 第一次是用在德尔图良（Tertullian）和拉谭修斯的作品中；例如，Lactantius，*De divino praemio*，7；Augustine，*City of God*，10，12 – 13。

怪等"联系在一起。① 斯密在论修辞的讲座中认为"无形的"事物
与"仙人、幼鹿、森林之神、精灵以及诸如此类的神灵"是等同
的。② 正如他在《天文学史》中提到了朱庇特的看不见的手那样，
在《道德情操论》中，当他谈到"古代异教徒的宗教"时，他引
用了"强大而无形的力量"；他也批评苏格拉底（Socrates）"幻想
着他会拥有来自无形的神明神秘而频繁的暗示"。③

　　对斯密而言，看不见的手的第二次科学使用似乎与第一次相关

---

① 参见 David Hume, *The Natura History of Religion* （Stanford：Stanford University
Press，1957），pp. 27，30，32，以及更多其他的参考资料。"无形的（invisible）
一词在《宗教的自然史》中得到明显的强调。" Peter Jones, *Hume's Sentiments*：
Their Ciceronian and French Context （Edinburgh：University Press，1982），p. 82.
到 18 世纪 50 年代早期，休谟与斯密已经成为朋友了，而且《天文学史》是斯
密的著作之中最"休谟式的"一部。*Corr.*，pp. 8 – 11，16 – 18；D. D. Raphael，
"The True Old Humean Philosophy'and Its Influence on Adam Smith," in *David
Hume：Bicentenary Papers*，ed. G. P. Morice （Edinburgh：University Press，1977），
pp. 23 – 38. 在他关于迷信的文章中，休谟也提到了在虚假宗教中的无形。
"Of Superstition and Enthusiasm," in David Hume, *Essays Moral, Political, and
Literary*，ed. Eugene F. Miller （Indianapolis：Liberty Classics，1987），p. 74. 在休
谟的《〈道德原理〉探究》中，他把奇迹归因于"一些无形的力量的干预"；
他认为对"不和谐因素"的厌恶是由他的程式化斯多葛派所引起的；在他对原
因的讨论中，他谈到了对"无规律事件"的解释。"The Stoic," in Hume,
Essays，p. 154；David Hume, *Enquiries concerning Human Understanding and
concerning the Principles of Morals*，ed. L. A. Selby-Bigge （Oxford：Oxford University
Press，1975），pp. 87，115. 就在斯密提到朱庇特的无形的手之前，他的关于
水与火的词语本身就是独特的休谟式的，并记起了一条出自《人性论》的评
论："我们应该仍然对生活中的一切事情保留我们的怀疑。如果我们相信火可
以取暖而水可以冲刷，那仅仅是因为如果我们不这样认为的话，就会使我们承
受太多的痛苦。" David Hume, *A Treatise of Human Nature*，ed. L. A. Selby-Bigge
（Oxford：Oxford University Press，1978），p. 270.

② *LRBL*，pp. 68，71. 在斯密的朋友的著作中，还有许多对"无形的"一词的相
似运用；例如，凯姆斯勋爵（Lord Kames）最后抱怨把诸如"神、天使、魔
鬼，或者其他超自然的力量"的"无形力量引入"到史诗中。Lord Kames,
Elements of Criticism （Edinburgh：A. Millar，1762），3：239，248.

③ *TMS*，pp. 107，251.

联。他在《天文学史》中的几处都谈到了他所说的"无法见到的事件的中间环节"，哲学家们和其他人通过它联想到自然界中不好的或者偶然发生的事件。① 斯密认为，努力把事件组织成为一个有序的、连贯的、不间断的体系——在这个体系中，没有空白地带或者无知的领域——的确是"哲学的目标"。② 把这些可安慰的中间事件说成是无形的，这引起我们对于古代物理学理论的回忆。③ 但是即使是在这种科学研究的运用中，无形的中间事件也趋于变成斯密最怀疑的事情：笛卡尔（Descartes）的"无形的臭气"，或者开普勒（Kepler）的"非物质的美德"的"无形链条"。事实上，这两种使用是趋同的：斯密说道，在"文明社会"中，"由于这种关联的链条，人们不想去使用那些由其原始祖先的恐惧与无知所产生的无形的事物"。④

意图与利益

亚当·斯密少量已出版的文章竟包含了对"但是"一词的长

---

① 见 Smith, *EPS*, p. 42；在《天文学史》中至少还有另外一些地方提到了中间事件的链条或者无形事件的链条，见"Historyof Astronomy", pp. 44, 45, 50, 58, 91, 92。

② *EPS*, pp. 75, 也见 *EPS*, pp. 45 – 46, 119；*LRBL*, pp. 145 – 146；A. S. Skinner, "Adam Smith：Science and the Role of the Imagination," in *Hume and the Enlightenment*, ed. W. B. Todd（Austin：University of Texas Press, 1974）, pp. 164 – 188；D. D. Raphael and A. S. Skinner, "General Introduction," in *EPS*, pp. 12 –13。

③ 在某些方面，它使我们联想起卢克莱修的《物性论》（*De rerum natura*）（2.128, 136, 714 – 715）中的无形的物体、无形的运动，以及无形的灾祸。拉谭修斯还取笑愚昧的人所相信的朱庇特的霹雳以及风暴的理论，他们对原因的无知迫使他们把事件与神的统治联系起来，而不是去寻求理解（例如）"无形的风的身体"（De rerum natura）（1.295, 6.55, 387）。

④ *EPS*, pp. 42, 50, 90 – 92.

篇讨论，而且总体而言他是一个非常慎重的作家。[①] 用麦菲的话来
说，他与休谟一样，都是"能够自嘲"的"仔细、冷静、耐心而
又非常狡猾的思想家"。[②] 也就是说，斯密的文字会被认真地看作
他思想的痕迹。它们被审慎地挑选出来，至少在他已出版的著作和
大量修改过的著作中是这样。但是，他也是一位伟大的修辞学家，
他选取他认为会说服听众的词语或者风格。因此，他有可能会使用
对他而言有些可笑或者不合意的词——如"看不见的手"——来
表达对于他的理论体系而言极为重要的一个思想。这些词语是一种
说服怀疑者们的方式。[③]

　　因此，看不见的手的思想能够尽可能地与用来形容这一思想
的词语之间区别开来。在《国富论》和《道德情操论》中，它
存在于三个主要观点之中：个人的行为会产生意想不到的结果，
事件之间存在秩序与连贯性，以及个人行为的意想不到的结果有
时会促进社会的发展。这一思想（或者说这套思想）以不同的
形式在斯密的著作中的几处重复出现。它或多或少地与后来社会
思想中的看不见的手相似，或多或少地与作为"历史中最伟大
的思想之一"的手的思想相近。[④] 因此，正是这种多重的思想应
该与斯密思想的其他部分作对照，也正是人们合乎逻辑地想知

---

① "Review of Johnson's *Dictionary*," in *EPS*, pp. 233 – 238.

② Macfie, *The Individual in Society*, p. 156.

③ 我很感谢伊什特万·浩特（Istvan Hont）和西尔瓦纳·托马塞利（Sylvana
Tomaselli）对于这点的讨论。正如 Knud Haakonssen 所写的关于《道德情操论》
中看不见的手出现的那段那样，"在这段中，斯密打击了讽刺与赞颂之间的完
美平衡，而这正是他的特点"。Knud Haakonssen, *The Science of a Legislator*:*The
Natural Jurisprudence of David Hume and Adam Smith* (Cambridge: Cambridge
University Press, 1981), p. 91.

④ 对于现代的看不见的手的说明，参见 Karen I. Vaughn, "Invisible Hand," in *The
New Palgrave*, 2:997 – 999, 以及本章后面的讨论。

121 道这一思想是否是斯密已经感到满意的思想。我们将会发现,证据是很复杂的;在某些方面,用看不见的手的比喻来表达的思想是斯密所喜欢的,而在其他方面,它们也是他非常不喜欢的思想。

第一类证据很好地支持了"看不见的手"的思想,或者是证明了斯密喜欢这一思想的那种解释。看不见的手的理论是赏心悦目的。斯密在《道德情操论》中,在提到看不见的手的那一段的后面,紧接着谈到了公共政策,"我们很乐意看到一个如此美妙壮观的体系的完善";与天文学一样,政治经济学是一种对舒缓而愉悦的想象力的运用。看不见的手出现的那一段,的确是对审美情操的两种描述之间的题外话,处在主题是美与效用的一章之中:斯密说过,对私人富有的展望"打击了作为对壮观而美丽的事物的想象……同样的原则、这一体系的同样的爱、对秩序之美的同样的关注"也被用来赞许公共政策。① 有趣的是,杜格尔德·斯图尔特在谈到一只看不见的手的时候也引用了美的情操,却没有提及斯密:"这些激情与环境屈从于自然的设计时表现得如此出色",以至于即使当原始人类"盲目跟从于他本能的行动原则时,他也被一只看不见的手所引导,并为一项计划的完成以及本性与优势的实现做出他自己的一份贡献,虽然他并未想要这样做"。②

用罗伯特·诺齐克的话来说,看不见的手解释的"可爱之处"在于,他们有能力引出对于"某种总体模式或设计"的理解,而

---

① *TMS*, pp. 183 – 185. 这一章的标题是 "Of the beauty which the appearance of UTILITY bestows upon all the productions of art , and of the extensive influence of this species of Beauty"(《论效用的外表为所有艺术作品授予的美感,以及这种美感的广泛的影响力》)。*TMS*, p. 179.

② Dugald Stewart, *Elements of the Philosophy of the Human Mind* (1792), in *Collected Works*, ed. Sir William Hamilton (Edinburgh:Constable, 1854), 2:248.

又不涉及这一模式本身，因此，这种解释尤其出色。① 相反的解释处在这样的二者之间：例如，对军队（即每个人都步调一致，因为他们努力保持一致）的解释，以及对一个乍看之下不愉快且不协调的场面，而理论家却将其说成是一个有序而连贯的进展的解释。对于阿罗和哈恩而言，斯密的理论是"有诗意的"，因为它表明一个由独立行为推动的社会体系"是与一种最终一致的平衡状态相符合的"。② 对这些思想的理解的确有斯密式的特色。事实上，它们相当接近于斯密在《天文学史》中谈到的科学体系的有序性的思想："它们中的每一个都被极力用来安抚这个幻想，并且使得自然的舞台成为一个比它看起来的样子要更加一致，因此也更加壮观的场面。"③

第二类证据涉及道德心理和道德哲学，它是并不支持（看不见的手）的解释的。怀疑斯密对于看不见的手的理论并不热衷的一个理由是，这些理论对个体代理商的意图是极其蔑视的。斯密对这一术语的三次使用涉及共同的地方，即有关的人们——那些不能看见"看不见的手"的人们——是十分不光彩的；他们是愚昧的多神论者、贪婪的所有者、不真诚的商人。被译为"看不见的"（invisible）一词的古典拉丁词是"caecus"，它的字面意思是"盲目"。④ 如果 x 对我而言是无形的，则就 x 而言我是看不见的。这种联系尚存留在现代理论中。诺齐克说过，"对看不见的手的阐

122

① Robert Nozick, *Anarchy*, *State*, *and Utopia* (Oxford: Basil Blackwell, 1974), pp. 18 – 19.
② Arrow and Hahn, *General Competitive Analysis*, p. 1.
③ "History of Astronomy," in *EPS*, p. 46.
④ Caeneus："半人马怪们包围了英雄 Caeneus，并从背后用看不见的手反复戳刺英雄的身体。"见奥维德（Ovid，罗马诗人——译者注）《变形记》（*Metamorphoses*），12. 492 – 493。

述"表明，事实是"由某种盲目的机制"所产生的，尽管"由一个盲目的程序所引起的事实本身并不需要是盲目的"。① 有趣的是，与斯密同时代的亚当·弗格森（Adam Ferguson）对弗里德里克·哈耶克（Friedrich Hayek）所认为的意想不到的学说中最著名的章节中的其中一段评论道，"民众的每一步和每一次运动都带有对未来的盲目性"；这是弗格森的《论民间团体的历史》中的一章，它的标题是"服从的历史"。②

斯密被看作个人自由的一位伟大捍卫者是正确的。从个人想要独立并看透计划倾向的意义上来说，他是一位启蒙思想的捍卫者；他把人们看成是其自身利益的最佳评判人（像杜尔哥一样），或者把人们看成"一个合理存在的团体"（像孔多塞一样），他并不把人们看成"在未来的巨大时空中……仅仅看到了明天"的一群人。③ 但是，看不见的手解释的对象是盲目的，他们看不见引导他们的那只手。他们是无知的。"要么是普遍光明，要么是普遍黑暗；不存在中间状态"，这是杰里米·边沁（Jeremy Bentham）在他捍卫理解自由与出版自由的过程中对有知识的公众的歌颂。④ 对斯密与孔多塞而言，启蒙的意向是一个

---

① Robert Nozick, *Philosophical Explanations* (Oxford: Clarendon Press, 1981), pp. 343, 347.

② 弗格森紧接着继续说道，"国家牵绊着机构，这些机构的确是人类活动的结果，但不是对任何人类意图的履行"。Adam Ferguson, *An Essay on the History of Civil Society* (1767) (Edinburgh: Edinburgh University Press, 1966), p. 122; F. A. Hayek, *Studies in Philosophy, Politics, and Economics* (London: Routledge and Kegan Paul, 1967), p. 96.

③ 参见第一章。

④ Jerem Bentham, *The Theory of Legislation*, ed. C. K. Ogden (London: Kegan Paul, 1931), p. 368; *Traités de législation civile et pénale par M. Jérémie Bentham*, ed. Étienne Dumont (Paris: Bossange, 1802), 3:19.

更加不确定的情况。但是它至少是一个反映了人们自己的选择以及其他人的选择的一个倾向；它至少是倾向于去理论化、去思考未来的。

　　看不见的手的对象也是愚蠢的，因为他们的意图是微弱而无意义的。[1] 有趣的是，在斯密最后的著作中，他提出了一个新的、可见的、真实存在的手。斯密说道，一个有计划的改革家（与腓特烈大帝或者约瑟夫二世非常相似），料想能够"与用手布置棋盘上面不同的棋子一样容易地来安排一个大型社会中的不同成员"；他没有意识到在现实社会里每一个棋子都有着它自己的行

---

[1]　亚历克·麦菲曾写过，"人们不禁注意到，当存在他的看不见的手的时候，斯密总是倾向于夸大'人的弱点和愚蠢'"。在斯密明显的假设即天意"弄"人中，他也发现了一些紧张状态："欺骗看起来很奇怪，因为它既不与完美的神一致，也不对人类尊严的恰当的承认相符"。Macfie, The Individual in Society, pp. 122 - 123, 125. 如果无形的手看不见（因为它是上帝之手），那么人们并非是由于他没有看见的能力而变得盲目的；我很感谢 A. C. 沃特曼对这一点的强调。但是，社会理论中的看不见的手，包括在《国富论》和《道德情操论》中的看不见的手，并非这一意义上的无形；事实上，社会理论家们都能看到它们。在某些神学家看来，上帝之手本身就是能够瞥见的事物；可以推测，这就是使用"启示"与"天启的"宗教的隐喻的含义之一。当阿道夫·海尔德（Adolf Held）把"无形"（invisible）翻译成 unsichtbar，阿尔弗雷德·马歇尔又把它翻译回英语中的"看不见的"（unseen），则这一词语的意思变化了；事实上，无形的手是没有看到的［正如半人半马怪看不见（Caeneus/Caenis）的手一样］，但是在其他情况下或者其他的人的眼中它能够被看到。上帝的见闻与人类的见闻之间的关系，或者是上帝的全部所见与人类的有限视力之间的关系，的确是启蒙思想流派的持续关注点之一。启发与理性的新的帝国渴望去解释清楚权力的令人愉悦的幻觉，它也渴望去阐明宇宙的秘密。原则上，没有任何不能被人类所看见的事物。费利西泰·德·拉梅耐（Felicité de Lamennais）在谈到孔多塞的政治改革与生理机能的完善的观点时写道，"认为最高统治权属于人民……让人永恒就是让他成为上帝"，而使人开明也让他们变得像神一般；见：

　　Réflexions sur l'état de l'église en France（Paris：Tournachon-Molin，1819），p. 156。

123 动原则。① 人的这种独立性与独有习惯正是斯密在他对看不见的
手的说明中所嘲笑的东西；从这个意义上来说，这是一个非斯密
式的思想。

我们会发现，看不见的手的思想已经与斯密所谓的"斯多葛
主义"联系在一起。在某些方面，它唤起了对斯多葛派的埃皮克
提图（Epictetus）关于自利行为意想不到之社会影响的评论的回
忆；埃皮克提图说过，朱庇特为人类安排了合宜的理性，以至于
"一个人为了自己的利益而做出的一切事情都不再被看作不合群
的"。② 但是斯密说道，埃皮克提图感受到"人类生活中最纯粹的
蔑视。他从未如此高兴过，于是他从未像他在表达所有的快乐与
痛苦的无益与虚无时那样有活力"。斯密本人绝对不鄙视人类的
痛苦与意图。《道德情操论》核心的张力的确是关于意图的道德
和结果（或者"趋势"）：关于我们用来判断行为后果以及作为其
原因的"情操、思想、意图"的"无规律"；关于我们对于"俄
狄浦斯和乔卡斯塔困境"的兴趣。③ 轻视人们的意图，把它们看
作无用而又盲目的做法就是对人类生活持有一种特别的非斯密式
的观点。

第三类证据是，看不见的手是非斯密式的思想，因为它建立在
享有特权的普遍知识的概念之上。它预先假定存在一个理论家
（如果不是一个王室改革家），他能够比正常人看得更多。斯密提
到重农主义者或者经济学家时说，"人们喜欢悖论，而且喜欢知道

---

① TMS，p. 234；关于腓特烈大帝与斯密的"王室改革家"的相似，参见第二章。
② Epictetus, *The Discourses*, trans. W. A. Oldfather, （Cambridge, Mass：Harvard
University press, 1925, 1. 19. 13 – 15；Vivenza, *Adam Smith e la cultura* classica,
pp. 69 – 72.
③ 参见 TMS, pp. 104 – 107, 288, 338。

超过了正常人理解能力的事物"；与卢奇安（Lucian）的《待售的哲学》（*Philosophies for Sale*）中的斯多葛派哲学家的傲慢一样，体系中的人的傲慢"是想象自己是国家中唯一明智而又值得尊敬的人"。① 真实存在的手对于百万国民而言是无形的，但是理论家们可以看到它。事实上，这一秩序是《皇帝的新衣》这个故事的一个反面版本，其中皇帝作为英雄：街上的人们认为皇帝没有穿衣服，而且确实没有皇帝；但是皇帝本人，或者他的经济顾问知道他确实存在，在监督着他们的意志。（此处以童话说明斯密晚期所提出的"真实存在的手"，仅能为理论家们所认识——译者注）

理论家的这种洞悉是 18 世纪与 19 世纪意想不到的学说的特点。这是一种合谋，它是启蒙流派的特点，孔多塞提到，在伏尔泰游历英国时，他已经被纠正了：他发现，"真理不是掌握在少数哲学家手中的秘密；或是世界上被哲学家指导或灌输的一小部分人手中的秘密；与少部分人一起嘲笑错误的人是受害者"。② 这也是康德的思想，尤其是在他早期著作中的思想。康德在他的《普遍历史》（*Universal History*）中认为，个人行为的特点是"愚蠢而幼稚的虚荣"，人们凭这种特点"在不知不觉中促进了一个目标。而即使他们知道这一目标是什么，它也很难引起他们的兴趣"；相比之下，哲学家的作用是去发现被个人动因所掩盖了的"本性中的

124

---

① *WN*，p. 678；*TMS*，p. 234. 斯密此处的语言模仿了吕奇安在《待售的哲学》中对愚蠢的斯多葛的形容。即将被出售的斯多葛被荷马形容成想象着他是"唯一智慧的人……唯一公正的人、勇敢的人、王者、演说家、立法者，以及存在的一切人"。*The Works of Lucian*，vol. 2，trans. A. M. Harmon（Cambridge，Mass.：Harvard University Press，1915），p. 487.

② *Vie de Voltaire*（1789），in *OC*，4：20，参见第一章。

目的"。① 这里的哲学家是开明的，他观察的目标则是盲目的。当黑格尔谈到理性的狡猾——这种狡猾"让激情为其服务"，对它们而言，人们是实现目标的手段——时，他也谈到了他自己的狡猾；理性的狡猾就是黑格尔的狡猾（die List der Vernunft is die List Hegels）。②

斯密的狡猾是不同的。《国富论》中充满了秘密的利己主义的逸闻轶事，其中对于物质利益的追求是不加掩盖的，处于"神秘的自欺面纱"的后面。③ 但是这些逸闻轶事被用来反对智者与伟人、反对帝王与理论家（包括那些在推行改革的帝王耳边进言的理论家们）而不是反对那些作为他们的对象与臣民的人。康德在他一部早期的著作中区别了出色的、有意识的人们和那些追求了公共利益而本意并不打算这样做的利己的民众：

　　大多数人是那些把他们最爱的自我的那一面作为他们努力的唯一参考点置于眼前的人，或者是那些就像围绕着一个轴转

---

① "Idea for a Universal History with a Cosmopolitan Purpose" (1784), in *Kant's Political Writings*, ed. Hans Reiss (Cambridge：Cambridge University Press, 1970), pp. 41 – 42；Kant, *Werkausgabe*, 11：34. 康德熟悉《道德情操论》，而且在他的民众——怀着他们的目的，"对此，即使目的已知，他们仍渺小且被摆布"（"an welcher, selbst wenn sie ihnen bekannt würde, ihnen doch wenig gelegen sein würde"）——进行着"他们不想要，也不知道的"目标，这些民众和斯密的民众之间存在某些语言上的相似。康德稍后在他的文章（p. 39）中总结道，狡猾的本性使人们推断这是一个明智的创造者的设计，而不是出自"一个恶毒的神灵的手"。关于康德、斯密和"感情的交易"，参见 Samuel Fleischaker, "Philosophy in Moral Practice：Kant and Adam Smith," *Kant-Studien*, 82, 3 (1991), 249 – 269。

② G. W. F. Hegel, *Vorlesungen über die Philosophie der Geschichte* (Stuttgart：Reclam, 1961), pp. 78 – 79.

③ 这是斯密在《道德情操论》中所使用的词语。

动那样，设法使一切围绕着自利活动的人。没有什么比这个更
有益的了，因为这些是最勤奋、最有条理、最审慎的了；他们
为（社会）整体提供支持与稳定，在无意中达成了这一切的
同时，他们也为共同利益服务，提供着必需品和（社会）基
础。出色的人们才能传播美以及和谐。①

　　斯密的修辞实际是相反的。在《国富论》中，他的自利行为
的主要例子包括企业化城镇中的制造商、郡区要人、康瓦尔公爵们
（dukes of Cornwall）、中世纪的国王、骄傲的大臣们、国教神职人
员，以及大学教师。② 他关于公共政策带来的意想不到的、令人不
快的后果的例子是科尔伯特的规章所引起的法国大萧条（"取而代
之的是，允许每个人在平等、自由、公正的自由计划下，以他自己
的方式来追求自己的利益"）。③ 它是斯密试图揭示的权威的智慧，

125

---

① Immanuel Kant, *Observations on the Feeling of the Beautiful and Sublime* (1764),
trans. John T. Goldthwait (Berkeley:University of California Press, 1960), p. 74.

② 关于在夸耀性的热心公益或心地虔诚的行为背后的利益，参见斯密对贵格会教
徒的评论。如果这些人的奴隶已经"成为他们财产中相当大的一部分"，那他
们永远不会同意释放他们的奴隶。*WN*, pp. 388－389；类似语气的评论，参见
pp. 51－52（关于王室成员在造假硬币中的利益），p. 141（企业化城镇中的制
造商的利益），p. 144（商人和制造商们在表达国家的整体利益是与他们自己的
私人利益相一致的时候的诡辩），p. 153（区郡要人们在令人很难稳定下来的
过程中的利益），p. 188（康瓦尔公爵们在向发现锡矿的人们提供采矿权中的利
益），p. 393（同时也是立法者的所有者们在通过限制佃户权利的法律的过程中
的利益），pp. 401－402（中世纪国王在向作为他们的敌人的敌人的那些富裕的
市民授予特权中的利益），pp. 455－456（"看不见的手"的那一段），pp. 728－
729（"豪华的法庭中傲慢的大臣"在完成公共工作中的利益），p. 737（被监管
的殖民公司中的主管们在公司的"一般贸易"中缺乏利益），p. 760（大学教师
用"粗心而马虎的"方式履行其职责时的利益），pp. 797－798（国教的神职人
员们通过"永恒的苦难"的威胁来维护其权威时的利益），pp. 802－803（中世
纪的神职人员在持续"最为明显的迷信的欺骗"中的利益）。

③ *WN*, pp. 663－664.

或者说是更好的人们所具有的智慧。

个人无意为之的真正或普遍的利益的概念，同时被 18 世纪自由改革的反对者和支持者们引用。对看不见的手所做的一个近代的论断是，它提出了出于社会利益而"利用利己主义"制定制度与政策的方法；由于它"相对简单的动机准则"，以至于"使得个人容易被权威机构随意控制"。① 斯密和杜尔哥的反对者们也做出了许多相同的论断。与杜尔哥一样，斯密因为他对个体磨坊主和面包师的智慧或英雄品质的感人信任而受到批评。在一定程度上，正是斯密的反对者们信任着权威的智慧，包括勤勉。

在为杜尔哥命运多舛的经济改革法令的登记而在凡尔赛举行的御前会议中，个人努力所带来的意想不到的结果被援引来支持国教制度与企业制度。②大法官塞吉尔是杜尔哥这项活动的主要反对者，他为学徒制行会的规章以及科尔伯特的政策辩护（"如此明智、勤奋而前瞻"），反对那种使每个工人与工匠都能够追求"对利益的渴望"以及"一种常常错乱的幻想的矛盾"的自由。塞吉尔说过，"取消规章"将会威胁商业本身，因为所有的从属关系都将被破坏。但是在支持规章时，他使用了"无意识的"以及"并非自愿的结果"这样的语言。他说过，只有在这些限制性的企业和行会或者同业团体里，人们的利益才会与社会的利益相符："为了个人效用而工作的每一个成员必须为了整个团体的真正效用而工作，即使他并不想这样做。"③

---

① Frank Hahn, "Reflections on the Invisible Hand," *Lloyds Bank Review*, 144 (April 1982), pp. 17, 20.
② 关于杜尔哥的经济改革，斯密后来曾写过，它们"向其作者致以如此多的敬意，如果它们没有更改地加以执行，那么它们已经被证明对他的国家是十分有利的"。参见 *Corr.*, p. 286, and Chapter 1。
③ 1776 年 3 月 12 日"御前会议", in *OT*, 5:288 – 289。

政治影响

第四类证据，也表明斯密并没有十分严肃地对待看不见的手。这类证据就是，有用的自利理论是从斯密政治经济学中他最为关注的几个问题之中概括出来的，这些有关政治对商业影响的问题，的确是《国富论》第四卷中看不见的手短暂出现的那一章的主要议题：它们包括商人在自身利益方面的失误，商人对政治规章的影响，以及从一种规章制度向另一种规章制度过渡时期的特定困难。事实上，看不见的手出现在对商人追求其目标的倾向的有力描述中，其间，商人们通过影响进口限制来成功实现（其目标）。

在《国富论》中，看不见的手的主要喻义是说服立法者：如果允许个体商人以其（即商人）认为的最有利的方式来使用资本，那么他们会最佳地实现他们自己的目标——也是"社会的"目标，或者是"公共利益"的目标。但是，斯密在同一章中解释道，商人不仅自己考虑想要从垄断与其他规章中得到利益，而且实际上也的确得到了这种利益。他说道，商人与制造商们"总是要求实行一种对其同胞的垄断"，他们"是"从中"得到最大利益的人"。斯密在《国富论》第四卷的末尾处说道，在商业法规中，"制造商的利益尤其被关注"；在对出口的限制中，"用来炫耀的国民的自由""牺牲给商人与制造商的无用的利益了"。第一卷的结论与之相似，斯密说道，商人与制造商阶层的利益"在某些方面总是与公众的利益不同甚至相对立"。①

在这些情况下，看不见的手成功与否取决于个体商人是否选

①　*WN*, pp. 266 – 267, 459, 467, 660, 662.

择通过政治影响、权力的使用以及其他方式去追求他们自己的利益。正如塞吉尔在他对杜尔哥的批评中所指出的那样，"诚实并不总是获得财富的最可靠方式"。① 威廉·普莱费尔评论道，斯密在把受限制的商人利益称为无意义的时候的确是矛盾的："在很多例子中支持信赖个人远见卓识的斯密不应该在这种情况下将它看作全然无关。"② 也就是说，看不见的手既要求有良好的制度也要求有良好的规范，通过这种方式人们在明确界定的游戏规则中追求他们的利益，而不是通过试图影响制度与规则来追求利益。一种意见认为，这些良好的制度是政策的结果：莱昂内尔·罗宾斯（Lionel Robbins）认为，看不见的手"是立法者的手，这只手从对自利的追求的范围中取消了与公共利益不协调的可能性"。③ 我们即将看到的另一种意见认为，它们是习俗的结果：如果制度本身就是人们的自利行为的意想不到的结果，那么这种制度就是良好的。

127　　　斯密突然呼吁胆小、善良的商人，在看不见的手的作用下，只追求一致的利益，这确实有些奇怪的天真。在看不见的手出现的段落，商人或制造商不停地考虑着他自己的利益。但是，他不寻求与其他商人一起去获得国内生产的特权。他只是倾向于国内生产，因为他在这方面有比较优势："他能够更好地了解他信任的人的性格与立场"；他了解法律；他反对"不安"，否则他会感到"与他的资本分离得太远"。同样有趣的是，在主要涉及英国对进口限制的

①　"Lit de Justice", in *OT*, 5:288.

②　Note（f）, in *An Inquiry into the Nature and Causes of the Wealth of Nations*, 11th ed., ed. Playfair（London: T. Cadell and W. Davies, 1805）, 2:559; comment on Book 4, chap. 8（*WN*, p. 660）.

③　Lionel Robbins, *The Theory of Economic Policy in English Classical Political Economy*（London: Macmillan, 1952）, p. 56.

一章中，斯密笔下天真的商人被描述为阿姆斯特丹的居民，从事柯尼斯堡的玉米和里斯本的水果贸易；他是一个国际化的人物，他比任何凭借政治影响来追求自己利益的英国商人都更少地受到诱惑。①

当斯密向作为公共利益的监管者的政治家们提出忠告时，他也是天真的。在《国富论》通篇，他专注于他所谓的"商人与制造商之间的叫嚣和诡辩"以及他们对贸易体系的影响。"看不见的手"的一章本身就是以现存的对进口限制的记事开始，以斯密著名的关于使人畏惧的垄断者的常备军的说法结束。"不被局部利益嘈杂的纠缠所左右，而是由普遍利益的综括观点所决定"的立法机构的期望似乎是一个遥远而未必成真的可能。就像在对工资管制的争论中那样，在对贸易的争论中，当立法机构试图去决定政策时，"它的顾问总是雇主"。② 然而，这就是《国富论》中看不见的手导向的期望——政府对公共利益（的期望），或者是不迫切的商人们（的期望），或者两者兼有。

商业体系的思想及其在商人与政治家之间复杂的、变化的关系在斯密的政治经济学中是至关重要的，它对于 18 世纪七八十年代的经济改革的政策也同样重要。政治家追求他们自己的利益，而商人错误地通过政治影响来追求他们的自利。正如斯密本人提到商人与制造商时所说的那样，"减少竞争，通常是商人的利益所在"，而且它"通常肯定有害于"公众利益。③ 斯密对于政府和已有制度的批评对他的经济思想而言是不可或缺的，他会在社会利益的宏大理论中忘记它们，这是最不可能的事。

---

① 　*WN*, pp. 454 – 456.

② 　*WN*, pp. 144，157，471 – 472.

③ 　*WN*, p. 267；关于竞争和经济政治改革的政策，参见第六章。

教权主义体系

128   第五类证据是关于斯密的宗教信仰的。至少自从克利夫·莱斯利（Cliffe Leslie）对"演绎推理的教权主义体系"的谴责开始，看不见的手已经被经济思想史学家理解为斯密的宗教表达，或是自然神论，或是受到斯多葛派启发的信仰的表达。对雅各·瓦伊纳（Jacob Viner）而言，它是斯密体系中的"目的论的要素"或者"宗教成分"之一；对麦菲（Macfie）而言，它是"基督教的上帝的"手。这一观点给看不见的手的思想的现代拥护者提出了明显的问题，对他们认为斯密的宗教观点"只有扰人的作用"，瓦伊纳表示谴责。① 这就表明了看不见的手的宗教信仰理论同样也会给斯密提出十分严峻的问题。

        从 1776 年关于休谟去世的那封著名的信开始，斯密的宗教观点一直是公众争论的主题。乔治·霍纳（George Horne）在回给斯密的匿名信中写道，"通过大卫·休谟先生的例子，你将会说服我们，无神论是针对低落情绪的唯一甜饮料，也是缓解死亡恐惧的恰当解药"。② 正如我们所看到的那样，对于斯密漠视宗教的观点以及他与休谟友谊的评论在他于 1790 年去世后的英文讣告中是显而

---

① Jacob Viner, *The Role of Providence in the Social Order* (Philadephia：American Philosophical Society，1972），pp. 81 – 82；Macfie，"The Invisible Hand of Jupiter,"p. 595. 麦菲在几个其他的地方提到了看不见的手的"神学"特征，还提到了"非常一般化的神学框架"，在这一框架下，它应该被看作"十七世纪事实上的牛顿学说的叙述"的一部分。见 Macfie，*The Individual in Society*，pp. 49，54，56，69。

② "斯密博士，在他离开之际到来之时，都将复制信徒和异教徒的例子，因为他最爱如此。"［George Horne］*A Letter to Adam Smith LL. D. on the Life，Death，and Philosophy of his friend David Hume Esq. By one of the people called* CHRISTIANS (Oxford：Clarendon Press，1777），pp. 29，36。

易见的。在 18 世纪 90 年代，他的支持者似乎的确已经把注意力从对他的宗教观点的争论中转移开来。因此，杜格尔德·斯图尔特在他关于斯密人生的《记述》中展示了一封休谟给斯密的措辞谨慎的信，在这封信中，休谟针对有很多主教买了《道德情操论》向斯密表示祝贺；删减的段落包括休谟把这些主教形容为"这些迷信的奴仆们"，还包括他把伏尔泰的《老实人》（*Candide*）形容为一个活泼的"在上帝之上的萨提洛斯"。①

对斯密的基督徒身份的最为合理的解释是，在他的一生中，他变得"更加怀疑了（或是更不谨慎了）"。② 在他主要出版的三项

① 萨提洛斯（Satyre），古希腊神话中的林神，此处，指伏尔泰戏剧语言中的讽刺说法。——译者注。关于斯图尔特的《记述》的背景，参见第二章。休谟曾于 1759 年写道，"昨天有三个主教在米勒书店（Millar's shop）要买书，并问与作者相关的问题：彼得伯勒（Peterborough）主教说，他在一个商行里度过了一晚，在那里他听到这本书被赞为超过世界上一切的书。当这些迷信的奴仆们如此高度赞扬它时，你可以推断出真正的哲学家对它持有什么观点"。被强调的那一句是斯图尔特决定略去的那句话。在斯图尔特删掉的休谟的信的另一段也同样的不谨慎："近来伏尔泰出版了一部名叫《老实人》的小作。它充溢着轻快与不敬，在批评莱布尼茨体系的托词下，它的确是对上帝的一个讽刺。我会告诉你关于它的一个细节。"*Corr.*，pp. 34 – 35；Dugald Stewart，"Account of the Life and Writings of Adam Smith, LL. D"（1793），in *EPS*，pp. 297 – 298.

② John Dunn，"From Applied Theology to Social Analysis: The Break between John lock and the Scottish Enlightenment," in *Wealth and Virtue: The Shaping of Political Economy in the Scottish Enlightenment*，ed. Istvan Hont and Michael Ignatieff（Cambridge: Cambridge University Press，1983），pp. 119 – 120. 邓恩曾写道，"对休谟或者斯密而言，认为他们的思想框架无论如何都是'以神学为中心的'的论断当然是极为不可置信的"。有趣的是，在 1852 年的一封信中，约翰·斯图尔特·米尔（John Stuart Mill）反对政治经济学"无限度与基督教义的联系其实是'魔鬼之子'"的指责。在说到"斯密、杜尔哥、萨伊、李嘉图以及我的父亲不是信仰新教的一员"时，他认为他们在任何时候都不认为普遍自私是正当的。Letter to John Lalor of July 3，1852，in *The Later Letters of John Stuart Mill*，*1849 – 1873*，ed. Francis E. Mineka and Dwight N. Lindley（Toronto: University of Toronto Press，1972），p. 93.

著作中，第一版《道德情操论》中相当多地提到了基督教的神，尽管它是以迂回的提法、间接讲话、频繁使用动词"看起好像"的方式出现的。① 《国富论》几乎没有明确的宗教思想，而且它频繁批判既定的基督教宗教。② 斯密纳入第六版《道德情操论》中的大量补充与修改形成了一部比较早版本中剩下的那部分内容更惊人

129　的不那么基督式的著作。③ 在几个著名的段落中，斯密的观点明显体现出与基督教学说的不同之处。④ 在其他段落中，他似乎提出了

① 例子见 *TMS*, pp. 92, 111, 166, 171, 178, 305; also Raphael and Macfie, "Introduction" and Appendix 2。

② 斯密写道，"有关谷物的法律处处都可以与有关宗教的法律形成对比"，两者都显示了"偏见"与无理性的力量。他批评"大教派"和教会机构在总体上是为制造商和商人们而保留的，而他使用典型的蔑视"公司"与"计划"的语言来形容它们："每个已有教会中的神职人员构成了一个大的公司。他们能够合作行动，并基于一个规划来追求他们的利益。"斯密认为，教会是政府的一部分。但是它也在外部对政府产生影响，在很大程度上与商人和垄断者一样实现它的利益；它的世俗影响力不时地凭借"一切宗教恐怖"来加以强化。见 *WN*, pp. 539, 797。雅各·瓦伊纳形容了"《国富论》中的由仁慈的上帝所设计并指导着的自然秩序学说的实质上的消失"；他说道，"在后期作品中，只有几个次要的段落能够作为斯密神的概念的思想存在的支持证据而加以引证"，他促进了经济福利，并推断出作为有关看不见的手的一个"这样的一般性说明"在《国富论》中"发挥了更为适度的作用"。Jacob Viner, "Adam Smith and Laissez Faire," in *The Long View and the Short* (Glencoe, Ill.: Free Press, 1958), pp. 126 – 129. 与此相对照，沃特曼解释了"本性"一词斯密在《国富论》中的使用，作为接下来的理论框架的证据参见 A. C. Waterman, " 'Pure and Rational Religion': A Theological Reading of Adam Smith's *Wealth of Nations*," University of Manitoba, 1997。

③ 参见 Walther Eckstein, "Einleitung," in Adam Smith, *Theorie der ethischen Gefühle*, ed. Eckstein (Leipzig: Felix Meiner, 1926), 1: xlv – l, and also notes at 1: 300 – 301; Macfie, *The Individual in Society*, pp. 108, 111; Raphael and Macfie, "Introduction," pp. 19 – 20 and Appendix 2 in *TMS*。

④ 这样的一个章节是斯密关于"宗教仪式的职责以及对神的公众崇拜与私人崇拜"的相对贡献的讨论，关于"无效约束"的讨论，还有关于"在荣耀中度过的整个人生"的讨论，以及在"即将到来的人生"中的奖励与惩罚的期望。参见 *TMS*, pp. 132 – 134, 以及在拉斐尔 – 麦菲和埃克斯坦的版本 （转下页注）

一个有关心理困境的微妙而深刻的描述。他在《自然宗教对话录》中的叙述与休谟相似，在某些方面他的叙述是更加体谅人或者更富有同情心的。他形容了没有信仰的人的可悲选择：去相信某种人们知道不可信的事物（某种天意），或者去相信"失序的世界"（a fatherless world）的可怕的永恒。①

（接上页注④）中的这一章节的注释。第二个章节也与永恒惩罚以及赎罪的学说有关，在这里，斯密对于赎罪的正统观点的延伸解释所做的不断修正以及最终的删除表明了对拉斐尔和麦菲所称的"虔诚的情操"的关注在逐渐减弱。参见 TMS, p. 91, and Appendix 2 in TMS, p. 383。斯密对于宗教狂热的讨论也同样严厉："他们甚至把所有他们自己的偏见归咎于宇宙中伟大的法官，并常常把神明看作由他们自己一切的怨恨而又无法平复的感情所赋予生命的事物。"见 TMS, pp. 155-156。在他较小的修正中，他有时也似乎在强调他的思想与宗教思想的差异，就像当他把"whining"——形容词"whining"尤其明显地与基督教徒联系起来——插入他对"悲伤的卫道士"的形容之中的时候；在这里他提到了帕斯卡尔，这是孔多塞对基督教的上帝沉重而又全能的手的厌恶的对象。PMS, p. 139.

① 斯密在《道德情操论》新的补充部分中对宗教的形容使人联想起克里安堤斯（Cleanthes）和斐洛（Philo）在休谟的《自然宗教对话录》最后一部分中的叙述：宗教是对人类的慰藉（克里安堤斯），也是"冥思"的对象，就如同"一个如此非凡宏伟的问题"的对象一样（斐洛）。David Hume, *Dialogues Concerning Natural Religion* (1779) (London: Penguin Books, 1990), pp. 136-138. 与休谟一样，斯密对于作为人的情感需求与智力需求表现的宗教信仰感兴趣。他对信仰的说明比休谟更为深刻——而且也许也更加同情宗教情感的基础——体现在他把信仰称为理解世界的一种方式。休谟认为，永恒惩罚的期望使人不幸："当忧伤沮丧时，他只能忧郁地沉思着看不见的世界的恐怖之处，并使自己深深地陷入痛苦之中。"*Dialogues*, p. 137. 斯密认为，他悲伤是因为他不能让自己相信世界是有序而公正的。这两个在《道德情操论》第三部分与第六部分扩展的新的宗教讨论，通过采取在不可能的乐观与可怕的寂寞之间糟糕的选择的形式来关注永恒公正与普遍仁慈。斯密说道，一方面，对于"任何不完全相信世界上所有居民不论贵贱都处在伟大、仁慈而又智慧的神明的即时照顾与保护之下的人而言，普遍仁慈的思想是'不可靠的幸福'的来源。这些神明指挥自然界的一切运动，并决心凭借自己不可改变的完善随时保持最大可能数量的幸福"。斯密说过，重复着"神明"设计了宇宙"来随时产生出最大可能的数量的幸福"的思想"无疑是迄今最伟大的人类冥思的对象"。另一方面，斯密认为，"父权失落的世界中极少的一部分思考是最悲伤的；（转下页注）

　　在这些情况下，斯密在任何简单的意义上把看不见的手视作基督教神学的一个策略都是非常不可能的事情。在某种程度上，"无形的"一词的基督教内涵是假定斯密没有完全认真地看待它的一个原因。如果它的确被认真对待的话，那么它作为一个神学因素在斯密关于商业的著作中已经是近于独特的了。① 同样，它也同自然哲学的非宗教性有很大冲突，这也是休谟与斯密对自然法则的核心理解。因为斯密的自然法理的经验和心理的观点与休谟的一样，都与 18 世纪"牛顿学说主义"相对立；它们还与从自然界中推断出运动原理的实验科学相对立，这是因为上帝已经把它们布置在自然界中了。②

　　斯密与休谟的友谊，在同时代对斯密宗教观点的争论中是引人

（接上页注①）根据这一思想，无限而又无法理解的空间中的所有未知区域一定只充斥着无尽的痛苦与悲惨"。*TMS*, pp. 235 – 236. 这一困境是典型的休谟式的。一种可能性就是去相信某些非常不可信的事物，也就是说，去相信一个超级永恒与超级有功用的上帝的存在。另一种可能性就是不断地沮丧，不被几乎人人都曾有过的某种坚定的信仰所慰藉。

① 斯密在《国富论》中坚决的世俗化语言与影响着他的那些同时代的人（比如魁奈）以及那些反过来受到他的影响的人（比如伯克）的语言形成了一些对比。因此，魁奈在提到自然法则时说过，"所有人以及所有人类的智力都应该服从于这些由上帝制定的至高无上的法则；它们是永恒不变且毋庸置疑的，也是最佳可能的法则……只有理解了这些最高法则才能一直确保一个帝国的安宁与繁荣"。François Quesnay, "Le Droit Naturel" (1765), in "*François Quesnay et la Physiocratie*" (Paris: Institut National d' Études Démographiques, 1958), 2:740 – 741. 后来，伯克认为，政府对于偶尔加之的歉收的"神的旨意"的干预是一个错误："我们人类应该觉察到，我们不应该寄希望于通过打破贸易规则（它是自然的法则，因此也是上帝的法则）来缓和神的不悦，从而消除我们所遭受的或者笼罩在我们头上的灾祸。" Edmund Burke, "Thoughts and Details on Scarcity" (1800), in *The Works of the Right Honourable Edmund Burke* (Boston: Little, Brown, 1894), 5:157.

② 参见 Duncan Forbes, "Hume's Science of Politics," in Morice, *David Hume: Bicentenary Papers*, pp. 39 – 50; Deborah A. Redman, "Adam Smith and Isaac Newton," *Scottish Journal of Political Economy*, 40, 2 (May 1993), 210 – 230。

注目的，而且在试图理解斯密神学用语的使用中也是重要的。① 斯密的熟人约翰·辛克莱爵士（Sir John Sinclair）虔诚的儿子在 1837 年时写道，"各种情况引起了对亚当·斯密博士的宗教原则的怀疑"，其中最为突出的就是他与休谟的友谊："他与休谟的密切关系不仅超过了普通的礼貌、基督教的仁爱，或者所必需的文学上的友谊；而且似乎也带有暗示着观点一致与情操相同的兄弟般的特点。"② 我本人的观点是，辛克莱的直觉是对的，斯密与休谟的宗教观点的确十分接近。③ 现在看来，更重要的是，在与休谟的书信

————————

① 主教霍纳（Bishop Horne）在给斯密的信中写道，"我们都知道在休谟先生的字典中'迷信'一词所表示的含义，并且在那一名字下，他的反对那种宗教的词锋被磨灭了……他常常镇静地坐下，故意从人类心中抹杀一切有关上帝及其天命的认知；抹杀在他的仁慈的天意中的所有信仰以及父亲般的保护"。Horne, *A letter to Adam Smith*, pp. 12–13, 16. 在这种情况下，正是斯密与休谟的友谊被当作颠覆性的信念而用来反对斯密。詹姆斯·斯图尔特（James Steuart）的侄子巴肯勋爵（Lord Buchan）是这样写斯密的，"当他遇到他喜欢的最诚实的人以及讨好他的人的时候，他会相信他们所说的任何事情……作为一个人，斯密对休谟的适当的感情妨碍他成为一个基督教徒，因为我刚刚说过的同样的缺点……可亲可敬的人，为什么你不是基督教徒！" 见 "Ascanius", *The Bee*, 1791 年 6 月 8 日, pp. 165–167。正如 D. D. 拉斐尔所指出的那样，大主教马吉（Archbishop Magee）把斯密的赎罪学说的倒退归咎于"与大卫·休谟交往的影响"。Appendix 2, in *TMS*, p. 384.

② The Reverend John Sinclair, *Memoirs of the Life and Works of Sir John Sinclair* (Edinburgh: Blackwood, 1837), 1:39–40.

③ 没有任何理由从斯密是休谟的"最宝贵的朋友"的情况中推断出他们在任何方面都是一致的。斯密在说起与哲学家约翰·布鲁斯（John Bruce）之间的小差异时的确暗示了一些内容，"他和我有点不同，就像大卫·休谟和我一样"。*Corr.*, pp. 208, 296. 斯密与休谟在对功用与美德的看法方面的差异众所周知，以及在宗教中的良好性情的策略中也有所不同。但是在长达二十多年的时间里，休谟与斯密信函中的笔调——密切与共谋的感觉，或者是辛克莱的"情操的认同"的感觉——很难与严重的宗教分歧的假定相一致。斯密给休谟的信中有某种休谟在伏尔泰身上所推崇的轻快的东西，而这是休谟给斯密的信的特点。关于他的追随者巴克卢公爵（duke of Buccleuch），斯密写道，"他几乎已经把你全部的作品都读了好几遍，而且我要谨慎教导给他的是更加（转下页注）

往来以及大部分他有关宗教的已出版（以及死后出版的）著作中，斯密的表述十分接近休谟著名的反讽。

斯密显然对作为一种文学形式的反讽感兴趣。他以"他的严厉的讽刺方式"来称赞斯威夫特（Swift），并称斯威夫特与卢奇安共同形成了一个"完整的嘲笑体系"。有关伟大的讽刺评论家、休谟"最喜欢的作家"卢奇安，斯密说道，"没有一个作者能够使我们从中发现更多的真正的知识和良好的领悟"。① 欧内斯特·莫森

（接上页注③）健康的学说，恐怕他会冒险采用你的某些有危害性的原则。你会发现他改进了很多"；关于休谟的反对者约翰·奥斯瓦尔德（John Oswald），他写道，"主教是一个残忍而野蛮的人"，*Corr.*，pp. 105，131。斯密在休谟去世前几周写给亚历山大·韦德本（Alexander Wedderburn）的信是后来出版引起如此多"抗议"的信的早期版本，它几乎是不虔诚的："贫穷的大卫·休谟就要死去了，但他怀着极大的乐观与良好的心态，并更加真实地听任于事情的必然过程，而不像那些假装听从于上帝的意旨而死去的哀求着的基督徒们。"斯密本人在信的已出版的版本中所做的改动也是很有趣的：韦德本引用了休谟的要求卡戎（Charon）要有耐心，直到"**我有幸看见教士们不再议论，而且神职人员们叫人们走开**"，而在出版的信中变成了要有耐心，知道"我可能实现看到某些盛行的迷信制度衰落的愿望"。*Corr.*，pp. 203 – 204，219（附加上的斜体字部分）。休谟把他最为深刻的怀疑论著作《自然宗教对话录》在他逝世后的出版事务委托给斯密；而斯密更早地将他的《天文学史》在他逝世后的出版事务委托给了休谟，这部著作也是比较有破坏性的。参见 *Corr.*，pp. 168，251；Ernest Campbell Mossner，*The Life of David Hume*（Oxford：Clarendon Press，1980），pp. 323 – 328；Ross，*The Life of Adam Smith*，chap. 17。

① *LRBL*，pp. 23，50 – 51。编辑补充道，"原稿中的"句子"是大写的"。斯密认为，带着对这种"诸如上帝、女神、英雄、参议员、将军、历史学家、诗人和哲学家之类的庄严而值得尊敬的人物"的嘲笑的卢奇安与有着更加严苛的讽刺的斯威夫特的结合既是一种嘲笑体系，也是一种教导体系："两者共同形成了一种道德体系，从中可以获得比最为固定的道德体系还要更加合理与公正的、适于所有不同的人类特征的生活规则。"*LRBL*，pp. 50 – 51。有关斯密的偏好的证据——"因为卢奇安是你最喜欢的作家，而且你知道我像你一样地喜欢他"——是在 1767 年来自 Morellet 的一封信中。见 The *Letters of David Hume*，ed. J. Y. T. Greig（Oxford：Clarendon Press，1932），2：158。正如斯密在他已出版的信中所指出的那样，休谟在他去世之前也一直在读卢奇安的对话录。*Corr.*，pp. 219，203 – 204.

纳写道，"在休谟看来，反讽无处不在，它几乎成为一种生活方式"。① 斯密自己的文学体系更加多样。他比休谟更"敏感"（用杜尔哥的话来说），而且关于反讽的运用他曾写道，情操的作用是判断"一个宜人的讽刺可以延伸多远，它在哪一个精确的点上开始退化成一个可憎的谎言"。② 但是，他肯定是不时地在讽刺着，尤其是他在卢奇安之后对"坟墓"或者"上帝、女神、英雄和参议员等庄严而值得尊敬的人物"的形容中。③ 如果休谟（或者卢奇安）曾经谈到了一只"看不见的手"，人们会完全相信他正在讽刺。在斯密的例子中，我似乎很难相信他不是在讽刺。

130

斯密的"斯多葛主义"

关于斯密的"自然宗教"，还有余下的也是更加重要的一点需要说明。看不见的手甚至一直被那些对斯密的基督徒身份持怀疑态度的人视为斯密禁欲信仰的表现。有人提议，晚年的斯密"正更加接近于自然宗教——禁欲的本性——而不是个人神性的启示（the personal God of revelation）"。④ 拉斐尔与麦菲在他们的《道德情操论》

---

① Ernest C. Mossner, "Hume and the Legacy of the *Dialogues*," in Morice, *David Hume: Bicentenary Papers*, p. 13; John Valdimir Price, *The Ironic Hume* (Austin: University of Texas Press, 1965). 莫森纳的确增加了"一句警告：尽管休谟是一位尽善尽美的讽刺家，但是人们必须学着不能过于热心，并认为讽刺潜藏在每个角落中"。

② TMS, p. 339. 杜尔哥在致孔多塞的一封信中提到了休谟，"我知道有那种非常迟钝（très peu sensibles）同时又很诚实的人，比如休谟、丰特内尔（Fontenelle）等；但是他们都有公正甚至某种程度的善良来作为他们诚实的基础"。Letter of December 1773, in *Correspondance inédite de Condorcet et de Turgot*, 1770 – 1779, ed. Charles Henry (Paris: Didier, 1883), p. 144.

③ LRBL, p. 50.

④ Macfie, *The Individual in Society*, pp. 108, 111.

导论中写道，"亚当·斯密的伦理学与自然神学主要是禁欲的"，而且禁欲的学说相当于斯密"自己的观点"和"自己的看法"。麦菲说过，斯密接受了禁欲体系"粗略的纲要"，从而看不见的手被视为一个的确是斯密"自己的"伟大的哲学与神学体系的表达。①

与休谟的著作一样，斯密的道德著作与形而上学著作是关于罗马哲学尤其是西塞罗的扩展讨论。② 这使得寻求斯密的个人观点变得很困难。他本人尽其所能来阻碍这种寻求；就像西塞罗在《论神性》（De natura deorum）中所写的那样，他似乎认为"那些无论如何都试图去学习我在不同问题上的个人观点的人们显示出一种不合理的好奇"。③ 思想史学家们必须从斯密审慎的沉思（他对于一种平静生活的渴望）中寻找这些观点；从他高雅的沉思（他过一种平静或者安宁生活的信念本身就是高尚的，这种信念的要求之一就是停止滋扰他人的安宁）之中寻找这些观点；还要从他对于经典著作的共同理解或者童年理解——一种共识——的沉思之中寻找这些观点，而现在是以不同的方式来理解这种共识。④

131

---

① Raphael and Macfie, "Introduction," in TMS, pp. 6 – 7, 10; Macfie, "The Invisible Hand of Jupiter," p. 599.
② 麦菲写道，"事实上亚当·斯密主要参考了西塞罗《论义务》和《论目的》……这会是为他的年轻的听众们所十分熟知的"。彼得·琼斯提到休谟时说过，"他超过 50 次地提到西塞罗的名字"，"明确的暗示是不必要的，因为西塞罗是一位在 17 世纪末和 18 世纪初被英、法两国每一个受过教育的人所熟知和崇拜的经典作家"。
③ Cicero, De natura deorum, 1. 10.
④ 斯密认为，禁欲哲学的不完美的品德是"礼节、适应度、得体，并且正成为一种行为模式，可以为其找到一个可信的或者可能的理由，西塞罗用拉丁词 officia 和 Seneca 所表达的含意我认为用 convenientia 一词更为准确"。见 TMS，1976，p. 291。在这个意义上，尽量不使他人痛苦是得体的，例如，就像休谟的《自然宗教对话录》的出版会使他们痛苦一样。毕竟，斯密非常频繁地使用——在第六版《道德情操论》中，在有关义务的新的讨论的五段中出现了 15 次，在有关友谊的讨论的两段中出现了 4 次，在有关享乐主义者的品德的（转下页注）

　　尽管如此，我们有很好的理由去认定斯密十分怀疑禁欲体系。他受到不同的禁欲学说的影响；在某种意义上，他本人不是一个 18 世纪的禁欲派。而且，在整个禁欲体系或者禁欲学说的结合之中，斯密最为反对的是正合时宜的秩序的思想——看不见的手本应该表达这种思想。他在使用禁欲思想时是兼收并蓄的；研究古典主义对斯密的影响的大师、现代学者格莱·维文扎谈到了斯密对古代思想的"'炼金术士般的'运用"（逍遥学派的同情心，禁欲的适当性，享乐主义者的审慎，亚里士多德的温和的品德）。① 正如他所提出的，斯密明显同情禁欲主义的许多品德观点；同情芝诺（Zeno）认为包括自我控制的品德在内的美德在本质上是被重视的事物的观点（由柏拉图和亚里士多德所共有）。② 但是他不喜欢禁欲者对结果与环境的冷漠，以及禁欲者"不关心事件，而关心他自身努力的适当性"。③ 他摒弃了禁欲对罪恶（作为共同秩序的一部分）、自杀、天文学、真理与荣誉的悖论以及聪明人的幸福等问题的观点。斯密认为，禁欲的聪明人是道学先生和"自命不凡的人"，他们靠"自我赞赏的全部乐趣"来自我安慰。④

（接上页注④）讨论中出现了 3 次——"安宁"一词，是与他希望在休谟去世后的数月内保持下来的"安静"相联系的：见 a "locus quietis et tranquillitatis plenissimus"。西塞罗、论演说家（Cicero, *De oratore*,）1.1.2。

① Vivenza, *Adam Smith e la cultura classica*, pp. 90 – 91.

② "它是可取的，不仅是作为获得其他主要的自然欲望对象的方式，而且是作为在本质上比它们都要更加重要的事物。" *TMS*, p. 300.

③ *TMS*, p. 277.

④ 例如，有关作为宇宙计划的部分的弊端，参见 *TMS*, p. 36；有关自杀，参见 *TMS*, pp. 279 – 288；关于禁欲的天文学，参见 *TMS*, p. 62；有关禁欲的悖论，参见 *TMS*, p. 289 – 291；Vovenza, *Adam Smith e la cultura classica*, pp. 66, 76 – 78。禁欲的聪明人享受着自我赞赏，有着一个"充满彻底的自满的胸膛"，并"拥有自己完整的自我认可"。参见 *TMS*, pp. 143, 147 – 148。事实上，这种无休止的快乐的智者在禁欲思想与享乐思想中是普遍的；西塞罗的享乐主义"并未从自己的生活与愚笨的人的生活的对比之中获得一点微小的满足"。Cicero, *De finibus*, 1. 62.

　　最重要的是，"禁欲的无动于衷与冷漠"对斯密来说是可憎的，当它影响到"私人与家庭亲情"时更是如此。他说过，这里的理查森（Richardson）、马里沃（Marivaux）和里科博尼（Riccoboni）是"比更好的芝诺、克吕西波（Chrysippus）或者爱比克泰德（Epictetus）更好的教员"。① 在斯密看来，"屈从于天意的秩序"是禁欲伦理道德的"基本学说"。② 但是它与自然的"计划和体系"是"完全不同的"。禁欲主义对行为结果（包括他自己和他的朋友所带来的结果）的"漠不关心"是违背人类本性的。③ 他屈从于他的品行的大方向（在斯密看来，即屈从于朱庇特的指挥）是违背责任的，因此也是有违道德的。④

　　斯密的伦理学是建立在他对道德情操的介绍之上的；还建立在

---

①　"在这种情况下，禁欲的冷漠从未令人愉快过，所有支持它的形而上学的诡辩之词除了突然把一个自命不凡者的严酷的冷漠扩大到他天生的粗鲁的十倍之外很少用于其他目的。"斯密认为，瑕疵要比过度敏感更加不适于"对得体的理解"，而"我们很自然地把过度敏感想成我们最密切的亲属们的不幸"。*TMS*, p. 143. 斯密不接受禁欲的冷漠，维文扎说道，"冷漠倾向于使人们对正在做的事的成功或者失败漠不关心；相比之下，斯密绝对不会没有觉察到这样的后果……这种观点导致人类行为的顺从，而这与斯密的思想完全相异"。Gloria Vivenza, "Elementi classici nel pensiero di Adam Smith：giurisprudenza romana e morale Stoica," in *Gli Italiani e Bentham*, ed. R. Faucci（Milan：Franco Angeli, 1982）, 1：161.

②　另一个学说是"藐视生命与死亡"；关于这两点，斯密曾说过，"终止禁欲道德的体系"。参见 *TMS*, p. 288。

③　关于禁欲的"冷漠"，参见 *TMS*, pp. 273, 275, 277, 290, 292。当斯密正准备第六版的《道德情操论》时，他似乎已经在相当烦躁中重读了阿利安（Arrian）的《爱比克泰德语录》（*Discoures of Epictetus*）。参见 *TMS*, pp. 277 - 293。爱比克泰德将苏格拉底比作一名有技术的球员："我们不仅应该表现出球员对比赛的缜密，还要表现出把所轻率对待的对象看作仅仅是一个球的同样的冷漠"（*Discourses* 2. 5. 21）。

④　斯密提到的"品行的方向"，参见 *TMS*, pp. 274, 277（两次）, p. 280（两次）："我的行为的指导者从未命令我变得悲惨……我们是将被淹没，还是来到一个港湾，这是上帝的事情，不是我能决定的。"（p. 277）

我们对朋友和"我们最密切的亲属"所感受到的情感上，而这种
情感反过来正是联合了整个社会的情操。他认为，高尚的人将会努
力去做正确和仁慈的事情，在这种情况下他找到了自己。他不受宇
宙中强大的控制者的管理；在他自己的生活范围内，他试着去管理
自己的言行。在斯密看来，这与禁欲观点相对立。禁欲者试图压抑
的情操在斯密那里变成了伦理学（甚至政治学）的基础；禁欲者
对宇宙中"最大可能的幸福"的关注被视为一种幻想，它与自然
的规划或者体系是完全不同的。①

132

　　对我而言，应该带着与斯密对基督教的介绍一样的偏见来阅
读他对禁欲学说的介绍。他使用了同样的心理学解释的语言：禁
欲的天意是"冥思"的对象，也是"慰藉"的源泉。他的迂回
的说法——"人类生命的这一奇观的指挥者""宇宙的主宰"
"大自然的伟大医生""全能的设计者与指挥者"——有着同样
过度英雄化的感觉。② 他的禁欲主义有着与他的神学同样的明辨
的功用；它为他确定了由虔诚的塞缪尔·克拉克（Samuel
Clarke）所认可的一套信念，它排除了对不忠、放纵或者享乐主

---

① "大自然已经为我们的行为所勾勒出来的规划与体系似乎与禁欲哲学的体系完
全不同……通过它为我们规定的完美的冷漠……它致力于使我们对任何事的成
功或者失败都无动于衷、漠不关心，而这些事情是作为我们生活中适当的事务
与活动而由大自然指定我们去做的。" *TMS*, pp. 291 – 293, 以及 pp. 143, 235。
在斯密的反功利主义理论与反契约规则理论中，维文扎写道，"社会中团结人
们的原则天生就与情操有关……社会从关系中呈现，而在某种意义上这种关系
是有感情的"。Gloria Vivenza, "Studi classici e pensiero moderno: la sintesi di
Adam Smith", *Atti e Memorie della Accademia di Agricoltura*, *Scienze e Lettere di
Verona*, 6, 41 (1989 – 90), 128.

② *TMS*, pp. 278, 289, 292; 关于嘲笑和假装的英勇，参见 *LRBL*, pp. 44 – 47;
关于"当我们没有确定而只是在描述一个人的时候，作为犹太立法者的摩西
（Moses）的双关语"，*LRBL*, p. 32。

义影响的怀疑。①

　　在第六版《道德情操论》中，斯密的禁欲主义与他的基督教思想一样是经过修订与改动的。他所补充的有关禁欲学说的章节是关键性的；而用禁欲主义的语言来说，他所删除的章节是对斯多葛信念的严肃解释，而这与同样被他删除的关于赎罪

---

　① 　在 18 世纪的英格兰和法国，禁欲主义有着代替宗教的功能；对于虔诚的尊重美德或者尊重美德的一个范例，它有着自然神论的功能。因此，塞缪尔·克拉克称赞禁欲者对美德的捍卫，但是指责他们没能继续着"一个坚定的信念和对未来状态的奖励与惩罚的期望"，没有了这些，他们的整个道德计划就无法获得支持。Samuel Clarke, "A Discourse of Natural Religion," in *British Moralists, 1650－1800*, ed. D. D. Raphael (Oxford：Clarendon Press, 1969), 15－216, 1：215－216. 明确来讲，斯多葛将会成为谨慎的自然神论者。参见 Gunter Gawlick, "Hume and the Deists：A Reconsideration," in Morice, *Hume：Bicentenary Papers*, pp. 128－138. 他也明确地反对享乐主义。斯密似乎已经十分谨慎地避免任何关于促进"漠视规范的体系"的怀疑；避免像休谟一样被指责有享乐主义趋势的怀疑。参见 Richard B. Sher, "Professors of Virtue：The Social History of the Edinburgh Moral Philosophy Chair in the Eighteenth Century," in *Studies in the Philosophy of the Scottish Englishtenment*, ed. M. A. Stewart (Oxford：Clarendon Press, 1990), pp. 110－111. 斯密在提到伊壁鸠鲁时说过，他的"体系无疑与我正努力树立的体系完全不一致"，而且他区别了他本人所支持的审慎与享乐主义者的"较差的审慎"。*TMS*, pp. 216, 298. 他不加讽刺地摒弃了作为道德行为对象的享乐主义情操观，与此相关的美德只不过是一个工具。但是，他对友谊的情感的描述、对朋友苦痛的同情的描述、对场所与事物的喜爱的描述都是有享乐主义特色的。情操是有着道德重要性的，即使它们不是道德体系的对象；斯密认为，没有了禁欲派的情操的道德体系是一种妄想。《论目的》是斯密《道德情操论》的主要思想来源之一，在他对情操的描述与《论目的》第一篇对享乐主义体系的说明的介绍之间存在着惊人的相似性：害怕被视作有罪的 (1.51, *TMS*, p. 118)；渴望财富与地位的人的焦虑和痛苦 (1.60, *TMS*, pp. 181－183)；有朋友的人的安宁，以及独居之人的秘密的沉思 (1.66－67, *TMS*, pp. 22－23)；我们对自己周遭事物的偏袒 (在斯密看来，大部分是对人的偏袒；而在 Torquatus 看来，是对身份的偏袒, 1.69, *TMS*, p. 227)。维文扎说过，斯密受斯多葛启发的思想有着"某种享乐主义的色彩"；她也谈到了在斯密使用原始资料的时期，享乐主义立场与禁欲主义立场的接近。Vivenza, "Elementi classici", 1：169－170. 她总结道，斯密采用了"一种禁欲主义与享乐主义互相参半的观点"。Vivenza, *Adam Smith e la cultura classica*, pp. 64－66.

学说的介绍十分相似。① 事实上甚至在第一版《道德情操论》中，就可能存在着一种讽刺或者轻微嘲弄的语气。这至少是埃德蒙·伯克的印象，他那时仍然不为斯密所知；他祝贺斯密写出了不同风格的著作，尤其祝贺"在你的第一部分的结尾处对禁欲哲学的精细描述，它在所有的盛况中被装点出来，变成了壮观的幻想"。②

在这些情况下，看不见的手的禁欲主义来源几乎没有为斯密认真对待看不见的手的观点提供证据。在斯密看来，朱庇特——在《天文学史》中朱庇特的第一只看不见的手——实际是一个笑话。斯密欣赏卢奇安的"快乐"与讽刺，而朱庇特是卢奇安的基本的喜剧技巧：朱庇特正试图去解释天意，朱庇特对霹雳的抱怨，朱庇特正在寻找一个有足够才智的斯多葛主义者来与伊壁鸠鲁的追随者们争论，朱庇特担心自己会变成一只手镯。③ 斯密

---

① 关于禁欲的冷漠，参见 *TMS*，pp. 140 – 143，147 – 149；关于自杀，参见 *TMS*，pp. 278 – 288；关于天意，参见 *TMS*，pp. 288 – 293；关于禁欲的悖论，参见 *TMS*，pp. 289 – 291。斯密对禁欲学说的资料的重新组织也试图降低它的重要性；正如拉斐尔和麦菲所说的那样，早期版本的编排有较大的影响，而且"更清晰地显现出禁欲影响的普遍特点"。"Introduction，" *TMS*，p. 5.

② 1759 年 9 月 10 日的信，见 *Corr.*，p. 47；正是斯密在第六版中删除的对禁欲哲学的描述在本卷末尾被部分地重新采用。

③ 在卢奇安的《被盘问的宙斯》中，宙斯不成功地尝试去解释命运与天意的禁欲学说；在《演悲剧的宙斯》中，他用日益烦躁的心情旁观着，就像禁欲主义的蒂莫克勒斯（Timocles）被享乐主义的德米斯（Damis）在关于自然秩序、天意以及神的设计的证据的公众辩论中战胜一样；在《神的议会》中，他被告知：如果他继续使自己变成黄金，那么他有变成一只手镯的风险；在《双重谴责》中，他抱怨与冰雹和闪电的乏味工作，抱怨看巴比伦的战争与埃塞俄比亚的盛宴，抱怨不能睡觉，以免应该证实伊壁鸠鲁对神的旨意的否认，并防止祭品与敬奉的供应停止。卢奇安学者 Maurice Croiset 在 *Essai sur la vie et les oeuvres de Lucien*（Paris：Hachette，1882，p. 228）中总结道，"天意的观念 （转下页注）

也认为朱庇特是一个可笑的人物；"从他手中滑落的闪电"或者
"用一场遍及的大火"包围住一切事物。① 但是，斯密认为天意的
禁欲学说也是一个悲惨的错觉。之前本书曾提出，看不见的手的
133 思想是非斯密式的，不仅因为它考虑到人们的意图，还因为它假
定存在一个无所不知的监督者。事实上这些是斯密对禁欲学说的
最严厉的抨击；是针对那些禁欲主义的聪明人的抨击，他们只顾
自己，同时又没有希望地、不负责任地克制自己；也是斯密针对

（接上页注③）作为苏格拉底与斯多葛的神学基础，在这种理解中卢奇安把它重点
挑选出来予以抨击"。C. P. 琼斯（C. P. Jones）写道，"与享乐主义相比，他们
传统的敌人禁欲派或许是卢奇安最喜欢的笑柄"；"他显然受到哲学辩论的影
响……尤其是受到对禁欲派的天意观点的抨击的影响"。C. P. Jones, *Culture
and Society in Lucian*（Cambridge, Mass.：Harvard University Press, 1986），pp.
28, 40-41. 有趣的是，斯密挑选出来的卢奇安的"快乐"的作品——他认为
"几乎没有什么会比这些作品更有趣了"——是他对错误先知 Abonoteichos 的亚
历山大的叙述。*LRBL*, p. 52. 这是卢奇安对伊壁鸠鲁以及那些抵抗亚历山大的
"无神论者、基督徒、享乐主义者"的最有力的捍卫，而"柏拉图、克吕西波
和毕达哥拉斯（Pythagoras）的追随者们是他的朋友"。卢奇安写道，伊壁鸠鲁
是解放人类的一个人；是给人们带来和平与安宁的人，把人们"从恐惧、鬼怪
和凶兆中，从空想和过度的欲望中"解放出来，"从中发展智力与真理，并且
真正地净化他们的思想，而这不是凭借火把、海葱和其他这类愚蠢的行为，而
是凭借准确的思维、真实性和坦诚"。"Alexander the False Prophet", 25, 38,
47, in *The works of Lucian*, 4:209, 225, 235.

① 关于在爱比克泰德的船上的"朱庇特的任务"，参见 *TMS*, p. 277。在《古代物
理学史》中，斯密提到，"在特定的时期内，这个权力无限大的朱庇特应该凭
借一场大火把一切都包围起来"。在他关于修辞学的演讲中，他介绍了约翰·
哈维的一首诗 *The Bruciad*，在这首诗中哈维忽略了"音乐对朱庇特本人的影
响，闪电从他手中划出，而就在这个时刻，鹰落在他的手上"。*EPS*, p. 117;
LRBL, p. 67. 这正是谭休斯的宗旨，斯密持有他的著作，并可假定他的演讲来
源于此；例如 *De falsa religione*。在他关于法理学的讲座中，斯密问道，"是什
么使得住在国会大厦里的朱庇特与来自叙利亚或卡帕多西亚的奴隶有关系？而
且，上帝从来不理会空着的手，有询问请求的任何人都必须用一个礼物来提出
问题。这也将奴隶完全排除在宗教机构之外，因为他们自己没有任何东西可以
提供"。*LJ*, p. 179; 这里存在着某些与俄狄浦斯的天意相似的地方，在《俄狄
浦斯》中，"无形的手拒绝了我的礼物"。

爱比克泰德本人的抨击，抨击他认为人类生活无意义还为此而
欣喜。①

秩序与设计

在 18 世纪对自然宗教的争论中，世界的有序性是一个有着无
尽趣味的主题。与人类本性的特征一样（就像对于是否一切情操
都源于自爱这一问题的争论一样），它是一个被仔细审视过的条
件，以至于它已经成为一种记忆符号。休谟在谈到这两组争论时使
用了同样的、略显苍白的语言。他写到了哲学家之间关于公共精神
与私人友谊是否表达自利或者自爱的问题的讨论，"在所有这一公
开辩论中，存在着大量对词语的辩论"。② 在斐洛对《自然宗教对
话录》的议论中，他写到了关于宇宙秩序的讨论，"对词语的辩论
在某种程度上进入这一公开辩论之中"。③

在这些讨论中，有序性的条件至关重要，因为它会对宗教信仰
产生影响。它向那些休谟与之争论过的宗教哲学家们和禁欲主义哲
学家们提出了无可辩驳的上帝存在的证据。在西塞罗的《论神性》

---

① "他所有的情感都被两种挚爱所吞噬：一个是履行自己职责，一个是实现所有
　　理性与理智的人的最大的幸福……他唯一的忧虑是对前者的满足；不仅与事件
　　有关，还与他自身努力的适当性有关。" *TMC*，p. 277，关于爱比克泰德，
　　p. 288。在这里，斯多葛合并了几种不同的道德人格的最没魅力的特点：道义
　　论者的自我迷恋、功利主义者的麻木不仁，以及假虔诚者的平静。
② 休谟说过，否认公共精神的真诚以及私人友谊的公正无私性就是缺乏自知之
　　明。普遍自爱的哲学家"不了解自己：他已经忘记了内心的活动；准确地
　　说，他使用了一种与他的同胞所使用的不一样的语言，并且不用合适的名字
　　来称呼事物"。"Of the Dignity or Meanness of Human Nature," in Hume, *Essays*,
　　p. 85.
③ Hume, *Dialogues*, p. 128.

中，巴尔布斯（Balbus）说道，如果他们看见一座漂亮的房子，他们不会认为它是由老鼠与黄鼠狼建的。① 克里安堤斯在休谟的《自然宗教对话录》中说道："一个有序的世界就像一个连贯而清晰的演讲一样，它将作为一个无可争辩的设计与蓄意的证明而被普遍接受。"② 这些争论构成了斯密关于自然秩序与无形的设计的评论的全部背景。他在《天文学史》中是用与巴尔布斯的语言风格相接近的词语来形容多神论者的第一只看不见的手的。在《道德情操论》中，看不见的手产生于形容"秩序的美感"的过程之中，产生于富人的适应与公共制度之中。③ 在《国富论》中，"社会"的看不见的手是斯密两次提到的"最大可能"的结果之一——另一个是在他用形而上学的隽语对法国经济学家所做的讨论中——的场合，而在他看来，这一结果是如此典型的对普遍秩序的斯多葛式幻想。

对休谟而言，对于从宇宙的有序性推断出上帝存在的观点的反驳全凭渊博而持续的信念。在他留下来的哲学著作中，有较少的证

---

① Cicero, *De natura deorum*, 2.17.

② 斐洛回信道，这个世界是如此不完美，以至于我们可以将其看成"只是某些依附性的、下等的神的作品"；在某些情况下，"它的起源也应当归结为繁衍或者植物，而非理性或者意向"。Hume, *Dialogues*, pp. 66, 79, 86.

③ *TMS*, p. 185. 巴尔布斯说道，"如果你们看见一座宽敞漂亮的房子，即使当你没有看到它的主人时，你也不会认为它是由老鼠和黄鼠狼建的"；当一个人走进房子时，或者走进一座体育馆或讲坛，"并注意到一切都按照安排、常规和体系而运行时，他不可能会假设这些事物没有原因地发生：他意识到存在着主宰与控制着一切的人"。有趣的是，斯密在他的《天文学史》关于朱庇特的无形的手的一段中回顾了在《论神性》中的紧接前文的讨论。这就是巴尔布斯认为由"我们的大师克里安堤斯"所引起的对神的思想的起源的叙述。一种解释是"由闪电、暴风、雨、雪等所引发的恐惧……所有这些骇人的预兆已经向人类暗示了存在某些神的力量"。然而，最有力的解释是"天空的统一运动与运行……太阳、月亮和星星的有序的美，它们本身就足以证明它们不仅仅是偶然作用的结果"。*De natura deorum*, 2.14 – 1.

据支持斯密曾对这一特定的宗教问题产生了极大的兴趣。最不可能　134
的是，与巴尔布斯、克里安堤斯和卢奇安的提墨克里斯一样，斯密
相信一个完全有序的天意的存在，它的看不见的手只有在宇宙的有
序性中才是看得见的。最有可能的是，与休谟一样，斯密相信宇宙
可以是有序的，这不需要安排。但是，这种没有安排或者没有上层
意图存在的有序性的可能也有着政治上的重要意义，而且对斯密而
言这是一个更为有趣的事情。

特别的是，在神的设计的观点与最高统治者的设计的观点之
间，存在着某种相似之处。塞缪尔·克拉克在他与莱布尼茨
（Leibniz）的通信中承认了这种相似性；克拉克说过，那些认为世
界是在没有神的指引下而继续发展的人们，将趋向于"把上帝排
除在世界之外"，就像那些认为"在一个现世的政府中，事物可以
完美运行，无须国王亲自指示或者处理任何事，也可以合理地存有
非常愿意不理会国王的想法"的人们一样。[1] 斯密对于没有国王的
情况不感兴趣。但是他相信，事情进展良好，无须国王来安排人们
的勤奋。这是他深信不疑的信念之一。

在这些情况下，在暗示存在一个完全有序的天意中，斯密对看
不见的手的隐喻的使用是讽刺性的。但在暗示会存在一种无须设计
的秩序的情况下，一个社会无须处于一个监管一切的最高统治者的
控制之下（就像宇宙是有序的，无须被一个"全能的建筑师和管
理者所控制"）也可以繁荣，它是严肃的、非讽刺的。但是，从一
个不同的且更为深刻的意义上说，斯密的思想再一次有了讽刺意
味。因为看不见的手的暗示就是，事实上在没有政府管理的情况

---

[1]　*The Leibniz-Clarke Correspondence*, ed. H. G. Alexander（Manchester：Manchester
University Press, 1956）, p. 14.

下，社会最终将会是繁荣的或有序的。我们将会看到，这种可能性
成为看不见的手在 20 世纪的声誉的核心所在。它不是斯密明确表
达的一种可能性。在某种重要的意义上，它只不过是一个希望或者
一个暗示。

　　可以认为斯密曾断言道，秩序的存在并不意味着设计的存在。
这是对看不见的手的严肃且非讽刺的运用：人们的努力会获得成
效，还能够成功地使整个社会获益，而无须服从于最高统治者与立
法者的管理。斯密甚至认为这样的管理很可能会不成功。从政府的
产业管理的意义上来讲，设计的存在很可能破坏经济秩序。但是，
斯密在《国富论》或其他地方并没有表明设计的不存在本身是确
保秩序或者繁荣的充分条件。设计的不存在并不意味着秩序的不存
在。但是，这也并不意味着秩序的存在：事实上，秩序会存在，自
由放任政策会确保繁荣。这是斯密更深刻的讽刺。它作为一个无序
的宇宙的结果，是对斯多葛派有序性的讽刺。

一种有说服力的策略

　　归纳起来，有一个理由来支持亚当·斯密喜欢看不见的手的提
法，即因为它的使用可以带来美学上的欢欣。有三个理由来支持他
认为看不见的手的提法既无趣又不恰当，即因为它暗含的对个体生
活的徒劳的忽视，它暗含的对全能的理论家的尊敬，以及它暗含的
与他自己对自利的政治追求的描述的矛盾。有人暗示道，看不见的
手的宗教内涵——它对基督教的上帝，或者禁欲的天意，或者神的
指示的存在的唤起——为怀疑斯密的意图提供了又一个理由。

　　在这些情况下，剩下的困难是如何理解斯密自己的、在一定程
度上相互矛盾的观点。我们已经考察了支持否定观点的证据，即看

不见的手在斯密的思想中并不是特别重要的，好像它是天赐秩序的构想的表现形式。① 一方面，有理由假定斯密没有以一种完全严肃的方式提出看不见的手。另一方面，如果看不见的手的概念是斯密认真提出的，那么它将与斯密的关于个人的情操、个人的责任、个体商人的意图等最深刻的信念相矛盾。

结论就是，看不见的手是斯密思想中一个并不重要的组成部分。看不见的手的思想与用来形容它的语言一样，都是非斯密式的，对于他的理论并不重要。从雅各·瓦伊纳（Jacob Viner）以来的研究斯密思想的几位现代学者都已经表示出对看不见的手的思想的这样或那样的忧虑，并表示出对麦菲称之为在看不见的手与斯密著作的其他部分之间的"若非矛盾，则为奇怪的反差"的忧虑。②

① 显然，指出一种思想或者比喻在一个理论家的思想中是重要的要比说明它不重要更加容易；说明他频繁地引用它，以及说明它与这一作者的著作的其他部分相一致等，都是比较容易的。19 世纪的学者关于斯密作品的评论对看不见的手的不频繁的引用提供了某些对不重要性的支持证据。但是，认为对特定种类的引用在未知数量多少的人中是不频繁的，而对于许多人——在这个例子中，指的是与斯密有关的评论的人——而言是著名的，这种观点是十分难以理解的。也可能还有其他的对于引用的明显稀少的解释，例如，天赐秩序的思想对同时期的人而言是如此突出的，以至于它不需要任何评论。

② Macfie, *The Individual in Society*, p. 122. 瓦伊纳在《亚当·斯密与自由放任》中建议，"在神的领导之下的、和谐的自然秩序的学说"——或者麦菲称之为"典型的有神论的无形的手的观点"——在《道德情操论》中远比在《国富论》中更加重要，而且他在后面的著作中形容它"实质上已经消失"。Jacob Viner, "Adam Smith and Laissez Faire," p. 127. 一位瓦伊纳的早期评论者 Henry Bittermann 扩展了这一观点，他甚至质疑在《道德情操论》中和谐的秩序的重要性。"据进一步认定，斯密的伦理学理论并不直接建立在自然秩序的学说的基础之上，而且这一秩序没有包含任何具体标准或者政策的暗示，而这些不得不直接从现象中去寻找。" Henry Bittermann, "Adam Smith's Empiricism and the Law of Nature," pt. 2, *Journal of Political Economy*, 48 (1940), 717–718. 麦菲也接受了瓦伊纳在《国富论》中自然和谐的不重要性的观点，他也认为无形的手（的思想）在《道德情操论》中只是得到较少的重视，而且他继续质疑由瓦伊纳提出的在两部著作之间的差异。注意到在《道德情操论》（转下页注）

麦菲说过，看不见的手在斯密的理论体系中是有力量的，但是它也与这一体系相冲突。经济思想史学家们的目标是质疑第二个假定，或者试图使看不见的手的思想与斯密其他思想（关于人的责任，或者是关于实证调查）相一致。这里的目标是相辅相成的；它是想质疑第一个假定，即关于看不见的手（的思想）在斯密的整个体系中的严肃性和重要性。

在这一含义上，斯密看不见的手的观点带着一种温和讽刺的意

（接上页注②）中对于"自然、神或者无形的手"的所有引用之后，麦菲总结道，"它们与主要的同情看客的观点几乎没有关系，这是十分不寻常的"。Macfie, *The Individual in Society*, p. 102. 拉斐尔把"在斯密的伦理学与经济学中的更多的形而上学的因素"看作只有假设意义的重要性："其实他并不需要它们作为他的因果解释……'无形的手'不像上帝的手一样从字面上可以加以理解。" D. D. Raphael, "Adam Smith: Philosophy, Science, and Social Science," in *Philosophers of the Enlightenment: Royal Institute of Philosophy Lectures*, vol. 12, ed. S. C. Brown (Altantic Highlands, N. J. : Humanities Press, 1979), p. 92. 格莱·维文扎在她关于斯密与禁欲伦理学的关系的讨论中说到了"根本问题"。一方面是禁欲起源的神学模式（天赐主义的概念，在某些形式上也被斯密运用到经济分析中），它是乐观的，而且在很大程度上是明确的——尽管斯密通常是反教义取向的——先验主义。另一方面是"一个从个人开始的实践哲学"，它承认了自然本能与人的动机的"敏感的社会特征"。而上述的"根本问题"就是由"在这二者之间寻找某种协议的需要"而提出来的。Vivenza, *Adam Smith e la cultura classica*, p. 91. 在过去的一个世纪的大部分时间里，这一系列观点似乎可归纳如下：人们认识到，尽管看不见的手对斯密的思想而言有着显著的重要性，但是它与这一思想处于某种紧张的状态之下；瓦伊纳建议，天赐主义者的构想只有在《道德情操论》中是重要的，而在《国富论》中却不是这样；麦菲和其他人进一步指出，这些构想甚至在斯密的伦理学中也是不重要的。本章中的建议已经成为序列中的下一步骤：去质疑看不见的手是否的确在某些意义上对斯密而言是重要的，从而与在19世纪以及尤其是20世纪看不见的手对于理解斯密著作很重要相区别。因此，与麦菲的说明主要的差异在于他把看不见的手称为一个"否决的概念"或者"整个体系的推动力量"。Macfie, *The Individual in Society*, p. 54; idem, "The Invisible Hand of Jupiter", p. 599. 相反，如果看不见的手被看作一个不起眼的权力的概念，则它的本体论——在斯密的根本信念更加广阔的背景之下，它是像对麦菲而言的那般被理解，还是像这里所表明的那般被理解为一个有益的自负——本身就是一个相对次要的事物。

味（且自我嘲讽）。他把它看作一种制度的表达，而这种制度抚慰了幻想，也可能与社会中的关系不相对应。休谟说过，无论我们在何处找到"最初的、固有的秩序准则"，以及它是"在思想领域还是在物质领域中"，"这都是十分无所谓的"。斯密本人曾在《天文学史》中说过，我们很难把科学体系说成"仅仅是想象的创造"，我们很难不去"利用语言……仿佛它们是真正的自然束缚"。① 这种本体论的冷淡在 18 世纪晚期的确是一个为人所熟知的观点。当康德谈到智慧作为"大自然的立法者本身"时，他把秩序定位在思想中："在外观上大自然——这一称呼是由我们命名的——的秩序与规律性由我们自己来界定。如果我们自己或者我们的心性最初并未把它们安排在那里，那么我们可能永远都不会通过外表来找到它们。"② 正如一位 19 世纪的斯密历史主义批评评论家理查德·舒勒（Richard Schüller）所指出的那样，在涉及看不见的手的那段

---

① David Hume, *Dialogues concerning Natural Religion*, p. 84; "History of Astronomy," in *EPS*, p. 105.

② Immanuel Kant, *Critique of Pure Reason* (1787), trans. N. Kemp Smith (New York: St. Martin's Press, 1965), pp. 147 – 148. 有趣的是，主教霍纳在他致斯密的一封公开信中反对休谟的超前的抨击之一就是美化了智慧：他说过，休谟相信"万物的性质在非常大的程度上取决于人，而且没有了人类的智慧的行为，二加二不会等于四，火和阳光也不会产生热量"。[Horne], *Letter*, pp. 42 – 43. 在 1795 年，斯密的《天文学史》的编辑——其中的一个是约瑟夫·哈顿（Joseph Hutton），他曾因为在地质学中表现出来的准无神论的倾向而受到批评，另一个是约瑟夫·布莱克（Joseph Black），作为主治医生的他被卷入休谟幸福而平静的死亡这一可疑事件中——在《天文学史》的末尾补充了一条注释，内容为：斯密"留下了一些评注与备忘录，从中可以看出似乎他认为《天文学史》的这个最后的部分是不完善的"，并且这条注释解释说对它"必须加以仔细审视，并不是作为艾萨克·牛顿爵士（Sir Isaac Newton）的天文学的一部历史或者叙述"。*EPS*, p. 105. 这个解释的一个目的是保护斯密去世后不受到对他的美化了想象的抨击，这有损于上帝的秩序的光辉；或者免受于对于他把牛顿体系提出来尤其作为一个哲学体系的抨击，这有损于该体系被形容为上帝的天体发条的尊严。

中，斯密的用词语言甚至比通常更为谨慎。斯密说过，个人"通常而言"并不打算去促进公共利益，他通过对其自身利益的追求从而更有效率地、"频繁地"促进公共利益。①

对斯密而言，看不见的手只是一个小装点；它并非是对内在秩序的一次发现。但是它的美——它对想象的美——是有着政治上的重要性的。斯密在他的通篇著作中致力于信念的思想，而看不见的手是说服人们并呼吁他们热爱体系的一种方式。② 正如我们已经看到的那样，斯密在《道德情操论》中提出了看不见的手的那一段，是位于对体系的爱与秩序之美的两段之间的一段题外话。在这一段的末尾处，斯密回到了他中断了的主题："同样的原理，同样的对体系的爱"。在第一段中，想象力被消费品（小饰物、房子，以及其他用具）的有序性所影响，在第二段中，它被政治体系的美与秩序所影响。斯密说过，如果你使人们热爱美好的且顺利运转的政治计划，以及唤起他们"对于艺术与发明的热爱"，那么"你会更有可能去说服"公共人物。③

---

① *WN*，p. 456. 就像理查德·舒勒所写的那样，如果斯密的观点只不过是私人利益"作为一个一般规则"与社会利益相符，那么他就没有做任何断言，而这是他的历史主义评论家们［比如威廉·罗舍尔（Wilhelm Roscher）和卡尔·克尼斯（Karl Knies）］所不同意的。斯密立场中"不确定"的观点就是，他断定公共利益和私人利益和谐一致是否还是"无一例外"。但是他小心地不去做这种断定。舒勒写道，历史上的经济学家们"不考虑背景，甚至是错误"地引用斯密的话；例如，布鲁诺·希尔德布兰德（Bruno Hildebrand）照搬了斯密的德语版译者马克思·施蒂纳（Max Stirner）的翻译，在他对看不见的手的说明中"忽略掉了'频繁地'一词，而这个词在这里是有着决定性的重要意义的"。Richard Schüller, *Die Klassische Nationalökonomie und ihre Gegner: Zur Geschichte der Nationalökonomie und Socialpolitik seit A. Smith*（Berlin: Carl Heymann, 1895），参见阿尔弗雷德·马歇尔的评论，引用在本书第 131 页注释③中。

② 例如，*TMS*，pp. 186, 336；也见 Macfie, *The Individual in Society*, p. 115；Vivenza, "Studi classici," p. 113。

③ *TMS*，pp. 183 – 187.

一般的经济秩序的制度就是这样一个计划。它可能或不能实现这个国家产业的"最大可能的"价值或者对国家财富的最公平的分配。但是它至少会比普遍调控的看不见的手效果更好。事实上，它的政治重要性存在于它的公共魅力中，或者存在于它劝阻政治家们不使用其他更暴虐手段的潜在性中。在《国富论》提及看不见的手，斯密的目的在于使立法者相信他们应该停止对进口的强行限制。正如孔多塞评论的那样，使官员们明白无为而治的道理并不是特别容易。① 或许，使他们明白无为是为了在公共秩序的大系统中进行合作是比较容易的。因此，看不见的手（的思想）是一个小装点，也是一种排除装置；它排除掉了更加强有力的干预手段。

在我看来，斯密在形容公共人物的易受影响性时，在形容他们倾向于被想象或者对美与秩序的热爱所引导时，似乎是带有轻微的讽刺意味。但他的讽刺同时也是自嘲的（Selbstironie）。他说过，人们"放弃了他们判断力的证据，来维护他们想象的思想的一致性"；"甚至我们"也被我们的制度所取悦，并被"牵扯进来"，把它们看作"重要而崇高的真理"。② 至少正是在这一意义上，看不见的手（的思想）是一个完全斯密式的思想。它是一个讽刺性的笑话，也是一个对自己的嘲弄。在任何情况下，对众多后人而言，它都是一个笑话。

解释与理解

如果本章对看不见的手的推论是令人信服的，那么剩下的困难

① "Monopole et monopoleur"（1775），in *OC*，11：46；参见第六章。
② "History of Astronomy,"in *EPS*，pp. 77，105.

就是，如何理解为什么看不见的手的思想被如此高估；为什么这一"伟大思想"似乎常常表示了所有斯密著作中的重要内容。在对斯密经济思想的研究中，已经出现了对理智的理解的巨大改变。而斯密或许特别容易受到由关键想法（idées-clé）或者被认为是他全部理论缩影的单一原理所组成的历史的影响。但是，在过去的一个世纪中，对看不见的手的理解一直都是既顽固而又有弹性的。因此，去考察它是什么——不是在斯密的著作中，而是现代意义上看不见的手——是十分有益的，而对于如此多的经济学家与经济政策而言，它一直都处于需要被澄清的状态中。

在共同构成了看不见的手的现代观念的三个条件——与行为的非意料之中的结果有关、后续发生的事件的有序性，以及非意料的秩序的惠泽——中，第三个条件一直具有最大的公共重要性。正如138 卡伦·佛恩（Karen Vaughn）在她写的《新帕尔格雷夫大词典》（*New Palgrave*）"看不见的手"的词条中那样，第一个条件在很长的时间中"必须是很明显的"。① ［在伯纳德·威廉姆斯（Bernard Williams）的叙述中，它对于《奥德赛》中的忒勒马科斯（Telemachus）而言是明显的。］② 它无疑存在于斯密看不见的手的思想中；他在《道德情操论》中的焦点之一就是他所谓的"行为加之于行为人的情操以及其他人的情操之上的或好或坏的结果"。然而，有趣的是，斯密最有力的例证是关于意料之外的影响的，它们是不好的，同时也是可怕的；这是有关俄狄浦斯、乔卡斯塔以及

---

① Vaughn, "Invisible Hand," p. 998.

② Bernard Williams, *Shame and Necessity* (Berkeley: University of California Press, 1993), pp. 50 – 52; 同样可参见阿马蒂亚·森对预见力的看法，"预见力"的肤浅性质会使行为产生无法预料的后果。Amartya Sen, "The Profit Motive," in *Resources, Values, and Development* (Oxford: Basil Blackwell, 1984), pp. 92 – 93.

其他人在"无意设计"——或者在"非设计的暴力"下——所做之事的讨论，而这些事如果是有意为之，则恰会被视为极端错误。①

　　第二个条件是有序性——用佛恩的话来形容，即已经被设计好的或者是"可理解的"秩序，它是更为模糊的。正如我们已经看到的那样，在18世纪，宇宙秩序是否被设计好了的问题与宗教利益密切相关。但是，我们几乎没有理由来预期它在20世纪的经济学中会有相似的重要性。如果（这个问题）还有任何的现代利益相关性，那么它将是不同种类的。神学观点采用了形态的形式来断言，如果一组事件是有序的，则这些事件不可能不是有意设计的产物。休谟和其他的18世纪自然宗教的反对者们对这一观点提出了异议。现代的、现世中的论断似乎变成：如果这组事件是有序的，则它们可能是有意设计的产物。② 这一观点本身与意料之外的后果的论断一样极为无趣。事件有可能被有意设计了，也有可能没有被有意设计，也可能它们是被老鼠选出来的，等等（此处，作者为表明存在多种可能。——译者注）。显然，在20世纪，与在18世纪一样，更有趣的是形式命题的隐含的政治观点。

　　因此，在现代的说法中，设计论的观点采取了建议的形式，如果世界或者经济是如此有序的，以至于它一直可以由最高统治者（或者一个计划委员会）来设计，那么就不存在对于实际设计（或者委员会）的需要。结果是已经被计划好了的，它却不会按计划

---

① *TMS*, pp. 104, 107, 338 – 339；对于"罪孽深重的罪责"的两个讨论补充到第六版中。

② 因此，佛恩曾写道，"给定适当的环境"，意料之外的后果"可能导致一种秩序……就好像它是一些有才智的规划者的产物一般"。见 Vaughn，"Invisible Hand，" p. 998。

发生，那么，我们为什么需要一个计划者呢？就像塞缪尔·克拉克的可疑哲学家们一样，看不见的手（的思想）的热衷者们可能十分愿意把最高统治者搁置在一旁。这种形式的建议使人回想起斯密自己曾努力去说服政治家们，无为的结果会是一个与调控的结果一样美好而系统的发明。但是由此它是第三个条件的变化，它与善行相关；看不见的手的支持者必须说明，并非设计结果的秩序也是一种有益且令人满意的秩序。

秩序论的其他部分，即意料之外的秩序是"可以理解的"，关乎更为普遍的利益。佛恩在哈耶克之后说过，"没有了在人类行为中的看不见的手这一概念，社会科学是不可能存在的"，而阿罗和哈恩也把看不见的手视为经济思想"对社会进程的通常理解"的主要贡献。[①] 哈耶克认为，所有的现象都应该分为三类：自然的、人为的（或者是那些作为"人类设计的产物"的事物），以及"我们发现在人类社会中存在着的所有那些意料之外的模式与规律性构成的不同的中间类别"。正是第三类现象构成了社会科学的主题，而"解释这一现象也是社会理论的任务"。[②] P. -J. 蒲鲁东（P. -J. Proudhon）在他 1846 年的《贫困的哲学》（*Système des contradictions économiques*）中说过，一个准神学的有序性是科学的社会研究的条件；"任何政治宪法的序言"必须"存在神；这意味着：社会是用建议、预先计划、信息来治理的。这种判断排除了偶

---

① "一个社会体系是由独立的、追求不同价值的行为所推动的，这一理念是与一种最终一致的平衡状态相符合的，而且由于结果可能与行为人想要的结果十分不同，因此它是经济思想对社会进程的通常理解已做出的最重要的智力贡献。" Arrow and Hahn, *General Competitive Analysis*, p. 1；Vaughn, "Invisible Hand," p. 998.

② Hayek, *Studies in Philosophy, Politics, and Economics*, p. 97.

然性，因此它是一门社会科学存在的基础"。①

　　佛恩认为，社会科学对于独立的个人行为产生兴趣，始于对这些行为产生的"一个可理解的且有序的社会进程"的发现。这也表明如果事件是可以理解的，则它们必须是有序的或连贯的——它们必须展现出模式或者规律性——如果它们可被理解，则意味着斯密的科学观被摒弃。在斯密与休谟（以及康德）的作为大自然的立法者的构想中，科学事业的核心是对其他不和谐的事件强加一个连贯的秩序；它是为了想象一个体系（一系列体系）来了解世界，而不是为了发现世界其实是合理的。对斯密而言，有序性是被"赋予"给现象的一个属性。② 我们的思想（能够）在很大程度上是连贯的，因为陈述是连贯的；个人行为的连贯性与陈述的连贯性不那么相似，与个人选择的一致性一样。③ 用康德的话说，他们的秩序是"我们自己展现"。

----

① 蒲鲁东认为，在"古代智慧"中，万物由一个独断的神以及"对一个无形的主宰的恐惧"控制。P. -J. Proudhon, *Système des contradictions économiques ou philosophie de la misère* (1846), *in Oeuvres complètes*, ed. C. Bouglé and H. Moysset (Paris：Marcel Rivière, 1923), 1：52 - 53.

② *EPS*, p. 77; Smith speaks of bestowing coherence at *EPS*, pp. 63, 69, and 76.

③ 参见 Amartya Sen, "Internal Consistency of Choice," *Econometrica*, 61, 3 (May 1993), 498 - 499。正如哈耶克在他对熊彼特（Schumpeter）的"实证主义"（其中，生产要素的估值是"包含在"消费品的估值中的）的评论中所说的那样，"包含是一种逻辑关系，它仅能够被声称为对于一个同样的思想而同时提出的观点"。F. A. Hayek, "The Use of Knowledge in Society," *American Economic Review*, 35, 4 (September 1945), p. 530. 在阿罗和哈恩所谓的"均衡概念"的一个理解中，均衡是一致的（或者说参与人的行为是适宜的），因为在非负价格下不存在超额需求；在"最终一致的平衡状态"下，商品全部出清。在一个不同的概念中，家庭效用的倾向是一致的；从低于"最低保障的效用水平"的意义上来说，每个家庭都得到了满足。Arrow and Hahn, *General Competitive Analysis*, pp. 1, 23, 120. 在这里，两个例子中的秩序都是事件而非观点的一个特征。但是，在供求理论（一个概念）或者家庭效用理论的意义上来说，这种秩序是由理论家们赋予的。

140

更加深刻的社会理解或者理解力问题，与解释中的品味有关。我们可以明显感觉到，预期的结果并不像社会调查的对象一样特别有趣。在斯密自己的例子上扩展开来，如果我正在看人打牌，若我"每一次出牌"都看的话，我会感到十分眩晕；然而，当向我解释所有的"游戏性质与规则"的时候，我对此不是非常感兴趣。① 如果人们只做上帝规定我们要做的事，或者去做那些国家计划委员会已经命令人们做的事情，那么对社会理解的搜寻是有限且令人反感的。他们行为的结果能够被理解或解释，但是社会理论家对于这种解释几乎没有兴趣。

正如我们已经看到的那样，由罗伯特·诺奇克（Robert Nozick）所做的代表着"看不见的手的解释"的陈述本质上是美的，也十分切中斯密的精神，那就是它们是"令人愉快的"或者"令人满意的"。② 但是还存在一个哈耶克所做的不一样的、更强的论断，在这一论断中，对意料之外的行为的分析不仅是对社会理解力的贡献，也是社会理解力的条件。哈耶克说道，与大陆启蒙思想相联系的建构主义学说"没有为'人的行为而不是人的意向的结果'留有任何空间，因此也没有社会理论的空间"。③ 自发有序的

① "History of Astronomy," in *EPS*, pp. 43 – 44.
② 在诺奇克的叙述中，理论家们以"领域"的思想开始，这可能是"一些总体模式或者设计"。提出关于领域的一个"基本的解释"是为了用非本领域的术语来解释它，是为了"不使用任何本领域的概念"。在作为"看不见的手的解释"的主要议题的社会调查中，最初的领域或者模式是那种往往被当前的共识认为是已经设计好的或者已发明的事物。（它是那种"人们认为不得不由一个人或一个集团实现这一模式的成功尝试所产生的事物"，是那种"人们认为只能够通过智能的设计所引起的事物"，或者"看起来是某人的有意设计的产物"。）但是这一模式最终作为行为的结果而出现，尽管这一行为的结果是有意的（因此也是自觉的），但是在他们的目标中并不包括这一特定模式或领域的建立。Nozick, *Anarchy, State, and Utopia*, pp. 18 – 19.
③ Hayek, *Studies in Philosophy, Politics, and Economics*, pp. 104 – 105.

结构不仅"优于自觉的行为",也与社会生活或者社会理论的领域共存;"的确,与个人行为相区分的任何值得称作'社会的'社会进程几乎都是前定且未被察觉的"。①

此处的困难在于,哈耶克派的社会理论家冒着发现自己与更早时期所持的立场相同的风险,也即明显的非斯密式立场:这是一种忽视个人的,认为意图是徒劳的立场,也是一种对全部监管的理论家尊敬的立场。通常而言,行为伴随着目的与意识。在看不见的手的解释中,理论家完全抛弃了大部分的这样的目的。社会进程中的个体参与者被描述成思考的人。但是他思考着他个人的细琐利益,而不去思考他作为一个成员的(社会)进程;他考虑局部而非整体;他不会从理论上进行思考。

理论家的态度就像禁欲主义的帝王一样,鄙视世界的"盛宴、丧礼与市场",鄙视其特定的意图与独特的思维方式,这与哈耶克的大部分思想相冲突,同样也与斯密的思想相矛盾。② 因为哈耶克本人是批判这种客观主义的立场的。这种立场试图从"本身不是作为人类的某人"的视角或者从"像我们观察蚁群或蜂房"的视角来看待其他人。③ 在孔多塞相信启蒙思想的无限性的最为迷乱的时刻中,他甚至在 1782 年法兰西学院(Académie Française)的致辞中坚持认为道德科学与物理科学之间的差异:"在任何一个与人

141

---

① F. A. Hayek, "Scientism and the Study of Society, Part III," *Economica*, 41 (February 1944).

② Marcus Aurelius, *The Communings with Himself of Marcus Aurelius*, trans. C. R. Haines (Cambridge, Mass.: Harvard University Press, 1930), 7.48.

③ 因此,哈耶克支持了从"内部"来理解社会生活的努力,支持了从"我们对这些社会复合体的内部的认知"或者"对行为人而言事物的意味"的认知而开始的努力,以及支持了考虑到其他人就好像"我们有着与他们一样的思维一般"的努力。F. A. Hayek, "Scientism and the Study of Society, Part II," *Economica*, 38 (February 1943), 40–41, 47.

类相异的物种中间，个体都是平等的。我们研究人类社会，就如同我们研究海狸或蚂蚁群体一样。但是在这里，观察者本身是他所观察的社会中的一员，因而真相的判断者只能是存有偏见的或者是被诱惑的（人）。"① 正是这种独特的观点构成了看不见的手的理论特征。内克尔在《关于谷物立法和贸易》（*Sur la législation et le commerce des grains*）中曾写过，人们像孩童一般，他们的行为"不靠思考，而是由本能来启发"。② 在之前所引用的评论中，杜格尔德·斯图尔特认为，成为看不见的手的对象是无知的，他们的行动出于本能而非意向，就是像蜜蜂一样。

> 当人像低等动物一样盲目地遵循本能的行动原则时，他受一只看不见的手的引导，并把他的份额贡献给一个计划的实行，而他对于这一计划的性质与优势没有任何构想。蜜蜂在第一次开始筑巢时的行动向我们传递了一个突出的无知的人类在管理一个新生政府运作时努力的形象。③

在诺奇克看来，看不见的手的解释在被解释的领域或者模式与"反思"相联系的程度上往往并不那么有效。尤其是在提供一种伦理学的解释方面，它们不是特别成功；它们遇到了"意识、语言和自我意识"的"实际障碍"。当我们正在讨论的活动（例如用一种商品来交换另一种商品）是相对粗略且相对不受社会理论（例

---

① "Discours de Réception prononcé dans l'Académie Française"（1782），in *OC*，1：392.

② Jacques Necker, *Sur la législation et le commerce des grains*（1775），in *Oeuvres completes*（paris：Treuttel and Würtz，1820），1：4；chap 4.

③ Stewart, *Elements of the Philosophy of the Human Mind*, 2：248.

如思考着货币的出现）制约的时候，它们最有效。当活动是反射的、自觉的且与普遍理论有关的时候，它们的效果最不好，例如，讨论这样的活动时：决定是通过买卖商品还是通过影响商品买卖的政治规则来追求个人利益。①

对于经济生活中看不见的手的解释而言，困难在于经济活动经常是有很高的反映性的。如果买卖商品是一次辩论（就像杜尔哥所说的那样）或者一种修辞形式（就像斯密所说的那样），那么它是一种认知的、自觉的活动。它可能需要思考或者谈论经济理论或规则，也涉及经济利益。决定如何去追求自我利益，或者是与其他人讨论某人的决定，这是经济生活的一部分，它也与发生在政治生活或者道德生活中的大部分事情相似。也就是说，当它是经济行为主体的一个特征时，则存在着一些场合来"注意我们是如何行动的，决定使我们的行为符合行为的一般准则，拿出支持和反对我们的信仰的理由并仔细讨论它们"。② 还存在其他的场合来合理地忽视所有这些反思，因为它们在经

---

① Nozick，*Philosophical Explanations*，pp. 347 – 348，and n. 56，p. 714.

② Nozick，*Philosophical Explanations.*，p. 347. 经济行为主体有多种意图是可能的：他们想要增加自己的利润，他们还（就像斯密所说的那样，"一种做作，尽管这在商人中的确不是非常常见的"）想要增加社会的经济福利，他们甚至想要影响其他商人的行为，希望去改善经济体系的准则。就像杰弗里·布伦南（Geoffrey Brennan）和菲利普·佩蒂特（Philip Pettit）曾提议的那样，对分散的"看不见的手"的秩序进行控制是"偶然的盲目"："消费者为了一个更好的价格而故意到处游逛，尽管他们并非有意要这样做来惩罚最初卖方无竞争力的定价，但是根据这个说法，他们也可能已经故意地实施了这个行为。"这一策略是无形的，因为"那些在体系中仍然只是参与者的人们，以及那些不能对所发生的事情采取一种理论立场的人们必然无法认出正在发生的事情……他们缺乏关于事物的总体状态的理解"。布伦南和佩蒂特关注了"本质上非有意的"控制——用他们的话来说就是"无形的手"（intangible hand），其中，对某些行为的约束采取了不赞成的形式或者是态度而非行动的形式。Geoffrey Brennan and Philip Pettit，"Hand Invisible and Intangible，"*Synthese* 94 (1993)，196，200. 还有一个附加的、十分不同的理解，它认为，从那些作为它们的对象（转下页注）

济行为主体的生活中只不过是"徒劳与虚无"，是最不重要的。社会（或者经济）理论家需要对这些不同场合的不同种类的解释；看不见的手是一种解释风格，它不是社会理解力的条件。

最有可能的价值观

看不见的手的第三个条件，即意料之外的秩序最终对那些听命于它的人们有益，正是这一点对看不见的手的现代声誉贡献最多。佛恩区分了两种关于自发秩序与合意的结果的思维方式。一种是，系统是"在一套社会规则的背景之下以某种方式自我组织的"；正如莱昂内尔·罗宾斯（Lionel Robbins）把看不见的手形容为立法者的手那样，系统中的规则或者约束"可以由人类计划很好地设定，并能为利益或弊端而发生作用"。另一种是，自发的秩序被视为"演变了的秩序，其中的规则本身就是人类行为意料之外的产物"；"一个社会的经济制度"与这些制度的有益影响一样，它是"没有预期到的自利经济行为的副产品"。① 这两种构想——均衡状

（接上页注②）的人们的观点来看，模式或者秩序是看不见的手的解释的结果，它"本质上不是故意的"。因此，秩序从来都不是"仅仅身为参与者的人"的目的，如果它会存在或者能表示出来，也只是在理论家的思想中；在康德学派的调查者的思想中，它把秩序赋予天性。在这个意义上，可能无意的秩序是十分闻名的，或者已经得到了十分广泛地讨论，以至于它们至少可以形成部分的个人意图。理论家的富有想象力的秩序并未写在额头上；如果她对此保密，则它们必须是无形的。但是如果这些富有想象力的秩序或者社会目标的确是广泛的公共讨论的议题——就像斯密本人的两个"看不见的手"的结果的例子一样，有关商品的公平分配（在《道德情操论》中）和增加国民收入（在《国富论》中），则凭借其公共性，这一类人们想反映，或想讨论的目标，会得到像政治选择或道德选择一样的讨论。它们是与那种自觉的、反映的、不着边际的行为相联系的；事实上，它们是与那种诺奇克认为尤其不易被看不见的手的解释所影响的那种行为相联系的。

① Vaughn, "Invisible Hand," p. 998.

态以及看不见的手的进化版本——与不同的经济理论以及不同的经济政策的观点相当；二者在现代经济学中都具有非常重大的意义。

第一个构想中的看不见的手是阿罗与哈恩的 20 世纪经济理论中一般竞争均衡的"诗意的机制"。① 通常认为这个理论主题确实是斯密的。它与现代经济学中的任何理论一样地接近于斯密对"一个更加连贯因此也更加壮观的景象"的歌颂。反事实地说，断言斯密会对一般经济均衡的现代理论感到满意（或者欣慰）是合理的。但是，它不是一个斯密所了解的理论，或者说在任何确切的意义上它不是一个斯密作为先驱者的理论。事实上，斯密在使用天体力学与流体力学的隐喻上是相当隐讳的。他避免用斯多葛 – 伊壁鸠鲁式的词语"均衡"，而到 18 世纪 70 年代，这个词在政治经济学中是一个著名的比喻，几乎可以肯定他熟悉这个词在经济学中的使用。②

---

① 在二战后的经济学著作中，看不见的手的确经常被理解为不过是对于由一般均衡理论所组成的经济分析的特殊主体的一个描述；1990 年关于看不见的手的历史的作家们把它称为"一个基于经济均衡思想的理论体系"：Bruna Ingrao and Giorgio Israel, *The Invisible Hand: Economic Equilibrium in the History of Science*, trans. Ian McGilvray (Cambridge, Mass.: MIT Press, 1990), p. ix。

② "你在'均衡'原理中寻找庇护［为此一致同意我们会翻译法律前人人平等（isonomia）］"；这是在《论神性》中，学院派人物科塔（Cotta）的指责，他反对一直谈论"保留影响"的伊壁鸠鲁主义者维勒乌斯（Velleius）。*De natura deorum*, 1.109, and see also 1.50. 科塔认为是西塞罗创造了"均衡的"一词作为对伊壁鸠鲁的"平等"的翻译；而他们把"均衡"一词归功于塞内加（Seneca）。杜尔哥与孔多塞在他们的经济学著作中频繁使用"均衡"一词，并赋予其十分不同的含义。参见 Jacques Bourrinet, "Les prodrômes de l'équilibre économique," *Revue d'économie politique*, 76 (1966), 255 – 277; Ingrao and Israel, *The Invisible Hand*, pp. 42 – 54; 和第三章。杜尔哥在 1767 年致休谟的一封信中五次提到了均衡，而斯密可能已经对此很了解了。这封关于经济价值的信是以对休谟与卢梭的争吵的劝告开始的，在这方面这封信是斯密与杜尔哥——斯密称他是"在各方面都适合你的一位朋友"——企图劝阻休谟进一步公开争执的共同努力。Letter of March 25, 1767, from Turgot to Hume, in *OT*, 2:658 – 665; letter of July 6, 1766, from Smith to Hume, in *Corr.*, pp. 112 – 114.

143　（这个词在《国富论》中仅出现了一次，是在一个对贸易的精确平衡的学说的说明中出现的，斯密说过，"然而，没有比这更加荒谬的了"。）①

斯密在提到最大化时也同样谨慎，至少就总体的或社会的数量方面是这样的。在《道德情操论》中，秩序的思想——或者为了维持"最大可能数量的幸福"的一台"巨大的宇宙机器"的思想——是一个令人赞叹的沉思对象，而不是应该受困于低下的、更琐碎的任务。②正是只有在《国富论》的看不见的手的那一段中他持续地提到了"最大可能的"数量；他在"最大价值"的产量的几行中说了四次，也提到了生产的"最大可能的价值"以及"最大可能的数量"的货币或者商品。但是，在每种情况下，最大化的生产是个人勤奋或者资本的产物。最大化（maximand）是人们的目标，它是"也许"或者"很有可能"源自个人努力的事物。③

正像已经表明的那样，斯密认为看不见的手所起的作用如同排除装置。对国家繁荣而言，依靠人们的自利比管理他们的活动有更少的坏处（和不公正）。但是，这是一个极为普通的处方，它与斯密对"确切方案"的怀疑一致。这个困难——诗意的、有逻辑的看不见的手与在 20 世纪有着公共重要性或影响力的看不见的手之

---

① *WN*, pp. 488 – 489; Fred R. Glahe, ed., *Adam Smith's An Inquiry into the Nature and Causes of the Wealth of Nations: A Concordance* (Lanham, Md.: Rowman and Littlefield, 1993).

② *TMS*, pp. 235 – 237.

③ *WN*, pp. 455 – 456. 斯密的确在说明经济学家派别的"体系"时涉及了社会最大化——"最大可能的净产品""最大可能的"年度再生产，而在提到一个"完全自由与正义的确切方案"的前景时却怀有相当程度的怀疑。*WN*, pp. 673 – 674, 678.

间的差异——开始于把这一方法运用于经济政策中。因为就像斯密和许多其他人所承认的那样，商业社会的情况是与完全经济竞争的情况截然不同的。理论家可以用任何他喜欢的方式来设定他的系统的条件，这与在看不见的手的那段中，斯密所写的那个商人被认为是几乎没有力量来影响葡萄牙或者波罗的海地区政策的情况十分相似，也是一名国际化的公民的面临情况。理论家认为，政治家有更大的可能性来试图改善真正社会的情况，并使它们更像自由且完全竞争的情况。

我们已经知道，就企业家们通过影响对工商业的政治调控来追求其自身利益的倾向而言，斯密对看不见的手的说明出奇地坦率。斯密在《国富论》中有关看不见的手的那一段中说过，"显然，每个人对他所在的地区情况做出的判断，比任何政治家或立法者为他们做出的判断都要好得多"。但是，当地的局势往往是一种政治局势。在斯密和杜尔哥的略为居高临下的叙述之中，个别企业家所特有的当地见闻尤其有一种有关地方性法规、当地的干扰以及地方立法者的知识。① 正如普莱费尔所评论的那样，斯密把商人的利益说成是无意义的。普莱费尔也曾指出，他反对垄断：斯密"认为，由于人们对自身利益理解得最好，因此贸易应该由其自身决定。他

---

① *WN*，p. 456. 杜尔哥在他的 1759 年《文森特·德·古尔奈赞》（"Éloge de Vincent de Gournay"）中说到了相同的事情。他说道，古尔奈（Gournay）的准则"对他而言似乎不过是最自然的处理问题的智慧箴言。这个体系全部建立在下列箴言的基础之上：一个人会比对此利益完全不关心的其他人更好地了解他自己的利益……证明每个人是最有利地使用他的土地与劳动的唯一评判员是没有意义的。只有拥有当地的知识，而没有了这些即使是最有学识的人都只是在盲目地推理。只有他有着最确切的经验，因为它被限定在一个单一目标上"。参见 *OT*，1：602，605–606；参见第一章。杜格尔德·斯图尔特在他说明斯密的一生的注释之中引用了这段的一部分，并补充道，杜尔哥的回忆录"直到不久前甚至在法国还几乎不为人所知"。Stewart，"Account"，in *WN*，p. 344.

用异常憎恶的话语来痛诉垄断的欲望，而这种欲望（一定）是与想要积累与致富的欲望相伴而生的"。[1]

对于现代的看不见的手的理论家而言，困难在于从一般经济均衡的理论中推演出经济政策的准则。[2] 斯密的本体论的谦逊（他不关心有序性是否是思想或者世界的一种状态）与他思考政策时的谦逊相似。在这方面，他只是单纯地将注意力从伟大的公共目标（即改善全社会）上转移开来。对于现代理论家而言这也是一种可能：坚持一般竞争效率体系不过是（坚持）一组定义，它没有解释力，也无法得出规范性的结论。不过，在这些情况下，看不见的手几乎是没有公共重要性的。一旦它被视为对政策的一个引导，它就变得不那么适度了。例如，政策必须与限制垄断（可能最终也限制对垄断的欲望）有关。而追求公共利益不仅要求停止管制，而且要建立（并维持）一个完全竞争的环境。哈耶克甚至在《通往奴役之路》中谈到了"竞争规划"，而政府的作用就是"去创造使竞争尽可能地有效的条件"。[3]

在这些情况下，均衡是一种理想状态，甚至存在（就像内克

---

[1]　Note（p），in *The Wealth of Nations*，ed. Playfair，2:253；comment on Book 4，chap. 3（*WN*，p. 493）.

[2]　均衡的体系是一个模型。它不是对特定经济的通常的、非完全竞争状态的一个描述。但是它也是一个理想状态。它在十分准确的意义上证明了一个最优的结果或秩序。它对于作为组成部分的人们而言是有益的。正如第三章所说的那样，在杜尔哥看来，"均衡点"是为了"促使整个社会获得最大的产量、满意感、财富以及实力的总和"的这样一个点。参见"Lettres sur le commerce des grains，"in *OT*，3:315，334。在现代理论中，竞争性均衡达到一个最优的或者有效率的资源配置点，在这个点上"没有办法使每个人都过得更好"。参见 Arrow and Hahn，*General Competitive Analysis*，p. 91。

[3]　F. A. Hayek，*The Road to Serfdom*（1944）（Chicago：University of Chicago Press，1972），pp. 39，42。

尔写到的那样）一种"均衡的艺术"。① 用莱昂内尔·罗宾斯的话来说，"当做出有意的努力来创造必要的、高度人为的环境，而且当它正当运转时……"，"经济自由的体系"才会起作用。"不仅是良好的社会，而且市场本身也是人为创造的。"② 就像在之前引用过的弗兰克·哈恩的说明那样，看不见的手的核心论点就是，"市场体系是在相对简单的动机规则之上运行的，而这基本上使得行为主体易于受到当局的操纵……它表明了制度与政策可以被修订的方式，而这就控制并利用了自利性，使它为社会所接纳"。③

在康德的理解中，这里控制着个体行为人的手是受外界支配的。它把人看作手段而非目的。它是最高统治者的手；人们如同动物，为了他们自己的幸福而被利用。在内克尔对管理艺术的形容中，"激励的手、约束的手、重建的手都不再被注意到，人们也忘记了它的益处"。④ 每个人的效用是一个目标，但是它不是个人自己想出的或阐明的目标。因为在对"自利的追求领域"的限制中，"立法者的手"的努力本身就是一个政治计划。正像在斯密所反对的重商主义制度或调控制度中，政府不把制定法律来指导公民应该出售什么、进口什么或者应该雇用何人等事情视为己任。在相当程度上，它的责任是制定并实施与规则相关的法律，以及决定在何种情况下公民可以尝试影响法律与法律的实施。它涉及贪污贿赂、恐

---

① Necker, *Sur la législation et le commerce des grains*, p. 173.

② Robbins, *The Theory of Economic Policy*, pp. 56 – 57；也参见 Macfie's review of Robbins's book, in Macfie, *The Individual in Society*, pp. 156 – 158。

③ Hahn, "Reflections on the Invisible Hand," pp. 17, 20. 哈恩在讨论市场经济中的激励机制与报酬差异时谈到了行为的理由："如果某人想让人们以某一方式行动，则他必须给他们这样做的一个理由。"（p. 18）但是，这里的行为主体是政策制定者，他想让其他人按照特定的方式来行动。这些其他人的"理由"并非他们自己思考的结果。它们不过是报酬。

④ Necker, *Sur la législation et le commerce des grains*, p. 32.

吓和政治捐助，或者涉及金钱向政治权力的转化。它影响了政治影响力的标准，例如，如何区分未隐瞒与隐瞒的公共利益，以及如何区分正当与非正当的政治权力的选择。

进化了的秩序

对看不见的手的另一种方式思考——用佛恩（Vaughn）的话来说，在这种合意的秩序里，"规则本身是人类行为的意料之外的产物"——乍看之下是截然不同的。哈耶克代表着"自发的市场秩序"的理论明确否定了"实际社会总收入最大化"的任何目标。① 看不见的手的现代均衡论对应通过某人的政策影响来寻求实现最大可能的个人幸福，从而对功利主义的政治目标做出贡献。哈耶克认为，这种功利主义是作为与英国启蒙思想相区分的、典型的欧洲大陆的"错误的'建构主义者的'理性主义"的一个变异：是基于理性可以直接影响一个复杂社会的全部细节的信念之上的、一位"建构主义者的排他主义的功利思想"。②

哈耶克认为，是进化了的秩序中的一种规则与制度，而非秩序的经济结果受到了看不见的手的支配。他写道，对一个自由的社会秩序的英国观点是建立在"对文化与思想的全部现象的进化的理解"之上。在经济活动中，对机会的分配通过看不见的手来实现。但是指示这种分配的规则也是如此。反之，指示这种规则

① 在这样一种社会秩序（或者安排不同政策的标准）中，从为任何随机选取的社会成员增加其获得高收入的机会的意义上而言，"最优的经济政策"在一定程度上取决于效率。Hayek, *Studies in Philosophy*, *Politics*, *and Economics*, p. 173.

② Hayek, *Studies in Philosophy*, *Politics*, *and Economics*, pp. 87 – 88, 160 – 161; F. A. Hayek, *The Constitution of Liberty*（London: Routledge and Kegan Paul, 1960）, p. 56.

的规则亦然。（甚至规则的理论以及有关规则的规则的理论也是如 146
此，哈耶克支持的自由主义"本身就不是一个理论解释的结
果"。）① 人们的生活，与市场和哀思一起，被强加的看不见的手
逐层监督，这些手层叠地悬浮着，就像等待着陆的飞机一样。而
这些飞机从不着陆；它们更像空中预警飞机，悬在一个无限等待
的位置。

　　在哈耶克看来，所有这种监督的结果存在于"作为实现人类
自觉的目的的必要条件的制度"之中，而不是存在于对"社会福
利"有贡献的制度之中。② 但是，必要性的标准是在事后确立的；
如果最终需要制度，则制度就是必要的。成功的标准就是成功或者
存活下来。哈耶克曾写道，盛行的规则的确是这样的，因为"评
论它们的集团是更加成功的"。"成熟的制度"与"传统和习俗"
共同作为真正的尊敬对象。它们已经成长起来了（为了与正在确
立中的相区别，可假定那时它们已经成熟了），而且它们也已经成
长了一段时间。哈耶克说过，"正是对于这种我们基本不了解的非
计划的规则与惯例的服从，以及对传统的尊敬"，"对于一个自由
社会的运转是必不可少的"。③

　　这里关于看不见的手的进化的说法与亚当·斯密相去甚远。我
们已经知道，杜格尔德·斯图尔特把保护斯密免受对他试图"打
乱已有制度"，以及质询"封建时代高深莫测的智慧"的抨击视为
己任。④ 但是，斯图尔特也写到斯密"对制度的功用表示怀疑"，

①　Hayek, *Studies in Philosophy, Politics, and Economics*, pp. 161 – 162.

②　Hayek, "Scientism and the Study of Society, Part III," pp. 28 – 29.

③　Hayek, *Studies in Philosophy, Politics, and Economics*, p. 164; idem, *The Constitution of Liberty*, pp. 61, 63.

④　Stewart, "Account," p. 311, n. G, p. 339; 以及参见第二章。

斯图尔特本人对"长期经验的智慧的夸张想法"半信半疑。① 斯密在《国富论》中对传统制度的形容——"粗俗制度"的继承，或者"封建制度的一切暴行"——惊人地缺乏崇敬。斯密说过，"古代的圣贤们对其祖先的制度"的尊重引导他们"或许仅仅在一个古老的习俗中发现更多的政治智慧"。②

147　　　　在他未出版的演讲的一开始，斯密对法理学作了同样理性主义的定义。用哈耶克的话来说就是：法理学是"指导国内政府的规则的理论。它试图说明在不同国家中不同政府体系的基础，并说明它们在多大程度上是建立在理性之上的"。③ 在《道德情操论》中，习俗也是很少受到尊重的。斯密最出彩的段落之一的确与古埃及的权威有关，通过"无法打破的习俗"，这种解释无疑是新生习俗的杀手。斯密说道，甚至是哲学家也"被已有习俗所引开"："当习俗能够认可如此可怕的对人性的违背时，我们也不妨设想，几乎没有任何如此不雅的特殊惯例是它不能够认可的。我们每天都听人在说，这样的事情通常是被认可的，他们似乎认为这是一个对本身就是最不公正且最不合理的行为的充分致歉。"④

哈耶克认为卡尔·门格尔（Carl Menger）是 19 世纪自发秩序理论最重要的思想来源，正如我们之前看到的那样，他认为斯密及其追随者们"粗略提出的社会结构的大致领域仍然接近于他们理论上的理解"；他认为他们理所当然地因"大体上仅对公共当局的有益创造表示理解的实用主义"而被指责。⑤ 在这些评论的基础之

① Stewart, *Elements of the Philosophy of the Human Mind*, 2:226, 235.
② *WN*, pp. 385, 418, 776.
③ *LJ*, p. 5.
④ *TMS*, p. 210.
⑤ Menger, *Untersuchungen*, pp. 201, 207; 参见第二章; Hayek, *Studies in Philosophy, Politics, and Economics*, pp. 99－101。

上，门格尔因为一个"即便不是对斯密的巨大误解，也是冷漠的解释"而饱受批评，这是很牵强的。① 但是，甚至哈耶克也承认18世纪其他的思想家"比斯密本人还要更加清晰地"解释了进化了的制度的概念；奇怪的是，他推测斯密"可能似乎太明显地讨论它，以至于自发形成的秩序也是可能存在的最好秩序"。② 这是不太可能的，至少如果斯密与休谟和伏尔泰一样，对最好的世界有着乐观的看法。就像詹姆斯·布坎南（James Buchanan）总结的那样，斯密认为"对于出现于可以称为社会进化的自然过程之中的那些法律与制度，没有什么是神圣不可侵犯的"。布坎南写道，"斯密似乎对 F. A. 哈耶克的观点持有异议，而哈耶克把斯密奉为（无意为之的）概念的发现者之一，即认为有效率的结果不需要有意为之或者有计划为之"；但是，"当哈耶克把这一概念应用于法律本身时，他过度地扩展了这一概念"。③

斯密与哈耶克的理论对于官方的国家知识有着共同的厌恶。看不见的手的进化的说法在这一方面至少比均衡的说法更接近于斯密的思想。哈耶克对法律统治与专制政府之间的区别——"瞄准特定人群的欲望与需要的正式规则"与"当需求产生并且人们要刻意在需求与需求之间选择的时候，为人们的实际需求而提供的"实际规则之间的区别——的描述表达了对斯密的政治思想的明显偏爱（就像偏好杜尔哥或者孔多塞的"大陆"

148

---

① Lawrence H. White, "Introduction," in Carl Menger, *Investigations into the Method of the Social Sciences with Special Reference to Economics*, trans. Francis J. Nock（New York：New York University Press, 1985）, p. xvi.

② Hayek, *Studies in Philosophy, Politics, and Economics*, p. 100.

③ James Buchanan, "Public Goods and Natural Liberty," in *The Market and the State：Essays in Honour of Adam Smith*, ed. Thomas Wilson and Andrew S. Skinner（Oxford：Clarendon Press, 1976）, p. 274.

思想一样）。① 斯密认为，最高统治者的职责在于"尽可能地保护每一位社会成员不受其他的社会成员的不公正对待或者压迫"。② 对人们生活的变化的调控本身就是一种压迫。斯密所说的烦恼与个人不公正是在专断的规制下才十分活跃；哈耶克谈到了"借助经济政策的压迫"。③ 正像哈耶克一样，对斯密而言，政府对知识的滥用是最可怕的专制统治。

相比之下，斯密与哈耶克之间最大的不同是有关个人知识（或者普遍启蒙的美好愿景）的。在斯密的思想中，几乎没有像哈耶克那样对无意识、盲目、非理论以及不完美理解力的推崇。哈耶克曾写道，关于价格体系的最重要的事实就在于它所包含的经济知识，或者是"个体参与者为了能够采取正确的行动而需要了解的信息"。④ 如果他们知道的较少，或者至少如果他们有较少的思考性的、理论性的知识，那么他们可能会做出更好的决定。哈耶克认为，伯克，而非斯密更应该成为对人类制度的"基因式"理解之父，而且哈耶克追随伯克认同个人理性的渺小。与伯克一样，他没有对理性之光留下深刻印象："我们害怕把人们的生存和交易都寄托在理性之上；因为我们相信每个人的这种理性是很少的。"与伯克一样，他也认为制度的累计或者进化的认知本身就是一种不可知的资本：一种"潜在的智慧"、一种"没有反思的智慧"，更是一种"神秘的组合"。⑤ 马克斯·韦伯（Max

---

① Hayek, *The Road to Serfdom*, pp. 73 – 74; on Condorcet's political thought, 参见第六章和第七章。

② *WN*, pp. 687, 708.

③ Hayek, *The Road to Serfdom*, p. 87.

④ Hayek, "The Use of Knowledge in Society," pp. 526 – 527.

⑤ Edmund Burke, *Reflections on the Revolution in France* (1790), ed. Conor Cruise O'Brien (London: Penguin Books, 1982), pp. 119 – 120, 183. 哈耶克写道，在真正的历史方法之"父"中，"埃德蒙·伯克是最重要的一位，而亚当·斯密居于荣誉地位"。Hayek, "Scientism and the Study of Society, Part II," pp. 50 – 51.

Weber）把与科学的思维相联系的世界的觉醒——"原则上没有神秘的、不可估量的力量在起作用……的知识或者信念"——称为对十分接近于斯密的朱庇特的看不见的手的某种事物的胜利："人们不再需要像那些认为这些力量存在的野蛮人那样求助于巫术来控制或者恳求神灵。"① 哈耶克认为，经济秩序的隐蔽性或者难测性本身就是一个值得崇敬的对象。

对于哈耶克而言，个人知识通常是值得尊敬的。但是它是局部的（而非普遍的）知识、暂时的（而非持续的）知识、非理论化的知识。他对于"认为人们已经形成了……诸如'社会'或者'经济体系'的集体的推测性或解释性的观点"充满了蔑视；在他看来，社会科学的作用始于"引导人们行为的观念，而非有关其行为的理论化的结果"。② 在杜尔哥对世故的地方企业家的颂词中有一些蔑视，这些地方企业家"自己拥有更确切的经验，因为它被限定在一个单一目标上"。③ 但是斯密认为，只了解一种单一事物意味着在一个"人性特点的基本部分"中这种了解是"被损害与变形"的。在斯密看来，每个人的"智力才能"能够用在"理性对话"、情操、"私人生活的日常责任"，以及判断"他的国家的伟大而广泛的利益"之中。④

与斐洛在休谟的《自然宗教对话录》中一样，对斯密而言，

---

① *Max Weber's Science as a Vocation*, ed. Peter Lassman, Irving Velody, and Herminio Martins (London: Unwin Hyman, 1988), pp. 13 - 14.

② F. A. Hayek, "Scientism and the Study of Society, Part I," *Economica*, 35 (August 1942), 286.

③ "Éloge de Vincent de Gournay," in *OT*, 1: 605 - 606. 有趣的是，杜尔哥在这里把地方经验与政府的智慧、投机者的智慧进行了对比；当地人"通过重复的尝试以及他的成功与失败来指导自己，并了解细微的差别，其中由需求的情绪所突出的精妙之处显然优于低能的投机者的全部理论"。

④ *WN*, pp. 782, 788.

理性是"如此有界限的一个原则"。① 但是通常而言，如此受限制或者受轻视的理性通常是伟人的理性。它是自负的理性；它是政府、已有理论以及强大的商人的理性。普遍的宗教解释的计划往往是令人困惑的，就像那些已有的科学（甚至是"作为曾经建立在哲学之上的最普遍的领域"的牛顿的体系）一样。② 在休谟看来，贸易或者政治中的政治家的计划也是如此；当一个人在政治上或者经济上形成计划时，一些"扰乱他的推理，并产生与他的预期不一样的事件"的事情一定会发生。③

　　斯密与休谟都认为，人们的正常理性更应该受到尊重。斯密曾在《道德情操论》中说过，"首先，对我们自己最有用的素质是崇高的理性与理解力"。④ 在休谟所描述的文明社会中，"深度的无知被完全排除掉，人们享受理性人的特权来思考与行动"。⑤ 在斯密看来，甚至作为商业社会基础的以货易货与交换的倾向也是推理与演讲的能力的结果。斯密认为，作为劳动分工特点的心理不平等是文明社会"极大的公共灾难"，其中，少数人拥有"几乎无穷种类的物品"，而"人们的主体"的生活是"简单而统一的"。但是，它可以被普及的公众教育和"科学与哲学的研究"所阻止。人们

---

① Hume, *Dialogues concerning Natural Religion*, p. 58. 有一些对于休谟坚持认为的个人知识的渺小的讽刺，而他的确使人们注意到这一点。斐洛在《自然宗教对话录》的开篇就说过，"让我们彻底地感受到人类理性的软弱、盲目与狭隘界限"。虔诚的第美亚（Demea）（书中的虚构人物，正统有神论者。——译者注）用"完全的满意"来回应这一告诫。相比之下，更为敏感的克里安堤斯采取"一种策略，就好像他在斐洛的推理中观察到了一些善意的嘲讽或者人为的敌意"（pp. 41 - 42）。

② "History of Astronomy," in *EPS*, p. 104.

③ "Of Commerce," in Hume, *Essays*, p. 254.

④ 正是"通过这些素质我们可以识别出我们全部行为的微小的结果，并可以预见它们可能产生的益处与害处"。*TMS*, p. 189.

⑤ "Of Refinement in the Arts," in Hume, *Essays*, p. 271.

能够拥有多种选择或者自我消遣的思想。他们能够变得更倾向于审查政治项目，并且会是"接受教育的且有才智的"人。①

这是又一次启蒙思想的趋势，是被法国经济改革的倡导者所赞赏却被伽尔伐尼嘲笑的磨坊主、车夫和面包师的英雄主义。用伯克的话来说，"新征服的领悟与理性的帝国"是普遍反思的炼狱。在人们中间"鼓舞错误的观点与空想"的"一部可怕小说"注定是隐晦的。它有可能造成多种竞争性理论的混乱状态，其中人们"在决定、怀疑、困惑与不果断的时刻踌躇着"。② 但是斯密与伯克不同，我们已经知道，从这个意义上说，他是启蒙思想的支持者。在法国大革命的初期，他有关教谕与无知的观点反复被援引。在他写作反对伯克时，他不被所谓的"设想之于实践的荒唐的反对"所忐忑；与科尔里奇一样，他认为"最平庸的人也有他的理论：即使些微的思考也在建立理论"。③

在这方面哈耶克对"理论化"——他对无意识的、不完全的理解的冲动——的排斥是十分非斯密式的。它也对看不见的手的进化的说法提出了严肃质疑。正如我们已经看到的那样，进化了的秩序被视为有益的，因为容许人们去实现自己的目的。但是，拥有自觉的目的或者通过观念来引导人的行为，就要注意到人们的目的以及达到这些目的使用的手段。它会是处于选择手段的情况中（就

① WN, pp. 25, 782, 784, 787-788, 796；以及参见第四章。与"公共消遣的频率与快乐"一起，科学与哲学研究的独特优势是，"纠正道德伦理中反社会或过于严苛的部分。这些部分存在于所有的小团体中，它们将国家分隔开来；最明显的存在于当'普通人'生活在大城市时，倾向加入的小型宗教式团体中"。WN, pp. 795-796.

② Burke, *Reflections*, pp. 124, 171, 183.

③ The Friend, in *The Collected Works of Samuel Taylor Coleridge* (Princeton：Princeton University Press, 1969), vol. 4, pt. 1, p. 189.

像看不见的手的对象选择通过政治手段还是经济手段来追求他们的目标一样）。最重要的是，它也处于一个自我评估是否实现目标的情况下。成为这种人就是要不服从于神秘的组合。至少它会处于质疑已有制度的状况下。

通常而言，困难在于有着不同的"秩序"排序的标准，而且不同的标准可能导致看不见的手的理论家支持不同的政策。第一种标准认为，如果秩序已经确立了一段时间，则这种秩序是良好的。第二种标准认为，如果秩序符合了建立秩序的人们（即被这种秩序所命令的人们）所认为的良好标准，则这种秩序是良好的。第三种标准认为，如果秩序能够增加人们做所愿之事（甚至当人们本身没有关于社会秩序的愿望或者观点的时候）的可能性，则这种秩序是良好的。第四种标准认为，如果秩序符合诸如对个人权利的保障以及不诉诸武力等准则，则这种秩序是良好的。但是，这四种标准并非总是一致的，可以想象得到它们会确认不同的秩序或者政策。例如，早在 18 世纪 90 年代中期，邦雅曼·贡斯当（Benjamin Constant）以尊重已有制度的革命性的修辞来反对伯克的追随者。当时他论证道，推翻大革命时期确立的制度将会赶超雅各宾革命党人自身的轻率。在相当程度上，适当的政策是要依靠一个"原则体系"，适当的政策是要保存那些公正并有广泛支持的革命性制度，以及那些区别于"偏见"的、相当于人们的"思想"或者"准则"的东西。①

---

① Benjamin Constant, "De la force du gouvernement actuel" (1796) and "Des réactions politiques" (1797), in *De la force du gouvernement actuel de la France et de la nécessité de s'y rallier* (Paris: Flammarion, 1988), pp. 95, 134, 151 – 152. On the "slow" and "almost imperceptible" reform of "old establishments," as against those who "commence their schemes of reform with abolition and total destruction," 参见 Burke, *Reflections*, pp. 279 – 280。

哈耶克在《通往奴役之路》中写道，"对社会的宽容态度如同园丁照料花草，为了创造出最利于它成长的条件，必须尽可能多地了解它的结构和运作方式"。① 这是对政治权力比较迷人的隐喻之一。作为一名最高统治者，在玫瑰丛间闲庭信步要比放羊更加开明与受到尊重；用康德的话来说，要比成为那种把自己的臣民看成"由一位亲切的、通情理的主人来喂养、保护、放牧，并且没有任何福利的缺乏抱怨的驯服羊群"的统治者更加开明与受到尊重。② 但是在花圃的隐喻中，在统治者与被统治者（社会的玫瑰丛，或者羊群）之间也存在着一种觉悟的不对称性。思考或者建立理论的人正是园丁或者牧羊人。只有他才理解无形的秩序的"结构"，以及是否它允许人们去做想做的事情。哈耶克曾写道，在一个自由秩序里，"正义被想象为靠法官与学者们的努力所发现的事物"。③ 宽容的人就是向统治者提出开明且受尊重的意见的学者、法官和理论家；在花丛的荫凉处，他是唯一有知识且值得尊敬的人，或者是唯一的人。

在这些情况下，看不见的手的进化论说法在个人意志的虔诚程度方面并不比均衡说法更高。理论家不愿提供有关如何设定经济制度的规则的建议；但是，他知道如何利用个体参与者的意志。伯克在《法国大革命反思录》中写道，社会需要"人的意向频繁

---

① Hayek, *The Road to Serfdom*, p. 18.

② *The Contest of Faculties*, in *Kant's Political Writings*, p. 183；参见第七章。德·梅斯特尔（De Maistre）的园丁用他的无形的手与他的修剪工具成为一位出色的不大被认同的人。"熟练的园丁更多的是为了树的果实而进行修剪，而非为了绝对的植被：他想从植物中得到的正是果实，而非木材和叶子。现在，作为人性的真正成果的艺术、科学、宏伟的事业心、崇高的构想和英勇的品质，首先是与战争状态相联系的。" De Maistre, *Considérations sur la France*, pp. 49 – 50.

③ Hayek, *Studies in Philosophy*, *Politics*, *and Economics*, p. 166；参见第八章。

地受到阻挠，意志被控制，并且激情应该被压制服"，而且在看不见的手的理论中，存在着这方面的权威。① 哈耶克说过，自由秩序是"一种社会控制的方法"；它"由于我们对其精确结果的无知而被视为优越的"。它能够"利用社会全体成员的知识与技能"；它解决了"如何提供激励从而在没有任何人告知人们该怎么做的情况下使得人们去做他们想做的事情"的问题。② 与内克尔品德高尚的财政部长的手一样，宽容的最高统治者的手不再受到关注。

152　　在这里，进化了的秩序甚至比均衡的秩序更受外界支配。它控制了人们的意志，而且人们并不知道他们受到了控制。他们没有注意到社会秩序，而且看不见它。但是，他们仍然服从于它的无形的权威。他们甚至服从于它的道德权威。哈耶克写道，因为人们有义务去"服从市场强加给他的调整"。他的收入是"技能与机会的一次混合博弈的结果"，而且"一旦我们同意参与到这个博弈并从其结果中获益，那么即使当这些结果转为反对我们时，遵守它们也是我们的道德和责任"。③

　　因此，市场的秩序是人们意识到的事物（它是一个道德秩序），而且同时它也是他们未察觉的事物（它是一个无形的秩序）。在斯密关于法理学的讲座中，他在休谟之后针对原始契约理论论证到，人们不能被他们不知道或者他们没有起码的"了解"的义务所约束。这种契约不是真正的契约，至少对于最初的人们的后代而言是这样的；"他们没有意识到它，因此他们不能被它所约束"。

---

① Burke, *Reflections*, p. 151.
② Hayek, *The Road to Serfdom*, p. 75; idem, *Studies in Philosophy, Politics, and Economics*, p. 162; idem, "The Use of Knowledge in Society," p. 527.
③ Hayek, *Studies in Philosophy, Politics, and Economics*, pp. 174 – 175.

斯密补充道，据说"通过在这个国家中的后代，你默认了这个契约并受它约束。但是你如何能够避免受其约束？……而你又如何能够摆脱它？"① 这对于看不见的手的对象而言也是个问题。在哈耶克的理论中，人们必须服从于他们不了解或者不能够理解的事物；他们必须向选举出来的旨意屈服。②

自由思想的两个缺陷

斯密的观点长久地、动荡地存在于康德所谓的普遍的思想交换之中。③ 尤其是在 20 世纪的百年历程中，看不见的手被互换为两个巨大的、相对的政治理论与经济理论的主体。这些理论不是斯密的；前面提到，他所做的一切就是开了一个温和且具有讽刺性的玩笑。但是，均衡的困难与看不见的手的进化的说法对应斯密自己的思想及其关于自由的经济秩序的后续思想的冲突。正如在其他场合中那样，斯密讽刺一个非常严肃的话题。他的本体论的（与政治的）漠然本身就是相冲突的；在禁欲学说中，它有着他在斯多葛学说中所描述的"冷漠与漠然"。

经济思想的第一个冲突或者缺陷是关于金钱与政治权力之间的转化。在斯密对《国富论》里看不见的手的描述中，人们通过政治手段来追求他们的经济目标的环境被大大忽略了。与进化了的秩序理论一样，在一般竞争性均衡的现代理论中，这些环境（或者

①　*LJ*，p. 403.
②　关于独立与自治作为义务的基础，参见 on independence and autonomy as the basis of obligations，*Kant's Critique of Practical Reason*，trans. Thomas Kingsmill Abbott（London：Longmans，Green，1889），p. 122。
③　关于康德对"何为货币？……何为书？"的探究，参见第一章。

市场势力的存在）也被忽略掉或者假设是不存在的。从政策结果
与均衡理论相联系的程度来看，公共政策的作用是设计有效的市场
制度。在进化理论中，现存的制度受到很大尊重；如果这不是公共
政策的作用，那么在市场博弈中提醒人们意识到他们的道德义务就
是理论家的作用。

　　在所有情况下，困难在于，当存在着广泛的市场力量时，自由
的经济秩序——由看不见的手所安排的体系——是无效的。市场经
济中的个体参与者从不同的初始禀赋出发，他们的禀赋随着时间而
变化，而且他们有时候试图使用这些禀赋（钱、权力）来影响经
济规则本身。如果他们这样做了，那么在任何实质性的规模或者对
于任何实际的成功而言，看不见的手几乎是无用的。但是，防止人
们使用他们自己的禀赋本身就是对自由的违背。防止人们试图去影
响公共政策就是颠覆政治自由。

　　因此，经济竞争与政治竞争的影响范围对于自由的经济秩
序而言有着决定性的重要意义。它还影响了人们有关社会秩序，
有关在一个给定的社会秩序中实现他们的目标的方式，以及他
们如何改变才能帮助他们实现这些目标的观点。斯密是对这种
他所谓的"自欺的神秘面纱"的情况，或者孔多塞称为虚假意
识（fausse conscience）的情况的一位敏锐的观察者：通过这种
过程，人们相信对他们而言最好的结果对社会或者其他人而言
同样也是最好的。试图去区分虚假意识与公民意识——区分破
坏性的与无恶意的对自利的追求，或者区分对小的与公开的对
政治权利的活跃使用——就是为了通过经济政策来影响政治权
力的基础。

　　斯密认为，经济活动是高度推论的、反思的生活方式。如
前所述，这也是它并不适合作为"看不见的手"解释的对象的

原因之一。哈耶克的分类——分为自然的、非蓄意的、人为的——的确是非斯密式的。甚至自然的与人为的在斯密（与休谟）最熟悉的哲学思想中也是相互关联的；在《论神性》中，巴尔布斯引用了芝诺的"展现手艺的火焰"（ignis artificiosus）的说法，他说过，大自然有"展现手艺"的激情。① 最重要的是，对斯密而言，人为和意料之外之间的关系是道德与社会调查研究的核心。如果有一个任务或者一个社会理论的课题，那么对斯密与休谟而言，它会包括对计划的结果与意料之外的结果的共存的调查研究，自觉的与非自觉的人的活动的调查研究，相对的反思（政治和道德）与相对的不反思的调查研究。在《道德情操论》和《国富论》的大部分篇章中，这些都是斯密最持续的思考内容；在他描述看不见的手以及有关金钱以及（应该）成为其补充的货币的政策的时候，它们离奇地消失了。

　　自由的经济思想的另一个缺陷与信仰有关。看不见的手的全部版本——斯密的以及现代经济理论的全部版本——体现了对经济自由体系的乐观。均衡的说法较少依赖于信仰或者希望。它是从条件来推理的结果；如果存在任何乐观主义的话，关于均衡乐观主义就是在确立经济制度的规则中经济政策的效率性。相比之下，看不见的手的"进化了的秩序"的说法完全基于进化理论。如果制度能持续，那么它们就成功了，而且出于这一原因，制度存在（或者存活）是值得尊敬的。甚至制度的瑕疵也是看不见的目的的表示，而包括理论家在内的人们太无知了以至于无法理解这些看不见的目的。但是通常而言，"在众多人中或者经过一段很长的时期"，一

① De natura deorum, 2.57.

切都是为了最好。① 蒲鲁东认为，伴随着对偶然的排除与对"证据"的服从的 19 世纪社会科学的"新哲学""令一切与神学假设相趋近，就好像趋近于它问题的最后部分一样"，进而它的"人道主义无神论"导致了"对所有被推翻的学说的重建或者科学验证"。②

155　　斯密的乐观主义或者在自由经济秩序中他的信仰基础是与众不同且更加深刻的。我们已经知道，几乎没有正当理由来认为看不见的手在他的思想中是一个神学元素或者是"最终自然和谐的一种理论"的代表；反之，它是被设定在"他的最终信仰的更加广阔的背景之中"。③ 在经济政策的经验和知识中（尤其是在金钱向权力的转化的方面），他几乎没有信心，而且在制度的永久智慧中，他甚至有更少的信心。但是，他的确有两个理由来信赖看不见的手所安排的体系。就现代思想而言，一个理由是非经济的（或者是不与效率有关的）；在这个体系中，人们做出他们自己关于生活方式、工作地点、如何花钱等的选择。与那种这些选择都是政府调控的目标的体系相比，它是更加公正的。另一个理由——关于排除策略或者第二个最坏的结果的观点——与效率有关，尽管不那么闻名。这就是，自由体系不是所有体系中最糟糕的，至少它比调控体系更有效率。

---

① 这就是佛恩使用的第二步骤的有关意料之外的结果的可理解性的词语。Vaughn，"Invisible Hand"，p. 998. 佛恩本人在意料之外的秩序的合意性方面极好地免除了盲目自信："人们可以很容易地想象一种自发秩序，其中人们被一只看不见的手所引导，好像要促进一个错误的、不合意的目标。出现的秩序的合意性……根本取决于人们开始行为的规则与制度的种类"，而且"人们看待社会制度的观点不仅会使人们的政治观点产生差异，还会使人们评价一个经济体系的方法产生差异"。

② Proudhon，*Système des contradictions économiques*，p. 53.

③ Macfie，*The Individual in Society*，p. 102.

　　与休谟一样，斯密生活在一个具有极度不确定性且富于想象力的世界中。与休谟一样，他已经习惯容忍一种生活方式或者思维方式，其中几乎所有的评价都是不完整的、临时的、有待讨论的，并且使人不确信的。他参与讨论的不信任的问题——《道德情操论》中曾描述过的、在一个不存在乐观主义且无法理解的"对失序的世界的十分怀疑"之间的悲惨选择——使他对不完整性与平凡相对坦然。在这方面，他的漠然与冷淡与禁欲主义的漠不关心十分不同，斯密对命运的掌控有安全感；在西塞罗看来，这种安全更像伊壁鸠鲁式的自在，其间他可以无休止地讨论自然哲学中术语的含义并享受友谊的乐趣。①

　　在世俗的意义上，斯密是一个有信仰的人。正如麦菲所写的那样，"他基本上是一个虔诚的人"。② 但是与休谟和孔多塞一样，他相信大多数人的温和与体贴。因此，他的确相信他们通常不会以极不正义的方式来追求其利益，相信他们会常常希望生活在一个其他人不受压迫或剥削的社会中。他们希望能够端庄得体。这是经济自由体系的基础。这是一个虔诚的愿望，也是自由的经济思想的一个缺陷。

---

① Cicero, *De finibus*, 1. 62 – 70.

② Macfie, *The Individual in Society*, p. 111.

第六章　经济与政治选择

拉顿（Raton）十分震惊……

　　启蒙是斯密与孔多塞笔下自由经济秩序的一个条件。个人对自身的利益有最好的判断，他们最了解自己。人们独立且没有偏见；他们希望通过谈判而非暴力来解决冲突，从这一意义上说，他们是文明的。他们不畏惧预言或者封建的非正义。正如在《国富论》的开篇斯密形容的那样，他们偏爱"公平且有益的交换"。① 但是，在某些情况下，这种言语间慎重的倾向也是对经济或市场秩序的颠覆。因为变得开明就是要准备去评价政治与经济。而他们则要对评价做出评价，包括经济选择与政治选择之间的关系，以及经济利益与政治利益之间的关系。

　　在第五章中我们已经知道，自由经济秩序的一个缺陷是人们有时会试图通过政治手段来追求他自己的（经济）利益。他们寻求管制、政治影响力以及对垄断的保护。他们拥有金钱，并且通过它来购买权力。与此相关的第二个缺陷就是，人们对神圣的天意或者已有的制度体系有信心，可能愿意遵从它；而无形的秩序则不同，它产生于无数不加约束的评价，它可能好也可能不好。做出这些判断的人们在选择社会理论时必然受个人意愿的影响，选择结果与有

---

① *WN*, p. 26.

意的（或者人为的）事件以及意料之外的事件有关，也与自觉的、反思性的选择有关。它一定是受理论指导的人们创造出的一种理论。

对于 18 世纪晚期自由的经济秩序的拥护者而言，这些困难的最佳解决方法甚至更多地在启蒙思想中被发现。在他们的理论中，最明显受到崇敬的对象是公正、善良、开明的个人。他们似乎期望一个小型所有者的世界，他们中的大部分人非常有先见之明，明白自己的长远利益是与社会利益相一致的，是通过经济手段（诸如勤奋和消息灵通）而非政治影响力来竞争得到的。管制会逐渐减少或被取消，并且不会再度生效。甚至是最富有的所有者都对购买政治权力不感兴趣。当然也有例外存在。但是相信这样一种体系的理由就是，人们通常都是平和并富有理性的。

与斯密相比，孔多塞经济思想的核心是，经济评价与政治评价之间相矛盾的、变化的关系。在 18 世纪 70 年代，孔多塞和杜尔哥甚至是比斯密更为严厉的对生活方式与经济调控的思维方式的批评者。他们不大愿意去天真地假设（就像斯密不时地去假设那样，包括他在《国富论》中说明看不见的手时的假设）商人们关心他们自己的保障或者他们所信任的人的品格与处境，他们更愿意假设商人们关心如何通过政治影响力而获得特权。但是在孔多塞生命的晚期，在法国大革命之前及革命期间，他也密切参与了经济政策的改革。他写过非常详细的建立一种竞争性的经济秩序的建议，以及关于能够管理经济争论与政治争论的程序的提议。在关于公共教育的最后的著作中他专注于永恒的个人启蒙的展望，在展望中人们将会根据审慎的、和平的竞争的规范来生活。

对于经济（或政治）思想史学家而言，孔多塞的经济著作只能引起很少的研究兴趣。这方面，约瑟夫·熊彼特（Joseph

Schumpeter）的论述是相当有代表性的：他把孔多塞说成一位数学家，他"对经济学的关心是不值一提的"，而且他"传播'天然权利'、人民统治权以及妇女的平等权利，他还是一位基督教的仇视者——在所有这些中，激情完全消磨了他关键的特殊才能"。[①] 孔多塞的经济思想可见于一些小册子、关于谷物贸易的一个扩展研究（1776 年的《对谷物贸易的思考》）中；1785 年有关投票的数学论文中；以及在 1788 年出版的一部有关省议会的建立的长篇且详细的著作中，大革命时期的有关财政与货币改革的文章和小册子中；以及在他死后出版的《人类精神进步史表纲要》，以及 19 世纪 40 年代出版的《第十个时代》（*Tenth Epoch*）的"节选"中找到。在这些著作中，他要么对当时的 18 世纪晚期的政策（间接税的改革、谷物贸易的管制、纸币的流通）感兴趣，要么对极度长期的情况（竞争的准则或者自利的兴致）感兴趣。也就是说，他几乎没有写过关于价值理论、租金理论、资本理论或者经济思想史的其他标志性理论的内容。他的作品中唯一一部分令后来的经济学家感兴趣的就是他对社会选择与投票的说明，这是一个被认为与政治决策而非经济决策相关的理论。就 19 世纪和 20 世纪对启蒙思想的接纳而言，就最终导致了国家的冷淡普遍性与市场的冷漠隔离而言，他本人特有的政治观点——他对政治改革与经济竞争的"热情"——是一种异常现象。

---

① Joseph A. Schumpeter, *History of Economic Analysis* （New York：Oxford University Press，1954），p. 135. 此外，凯特·贝克尔（Keith Baker）对孔多塞的经济著作做了一个完整的说明，见 *From Natural Philosophy to Social Mathematics* （Chicago：University of Chicago Press，1975），esp. pp. 55 – 72 and 197 – 263；也见 the section "économie" in Pierre Crépel and Christian Gilain, eds.，*Condorcet：mathématicien，économiste，philosophe，home politique* （Paris：Minerve，1989），pp. 121 – 195。

伏尔泰在 1776 年提到孔多塞在这一年早些时候出版的、受到持续关注的关于政治经济学的著作《对谷物贸易的思考》时写道，"拉顿很惊讶地发现自己对这部全部以人类贫困为主要议题的著作感兴趣"（"拉顿"或者"长着衰老的爪子的小老鼠"是伏尔泰为自己起的名字，他在给朋友的回信中使用这个伤感的名字）。伏尔泰提到这部书时说道，"它太有人性了，以至于拉顿立刻非常愉快地开始读它"，他被那些宁愿被雹灾毁坏也不愿被偏见毁坏的人的形容所"吸引"，他"嘲笑"那些针对内克尔的笑话。① 但是伏尔泰最终也成为《对谷物贸易的思考》极少的赞赏者之一，甚至 20 世纪早期评论孔多塞的人也把它视为一个次要的辩论。② 在一段空前混乱的时期内，孔多塞一直写作有关经济政策的文章；还写有关理论与政策之间，数学写作与文学写作之间，以及政治思考、形而上学的思考与经济思考之间的关系的文章。在那段动荡不安的年

---

① 1776 年 11 月 1 日的信，见 *Voltaire's Correspondence*, ed. Theodore Besterman (Geneva: Institut et Musée Voltaire, 1964), 95:145 – 146。同时伏尔泰正在阅读孔多塞对帕斯卡尔的评论，当"他的脑海中仍然充斥着"诸如"伟大的形而上学""我们对自然、埃皮克提图（Epictetus）和蒙田（Montaigne）的认知不确定"的时候，他特别惊讶地发现自己被孔多塞关于谷物贸易的管制的文章所吸引了。就像贝斯特曼指出的那样，在几个月之后的伏尔泰一封致 Amélie Suard 的信中，伏尔泰对孔多塞的颂词——"对我本人而言，我会自信地向你承认，我认为他要比他的时代的所有人都超前。我钦佩他灵魂的高尚和他的习惯的简单，我钦佩他的思维的精练与影响力，我钦佩他非凡的口才和他的知识的渊博。目前我正在读一部他的以崇敬来启发我的著作"——可能与《对谷物贸易的思考》有关。Letter of January 25, 1777, in Voltaire's Correspondence, 96:45. 伏尔泰以他一贯的细致来选择红颜知己，因为 Suard 夫人仍然是孔多塞的亲密朋友兼笔友。但是的确与《对谷物贸易的思考》有关一事似乎是可信的，而在当时《对谷物贸易的思考》是孔多塞流传最广的作品。

② Franck Alengry, *Condorcet Guide de la Révolution Françise* (Paris: Giard and Brière, 1904), pp. 703 – 704; Léon Cahen, *Condorcet et la Révolution francise* (Paris: Alcan, 1904), pp. 42 – 43.

代，他自己的观点，尤其是关于政治经济学的基础（或者形而上学）的观点变化很大。这种模糊性——对于一切的可能性的理解——本身就是孔多塞的经济思想魅力的一部分。

普遍的经济依存

159　　孔多塞的《对谷物贸易的思考》是杜尔哥 1770 年《关于谷物贸易的通信》的续篇。两部书都涉及与稀缺有关的公共政策；在这两部书中，对市场情况的详细介绍是与对经济依存的普遍性高度抽象的理论概述相结合的。正如第三章中已经说到的那样，在《关于谷物贸易的通信》中，杜尔哥对商业关系的均衡状态提供了一个精确的说明。他解释道，他是"从一般的观点"来关注消费者的"幸福"［福利（bien-être）——译者注］的。不同市场上的价格与数量"通过相互依存而彼此相关，并自己实现一种均衡状态"。当"贸易与竞争是完全自由"的时候，这个"均衡点"也是"产量、满意、财富以及实力"的最大值点。①

　　杜尔哥的体系是孔多塞著作的基础。在杜尔哥较早的《有价证券与货币》（*Valeurs et monnaies*）中，他已经概述了一个主观的价值理论，其中通过"学习"的过程，两个或者更多的缔约方（contractants）实现交换价值的平等。用杜尔哥的话来说，主观评价"对每个人都是不同的"；对于每个缔约方而言，它们取决于他的需求以及"他在其他需求中指派给它们的效用次序"。② 用孔多塞的话来说，一些年后，满足个人需求或者对他似乎有效用的事物

① "Lettres au Contrôleur Général（abbé Terray）sur le commerce des grains," in *OT*, 3:315, 326, 334；见第三章。
② "Valeurs et monnaies," in *OT*, 3:91–92, 97–98.

"对他有一个价值，其中，这一需求的重要性、这一效用的程度、这一快乐或者痛苦的强烈程度都是天然的衡量尺度"。① 在交换进行时，当人们获得更多的有关其他人的出价信息时，他们会改变他们准备提供的商品。杜尔哥写道，价格"以细微的程度"发生改变，"买卖双方之间的辩论是一种试探，它必然会使得每个人都知道每种商品的真实价格"。②

杜尔哥似乎已经做出了一个深思熟虑的选择，不在他的经济学著作中使用数学符号。关于一项早期的研究他曾写道，"我丝毫不想把任何代数用在里面"。③ 但是在他的理解中，"真实的价格"是对应于最大福利的价格；它们等同于孔多塞的朋友拉格朗日几年之后称为乘数的东西。在 18 世纪 70 年代，"试探"一词本身就有着明显的数学含义，但是这个词主要是贬义的。因此，拉格朗日的目的（在他关于方程求解方法的著作中）是"要避免反复试探"，不被"简化为一个不仅漫长乏味而且几乎不可行的、简单的试探的方法"。孔多塞也称试探的方法是"漫长而乏味的"，并且把拉格朗日的方法与之前的"不过是一种试探形式和一种预测形式"的努力进行了对比。④ 然而，在杜尔哥的体系中，这个普普通通的技术被转换为巨大的社会程序：在《国富论》出版的几年前对于作为在社会最大化中的一次应用而做出的分散化决策的描述。

---

① "Tableau général de la science, qui a pour objet l'application du calcul aux sciences politiques et morales" (1794), in *OC*, 1:558.

② "Lettres sur le commerce des grains," in *OT*, 3:326.

③ Letter of December 9, 1766, to Dupont de Nemours, in *OT*, 2:519.

④ 见 Joseph Louis Lagrange, *Oeuvres*, ed. J. A. Serret (Paris: école Polytechnique, 1882), 2:383, 553; Condorcet, "Indéterminés," in *Supplément à l'encyclopédie* (Amsterdam: Rey, 1777) 3:571; Condorcet, *Essai sur l'application de l'analyse à la probabilité des décisions rendues à la pluralité des voix* (1785) (New York: Chelsea House, 1972), p. 171. 1.

160　　　　对杜尔哥与孔多塞而言，真实的价格从未能通过行政决策来实现。即使是消息最灵通的、最开明的官员——用杜尔哥的话来说就是"由天使组成的"垄断——也会发现在个人交换中模拟决定价格的多种因素是不可能的。杜尔哥设想了一家国有贸易公司，它"除了国家利益之外"没有任何目标，而且它兼有"天使般的正直"和"超过天使般的智慧"；他说道，这样的一家公司将永远不能推算"众多模糊的事实以及缓慢而逐渐变幻着的大多数的未知因素"，这二者"结合在一起并改变了商品的价格"。那些认为能够"凭借这种推算的方法来指导定价过程"的管理者们就好像魁奈的反对者席尔瓦博士（Doctor Silva）一样，他们试图大笔一挥地解决那些已经造成"牛顿和伯努利（Bernoullis）的一生变得暗淡"的问题。在杜尔哥的《关于谷物贸易的通信》中闻名的最后语句中，他对总管理者的建议就是，要相信"完全自由的结果，也就是说要相信准确的公正的观察的结果"。①

　　孔多塞的期望大致相同。他在《对谷物贸易的思考》中曾说过，自由的后果将会"获得买者之间最大可能的竞争……以及卖者之间最大可能的竞争"，因此将会实现"价格相等"。他说过，"去除来自行业的束缚"，进而确立富人与穷人的需求之间的均衡是有可能的。② 在这方面，在 18 世纪七八十年代以及大革命期间，他的期望几乎没有改变。他在 1790 年曾写道，仅有一个"真正的商业利益，这对于所有国家而言都是一样的；这就是恢复最完全的

---

① "Lettres sur le commerce des grains," in *OT*, 3:324, 327 – 328, 354. 关于魁奈与朝廷的让－巴蒂斯特·席尔瓦（Jean-Baptiste Silva）博士的论战，参见 Jean Sutter, "Quesnay et la medicine," and Jacqueline Hecht, "La vie de François Quesnay," in *François Quesnay et la Physiocratie*（Paris：Institut National d'études Démographiques, 1958）, 1:197 –210, 211 –294。

② *Réflexions sur le commerce des blés*（1776）, in *OC*, 11:104 – 105, 149.

自由"。① 直至 1793 年 6 月，他呼吁政策能让投资对"甚至最富裕的资本家"而言也是有吸引力的："在这里，问题并不在于维持极端不平等；问题只在于为了人们的自由意志而舍弃一切。"② 他在他最后的一篇著作，即死后出版的《第十个时代》（出自《人类精神进步史表纲要》）的节选中说道，"买和卖的竞争是买卖双方之间确立的平衡"，它组成了"贸易的自然过程"。在大革命的最恐怖的时刻，他的期望与杜尔哥的一样闻名：

> 如果不对行业施加任何限制，如果它夷平了行业所面临的障碍……则为了所有人的共同利益，每个人出于他自己的利益所激励、指导的自由行业的一切努力都将联合在一起；他们会导致逐渐增长的繁荣，而没有了繁荣，任何社会都将颓败和衰落。③

不作为的印象

孔多塞与杜尔哥对一般经济均衡的构想要比斯密的更加详尽；　161
它不只是一个体系（在斯密本人关于"在欣赏一个如此美好而宏伟的体系中"得到的快乐的理解）。④ 但是与杜尔哥一样，孔多塞也专注于现存经济制度的不严谨与不完善。他描述了商人和农民通

---

① "Sur le préjugé qui suppose une contrariété d'intérêts entre Paris et les provinces" (1790), in *OC*, 10：136.
② "Que toutes les classes de la société n'ont qu'un même intérêt" (1793), in *OC*, 12：650.
③ "Fragment de l'histoire de la Xe époque," in *OC*, 6：528–529, 537.
④ *TMS*, p. 185.

过政治密谋而非勤奋来追求他们自己利益的倾向。他评论了官员的自利。他总结道，所有人的利益都是复杂的、难以描述的，并且随着时间的推移还是难以预料的。尤其是他超越了杜尔哥，形成了一个针对不完善的政治经济体制的经济政策理论。

在孔多塞对"在禁止制度中事件的一般过程"的描述中，商人的正常行为是通过政治影响力来寻求利益。他们必须"贿赂底层官员"，甚至是小耕作者都"养成了对所有那些被雇来执行维生食物的法律的底层官员们的依赖"。他们易受到"检查、禁止、谴责和训诫"。他们必须"学会发现这些底层官员们的诡计，还必须了解引诱他们的技巧"。存在"运用自由贸易的真正的商人"，但是也存在"了解如何从禁止性的法律所强加的限制性规定中获得利润的人"。①

规制体系有种潜在的、持续的累积效应。因为只有在自由制度下贸易才会长久，或者贸易才会成为一种人们能够信赖的状况。法律一定是易变的，"甚至根据禁止性法律的辩护者的观点，禁止性的法律一定随环境而变化"，"一个商人永远都不会了解，在他们的支配下，如果一个法律可以被他买到，那么这个法律也会在同样条件下被他出卖。在这种情况下，所有的贸易资源也会缩减到那些会为巨大利润冒险的非凡企业中，以及那些知道如何确保受到法律宽免的商人们所负责的非凡企业中"。② 在孔多塞看来，商人不停地忙于计算"如果他拒绝按一个特定价格出售商品的话，那么他的商品卖不出去的可能性有多大"；他一定害怕其他商人的竞争、增加供给（外国谷物的输入），以及需求缩减。这是贸易活动的正

---

① "Monopole et monopoleur" (1775), in *OC*, 11：46，48；*Réflexions sur le commerce des blés*, in *OC*, 11：145 – 146，200.

② *Réflexions sur le commerce des blés*, in *OC*, 11：148.

常过程。但是在一个存在禁令的帝国中，商人还必须考虑其他的风险：法律更改的可能性，或者官员们"出于利益或者一时的兴致对法律睁一只眼闭一只眼或者严格执行"的"主观容忍"的变化的可能性。①

商人的思维方式、精神或者思想方法本身就受到管制的影响。孔多塞在《杜尔哥传》中曾写道，"通常而言，保护一种特定的贸易形式会损害到贸易"，而且"每一种购买、出售或者制造的特权非但不能鼓励勤奋，反而把它转变成那些拥有特权的人们的一种密谋和遏制其他人的心态"。对自由贸易的反对相当于"贸易商本人的偏见，或者在某种程度上相当于官方认可的贸易商的利益。因为只有他们才喜欢规章，原因在于这些规章使得新的或者重要的业务活动需要政府的支持，从而可以不理会那些不足以富有到拥有保护者的贸易商们之间的竞争"。② 在这种环境下，成为商人或者贸易商的那种人是那些嗜好政治阴谋的人们。他们被公众舆论所厌弃，而且他们不是由于舆论的厌弃就放弃从事贸易的那种人（孔多塞说的"诚实的人"）。③

孔多塞对官员的正常思维方式的描述甚至更加负面。官方垄断所需要的计算与信息——甚至是由善良人所组成的垄断——将会超出可能（或不可能）的职权范围。普通的官员有他自己的恐惧与利益。孔多塞在他1775年的小册子《当前的垄断》（*Monopole et Monopoleur*）中说过，这些恐惧不可能被自由放任的政策所减轻。他讽刺地问道，"一个明智的政府应该把它的信任放在人们的不同利益上，它应该假设买卖双方的贪婪会无人干涉地彼此抵消，它应

---

① Ibid., 127, 235.

② Vie de M. Turgot (1786), in *OC*, 5:27–28.

③ Réflexions sur le commerce des blés, in *OC*, 11:201.

该允许平等的自由放任。怎样才可以这样呢？""这能称为统治吗？干预一切、斟酌一切、控制一切不是更好吗？而这就是几乎处处都采用的做法。它为管理者提供了许多有价值的东西。"孔多塞写道，"这些规章、法律和令人不安的管理"从未出现无法吸引没有头脑的人们的钦佩的情况；"因此，在禁止性制度中，领导者获得荣誉，底层官员获得利润；这些都是相当好的理由"。①

内克尔和其他人反对自由放任的自由政策的一个观点就是，它们常常使官员们有一种安宁的感觉，以至于"在接受歪曲的原则中，人们享受着极大的安宁；用这唯一的原则，即完全自由的原则，一个人毫无费力地统治世界"。[对内克尔而言，政治经济学的最大原则是前文提到的"分析"与"争论"，而且它必须被政治家理解为一个不可分割的整体。他说过，"有必要去用一个人的思想来包围它"，此后孔多塞习惯称内克尔为"包络先生"（M. Enveloppe）。]② 杜格尔德·斯图尔特在他写的斯密的传记中引用了出自内克尔的《科尔伯特赞》（*Éloge de Collbert*）的这一段，他认为斯密的"无限制的贸易自由"的处方很可能产生"纵容政

---

① Monopole et Monopoleur in *OC*, 11:41 - 42.

② Jacques Necher, "éloge de Jean-Baptiste Colbert"（1773），in *Oeuvres completes*（Paris:Treuttel and Würtz, 1821），15:42，45 - 46；参见孔多塞于 1776 年 11 月 14 日和 28 日写给伏尔泰的信，in Voltaire's Correspondence，95:175 - 176，202 - 203。内克尔提到科尔伯特时说，"一位财政管理者所必需的美德没有限度"，而且在一个十分不同于斯密的思想的"看不见的手"的隐喻之中，以及在一个十分不同于孔多塞的思想的牢固持久的链条的隐喻之中，他一定受到"手中握有巨大的链条的第一环的神"的观点的启发，而"那个巨大的链条使得我们可以瞥见宇宙的和谐"。对内克尔而言，"形成管理者的天分的思维才能"是如此巨大，以至于"可以说它超越了语言能够表达的范围"，因此，"面对管理的思维方式，所有其他事物都消失了"。Necker，"Éloge，"15:11 - 12。

治家的懒散"的效果。① 但是孔多塞认为，懒散不过是管理层的一个次要弱点。他问道，"有多少人不是喜欢虚荣胜过安宁呢"?② "支持自由"的观点与"支持有所作为的观点"相比几乎总是处于劣势。一般而言，认为有所作为的立场也并不是最坚定的。"它只是对于管理者而言最确定的。无论这些管理者犯了什么错误，除非他本人采取行动，否则他都没有什么畏惧的人。"③

孔多塞认为，即使对于地位低下的官员而言，对尊重的渴望也是一个特征。他写道，"通过保护绝对的自由，不会得到任何好处，而且没有人曾通过给他人一种无为的印象而为自己赢得声誉"。对声誉的关注并非完全是被鄙视的，而且"每一个诚实的市参议员的目标就是获得他所在城镇的人们的爱与尊重"。但是有一种不同的市参议员，他更有可能采取"滥用市政职权"的方法来"让自己受到他的人民的钦佩"。"负责警察条例的官员以及城镇的市长会发现，维持一个会赋予他们更大的重要性的政权是有利益的"，从中他们有行使绝对权力的优势，至少是在稀缺的时候。而且"从中他们乐于听到人们谈论他们为民众提供食物的说法，以及那些谈论他们的父亲般的关怀使得人们远离饥饿与死亡的说法"。④

孔多塞说过，"关于部分地位较低的地方官员给人们造成的烦恼几乎是一个普遍的灾难"，而且国家政策使它们更糟糕。"国

164

---

① Dugald Stewart, "Account of the Life and Writings of Adam Smith, LL. D." (1793), in *EPS*, p. 318.

② *Réflexions sur le commerce des blés*, in *OC*, 11:241.

③ 孔多塞补充道，"但是，问题不在于管理者的利益，而在于国家的利益"。"Monopole et monopoleur," in *OC*, 11:50 – 51. 11:50 – 51.

④ "Monopole et monopoleur," in *OC*, 11:46; *Réflexions sur le commerce des blés*, in *OC*, 11:204, 240 – 241.

王的顾问看不见这一切”，但是他所建议的法律已经使得“底层官员受到勒索、扣押以及被迫修改法律程序”，并且禁止性制度带给人们的“沮丧、尴尬、滥用职权和烦恼”。对于周围的农村而言，城镇中的中产阶级成为“一种小暴君”，而且反过来他依赖保护他的权力的地方官。① 这就是杜尔哥在他的《古尔奈赞》中所描绘的“无休止的诉讼”的世界、“由出版于不同时期的法律和地方权力的多样性所引起的隐晦与无法理解的神秘”的世界，以及“无数官职”与“增加视察”的世界。② 它也是托克维尔在其中发现 18 世纪五六十年代的第一次的或者行政的法国大革命的起点——“对等级的普遍愤怒”——的世界，而托克维尔对古代制度的情操与习俗的了解基于杜尔哥的著作；托克维尔还发现了财政管理的无尽的不确定性，在这种不确定性下，“没有一个耕作者能够提前一年预测下一年他将不得不支付的东西”；他还发现当地租税征收官的“暴烈程度更像一个暴君”，有着“巨大的主观权力”，对他们而言，捐款名单是“他的畏惧、软弱或者恶习”的记录。③

沮丧的灵魂

在所有这些对经济情操的形容中，孔多塞期望通过漫长的时间

---

① "Monopole et monopoleur," in *OC*, 11:46 – 47, 50.

② "Éloge de Gournay" (1759), in *OT*, 1:608.

③ Alexis de Tocqueville, *L'ancien régime et la Révolution* (1856), ed. J. -P. Mayer (Paris:Gallimard, 1967), pp. 187, 212 – 213; 见第一章；关于托克维尔对杜尔哥的注解，见 *L'Ancien Régime et la Révolution: Fragments et notes inédites sur la Révolution*, ed. André Jardin, in Tocqueville, *Oeuvres complètes*, ed. J. -P. Mayer (Paris:Gallimard, 1952 – 1953), vol. 2, pt. 2, pp. 377 – 439。

过渡到完全自由的制度。之所以这一过渡变得更加困难，是因为在多年甚至多个世纪的管制之下，商人（或者耕作者）与官员的思维方式已经受到了影响。政治权力是经济成功的一个手段，而经济权力也是政治成功的一个手段。官员的思想影响着商人，而商人也影响着官员。耕作者知道如何去行贿官员，在城镇中人们"靠诡计与压迫"来生存，但是他们的"灵魂是荒废了的、沮丧的"。① 人们渴望金钱，但是他们也渴望尊重与安宁。事实上，这个过渡永远不会完成，因为人们的思维方式就像他们的目标一样，是随着时间的推移而不断变化的。

　　贸易自由的新世界本身将会是不确定的或者未完成的。它会是习俗的世界，其中人们满足于合理的概率。孔多塞极为明确地指出，自由的经济秩序的一个缺陷，与金钱向政治权力的转化以及政治权力向影响市场的职权的转化有关。他也明确地指出另一个缺陷，即无形的秩序（完全自由与确切的正义的秩序）的反复无常。他的期望的确非常接近于无休止的讨论的场面、带有思考的智慧的场面，以及对结果与概率不断评价的场面，而这是伯克的政治启蒙思想的艰难处境。杜尔哥在他关于有息的自由借贷的记录中曾写过，"我以缓慢、谨慎甚至胆怯的方式觉察到了环境所需要的一切"，而且孔多塞也把贸易自由的进展看作一个旷日持久且步履蹒跚的改革的过程。② 新的秩序在它到来之时将仍然是蹒跚的。它会仅仅是最为矜持且慎重信赖的对象。

　　与杜尔哥一样，孔多塞把他对于新制度的希望建立在时间的推移、从事贸易的人数的增加，以及交易活动的重复的基础之上。他

①　*Réflexions sur le commerce des blés*，in *OC*，11：146.

②　"Mémoire sur les prêts d'argent"（1770），in *OT*，3：167.

在《对谷物贸易的思考》中曾写过，"人们对贸易的偏见"构成了自由制度维护者的"唯一难题"。"公共舆论"或者至少是"大众的观点"还不支持自由贸易，而且人们依然憎恨谷物商人。孔多塞总结道，"这一弊病的唯一解决方法是形成习惯以及公共的、有大量人来从事的贸易"；"人们以较少的畏惧来看待商业的运转；而且由于每个商人都会雇佣一定数量的普通人，它的影响就是，甚至在群众之中也会有很多站出来维护这种贸易的人"。但是，他试图"恢复资本家的信心"的前景明显仍然是严峻的："人们的憎恨"会减少，而且"这种憎恨被分散在很多人之间"。[1] 他关于一个公正的贸易秩序的最终观点也同样是微弱不清的。他在人生晚期曾写过，更好的法律的效果就是，"通过非法手段来获取的利益将会更少，以这种方式获利的人更少，并且这种获利的方式也不再那么多样和诱人"。[2]

166　　　在杜尔哥看来，"买卖的普遍自由"的影响将会确保有效率的价格并保护天赋的自由。但是，它不会防止腐败或者防止贩卖劣质布料。"这并不是说就不存在无赖商人或者受骗的消费者；但是受到欺骗的消费者将吸取教训并不再与无赖商人进行交易；无赖商人的名声将会败坏，并且他会因欺诈行为受到惩罚；而所有这一切不经常发生。"[3] 在这些情况下，人们必须相信重复交易的作用以及作为其结果的经验。甚至还存在一种道德学习的过程，因为可能成为商人的那种人不大可能是无赖。杜尔哥谈到加于谷物贸易之上的"贬低的限制"时说过，它们将很难鼓励人们成为谷物商人，而且

---

① "Monopole et monopoleur," in *OC*, 11:45; *Réflexions sur le commerce des blés*, in *OC*, 11:197, 200 – 202.

② "Fragment de l'histoire de la Xe époque," in *OC*, 6:528.

③ "Éloge de Gournay," in *OT*, 1:603.

"如果还有人准备从事这一贸易，那么他们无疑会把这些新的风险与他们受到的耻辱看作他们从事贸易的成本，并把它们转嫁给消费者"。① 在向自由制度——观念上的彻底改变——的缓慢过渡中，会存在一个不同的变化过程，因为商人更有可能是不乐于行贿底层官员或者转嫁耻辱成本的那种人。

孔多塞与杜尔哥所信赖的制度是受习俗与思考影响的一种制度。人们已习惯了贸易。他们也习惯于猜测是否他们可能被骗，或者是否他们应该诱骗市政官员，抑或自由制度是否是值得信赖的制度。这是一个变化着的、非英雄型的社会。但是，只有这种社会才适应经济生活的变化着的环境。因为，孔多塞认为经济选择总是与那些关于政治以及道德情操的选择联系在一起。人们在经济生活中（比如商人的生活）通过政治手段来追求他们的目标，而在政治生活中（比如官员的生活）人们追求经济目标。他们有许多不同的、有时相矛盾的目标。就像诚实的市政官员一样，他们渴望尊重，也渴望自己被重视。他们在奢侈与政治影响力之间做出选择。② 他们也在奢侈与思想的平和之间做出选择。在孔多塞看来，被不正常运转的城镇所挫败的耕作者不可能为了秩序而付出精力，从而"获得必须以牺牲休息为代价才能得到的剩余"。③

在这些情况下，秩序的建立是困难的。正如巴黎大学文理学院博士的"良知例子"那样，了解一个人自己的思想也是很困难的。④ 一个原因就是不公正的法律与不确定的法理学的继续存在：

167

---

① "Lettres sur le commerce des grains," in *OT*, 3:323.

② "人们不再买马，而是把钱花在阿谀奉迎的人和职位上；……他们会把钱花在阴谋而不是嗜好上。" *Essai sur laconstitution et les fonctions des assemblées provinciales* (1788), in *OC*, 8:391.

③ *Réflexions sur le commerce des blés*, in *OC*, 11:146.

④ On Lamet and Fromageau's *Dictionnaire des cas de conscience*，见第一章。

孔多塞曾写道，"让人接受像租借其他商品一样来租借金钱的做法是禁止的，并且在没有合法的专家或者神父的时候，你无法判断自己是一个诚实的人还是一个无赖"。① 另一个原因是内在的不确定性和自欺。孔多塞在谈到欧洲的奴隶主时说过，"这些为公众所尊敬、代表公共道德的人们，被错误的良知所指引，仅关心一己私利"。② 人们有对社会制度以及生活方式的偏好。因此，就像杜尔哥在他对古尔内（Gournay）改革的说明中所写的那样，许多商人谴责排他的特权，并支持贸易自由的准则。但是，几乎他们中所有的人都有某些理由来支持这些普遍准则的例外情况；"无论是否出于利益、惯例还是诱惑，每个人总是希望有一些小的改善或者例外"。③ 一般而言，在社会准则中我们很难辨别一个人的（各种）自利和他的兴趣。孔多塞在大革命期间曾问过，为什么几乎没有法律来反对贸易欺诈（除了在谷物贸易中）？"这是因为人们已经了解了区分有罪与无罪的困难；因为在仅惩罚不道德的信仰的教义下，他们已经不想去惩戒勤奋了。"④

对孔多塞而言，在这些情况下，政治改革是经济繁荣的一个前提。他在《对谷物贸易的思考》中写道，"或许正是通过改善耕作者的政治地位，自由劳动者才会竭尽全力"来提高粮食产量。⑤ 与贸易商一样，耕作者会更加独立、更加勤奋、更加可靠，并且更渴

---

① "Fragment de l'histoire de la Xe époque," in *OC*, 6:570.

② "Réflexions sur l'esclavage des nègres"（1781），in *OC*, 7:126. 这本小册子是以假设的人"约阿希姆·施瓦茨"（Joachim Schwartz）的角度而写成的。他是一位瑞士的新教牧师，请读者参阅 *mon Sermon sur la fausse conscience, imprimée à Yverdun en 1773*。

③ "Éloge de Gournay," in *OT*, 1:603.

④ "Sur la liberté de la circulation des subsistances"（1792），in *OC*, 10:367.

⑤ *Réflexions sur le commerce des blés*, in *OC*, 11:144 – 145.

望投资。他将更愿意去支持贸易自由的制度。他将会不再存有对政府的怀疑或者"藐视","而长期被视为无价值的习惯已经使这种怀疑如此快速地爆发出来"。① 但是与此同时,经济改革本质上是一个目标。它不仅是经济繁荣的一个条件,而且它本身是一个政治目标。就像孔多塞笔下的杜尔哥,他的热情是针对"贸易自由,更确切地说是公正,即每个人都应该被允许自由使用他们的合法财产(因为无论它可能多么广泛,还存在一个比效用还要崇高的贸易自由的正当理由)"。②

人们都有政治利益,尤其是他们在自己的"政治处境"中存在利益;也就是孔多塞所说过的"在保护他的权利方面每个人都有的"利益。③ 但是,这些政治利益或者目标是与经济生活的事件密切相关的。的确,正是在他们的经济活动的过程中——把谷物运到市场、买盐、纳税、建造公路——孔多塞所描述(之后被托克维尔所描述)的耕作者最密切地接触到旧制度所特有的不公正的、确定的法理学。因此,他们要改善自己的政治处境只是(或者主要地)为了改善他们的经济境况,从这个意义上来讲,他们在政治权力与法定权利中的利益不是经济利益。在《对谷物贸易的思考》中,刑法与民法的改革是孔多塞的主要关注点之一,它是一个政治理想,同样也是一个经济理想:"这样一种民事法理会使得每个公民都能够了解决定其命运的法律,人们不再需要为保护他们的财产而变得富有,并且这种民事法律会使穷人不再因为自己被富人、检察官、司法官所控制,而把微薄的财产视为不可靠的。"④

168

---

① "Monopole et monopoleur," in *OC*, 11:51.

② "*Vie de M. Turgot*," in *OC*, 5:42.

③ "Fragment de l'histoire de la Xe époque," in *OC*, 6:536.

④ *Réflexions sur le commerce des blés*, in *OC*, 11:191–192.

　　人们也对其他人的政治地位感兴趣。他们有着对社会——对制度，或者制度的理论——的看法，他们也有着关于社会对自身利益的影响的看法。他们对其他人的政治利益感兴趣。在政治变革的大舞台上，他们是观众，也是参与者。孔多塞在《对谷物贸易的思考》及以后的著作中的确反复使用政治利益的"目标"（spectacle）一词。在他的描述中存在着那些"对同胞的压迫的场面不感到羞辱"的人们。① 孔多塞以新教牧师"约阿希姆·施瓦茨"为笔名告诉那些奴隶们——他的废除死刑论的小册子的奉献对象，他的目标之一就是满足自己心灵的要求，"离弃你心灵中罪恶的景象吧！"② 孔多塞以另外一个笔名写道："在美国所盛行并确保其和平与繁荣的平等的情况"将会"对欧洲有益"；"美国人对平等的热爱"无疑将会阻止禁律、受保护的垄断、视察和那些已经"在欧洲"制造出这种"荒谬的"的限制性团体。③ 他在《对谷物贸易的思考》中说道："它并非没有弊端，除了那些直接伤害我们的人。对于那些渴望自由的人来说，压迫穷人以及整个国家不幸福的情况难道不是一个无法忍受的痛苦吗？"④

贫困、税收和有害健康的工厂

　　孔多塞认为，政府与贸易的相互依存关系是自由经济秩序的一

---

① Ibid. , p. 180.

② "Réflexions sur l'esclavage des nègres," in *OC*, 7:64.

③ "De l'influence de la révolution d'Amérique sur l'Europe" (1786), by "un habitant obscur de l'ancien hémisphere," in *OC*, 8:19, 41–42.

④ *Réflexions sur le commerce des blés*, in *OC*, 11:251.

个永恒特征。完全自由的制度将永远不会实现，而且即便它实现 169
了，人们仍然会有政治目标与经济目标。孔多塞盼望政府"在现
实中不存在"（cette presque nullité），而且他在 1792 年时曾写道，
希望获得自由与安宁的人们需要"把政府行为缩减为最小的法律
与制度"。但是，他把这种观点与"无政府主义者"的观点进行了
对比。无政府主义者只是"出于一种模糊的蔑视情绪"来匆匆一
瞥最小政府的原则，而且他们设法实现"来源于混乱、猜疑以及
不同势力之间的斗争的政府的不存在性"。他更喜欢的结果在一定
程度上是"深深结合在一起的一种法律体系"的结果。① 他一贯的
经济兴趣——以及他补充到杜尔哥的体系中的主要方面——的确是
在公共政策的理论之中。正如他在《对谷物贸易的思考》中所写
的那样，妨碍自由贸易有时是不公正的，有时是无效的，有时是对
贸易有害的。政府绝不应该采取不公正的政策。但是"为了避免
一个更大的弊病，它不得不在没有不公正的情况下使用一些有害的
手段"。②

　　孔多塞认为，各国政府正在不断面临着较少弊端的选择。因
此，公共政策理论或者最小政府制度理论取决于极为实际的结果。
几乎在孔多塞所有的经济著作中，他的确关注政府被迫干预贸易的
特定环境与实际环境。正如我们在第三章中所看到的那样，他最早
的有效率的、公正的、最小化的政府的例证与防止饥饿的政策有
关。他声称"社会中的所有成员都应该确保生存"是出于每个国
家的整体利益，甚至专制政府也试图保证"人们只死于长时间的

---

① "De la nature des pouvoirs politiques dans une nation libre"（1792），in *OC*, 10：607；见第一章。
② *Réflexions sur le commerce des blés*, in *OC*, 11：167.

饥饿"。① 在 18 世纪的法国，如果没有政府介入，这一目标就不可能实现。从诸如长途贸易的信任关系之类的实体交流仍然不发达的意义上来讲，贸易还不是完全的。人们还尚未开化，也不富裕。至少在某些地区人们非常贫困，以至于在均衡状态重新确立起来之前，他们有时会变得一贫如洗。正如之前看到的那样，杜尔哥在利穆赞的政策的要点是干预劳动力市场（通过公共就业计划）而不是干预谷物市场，无疑也不是去决定谷物价格。如果这种干预是暂时的，那么它将会使最穷困的人受益，而且它只会干预相对不重要的权利。

170 　　孔多塞对消除贫困的政策的说明提供了第二个例证。他预期自由贸易的最终作用是减少贫困。但是他在 1788 年的《行省立法随笔》（*Essai sur les assemblées provinciales*）中用一个很长的讨论来说明"贫困的原因"，而这部书是他详细论述经济政策的大量著作中的第二部。[这一背景与孔多塞对公共政策理论的关注相符，它是关于市议会和省议会的建立与职能的一个持久的思考，它在 1789 年的三级会议（the convocation of the estates-general for 1789）召开不久后就出版了。]② 他指出贫困的第一个原因是财富分配不均，这本身就是"令人不满的民事法律或财政法律"的后果。第二个原因是"缺乏足够的工资"；孔多塞把它部分归咎于"取代了"在工人与需要劳动力的雇主之间的"一般竞争"，而只存在基于行会以及雇主－学徒关系的竞争的事实。第三个原因是令孔多塞更加困扰的，即工业时代"用机器取代"人类劳动。但是，即使这个贫

---

① Ibid. , p. 111 ; letter to Count Pietro Verri, November 7, 1771, in *OC*, 1 :282.

② 见 Cahen, *Condorcet et la Révolution francise*, pp. 83 – 87 ; Baker, *Condorcet*, pp. 252 – 267 ; Jean-Paul Joubert, "Condorcet et les trois ordres," in Crépel and Gilain, *Condorcet*, pp. 305 – 312.

困的原因也只是短暂的。与"嗜好"或者"习俗"的变化一样，技术变革会导致那些"只知道如何去做一种事情"的工人失去工作。孔多塞在一次对经济相互依存关系的独特回顾中问道，"但是，机器的发明对于不同阶层的人而言会是一个持久的贫困原因，这真的是合乎事实的吗？"

> 机器的发明是否使某些技术产品变得不那么昂贵了？因此有更多的钱用于新商品上，人们在一种消费中所节省下的开支被转移到其他的娱乐中。有需要新的工作的劳工，但同时也有储备中的资源来支付他们的工资。毫无疑问，我们需要一定的时间来重建均衡状态，而且这段时间会缩短到有更多的自由的程度。①

孔多塞最关注的是非均衡的时期。他承认，就像在饥荒的例子中一样，几乎所有的政府都会实施政策来防止社会成员处于某一最低生活水平之下。生活在任何其他社会中确实是难以忍受的，而其他人极端贫困的状况本身就是一个痛苦的根源。但是消除贫困的政策仍会被选择，以尽可能少地干涉个人自由。最有效的政策是那些有着防止人们变得贫困的作用的政策，要与在"公共机构"中援助他们相区分（比如英国济贫法）。②

---

① *Sur les assemblées provinciales* （1788），in *OC*，8：453-454，458-459. 这个观点可以与李嘉图后来更加著名的他的《政治经济学及赋税原理》中的《论机器》一章相对照：David Ricardo, *On the Principles of Political Economy and Taxation* (1821) (Cambridge：Cambridge University Press, 1975), pp. 386-397。

② "计算在英格兰为了供应贫困人口的消费已经花费的金额，并观察如果同样这一资本用于资助工业，那么在这些影响上会存在多么大的一个差异。" "Que toutes les classes de la société n'ont qu'un même intérêt," in *OC*，12：648。

171　　　在他的关于省议会的大革命之前的著作以及《人类精神进步史表纲要》中，孔多塞提出建立一个社会保险基金与储蓄协会的制度，据此甚至可以保护穷人免受突然的收入损失。贫困的主要原因之一是许多贫困家庭没有任何资产，并且易于"因最小的意外而陷入不幸"。有了社会保险，则他们将会在经济变革的过程中成为独立的、真正的参与者。他们可以经历疾病、意外、工资缩减和暂时的失业，而不会陷入极端贫困之中。由政府或者个人团体所开创的社会保险机构将会在很大程度上减少"不平等、依赖甚至不幸等"；它们将"运用可能性本身来抵制可能性"。①

　　正如已经看到的那样，孔多塞也支持普遍教育的政策，而这一政策尤其会产生这样的效果，即工人更有可能去适应生产中的变化。② 然而，有趣的是，他区别了应该由公共资金直接提供的、竞争可以存在但不大可能发生的公共机构（诸如法庭和警察机关）和那些"竞争必须得到尊重"的机构。他把公共教育和医生与助产士的服务一起归入最后一类中，并坚持主张公共基金不应该花费在"使竞争成为不可能的"用途上。一个理由是"在父母对子女尽责的教育领域中为父母保留一个真正的选择自由"，将在第七章中提到的另一个原因是防止政府对教育的"排他性影响"。③

　　以第三个例证为例，政府政策对处理不同权利之间的矛盾是

① *Sur les assemblées provinciales*, in *OC*, 8：453 – 454, 461, 477; *Esquisse d'un tableau historique des progrès de l'esprit humain*, in *OC*, 6：246 – 248. 也见 Emma Rothschild, "Social Security and Laissez Faire in Eighteenth-Century Political Economy," *Population and Development Review*, 21, 4（December 1995）, 711 – 744。

② 孔多塞在他对贫困原因的说明中曾写道，智力才能的发展是重要的，甚至对那些"可以想象得到，不需要利用智力才能"的人们而言亦然。*Sur les assemblées provinciales*, in *OC*, 8：460.

③ "Sur l'instruction publique"（1791 – 92）, in *OC*, 7：320 – 321.

必然存在的，尤其对于孔多塞在他的经济著作中反复提到的环境伤害更是如此。他在《对谷物贸易的思考》中曾写道，"只有在一种情况下法律能够依法约束产权"；这就是当权利的行使违反了安全或者其他人原有权利的时候。他给出的例子是农业用途的土地使用，"空气被污染了，这使人生病"。在这个例子中，政府禁止某些用途的土地使用是正当的，并且应当通过承担公共工程"使空气变得有益于健康"，而不需财产所有者的同意（但是需要补偿财产所有者）。①孔多塞在他的《杜尔哥传》中转向了"河流拥有者、池塘所有者"特别是在建造水坝并造成洪水时的产权滥用。他支持"购买这些所有者的权利，他们的应用太危险了，按照他们的本性，他们会危害到他们所在环境中的一切"。但是，这类经济安排需要丰富的知识，而且有可能导致"滥用权力"的发生，以至于它们应该仅由自由选举出来的议会来决定并负责。②

　　有趣的是，孔多塞并不是在经济效率的基础之上而是在公正的基础之上来证明这些干预是正当的。人们想保持他们房屋的价值，他们也不想受到邻居的压迫。孔多塞在他的《行省立法随笔》中写道，从"效用或者审慎"来看，政府管理（"警方"）一定不是合理的。在一定程度上，他们应该关注那些证明损害了其他人权利的人们对产权的运用，而其中这个"错误"（"侵权行为"）"有很大的可能性"得以确立。他说过，调节不同权利之间的冲突的法律"本身并不危害到政治自由或者公民自由的维持"，因为它们不"一定是主观的"。当对他人的损害明确而公开地展现出来时，这

①　*Réflexions sur le commerce des blés*, in *OC*, 11:167.
②　*Vie de M. Turgot*, in *OC*, 7:320–321, 5:147–148.

种主观性就消失了。孔多塞又一次举了空气污染的例子："如果一家工厂对周围居民有害，则人们可以禁止它在城镇上成立，而这并不侵犯所有者的权利。"①

　　孔多塞在《人类精神进步史表纲要》的《第十个时代》的引言中总结道，合法的利益之间的矛盾最终是非常少的。出于自我保护的目的，一个人可能会试图阻止另一个人以一种似乎对其有利的方式来使用他的财产。但是在许多例子中，人们"并不是出于保护，而是出于不改变他的位置的考虑，这涉及一个十分不同的利益的问题"。甚至当利益与权利的冲突真实存在时，它也可能被设计有误的公共政策所加剧。政府的作用是通过确立这种"一个人对财产的使用以及对他的行为"不应该损害他的邻居的健康的规则，以及鼓励包括有关"克服或者破坏这种工业或农业的危害"的方式的研究来防止这种冲突。②

　　最后，孔多塞的经济兴趣也即最为超越杜尔哥的地方在于试图把政府政策的不同准则汇集成为一个有关公共财政与公共开支的理论。在大革命之前及其期间，他写了大量有关税收政策的材料。在他关于财政改革的著作中，他尝试从公平——比如，在那些获益的人与那些"由税收改革造成损失"的人之间——以及是否特定的改革计划会"确立均衡状态"的视角来评价从间接税到直接税的转变；对这一转变的介绍——在《杜尔哥传》中的唯一一个长的脚注——是他在经济著作中少数几个使用数学符号的地方之一。③

---

① *Sur les assemblées provincials*, in *OC*, 8:513 – 515.
② "Fragment de l'histoire de la Xe époque," *in* OC, 6:521 – 522.
③ *Vie de M. Turgot*, in *OC*, 5:130 – 136; *Sur les assemblées provinciales*, in *OC*, 8:624, 634 – 635. 孔多塞的这个"著作"——的确是在杰文斯（Jevons）的《数理经济学著作概论》中唯一值得一提的地方。见 W. S. Jevons, *The Theory of Political Economy* (London:Macmillan, 1888), p. 278。

他后来关注作为税收档次的适当规模的累进税制方案的细节（增量应该是"逐渐的"且"几乎觉察不到的"）。他尤其对少量的抑制因素感到烦恼："去获得一块新地或者进行一个新的投资是不会变得无意义的，用这样一种方式来管理累进税制"是有必要的。①

与杜尔哥的一般经济均衡理论一样，孔多塞的公共开支理论建立在边际效用的个人评价的想法之上，存在着某些公共目标——比如确保没有人死于饥饿或者赤贫，它们是有广泛共识的主题。但是，公共支出应该在所涉及的人们普遍满意之下才有用，并且，只有当计划得到明确证明是有益的，而且当防止那些不同意的人从中获利是"不可能的或者非常困难的"时候，这种"一致满意"的标准才能被放弃。因此，每个人都应该在比较了他自己预期产生的成本与收益的基础之上来同意这个项目。例如，公共服务的补贴"应该正好停在这样一个点上，通常而言，在这一点上，每个人支付这个补贴比不支付它要更有益"。更为一般地说，某些公共开支不是绝对必要的："在这种情况下，它们把（公共）支出效用等于由税收产生的副作用的点作为它们的界限。"②

孔多塞曾写道，"有关公共开支的工程"不应该以"过于节俭"或者努力缩减开支的精神来实施。在一定程度上它应该建立在"经济"或者"以最少的成本来做最有可能的事情"的基础之上。这个计划应该从每个组成部分和这项开支的每个等级等方面为个体公民比较收益与成本。甚至当涉及出于最重要的目的的开支

① "Sur l'impôt personnel"（1790），in *OC*，11：477；"Sur l'impôt progressif"（1793），in *OC*，12：632.

② *Sur les assemblées provincials*，in *OC*，8：280；*Vie de M. Turgot*，in *OC*，5：185 - 186；"Sur l'impôt progressif，"in *OC*，12：629.

174　时，"也存在这样一个（均衡）点，（在这个点上）公共计划带来的副作用等于（它的效用）。（此处，是论证公共支出均衡理论。均衡点的存在是指，随着向该点逼近，公共支出的效用等于税收的负效用。——译者注）……真实的经济包括确认不再是真正的效用的精确的那一点"。[1] 孔多塞仍然觉察到理想的评价程序提出了实质的政治问题与实际问题。存在着诸如污染企业的运行这样的事例，其中个人的权利与利益是强烈矛盾着的。公共选择的步骤——一种政治摸索，其中，计划的每一项收益都与每种成本相对照——复杂得令人生畏。他写道，"现在，我们距离真正的均衡状态还非常遥远"，在这样一种均衡状态下，政府开支与收入是相等的，并且每年由适当的政治权力来决定。[2]

数理方法

　　孔多塞在他的经济著作中所描述的世界是动荡而无序的。乍看之下，它并不适合科学调查。孔多塞主要关注的经济政策必须既实用又理论化，必须既是一门政治科学，也是一门经济科学，必须既是科学，也是艺术。人类作为其研究对象，是冲动而又充满恐惧的。他们彼此矛盾，并且自我矛盾。同时他们也是对经济

---

[1]　"Discours sur les finances" (1792), in *OC*, 12:97 – 98.

[2]　"Sur la constitution du pouvoir chargé d'administrer le trésor national" (1790), in *OC*, 11:543 – 544. 一个人"甚至不应该希望用严格的方式来实现这个目标，唯一的完美情况就是不断地接近它"。有关孔多塞公共财政方面的著作，参见 Régis Deloche, "Turgot, Condorcet, et la question de l'affectation des ressources," and Gilbert Faccarello, "Présentation," both in Crépel and Gilain, *Condorcet*, pp. 121 – 149, 150 – 159; Gilbert Faccarello and Philippe Steiner, *La pensée économique pendant la Révolution francise* (Grenoble: Presses Universitaires de Grenoble, 1990)。

政策持有意见的人。作为理论所涉及的对象，他们也是经济理论的目标。但是，他们也是经济理论的阐述者，这些理论也包含了经济政策，从这个意义上说，他们既是理论的对象也是理论的主体。他们影响着经济政策。甚至在孔多塞关于旧制度的经济著作中也是这样；在他大革命时期的著作中，个人的经济主题决定着政策选择。

175

在这些情况下，完全贸易自由或者完美的公共政策的均衡几乎只是一种相当笼统的政治目标。孔多塞的确批评在经济科学、政治科学与道德科学中过度热衷于正规术语或者科学术语的使用。在他最早的经济著作中，他在致米兰哲学家皮耶卓－维利（Pietro Verri）的两封长信中评论了有关在"经济科学"中"几何学语言的使用"。维利曾提出过有些不合常规的建议，即"物品的价格与买主的数量成正比，而与卖主的数量成反比"。孔多塞评论道（"如果一个几何学家可以如此大胆的话"），在这种情况下，数学语言"远远不能得出更为精确的思想"。更一般的，他解释道，"一般商品"（即金钱）或者特殊商品的数量可以被视为数字。在这一点上经济科学的确是量化的。但是，"想要买和卖的愿望不易受到任何计算的影响，而价格上的变动取决于这种道德的数量，它本身取决于观点与热爱"。①

孔多塞继续把价格的经济问题与当时达朗贝尔和拉格朗日所关注的天体力学中的三体问题（three-body problem）相比较。伟大的数学家们把宇宙中的物体看作"没有延展的质量"（点质量），并用"一百个简化的条件"来限定这个问题。孔多塞推断道，"施加

---

① 1771 年和 1773 年致 Pietro Verri 伯爵的信，in *OC*，1：282，287；Pietro Verri, *Meditazioni sulla Economia Politica*（Naples：Giovanni Gravier，1771），p. 22。

于最狭隘的商人思想上的力的作用更加难以计算"。① 达朗贝尔之前曾在一篇关于将一门科学应用于另一门科学中的文章中抱怨几何方法在"不能经受任何计算"的形而上学或者道德科学中的"滥用"，"在每一页上人们都看见了诸如公理、定理、推论等这样的显得重要的词语"。孔多塞则更加宽容。他不排除把数学应用到政治经济学中，但是他指出了经济问题的困难和可能存在的不确定性。②

　　与杜尔哥一样，孔多塞不想在他的经济著作中使用任何代数，

---

① Letters to Verri, in *OC*，1：287. 这个问题是有关算出发射到宇宙中且受到相互吸引力影响的三体的运动。参见 Condorcet，"Problème des trois corps，"in *Supplément à l'encyclopédie*，4：533-535，and Michelle Chapront-Touzé，"Condorcet et le problème des trois corps，"in Crépel and Gilain，*Condorcet*，pp. 29-35。有趣的是，价格关系与三体问题之间的比较后来出现在莱昂·瓦尔拉斯（Léon Walras）的想法中；然而，亨利·庞加莱（Henri Poincaré）提醒瓦尔拉斯说，他的"结果"可能"剥夺了一切利益，因为它们将会附属于最初推出的专制的惯例"。与孔多塞相比，瓦尔拉斯认为"在经济学与天体力学之间的相似"——或者在说明三种商品 A、B、C 的边际效用的基本微分方程与说明三个天体 T、L、S 的吸引力的基本微分方程之间——是表明经济学的程序是"精确等同"于物理数学的程序的一个重要例子，是表明它是一门"有着与力学或者天文学一样的论断的数学"。Léon Walras，"Économique et mécanique，"*Metroeconomica*，12（1960），3-13. 与瓦尔拉斯相似，庞加莱的地位接近于孔多塞。他曾写道，"满足是一个数量"，"但它不是一个能够被衡量的数量"。因此，瓦尔拉斯的体系所要求的最初的"专制的惯例"影响了他："我无法比较两个不同的人所感受到的满意程度。这甚至进一步增加了即将被消除的主观方程的数量。"Henri Poincaré，"Lettre à M. Léon Walras"（1901），in Walras，"économique et mécanique，"pp. 12-13. 庞加莱提醒瓦尔拉斯说，接下来的结果可能"剥夺一切利益，因为它们将会附属于最初推出的专制的惯例。因此，你必须努力消掉哲学主观方程，而且这是你正在做的事情"。他补充道，"在力学中，人们经常忽略摩擦并把物体视为被无限磨光的。至于你，你认为人是极其任性，但极其有远见的"。

② Letter to Verri, in *OC*，1：288；Jean d'Alembert，"Application，"in *Encyclopédie，ou dictionnaire raisonné des sciences，des arts et des métiers*（Paris：Briasson，1751），1：553.

而且他似乎已经后悔（在他关于税收改革的著作中）在"并不十分复杂的"计算中"自己使用了代数符号"。① 在经济生活与财政政策中，均衡状态至少从"严格意义上说"是人们"甚至不应该希望它能够实现"的一个目标。② 他在生命的晚期曾写道，经济学家或者重农主义者已经以"过于绝对或者权威的方式"展示了他们的体系，形成了"一种令人费解的、教条的语言"，并用"他们的一般性公理和僵化的原则"来警告人们；他写道，把那些只"在一般情况下"是正确的原则理解成好像它们是"绝对且精确的真理"是错误的。③ "公共经济与私营经济"的理论家们尽管有伟大的政治洞察力，但是他们常常受到他们缺乏数学知识的阻碍或者误导。但是，相反的问题也出现了："计算技术一直被无效地滥用，因为使用它的人们要么不屑于关心道德与政治上的因素，要么甚至没有想到要这样做，难道不是这样的吗？"④

每个研究对象"都被剥离了所有可察觉到的特点和所有个人的固有属性……然后这个对象本身被遗忘；它不复存在"。这是孔多塞在 1786 年一次给法国公立中学学生做的演讲中对数学方法的描述，他还举例说明了同时代的政治经济学中如此令人不安的公理

---

① 后来他仅使用算术来重述了整个论点——在《杜尔哥传》中关于财政过渡的长的脚注。

② "Sur la constitution du pouvoir," in *OC*, 11：543 - 544. 与斯密一样，更多的是像杜尔哥一样，孔多塞极少且不确切地提到经济均衡。因此，他在《对谷物贸易的思考》中对于消除来自"人们的勤劳"的管制的束缚的益处的描述带有条件："如果在拥有一切的人们与一无所有的人们之间存在某种均衡的话……" *Réflexions sur le commerce des blés*, in *OC*, 11：104 - 105.

③ *Esquisse*, in *OC*, 6：191；"Tableau général de la science," in *OC*, 1：567.

④ 出自孔多塞对公共教育的改革提案，该提案也包括为将数学运用到政治科学、道德科学和政治经济学中设立一个特别学科。"Sur l'instruction publique," in *OC*, 7：536 - 537, 564.

化推理。但数理方法永远是一种吸引他的思维方式。在同一次演讲中，他谈到对非常年幼的儿童的数学教育时说："对于他们增长中的想象力而言，数字、线条比通常认为的还要更有作用。"[1] 但是，在他生命中的许多时刻，他也忧虑数学在道德科学与政治科学中的滥用。如在对幸福或者效用数量的加总中，在对道德特征或者精神特征的概述中，以及在普遍而自然的法律的起源中，他都受到个人固有属性被剥夺的困扰。

孔多塞在他的《布丰先生颂》（*Éloge de M. Buffon*）中提出，对人的多样性的理解甚至在自然历史中也是最为重要的。孔多塞并不喜欢布丰（Buffon），但他说布丰"在每一物种中，他似乎已经注意到进程与习惯的千篇一律产生出一直遵守一个暗藏的、机械的力量的想法，然而通过更严密地观察，他能够注意到在人与人之间存在非常明显的差异。"例如，不同海狸之间，或者不同鹦鹉之间，或者在不同时间、不同背景下的不同单个海狸之间的这些差异可能的确表明了与推理过程相似的某种事物。孔多塞说过，只有长期不断地观察才有可能了解海狸是如何生活的，"从恐惧中解放出来，通过当着人们的面利用恐惧来打击它们"。[2]

孔多塞一生都在关注几何的方法在经济科学、政治科学和实证科学中或多或少的使用。[3] 他容忍了不同的几何方法和对知识的看法。他曾写道，甚至达朗贝尔也已经采取了一种过于狭隘的形而上学的观点和政治学："或许，他似乎并没有充分意识到，在以教育

---

[1] "Discours sur les sciences mathématiques," February 15, 1786, in *OC*, 1:469, 479.

[2] "Éloge de M. Buffon" (1788), in *OC*, 3:340–342.

[3] 参见 on Condorcet's conception of social mathematics, Baker, *Condorcet*, esp. pp. 225–244, 330–342。

一个人应该如何行为为目标的科学中，人们能够满足于大致很强的概率。"孔多塞说过，在这些情况下，"真正的方法不在于寻找严格证明的真理，而在于在可能的命题之间做出选择"。① 他说道，在自然科学或者道德科学中论证实现"几何命题严格的确定性"的不可能性并不困难。但是抨击人类认知的确定性的人们则因为走得更远而误入歧途："他们希望能够推论出，人们没有任何可靠的规则来确定他们关于这些问题的看法，并在这方面自欺欺人。"②

终其一生，孔多塞看待科学真理的观点不断地、难以理解地变化着。在《对谷物贸易的思考》中，他期待着关于谷物贸易自由的公共舆论的变化，这类似于期待对血液循环、接种传播和万有引力传播的自由的公共舆论的变化。③ 他在 18 世纪八九十年代所关注的社会数学的一个目标就是在"大量不确定性与变化着的观点"中维护社会的"真理"。④ 但是，他也密切注意到经验真理的不确定性，尤其是在他努力描述一个普遍的公共教育的时候。他在一篇有关投票的数学文章中曾写道，"我总是几乎均等地热爱数学和哲学"，而且与浮士德（Faust）一样，他似乎有时被分割成两个人：（一个是）对人类多样化的生活世界感兴趣的哲学家，（另一个是）对明亮而闪烁的数字和线条感兴趣的数学家。

孔多塞在《人类精神进步史表纲要》中曾写道，"理论的真理有必要在实践中改进"是一个"普遍真理"。哲学的方法在于"学会忽视"（savoir ignorer），在于"了解如何不知道最终它仍然是何

177

---

① "éloge de M. d'Alembert" (1783), in *OC*, 3:79.

② "Remarques sur les Pensées de Pascal" (1776), in *OC*, 3:641.

③ *Réflexions sur le commerce des blés*, in *OC*, 11:207–208.

④ "Tableau général de la science," in *OC*, 1:543.

物，而我们去理解它总会是不可能的"。① 这种程序和可能性的认知观是孔多塞对社会科学的最终处方。而且，与达朗贝尔相比，它更接近于休谟的观点。就像基斯·贝克所指出的那样，孔多塞的可能性理论很有可能已经受到了休谟的《人性论》的影响，而且他的"真理观"也是有特色的斯密式的。休谟曾在《人性论》中问道，"在离开所有已有的观点后，我在沿着真理而行，我能肯定吗？我应该通过什么标准来区分它呢？"他说过，我们的目标应该是"一个信念的程度，它对于我们的目的而言是足够的了"，它还是一个推理，它令人相信一个主题（比如历史或者政治学）在其他主题（比如形而上学）中是不充足的；他自己的"唯一愿望"就是向哲学家们指出"这些主题，在那里只有他们才能期望有保证和信念"。② 这也是孔多塞的愿望，至少在他生命晚期是这样的。真理部分地取决于识别出适用于每种知识的真实性的种类；在于"识别出我们可以期望达到的不同的确定性程度"，或者在于"理解并欣赏每种科学的确定性或者可能性的程度"。③

在这样一种观点下，政治经济学必须求助于一种兼收并蓄的方法，这是或多或少确定了的。令人印象深刻的一般经济均衡体系作为一个目标是令人信服的，但是人们可以预料它在实践中将令人困惑或者被修改。最优化的公共政策的目标，是每个人都能对公共补贴的成本与收益进行比较，而这与实际上的政治实践相去甚远。而对于其他的目标，经济理论家们需要更多的方法和工具。例如，从

---

① *Esquisse*, in *OC*, 6：183，217.

② David Hume, *A Treatise of Human Nature*, ed. L. A. Selby-Bigge（Oxford：Clarendon Press, 1978），pp. 185，265，273. On Hume's influence on Condorcet，见 Baker，*Condorcet*，pp. 138－155。

③ *Esquisse*, in *OC*, 6：220，260.

贫困或者极端贫困只是非常少数人的一种状态的意义上来讲，他/她可能关注一个特定社会中的福利。孔多塞说过，考虑到一个社会中的大多数人都会"有或多或少相似的需求，通常来说相同的爱好，同样的效用观点"，这种方法可以为描述稳定而重要的经济关系提供统计基础；然而，它们将基于有关人口、社会环境以及价格的信心，它们将不会作任何尝试来加总个人效用。①

甚至定量研究的实证基础也会是持续讨论与修改的主题。孔多塞是经济统计、人口统计、卫生统计的先驱之一。但是他坚持统计序列应该以有利于未来调查者使用的方式来进行，而这些调查者的关注点仍然未知；他坚持统计登记表应该"甚至为人们还未开始思考的研究结果"而预先设计好。② 例如，出生、婚姻、死亡的表格应该提供给调查者"从这些大量事实中出现的所有的整体事实，不仅是提供那些当表格设计出来时人们有意去寻找的事实"。③

经济方法的选择本身就是修正的对象。与公共官员以及在其个人生活中进行选择的个人一样，政治或经济关系的理论家必须不断地评估适用于一组特定情况的可能性的程度。他/她也必须为了不

---

① "Tableau général de la science," in *OC*, 1:558 – 572. 这是孔多塞关于政治经济学的最后的、不完整的著作，参见 Baker, *Condorcet*, pp. 336 – 339。在这里，孔多塞给出了实际收入的国际比较的例子以及对时间推移的实际收入的国际比较的例子。他写道，如果一个人了解在中国与欧洲的白银与大米的相对价格，那么他可以推断出通过向中国出售白银并把大米运到法国会存在利润；然而，一个人"对于大众的需求得到满足的大米的数量一无所知"。同样，如果一个人了解在雅典和现代法国面粉的相对价格，那么他能够确定白银的价格变化了多少；一个人对于需求的满足或者"在不同国家、不同时期，能够从拥有的指定物品中推出来的人们附加给娱乐的价格"一无所知（p. 562）。

② "否则，无论是出于好奇还是出于效用的动机，每次当研究者想获得一个不同的结果时，他不得不再次掌握全部事实——为了利用它们，并根据新的使用需求来对其分类"。Sur l'instruction publique, in *OC*, 7:558.

③ "Tableau général de la science," in *OC*, 1:554。

同组的情况而在不同的选择方法之间进行选择。在存在产权使用冲突的例子中，不义的行为或者"侵权行为"必须"以很大的可能性"来确定。在每个人对他自己的期望效用估计的基础之上，人们必须做出有关公共补贴的共同决定。它们必须根据经济政策的效用以及采用有关经济政策的后续决定的宪法程序来做出选择；例如，孔多塞预见到，选举产生的议会将会对通过出售公共机构的资产来实行的财政支出的"效用"发表意见（在 2/3 或者 3/4 多数的基础上）。① 这些都是加总人群效用的方法。但是它们与内克尔的行政管理天才们的行动不同，即加总个人的效用，并在他的思想中涵盖这一切。总之，它们是自我加总的技术。

社会选择和经济程序

孔多塞关于投票与社会选择的理论在他的著作中影响最为持久，这同样也是对这些经济思想与宪法思想的困难的回应。他发表于 1785 年的《论风险分析的应用》（*Essai sur l'application de l'analyse*）是在他有生之年以他本人的名字出版的唯一一本长盛不衰的书，它之后孔多塞还有几本不那么著名的著作。（在 1793 年躲进巴黎不久前发表的有关投票的最后一篇文章中，他在注释中说自从 1785 年以来提出了各种新观点，并且补充道："我相信我仍然远远没有达到这些调查研究的目的。"）② 《论风险分析的应用》部分是解决他所关注的政治经济学问题的一次努力：尤其是在一个不完全竞争的经济中的公共政策问题，以及人们描述的不完全正常有序

---

① *Sur les assemblées provinciales*, in *OC*, 8：487.

② "Sur les elections"（1793）, in *OC*, 12：639.

的问题。

　　对孔多塞而言，政治选择的理论是数学的，在某种程度上这是政治经济学所没有涉及（或还没有）的。他认为《论风险分析的应用》证明了杜尔哥所认为的"道德科学和政治科学"与物理学一样适合于数学推理；它是献给杜尔哥的，不过孔多塞也给亚当·斯密寄了赠送本。① 我们已经知道，孔多塞不满意数学方法在政治经济学中的粗糙运用。他的关于投票的著作可被视为确定社会科学的不同范围的一次尝试，这对社会数学而言是更有前途的。孔多塞在他关于社会选择的最后的文章中期盼着一个"选择的一般理论"。他写道，"在这类研究中，道德观察与经验结果"都能够且必须被数学方法所支持；甚至实际投票方法必须经历"在某些方面上简化并缩短程序的人工方法"。②

　　孔多塞关于社会选择的著作和他关于经济政策的著作是有联系的，首先是因为经济政策本身是政治选择的一个对象。孔多塞在关于谷物、贫困、环境冲突的著作中涉及了经济均衡的政治条件。政治决定被用来消除自由贸易的障碍、减少无知，并找出解决冲突的公平程序。但是，这样的决定并不总是协商一致的结果。有关税收的决定——例如，考虑到孔多塞的有关补贴应该精确地停止在总体上对每个人而言支付补贴要比不支付更加有益这一点上的原则——尤其迟缓且缺乏效率。因此，经济政策需要一个进一步的有关政策决定的理论。

　　通常认为，孔多塞的《论风险分析的应用》尤其关注在选举

180

①　Condorcet, *Essai sur l'application de l'analyse*, p. i ; Hiroshi Mizuta, *Adam Smith's Library：A Catalogue*, ed. Hiroshi Mizuta（Oxford：Clarendon Press, 2000）, p. 62；也见 Gilles-Gaston Granger, *La mathématique sociale du marquis de Condorcet*（1956）, rev. ed.（Paris：Odile Jacob, 1989）, pp. 97, 144。

②　"Sur les elections," in *OC*, 12：639.

中对候选人的选择。有趣的是，孔多塞后来发现，不可能产生一个"孔多塞赢家"——在某种偏好分布下，在一场多数票选举中的每一个候选人都会被其他一些候选人击败——的第一个延伸例证，反而是来自有关经济政策的投票内容。因此：

1. "施加于贸易中的任何限制都是一种不公正的行为。"
2. "只有那些通过普遍法律而施加的限制是公正的。"
3. "由特定秩序施加的限制可以是公正的。"

孔多塞提出的产生了"一个两两矛盾着的命题体系"的正是这些问题。在《论风险分析的应用》的其他地方，他强调了正在考虑中的法律问题与宪法问题的严肃性质。他频繁地使用人们作为"游戏"中的"参与者"的隐喻，以及"社会"作为"无限重复的"玩游戏的隐喻（例如，在刑事程序中）；他补充道，"我们为在一个如此严肃的事情上使用'游戏'一词而道歉……正是帕斯卡尔给了我们这个例子"。[①]

更早些时候，对于变化着的大多数人在做有关经济政策的共同决定时存在的困难，杜尔哥曾经做出评论：（这种困难在于）当集体反对自由放任的改革时，构成集体的每一个人除了一个人反对之外都支持改革。[②] 在他后来有关投票的著作中，孔多塞继续强调经济决定与宪法决定。因此，他的一些有关社会选择的研究似乎

① Condorcet, *Essai sur l'application de l'analyse*, pp. lii – liv, lxxix, 113 – 119.
② 杜尔哥曾写道，Vincent de Gournay 面临着一个反对改革的"虚假的一致同意"，其中"在排除每个特定的质疑的情况下，他获得了大多数的投票；但是在同时排除所有的质疑时，他却使那些人全部投票来反对他，而那些人都质疑他，即使他们在质疑什么上没有达成一致"。Éloge de Gournay, in *OC*, 1:620.

是他有关省级议会的宪法体制的著作的附录；议会的主要功能将包括决定税收、公共工程、政府财产，以及"公共债务的偿还"。他尤其建议两两投票支持有关税收形式改变的决定。更一般地说，选举形式应该适应于投票的对象；如果决策将会导致"公民中的某些不平等，或者会限制公民自由权和财产权的行使"，这样的决策应该仅被大多数人（或者在一个"非常大的概率"的基础上）采用。①

在孔多塞的有关经济相互依存与有关社会选择的著作之间，存在着第二种同时也是更加深刻的联系。正如我们已经知道的，他对于在政治经济学中使用过分准确或精确的方法的怀疑是建立在人们的看法与愿望是多样的、不确定的、不断变化的，而且它们经常是在不正确的信念的基础之上的。这也是他有关社会选择的著作的先决条件。在一封致腓特烈大帝的信中，孔多塞明确地提出在那些令人不快的术语中他所描述的事物作为他的《论风险分析的应用》的主要结果。一个指出了"死刑是绝对不公正的"，因为人没有"不对一个无辜的人判刑的绝对确定性"。另一个指出了"借助于决定可能受到的管制的形式，成功实现人们应该对多数选择所要求的条件的不可能性"。这暗示着正确决定的可能性取决于人们的意见；用孔多塞的话来说，这取决于人们是否"非常开明"。②

在现代意义上，孔多塞的"不可能性"结果不是关于公理一致性的一个命题。但是，对于社会问题——尤其是对于汇集不同的个人意见和利益的问题——的正式解决方案的不可能性的思想是孔多塞的社会选择理论的核心，就像它也是他的政治经济学理论的核

---

①　"Sur les assemblées provincials," in *OC*, 8:214–216, 268–271.

②　Letter of May 2, 1785, to the king of Prussia, in *OC*, 1:305–306.

心一样。他在有关数学和社会科学的教育的提案中恢复了原来对变化的多数人的期望，其中个人理性的（或者每个人都已经"正确推理的"）观点的总和导致一个"明显的矛盾"；"因此，当这样一种选择不可能的时候，有必要去寻找人们应该用什么来代替多数决定"。[①]

孔多塞的意愿——在社会选择以及经济均衡的理论中——是在有可能性的判断中寻找这些最终替代品。通常而言，他所描述的集体的困难产生于个人偏好的多样性：不同人之间、同一个人在不同时期，甚至一个规定的人在一个确定的选择程序中。处理这种多样性或者异质性的一个方法就是假设它消失：对个人偏好的分布施加限制性的条件（在社会选择的理论中），或者对个人行为的理性施加限制条件（在市场均衡的理论中）。孔多塞倾向的另一种方法是把多样性合并到政治理论与经济理论中：提出在行为异质性条件下的合乎事实的建议。

后世理论家对于孔多塞将决策理论看作可能论的观点一直没有多大兴趣，他著名的结论并不依赖于可能性推理也是事实。[②] 但是，他把投票描述成对真理的寻求产生出了或大或小的可能性的观点，与他对社会程序和经济程序的不完善的强调相一致。投票问题就是把个人意见——它是不确定的、变化着的、不相同的——融入

---

① "Sur l'instruction publique," in *OC*, 7:562.

② 例如，见 Duncan Black, *The Theory of Committees and Elections* (Cambridge: Cambridge University Press, 1958), pp. 163 – 164; Kenneth J. Arrow, "Formal Theories of Social Welfare," in *Collected Papers of Kenneth J. Arrow*, vol. 1, *Social Choice and Justice* (Cambridge, Mass: Harvard University Press, 1983), pp. 126 – 127; James M. Buchanan and Gordon Tullock, *The Calculus of Consent* (Ann Arbor: University of Michigan Press, 1962), p. 327; but compare Granger, *La mathématique sociale du marquis de Condorcet*, pp. 100 – 102。

社会选择中去。一般经济均衡理论的问题就是描述经济相互依存关系，而没有把人刻画成计算机器或者一个"巨大的水力机器"的零部件。经济政策的问题就是个人的境况是不相同的，而且也与在"完全自由"（或者完全竞争）的条件下能够达到的境况不同。一些人太贫穷了，以至于在食品价格下降的时期或者就业缓慢增长的时期也不能存活；一些人对具体的贸易限制感兴趣；一些人有着关于他们希望生活于其中的社会类型的看法或者偏好：正是这些不同兴趣的总和应该在经济政策中得到体现。

有趣的是，在杜尔哥与孔多塞谈到完全竞争市场中的真实价格的决定时，以及在谈到公平选举中的真实判断的决定时，他们都使用了几乎相同的语言。杜尔哥在他对摸索（tatonnement）的呼吁中说过，"买卖双方"之间的辩论无疑使得每个人都知道（fait connaître）每件商品的实际价格（le vrai prix）。孔多塞在他关于两两投票的说明中说过，选举程序的目标是了解（faire connaître）大多数人的真实看法（le voeu veritable）。但是，确认一个真正的多数选择并不总是可能的。价格并非总能表达出价值的重要关系；用孔多塞的语言来说就是，这种关系是稳定的，"对于社会中的普遍秩序"也是"重要的"。①

在后期关于无结果的选举的著作中，孔多塞明确了投票程序的目的不是发现难以理解的总体意志，而是在一定的可信度上确认一种社会观点，这种观点与个人的观点相对应。② 因此，他并不建议

---

① "Lettres sur le commerce des grains," in *OT*, 3∶343；"Tableau général de la science," in *OC*, 1∶563；*Sur les assemblées provinciales*, in *OC*, 8∶577.

② "实际上，人们应该去寻找什么？"孔多塞问道，"是一个议会的意志的表达吗？毫无疑问，不是；它是一个结果，人们可以把它视为与真理相符的事物，因为它是多数选民（投票）的结果，这些选民都应该宣称支持真理而不支持错误。" *Sur les assemblées provincials*, in *OC*, 8∶601.

政治评价的真实性就是一个"理想"或者"总体"意志的表示。①
在一定程度上，一个真正的决策是公平程序的产物，其中的参与者
本人至少是适度开明的；他们是受到教育的、不畏惧的。当选举的
183 形式是不正确的时候，则程序就是不公平的；当人们的观点十分不
同的时候，甚至一个公平的程序也不能证明得出了一个真实的
判断。

　　基于这个观点，孔多塞对决策真实性的坚持既是符合宪法的又
是形而上学的。一个公平的程序得出合乎事实的判断，在这个意义
上，它们在政治上是合法的。它们可能不是一个给定的个人会选择
的判断。但是，它们是所有人都应该接受的判断。孔多塞曾写道，
"服从于法律的理由就是它们会与事实相符的概率"；如果它们在
一个公平程序中被合适的多数人所接受，则法律很有可能是合乎事
实的。② 这是在经济相互依存的理论中最可被期待的东西。尤其当
人们的偏好和禀赋不同时，则完全自由的程序不会决定"真实的
价格"。但是，在孔多塞的真理观中，存在用政策来表示真实判
断，也存在对经济境况的真实描述。

　　通常意义上，卢梭关于《社会契约论》中的选举的意见为孔

---

① 见 Kenneth J. Arrow, *Social Choice and Individual Values* (New Haven: Yale
University Press, 1963), pp. 81 – 86。

② Aux amis de la liberté, sur les moyens d'en assurer la durée (1790), in *OC*, 10:
177 – 178. 例如，关于孔多塞的政治合法性的观点，参见 *Sur les assemblées
provinciales*, in *OC*, 8:221 – 229.孔多塞的法律真理性的思想当然是受到了自
然法则的构想的影响；例如，根据这一观点，如果它对应于"自然"或者自然
的公正，则一个法律是合乎事实的。但是，在孔多塞的使用中，这些思想本身
是可能性的。孔多塞承认："一个在自由程序中已被选择了的法律有可能违背
自然规律。但是，这个结果并不是特别有可能的；在任何情况下，在人们是开
明的、受教育的、充分了解自己和其他人的权利的时候，它就不太可能了。我
很感谢菲利普·佩蒂特对这一点的评论。"

多塞的社会选择理论提供了背景。卢梭曾写道，"总体意志总是正确的，但是引导着它的判断并不总是正确的"；正是出于这个原因，所有人"都需要指南"，而且立法委员的特殊作用"可以说成是找到一批人……来改变人的本性"。投票中的人们就总体意志可能是什么的问题来表达他们的观点，他们不表达自己关于真理的观点。① 孔多塞的大部分政治著作可被视为对于政治生活的这一观点的长期反对。在孔多塞看来，个人对大多数人的义务只有在大多数人尊重他/她的个人权利时才具有法律约束力。一个合法而民主的政府最终有可能是不公平的；被"热心的共和党人"视为所有权利中最重要的制定法律的权利是人的基本权利中最不必要的，而且在一个无知而不公正的社会中它能变为专制的来源。国家是一个"抽象事物"，正因为如此，它既不会幸福也不会不幸；计算个人幸福的"一种平均值"将会成为"接受在古代与现代的共和党人间过于盛行的那句格言，即几乎没有人能够为了大多数人而依法去牺牲自己"。②

对于卢梭而言，国家的现状是要"联合"而非"汇聚"。③ 对于孔多塞而言，政治生活的程序更加接近于物理学家的总量概念，或者之前独立且无关的实体的一个集合。④ 孔多塞认为，《社会契约论》中的英雄莱克格斯（Lycurgus）——他有着爱国主义歌曲的教育体系，有着集体财产和集体的、共和制的进餐时间的社会——

184

① Jean-Jacques Rousseau, *Du contrat social* (Paris: Flammarion, 1992), pp. 64 – 65, 137.
② *Esquisse*, in *OC*, 6: 176 – 177; "De l'influence de la révolution d'Amérique sur l'Europe," in *OC*, 8: 4 – 7; 见第七章。
③ Rousseau, *Du contrat social*, p. 37.
④ "Aggrégation," in *Encyclopédie, ou dictionnaire raisonné des sciences, des arts et des métiers*, 1: 173.

是一个不公正且不人道的怪物。① 在卢梭的完善立法中，没有任何特殊的或者个人的意志；而从未完善的孔多塞的立法是对人们利益与观点的表达。对于卢梭而言，贸易、私人利益和家庭消遣是一种公共生活的腐化，而且施加强迫劳役要比税收更不违背自由；对于孔多塞而言，在杜尔哥 1776 年的御前会议之后，废除强迫劳役解除了"曾经令自由人忧虑的最可恶的枷锁"。对于卢梭而言，"漫长的辩论、争执、混乱"是行将到来的国家衰落的信号；对于孔多塞而言，"所有证据都显露出来、所有的怀疑都得到论述"的"漫长的讨论"是文明社会的条件，也是真理的唯一可信的基础。②

孔多塞的政治真理的观点甚至比他的科学真理的观点更加无常。他早期的对经济学家和重农主义者的理论（比如在杜尔哥的政策中加以实施的理论）的热情被一个更加细致的经济改革的观点所接替。他在其《论风险分析的应用》中，对于正式的政治决策理论的热情，被广泛而详尽的宪法谈判时期所替代。在大革命的早期，他对于新的真理统治的热情，被另一种一直持续到他去世的努力所替代，即构想一种以对各种真理的长期而缓慢的调查研究为特点的公共教育。在大革命之前以及大革命期间，他强烈觉察到政治学语言的错误；他谈到了"以正义的名义掠夺、以自由或者平等的名义专制、以人道的名义愚昧"。但是，他又一度向可怕的政治辞藻投降。他在 1792 年解释道，"德国人只敢用高要求的真理语言与你们的专制君主交谈，而欧洲在几个月后将会是自由、和平与

---

① 孔多塞补充道，一个人几乎不能想象"所有公民每天都应该在这些共和党人的桌子上吃饭，甚至通常他们不应该与他们的家人生活在一起"。"Fragment de l'histoire de la IVe époque," in *OC*, 6:413–419.

② "Sur l'abolition des corvées," in *OC*,, 11:89; *Esquisse*, in *OC*, 6:140–141; *Du contrat social*, pp. 122, 135.

繁荣的"。① 不过，他最后的政治观点以及最后的真理观一直很谦逊。他在《人类精神进步史表纲要》中盼望着一个充分启蒙的未来；在这个未来中，物理科学的"模型"甚至将会帮助人们免于"服从启蒙思想的权威"。②

讨论与宪法

185

对孔多塞而言，政治经济学的核心问题是个人选择与社会结果之间的关系。他在有关投票的著作中所证明的困境——在某种偏好分布下，推导出一个真正的多数选择是不可能的——在他有关经济政策与经济方法的著作中以不同的形式再次出现。垄断者试图以分散的市场程序替代枚举的方法注定是徒劳的。试图加总其臣民幸福的最高统治者也是如此。把个人选择——至少在一个简单模型的基础上，在这个简单模型中，所有人都被视为或多或少的相同的，而且还或多或少地相似于"计算并为了有最大盈利的结果而做出决定的机器"——加总到一个巨大的经济社会机器中的理论家亦然。

在这些情况下，孔多塞对秩序的关注是他的政治理论的核心。经济选择的相互依存本身可被视为一种秩序。据孔多塞的建议，真正的政治决定的概念是与这样的假设联系在一起的：如果程序是完全公平的，则作为结果的判断是真实的。经济决策过程与此也非常相似。杜尔哥与孔多塞的完全贸易自由的美景的确能够在程序上得到理解。一个商品的实际价格就是在完全公平的程序下将显示出来

---

① "Aux Germains," (1792), in *OC*, 12:166; "Sur l'instruction publique," in *OC*, 7:329; and see Chapter 7.

② *Esquisse*, in *OC*, 6:224–225；关于在未来比较安静的社会中所需要的适度启蒙思想，参见 "Fragment de l'histoire de la Xe époque," in *OC*, 12:572–573。

的价格。价值的概念是反事实的，实际价格是当所有相关程序都是公平的时候将达到的价格。

与投票一样，涉及市场时，实际的程序并非完善或完全公平；这是孔多塞论述的市场组织不完整、信息不一致、初始禀赋不充足以及执法不平等时的核心问题。因此，一个结论就是，给定个人偏好的分布，达到一个实际价格或者均衡价格，有时候将会是不可能的。政府可以排除某些结果，比如社会成员会变得非常贫困。但是，服从于这些约束的公共政策的目标将会影响到程序本身而非结果。

一个相关的结论是，本应该影响经济程序的法规应该通过公正的政治程序来加以选择。因此，反事实的概念将既是政治的也是经济的，实际价格就是在社会选择的公平程序的基础上、当相关市场程序有必要增加时获得的价格。改革决定也是最微小的；孔多塞关于所有影响个人权利的政策的准一致决定的偏好，表明了他预见到了市场程序非常轻微的改进。但是，重要的是这种改进——以及程序本身——将会被已经参与到这个程序中的人们选择。

在孔多塞看来，个人偏好包括对社会结果的偏好以及对某一种社会"场面"的偏好。因此，它们是既相互依存又受到以公开讨论与私人讨论的形式存在的认知事件的影响的偏好。讨论的确是孔多塞的政治思想的核心；他在生命晚期时曾写道，在后大革命时期中，社会科学最大的需求与最伟大的服务就是确保人们习惯于"缓慢而和平的讨论过程"。① 反之，正是这种无限度的、无休止的讨论最能激起孔多塞同时代的批评者的反对。埃德蒙·伯克（Edmund Burke）曾写道，"每件事都被讨论"的情况会使人们对自

---

① 反之这将会"保护他们远离背信弃义的诡计，而借此以这样一种方式赢得了他们的热情，以至于他们被引入歧途并走向犯罪"。"Tableau général de la science," in *OC*, 1:543.

己国家的宪法漠不关心：政府将会感受到"在那些不是被塑造来在政治理论的迷宫里寻找他自己方式的人们的思想中毁坏所有服从关系的恶劣后果"。[①] 约瑟夫·德·梅斯特尔（Joseph de Maistre）曾问过，"我们称之为理性地颤抖着的领悟是什么？当我们已经加上了'所有的可能性'与'被讨论的所有怀疑与兴趣'时，我们全部留下的这片'欺骗的云'是什么？"[②] 对于德·梅斯特尔而言，孔多塞是一个怀疑的、优柔寡断的、不顺从的劝导者；他"或许是法国革命家中最可憎的人"。[③]

孔多塞认为，讨论必须先于决策；决策时刻本身可被视为一个时点，因此也可被视为一段如此（无限）短的时间，以至于不能"用方法与精度"把它描述成价值不变的时间段。[④] 但是，在经济程序与政治程序中，价值或者偏好的变化仍然是孔多塞所描述的世界的一个重要特征。政治决定跟从于对"所有观点以及这些观点基于的所有原因"的一个"合乎逻辑的讨论"。[⑤] 对孔多塞而言，委员会的会议室与市场一样，它是一个人们说话与争论的场所。杜

[①] Edmund Burke, *Reflections on the Revolution in France* (London: Penguin Books, 1982), p. 188; idem, *An Appeal from the New to the Old Whigs* (London: J. Dodsley, 1791), p. 133.

[②] Joseph de Maistre, *Considérations sur la France* (1797) (Paris: Complexe, 1988), p. 121.

[③] "Réflexions sur le protestantisme," in *Oeuvres complètes de Joseph de Maistre* (Lyon: Vitte-Perrussel, 1884), 8:91.

[④] *Sur les assemblées provinciales*, in *OC*, 8:213. 有趣的是，孔多塞在这里预计到了由詹姆斯·布坎南提出的对阿罗的不可能性结果的反对：民主或者''讨论中的政府'暗示，个人价值观在决策过程中能够也的确改变了"，而且如果从对社会选择进行排序的意义上来讲价值是不变的，那么"讨论就变得无意义了"。James M. Buchanan, *Fiscal Theory and Political Economy* (Chapel Hill: University of North Carolina Press, 1960), p. 85.

[⑤] *Sur les assemblées provinciales*, in *OC*, 8:213 – 216, 601.

尔哥把摸索的过程形容为许多对交易者之间的一系列对话或者讨论：是一个"买卖双方之间的辩论"，它使得每种商品的实际价格成为已知的。与后来的经济相互依存的构想的不同之处——其中的摸索是沉默而又盲目的——是引人注意的。在一个瓦尔拉斯时代，价格是由一个中央的、不明来源的叫卖者喊出来的。交易者们倾听并且不说话。他们"思考之后不加计算地"默默决定他们的需求与供给，"但是这与通过计算而得到的结果恰恰一样"。①

187

与瓦尔拉斯的世界相比，孔多塞的世界与约翰·斯图亚特·穆勒的更加相似。穆勒从孔多塞的著作中引用了一段长长的文字——在这段文字中孔多塞曾说过，"形成于过去经验的基础之上的观点"应该能够用来作为社会知识的一个基础——作为他的《逻辑学》中有关道德科学的第 6 篇的警句。② 但是与孔多塞一样，合乎逻辑的讨论对穆勒而言也是不可能的："自由与平等的讨论"是《论自由》的核心，这个讨论能够独自"表明经验是如何被解释的"，"通过讨论与经验"来纠正自己的错误的能力对穆勒而言是"人类值得尊敬的一切事物的源泉"。③ 与真正的选举一样，好的经济理论应该与一个人的行为选择相一致；同时，就像孔多塞在他关于社会选择的最后的论文中所写的那样，它能与"通过在所有情况下都具有一般性的、有规律的方法，以及个人能一丝不苟地做出选择"的程序相一致。④

① Léon Walras, *éléments d'économie politique pure ou théorie de la richesse sociale* (1871) (Paris：R. Pichon, 1926), pp. 129 – 130.

② John Stuart Mill, *A System of Logic Ratiocinative and Inductive* (1843), in *Collected Works* (Toronto：University of Toronto Press, 1974), 8：832, 908 – 910.

③ John Stuart Mill, *On Liberty* (London：Penguin Books, 1974), pp. 69, 79 – 80.

④ "Fragment de l'histoire de la Xe époque," in *OC*, 6：643

经济竞争和宪法选择

　　孔多塞展望的是两个相互依存的庞大的选择体系。在其中的一个体系中，人们选择买卖或者投资的对象，他们还选择如何去竞争；尤其是选择使用经济手段（比如降低价格）还是政治手段（比如影响调控）进行竞争。在另一个体系中，人们选择经济政策，他们还选择如何去选择经济政策；他们决定应该成为政治选择的对象的那种政策，以及决定只有在扩大的宪法程序的过程中应该选择的政策。经济自由的制度与一个同样巨大的政治自由的制度相对照，并由它完成。自由的经济秩序存在许多不足之处，或者它未达到完全均衡的一些方面。但是，这些不足都是一个自由经济秩序所关注的范围。人们以审慎的态度、在进行了大量讨论之后将会选择政治自由与经济自由的宪法。然后，他们将在适当的宪法程序的环境中选择可能会由经济自由制度的偶尔失误所引起的问题。他们将不停地投票选择社会保障、边际税收，或者环境矛盾。　　　188

　　孔多塞的自由诗篇，即他有关经济竞争的佩利恩山（Pelion）以及宪法选择的奥萨山（Ossa），已经成为联系在一起被嘲笑的对象。一种反对意见是，它是极其枯燥乏味的。圣伯夫（Sainte-Beuve）在1851年写道，在孔多塞的未来社会中，人们将会死于无聊：每个人都将生活在"总体平庸"的一种状况下，每个人都将不知不觉地变成一个"明事理的、理性的哲学家"，"伟大的美德和英雄主义行为"不再会有一席之地。① 实际上，这种不英勇的英

---

① 　C.-A. Sainte-Beuve，"Oeuvres de Condorcet," in *Causeries du Lundi* （Paris：Garnier，1868），3：345 – 346.

雄行为正是孔多塞本人所盼望的东西。他设想了生活在周围环绕着"温度计、气压计、湿度计"的小农，设想了用"教导自己的方式"来教育小农，设想了保存着上面写着他们自己对天气的观察的登记簿的小农。在孔多塞看来，启蒙的人"大部分时间与精力都用在了他的家庭教育以及国内管理的细节上"。他参加成人教育的课程，而"勤奋使他事半功倍"。他学习"提议或者颁布的新法律"，还学习"在行政管理的不同分支机构中正在负责或者准备开展业务活动"。孔多塞说道，"在家庭的保护下保持温和、为孩子的幸福而筹谋、发展友谊、待人仁爱"，以及思考自己的职责与情操，这并非是"无益而又可耻的生活"。①

　　另一种对孔多塞的理论更加严厉的反对意见就是，它是不切实际的，因此也是不可信的。它通常假设，人们是明事理的、温和、体贴并与人为善的，并且倾向于通过讨论与经验来实现自我改善。他们辛勤地在销售与投资上进行竞争。但他们又不只是竞争。孔多塞在《第十个时代》的"节选"中问道，"尽管当一个人与其他人进行比较时，希望自己能赢是很自然的事，但是把自己无休止地置于这样一种情况下也是自然的吗?"② 他们更喜欢或者最终学会去喜欢通过对社会无害的方式进行竞争，在勤劳而非威胁或者权势的基础上来竞争。他们支持政策——立法与行政规章，而这维护了他们自己的经济利益。但是他们承认，还存在其他的政治选择——宪法种类的选择——在其中他们的长期利益符合对社会的有益的利益。

　　这种启蒙意向的观点对于孔多塞的反对者而言只不过是一个幼

---

① "Sur l'instruction publique," in *OC*, 7:193, 324–326, 360–361.
② "Fragment de l'histoire de la Xe époque," in *OC*, 6:534.

稚的幻想。在伯纳德（Bonald）、罗伯斯庇尔（Robespierre）、伯克 189
或者德·梅斯特尔的观点中，人们并非生来就是温和的。在迟缓的
世俗经历中，他们并没有变得文雅或者友好。他们只被尊敬、服从
或者恐惧所征服。如果他们不体贴或者品行不端，那么将会接受德
育教育。罗伯斯庇尔对道德教育的展望的确是孔多塞最后的关注内
容和他最终的恐惧。

　　约翰·莫利（John Morley）曾写道，"在法国散布革命的种子
的哲学家中，只有孔多塞幸存下来并看到了收获期第一次悲苦的收
获"；"他只是被留下来见证播种的是风而收获的是暴风的事实"。①
孔多塞生活在非同寻常的变革时期，他也促进了对政策的讨论。他
最早的关于政治经济学和经济政策的著作是致 1715 年开始统治的
最高统治者路易十五的《旧政权的终结》（*fin de régime*）。在杜尔
哥 1774～1776 年的经济改革实验期间，以及在 18 世纪 80 年代的
宪法改革时期，孔多塞都写文章支持贸易自由。在他 1793 年去躲
避大革命的恐怖之前所出版的最后的著作中，以及在他最终的、去
世后出版的著作中，他论证和支持经济自由。在整个政治动荡的大
时代中，他关注经济选择与政治选择之间的关系，还关注人们可以
相信经济自由的原因。但是，他本人的观点也随着时代而发生着深
刻改变。他在《论风险分析的应用》中写道，"没有人不会注意
到，他自身对于某一事物的看法已经改变了，它视所在的时代、环
境、事件而定"。② 最重要的是，他相信合乎逻辑的讨论，他自己
的观点如何能够不改变？

　　在革命的旋风之中，孔多塞最后关注启蒙思想的倾向。正如已

---

① John Morley, "Condorcet," in *Critical Miscellanies* (London：Macmillan, 1886), 2：163.

② Condorcet, *Essai sur l'application de l'analyse*, p. clxxxv.

经看到的那样，他承认，自由的经济与政治秩序强加给了个人意志或思维方式很强烈的限定。他也承认，实现这些规定的努力——去鼓励或者促使思维方式的改变——造成了持续的政治问题。因此，在 18 世纪 70 年代到 90 年代这段时间，他的一个重要改变是开始逐渐倾向于可能性的推理，并越来越愿意接受不确定性。另一个改变则是他对于公共教育的观点。

对于孔多塞而言，法国大革命本身尤其是一次思维方式的改变。他在有关公共教育著作的末尾处曾写道，"一个令人满意的事件已经突然打开了一个扩大到人类的希望的巨大范围……这场革命不是对政府的革命，它是对观点与意志的革命"。① 这在启蒙运动的支持者中是一个熟悉的论点。康德在 1798 年曾写道，"我们这个时代的一个事件"已经显示出"人的本性"中的力量，从而"一个观点打开了无限的未来"。大革命本身是一种意向。无私的民众对法国大革命充满同情，而在这场革命中，"他们的反应（由于它的普遍性）证明，作为一个整体的人类分享着某一种共有的品质"。② 但是，18 世纪 90 年代的事件对于孔多塞和康德而言同样都是有利益关系的强烈情感的力量的一次可怕展示。

在这些情况下，孔多塞对自由趋向的形容是不确定的。在长长的"《第十个时代》的节选"中，他所盼望的完善不过是这样一种可能性的评价："在全体人民中，一个人的正常状态应该是由真理所引导的，尽管它容易出错；他的行为应该服从于道德规范，尽管

---

① "Sur l'instruction publique," in *OC*, 7:434 – 435.

② Immanuel Kant, "Der Streit der Fakultaen" (1798), in *Werkausgabe*, vol. 11, ed. Wilhelm Weischedel (Frankfurt: Suhrkamp, 1968), pp. 359 – 360; *Kant's Political Writings*, ed. Hans Reiss (Cambridge: Cambridge University Press, 1970), pp. 183 – 184.

有时候它导向犯罪……在痛苦、贫困和损失中，幸福也是可能的，这些对他而言都是宇宙的普遍法则的必然结果。"对于在正常情况下促使改进的前景的形容也同样是阴郁的。我们将在下一章看到，他的有关公共教育的著作在道德教育与政治教育方面都是审慎且试探性的。在"节选"中，他甚至抛弃了对真理教育的期望。他写道，理性的益处是保护人们免受"对人的利益的错误计算、激情的诡辩"，以及"冒充内行的人的诡计"的影响；只有"代替了对真理的教育，一个人把自己限定在如何寻找它们的方向中"时，它才能受到鼓舞。①

孔多塞对如何去思考的表述——在精神的改革中——在 18 世纪七八十年代，尤其是在大革命期间发生了深刻的变化。在《对谷物贸易的思考》中，他阐述了对民法与刑法改革的支持（"从而每个公民能够理解决定他们命运的法律"），他也论证了对"真正名副其实的公共教育"的支持，认为这将"教会每个人热爱他的国家及其法律，并体会对公众尊重的需要和良好的良知的价值"。② 这相当接近于经济学家或者重农主义者的公共教育，接近于按照中国专制统治的模式形成的"监护的权威"，它的目标是在"自然规律和基本规律"方面"消灭所有的异议"，而"通过教育培养出来的理性的启蒙"，他们使自己为人所知。③ 它也接近于杜邦·德·内穆尔起草、托克维尔评论、杜尔哥给路易十六的声名狼藉的承诺。这个承诺是，随着公共教育的引入，"在十年之后，你的国家将会无法辨认，因为其良好的道德、对于你和国

191

---

① "Fragment de l'histoire de la Xe époque," in *OC*, 6：585，595.

② *Réflexions sur le commerce des blés*, in *OC*, 11：191 – 194.

③ Francis Quesnay, "Despotisme de la Chine" （1767）, in *Francis Quesnay et la Physiocratie*, 2：918，923.

家的任职的开明的热情……在一些年以后，国王陛下将会拥有新的人民"。[1]

到 1786 年写作《杜尔哥传》时，孔多塞不那么热衷于支持在公共公德上的教育了。在他建议进行世俗的公共教育的前几年，杜尔哥亲自写信给杜邦·德·内穆尔时说道，经济学家似乎不能使自己摆脱掉"对监护的权威的抽搐"，而这十分"愚蠢"，并会"使他们的学说受到羞辱"。[2] 正如孔多塞在《杜尔哥传》中所描述的那样，德育教育明显是最少的；它以"道德观念的分析与发展"开始，尤其依赖于"意向的公正"，而这几乎是所有人面临的状况。[3] 在他 1790 年后有关公共教育的著作中，孔多塞变得坚决反对有关公民义务或者良知的一切教谕。儿童不应该被教导"去赞美一部宪法，并且默背人的政治权利"，不应该存在"任何种类的教义问答"。在这里，英国的例子是对其他国家的一个警告。在英国，"人们坚持把国家繁荣归因于宪法或者某些法律，而对于宪法与这些法律的迷信般的尊敬"已经成为"教育的一部分"，已经成为"一种政治宗教"，它的影响就是不利于宪法本身的改进。新的法国宪法应该在公立学校中仅作为一个告知或者"人们谈论它就像说到一个事实一样"的事物而传授给学生。[4]

孔多塞在 1776 年曾写道，人们的意向是经济自由体系"唯一困难的问题"，而且直到晚年他都一直关注人类精神发展的历史与未来。在他看来，压迫使得人们不再开明；这就是他所谓的气馁的

---

[1] "Mémoire sur les municipalités"（1775），in *OT*, 4:580 – 581, 621；Tocqueville, *L'ancien régime et la Révolution*, pp. 257 – 258；见第一章。

[2] Letter of December 21, 1770, in *OT*, 3:398 – 399.

[3] *Vie de M. Turgot*, in *OC*, 5:205, 207.

[4] "Sur l'instruction publique," in *OC*, 7:211, 214；"Fragment de l'histoire de la Xe époque," in *OC*, 6:549, 579；见第七章。

精神，或者是他在《杜尔哥传》中所说的"被财政专制所贬低的人的情操"的变化过程。① 但是，正如已经看到的那样，启蒙思想也是经济改善的条件。通常而言，人们一定希望通过正当手段而非欺诈、偷窃、"贿赂他人"等"非正当手段"来增加财富。他们对财富的兴趣必须充分地理解成他们能够估计"成功的不确定性"的程度、"一个人将遭受的危险、由他人信任的丧失而引起的合法资源的减少"，即使在"最粗略的利益计算"中，这也将不只是给予"不公正的优势"的报酬。②

192

在经济自由的制度中，从加总所有的可能性并讨论所有的疑虑的意义上来看，人们一定想做出明智的选择。他们必须足够冷静和独立地看到，开明的自我利益经常与社会安宁和社会公正的普遍利益相符合。他们有时必须了解——比如当他们正在思考持续的宪法选择时——社会的安宁实际上构成了他们利益的一部分，而且也符合或者促进了这些利益。在一个与孔多塞的《对谷物贸易的思考》相呼应的研究中，内克尔提到人们时说过，在未来的巨大空间里，他们最多只看到了明天。孔多塞相信，人们能够设想这样一个未来，这个未来太遥远，以至于他们甚至不知道他们将会是谁，或者他们的利益将包括什么。

在这个意义上，经济自由的心理需求是十分普遍的自由秩序问题中的一个个别情况：在米勒《论自由》的导言中所描述的有关启蒙的意向或者环境提到，"在先于人类已经能够通过自由而平等的讨论来得到改进的时期，自由作为一个原则，在这段时期的事物状态没有任何运用"。③ 孔多塞的《第十个时代》的历史节选以一

① *Vie de M. Turgot*, in *OC*, 5:196.
② "Fragment de l'histoire de la Xe époque," in *OC*, 6:527–529.
③ Mill, *On Liberty*, p. 69.

个相关的且使人烦恼的问题开始：以 "对于塑造整个民族的道德体系与理性的方式的分析" 开始，或者以 "对于创造一种公共道德体系的方式的分析" 开始。① 他的答案就在于对道德的自由放任，其中自由的政治宪法保护人们在理解的自由中免受一切干预。用约翰·莫利的话来说，他希望人们 "有条不紊地、独立地" 运用他们的个人理性，"这并不是不合作，而是像在不存在官方或其他从属关系的时候一样"。②

　　在 "节选" 中，孔多塞最持久的例证取自经济自由的情况，或者合法竞争与非法竞争的情况。他对不公正的法律的改革有信心（这增加了利益冲突），他对新闻自由、社会平等、公共信息有信心。如果法律是简明、公正、得到良好执行的，如果存在权利平等以及较少的财富不均，如果 "间接税、特权以及贸易规章" 没有创造出 "压迫的手段" 和 "欺诈的手段"，如果苦难只不过是 "少数家庭的一次不幸或者意外"，那么，以不正当手段来获取事物的兴趣将 "不会经常在少数人中" 出现，"并且是以不太多样的、不十分有吸引力的形式" 呈现出来。"当工业与商业是自由的时候"，将只会存在一种有益的 "竞争来购买与出售"，它有着较少的矛盾或者利益对抗。③ 启蒙思想的意向将会变得更加灵活，也将会活跃起来。但是，它不是能够成为教学主题或者能够传授于人的一个意向。它将是可能的，也将会是不确定的。

---

① "Fragment de l'histoire de la Xe époque," in *OC*, 6：515，518.
② Morley, "Condorcet," p. 254.
③ "Fragment de l'histoire de la Xe époque," in *OC*, 6：527 – 529.

第七章　孔多塞与价值观的冲突

冰冷的、描述性的笛卡尔式理性

　　孔多塞去世于 1794 年，此后他就被看作冰冷而沉闷的启蒙思想的化身。① 在圣伯夫（Sainte‐Beuve）看来，孔多塞是带有"理性主义放纵"的极端者，有"18 世纪人群中最古怪的大脑"；以彻底的理性主义否认人类生活的多样性；并"相信（自己）握有能使人类与未来种族幸福的要诀"。② 尤其是孔多塞价值观中有联系的或普遍性的概念似乎已经成为启蒙思想幻觉的缩影。在《人类精神进步史表纲要》中的著名的美德链——"本性通过一条不可分割的链条把真理、幸福和美德联系在一起"——一直被视作一个可怜的、不祥的错误。③

　　在 20 世纪，这些幻觉与现代政治哲学中最有影响力的观点形成了对比。普遍且不可改变的原则对于以赛亚·柏林（Isaiah Berlin）而言是"整个启蒙运动的核心教条"，而它的反面是

---

① 本章的一个早期版本发表在 1996 年的《历史期刊》（*Historical Journal*）第 39 卷第 3 期（1996 年 9 月），第 677~701 页。

② C.‐A. Sainte-Beuve, *Causeries du Lundi* (Paris: Garnier, 1851), 3: 265, 268, 277.

③ *Esquisse d'un tableau historique des progrès de l'esprit humain* (1795), in *OC*, 6: 263.

"反启蒙思想"的核心洞察力。① 因此，它对于启蒙思想的悲剧命运而言同样是重要的。伯纳德·威廉（Bernard Williams）认为，利益由于其本身的性质而产生冲突；柏林认为，"这些价值观的碰撞在于在本质上他们是什么，我们是什么"。② 用柏林的话来说，在 19 世纪，孔多塞的诗篇——"有史以来的一个最好的人"的诗篇——变为恐怖的象征；变为"在历史上一些最残忍的暴君和迫害者的头脑中的一个深深的、宁静的、不可动摇的信念"。③

在 20 世纪的东欧剧变中，基本分歧的概念，或者对普遍美德的否定，具备了现代的政治重要性。小说家米兰·昆德拉在 1986 年曾写道，"近来，诋毁 18 世纪"、诋毁"启蒙思想的无神论者的理性主义"、诋毁"莱布尼茨的宣言：不存在不合理的存在"，以及诋毁它们的结果的"俄国极权主义""已经成为一种习惯"。④ 漫长的 18 世纪是以莱布尼茨或者瓦茨拉夫·哈维尔（Václav Havel）所说的"冷淡的、描述性的笛卡尔哲学的理性"为开始的；它在法国大革命中达到了顶峰，而它的缓慢衰落是最近才结束的。对哈维尔而言，对"乌托邦思想最小的建议"的怀疑是中欧持不同政见者团体的鲜明特征。他写道，事实上存在着太多的怀

---

① Isaiah Berlin, *Against the Current：Essays in the History of Ideas* （New York：Viking Press，1980），pp. 3 – 4.

② Bernard Williams，"Introduction," in Isaiah Berlin, *Concepts and Categories：Philosophical Essays* （Oxford：Oxford University Press，1980），p. xvi; Isaiah Berlin, *The Crooked Timber of Humanity：Chapters in the History of Ideas* （London：John Murray，1990），p. 13.

③ Isaiah Berlin, *Four Essays on Liberty* （Oxford：Oxford University Press，1969），pp. 167 – 168.

④ Milan Kundera, *The Art of the Novel*，trans. Linda Asher （London：Faber and Faber，1988），pp. 160 – 161.

疑，以及太多的对于"甚至一个非常胆怯的、犹豫的、委婉的呼吁正义的尝试"的怀疑。但是，哈维尔也认为他一直被"其中几乎是共产主义的，或者更一般地说是理性主义的东西"的一种急躁所鼓动："这个世界只是一个纵横字谜，其中只有唯一正确的答案。"①

在本章中，我会涉及孔多塞价值观里的关联性思想，以及它与所谓的启蒙普遍性——相信人类生活的普遍而永恒的原则——的联系。我们将会看到，孔多塞既关注冲突，也关注价值观的关联性，即个人观点的多样性；他关注幸福的原始功利主义理论的缺陷，也关注个人权利与个人独立性，试图说明强迫接受普遍而永恒的原则是最为险恶的专制统治。在孔多塞的政治思想中，调和价值观构想的努力本身就是至关重要的。

孔多塞有关价值观的冲突的著作为我们提供了一个奇特而又有启发性的启蒙思想流派的观点。我们将会看到，孔多塞有时候像赫尔德或者像荷尔德林（Hölderlin），有时像斯密或者像哈奇森（Hutcheson）。他似乎也接近于后拿破仑恢复时期启蒙思想的自由评论员的思想。正如托克维尔在《旧制度与大革命》中的著名的假说一样，越过法国大革命的界限，在古代政权的哲学（与行政的）思想与19世纪的政治学之间存在着一种连续性。但是，在托克维尔所认为的18世纪五六十年代的治理压迫起源的地方，孔多塞的著作体现的是一种不同的连续性。在启蒙思想

---

① Václav Havel, *Living in Truth*, ed. Jan Vladislav（London: Faber and Faber, 1989）, pp. 159, 177; idem, "Planting, Watering, and Waiting," *International Herald Tribune*, November 13, 1992. 用柏林的话来说，"理性的社会重组将创造出孔多塞如此动人的描述中的幸福、自由、公正、高尚、和谐的世界"，而且"这种无所不晓是宇宙的拼图玩具的解决方法"。见 Berlin, *TheCrooked Timber*, pp. 5 – 6。

中存在着一种反启蒙思想，也就是说，响应了最初的革命；响应了恒定的、米勒的以及托克维尔本人的 19 世纪自由主义的原始历史。

根据这种观点，孔多塞的思维更具有离散性，而没有达到 18 世纪哲学的巅峰。但他的政治观点也有着某些现代趣味。在统一性与多样性的哲学两分法中，他完全不属于任何一方。事实上，他的观点对于两分法本身是非常具有颠覆性的：在本杰明·孔斯坦（Benjamin Constant）的两分法中，"多样化是组织，统一性是机制。多样性是生活，统一性是死亡"。① 在孔多塞的政治著作中，启蒙思想的哲学并非完全冰冷，也并非完全沉闷；在 20 世纪晚期的持不同政见者的自由主义中，它甚至不是完全陌生的。

多样性和单一性

在孔多塞于恐怖时期去世之前，他就已经成为他那个时代的丰碑。伯克用复数的形式来写他——"犹大和孔多塞们，以及哲学强盗与刺客一派的全部"，或者"已经掀起了"宗教压迫的"孔多塞们"。对于 1796 年的伯纳德以及对后来的圣伯夫而言，《人类精神进步史表纲要》是破坏性哲学的"最终产品"，或者是可以解释法国大革命的现象的一篇文章。在 1797 年，德·梅斯特尔（De Maistre）称孔多塞为他的时代及永恒学说的象征：已经如狮吼般反对基督教的、从塞尔苏斯（Celsus）到孔多塞的"敌对

---

① Benjamin Constant, "De l'uniformité," in *De l'esprit de conquête et de l'usurpation* (1814), in *Écrits politiques*, ed. Marcel Gauchet (Paris: Gallimard, 1997), p. 168.

派别"的象征。① 马尔萨斯在 1798 年称他的《人口论》为针对
"诸如戈德温和孔多塞这样的人"的一篇评论文章；马尔萨斯说
过，《人类精神进步史表纲要》不仅应该被视为一篇对孔多塞观点
的陈述，而且应该被视为"法国大革命初期的许多法国文人"的
观点的陈述。② 在现代哲学中，孔多塞仍然是一个代表性人物：
"一个爱尔维修（Helvétius）、霍尔巴赫（Holbach）、孔多塞和边
沁"的"机械论的、原子论的、均质化的"科学的一个组成部分，
或者是"像边沁、霍尔巴赫、爱尔维修和孔多塞那样的唯物主义
和功利主义作家"的"机械论的、原子论的、均质化的"科学的
一个组成部分。③

　　对于其政治上的支持者而言，孔多塞也是启蒙思想的代表人
物。德斯蒂·德·特拉西（Destutt de Tracy）称他为"近代最伟大
的哲学家"。④ 令人惊讶的是，他的声望是通过唯一的一本书（《人
类精神进步史表纲要》）而达成的，而此书则是他去世后出版的作品
的一个合集，是在 18 世纪 90 年代为了提出"有益的惋惜"的来源

---

① Edmund Burke, letter of 1791 or 1792, in *The Correspondence of Edmund Burke*, ed. A. Cobban and R. A. Smith (Cambridge:Cambridge University Press, 1967), 6: 478; Louis-Gabriel-Ambroise de Bonald, "Observations sur un ouvrage posthume de Condorcet," in *Oeuvres complètes*, ed. J. -P. Migne (Paris, 1864), 1:721 – 723; Joseph de Maistre, *Considérations sur la France* (1797) (Paris:Complexe, 1988), p. 76.

② Thomas Robert Malthus, *An Essay on the Principle of Population, as it Affects the Future Improvement of Society, with Remarks on the Speculations of Mr. Godwin, M. Condorcet, and other Writers* (1798), in *The Works of Thomas Robert Malthus*, ed. E. A. Wrigley and David Souden (London:William Pickering, 1986), 1:7, 63.

③ Charles Taylor, *Hegel* (Cambridge: Cambridge University Press, 1975), p. 10; idem, *Sources of the Self: The Making of Modern Identity* (Cambridge, Mass. : Harvard University Press, 1989), p. 319.

④ Destutt de Tracy, *A Commentary and Review of Montesquieu's Spirit of Laws* (Philadelphia:William Duane, 1811), p. 258.

以及"最有用的真理"的"丰碑"而编辑成书的。[①] 他的有关个人与集体的价值观的著作与他的政治经济学的著作一样，都分散在他的匿名的小册子、数学论文、颂词、对伊壁鸠鲁的思考、初等学校教育的计划以及关于垄断的论争中。与托克维尔所探究的政治思想一样，它们掩埋在旧制度的坟墓之下，掩埋在对长期隐晦的经济规章的争论之中。[②]

正如在之前各章那样，我在下文中将会主要关注孔多塞的经济著作，其中大部分是 18 世纪 70 年代早中期的著作，还将会主要关注他在 18 世纪 80 年代中晚期的有关投票与政治决策的著作，以及他在大革命期间有关公共教育的著作。正如我们所见到的那样，孔多塞的政治观点与哲学观点在他的公共生活期间改变巨大。尤其是他对经济学家或者重农主义者的不附带政治自由的贸易自由的处方变得相当怀疑，对启蒙思想教育的前景变得相当怀疑，还对社会中的个人运用机械主义科学的决定论思想也变得相当怀疑。他在1783 年的《阿尔伯特颂》（*Éloge ed M. d' Alembert*）中曾写道，"满足于或多或少的最大可能性"是合情合理的。[③] 但是，文明分歧的

---

① 有关第一个编辑和第一个发行商（1795 年公共教学议会委员会）的报告，参见 *OC*, 6:4, 8。他本人在他为 19 世纪 40 年代的版本所做的传记体导言（它仍然是孔多塞的非科学类著作中最广泛的版本）中把他的使命称为一个同类的学会会员的恢复，"科学的、文学的、哲学的、政治学的"。"Biographie de Condorcet," in *OC*, 1:vi. 关于引人注意的集中于《人类精神进步史表纲要》，以及有关在孔多塞的现代理解中集中于"乌托邦思想"，参见 Keith Baker, *Condorcet:From Natural Philosophy to Social Mathematics* (Chicago:University of Chicago Press，1975)，pp. 343 – 344；and Franck Alengry, *Condorcet Guide de la Révolution Francise* (Paris:Giard and Brière，1904)，pp. 835，854。

② Alexis de Tocqueville, *L'ancien régime et la Révolution* (1856)，ed. J. -P. Mayer (Paris:Gallimard，1967)，p. 44.

③ "Éloge de M. D'Alembert" (1783)，in *OC*, 3:78 – 79；Baker, *Condorcet*, pp. 176 – 189.

思想在我所涉及的所有著作中都是一个连续的主题。对于孔多塞而言，改变一个人的思想——去质疑甚至一个人自己的看法的永恒真理——本身就有着政治上的重要性。

第一，孔多塞全神贯注于个体多样性。他曾写道，政治经济学一定不能仿效机械主义原理的简单运用，就好像对着一台"巨大的液压机器"一样；它不能在"由许多人以独立的方式实施的，并由利益、观点或者可以说是每一种的本能所引导的大量业务中"假设一个虚假的秩序或者规律性。① 对孔多塞而言，人人都有着同样的观点的世界是一种真正的恐怖。因此，一个被分为不同等级的社会最糟糕的后果之一就是人们倾向于遵守公认的看法：人们能够"通过一个人所穿的制服来猜测他的观点"。这样的人很有可能不能"单独生存或者思考"，很有可能只支持"他的阶层或者他的公司所规定的那些他会思考并相信的事物"。②

在 18 世纪 80 年代，观念的多样化对于孔多塞的有关将数学推理运用到政治选择的著作是至关重要的。在大革命之前，孔多塞最为人知的身份是科学院的常任秘书。他 1785 年的《论风险分析的应用》一书的主题就是论证当存在不同的个人偏好时政治选择的困难性或不可能性。③ 孔多塞指出，当不同的选民群体按照不同的次序来排列候选人或者经济政策时，做出集体决定的程序将会产生

198

---

①　"Tableau général de la science" (1793), in *OC*, 1:567.

②　*Réflexions sur le commerce des blés* (1776), in *OC*, 11:242; "Sentiments d'un républicain sur les assemblées provinciales et les états généraux" (1789), in *OC*, 9: 142 – 143.

③　Condorcet, *Essai sur l'application de l'analyse à la probabilité des decisions rendues à la pluralité des voix* (1785) (New York:Chelsea House, 1972); 孔多塞在他的向普鲁士的腓特烈二世介绍《论文》(*Essay*) 的信中自己使用了"不可能性"一词。参见 *OC*, 1:306; 参见第六章。

互相矛盾的结果。出于"或好或坏的理由"，人们甚至对宪法提案的最通常的政治次序也产生分歧。① 他们甚至发现选择自己的偏好也很困难，大会的审议程序的确应该尽可能地接近于一个人在研究一个问题并做出选择时所采用的步骤。②

在孔多塞有关教育原则的最后一个主要的已出版的著作中，他又一次证明了观点的多样化有一个突出的益处。公共教育不应该扩展为政治教育和道德教育，这将会违背"观点的独立"。或许，儿童将仍然从家庭中"接受观点"。但是，这些观点将不会与"全体公民的观点是一样的"。它们不会有"公认的真理"或者"普遍信念"的特点。即使起初宗教观点或者政治观点"在所有家庭中或多或少都是一样的"，如果它们不被公共力量所支持，则它们也将很快就变为分散的。孔多塞在提到法律的趋同性时使用了积极意义上的"千篇一律"（uniformity）一词，这里这个词用到了一种意见上险恶的服从："那么所有的危险将会随着千篇一律而消失。"③

第二，孔多塞极度反对爱尔维修和内克尔的原始功利主义理论：（将自利）作为一个人类行为的注释，作为一种美德原则，以及一种公共政策原则。他在 1776 年的《对谷物贸易的思考》中曾写道，"人们不是计算并总是选择有最大获利的结果的机器"。④ 人们不仅仅出于自利而行动，自利本身也受其道德情操所影响："在我们周围存在着十万个不幸的人的思想是像痛风一样真实而痛苦的

---

① *Essai*, pp. lxv – lxviii, 116 – 117; *Essai sur la constitution et les fonctions des assemblées provinciales* (1788), in *OC*, 8：581 – 582, 594. 在此处，在面临三个不同的宪法提案时，当人们偏好两个"极端选择"胜于"中间"选择时，政治偏好的"坏的理由"的问题就出现了。

② "Sur les élections" (1793), in *OC*, 12：643.

③ "Sur l'instruction publique" (1791 – 92), in *OC*, 7：201 – 202.

④ *Réflexions sur le commerce des blés*, in *OC*, 11：145.

经历。"① 他在给杜尔哥的信中写道："我不主张爱尔维修的观点，因为我认为人有一种情操，而在我看来他似乎没有怀疑它的力量和影响力。"与杜尔哥的一样，他似乎已经认为爱尔维修的理论是有点可笑的："无论他可能说什么，他都不会阻止我去热爱我的朋友；他都不能逼迫我承受无尽地思考自己的优点或荣耀的极度无聊。"②

杜尔哥在给孔多塞的同一封信中批评了爱尔维修对人类情操的肤浅理解。他认为人的行为只出于自身利益的观点或者是幼稚的（简单地说，就等于"人们只想要他们渴望得到的事物"），或者是错误的。证据就是，当人们感到懊悔，或当感情与他们的利益相悖时，他们不得不努力克服他们的感情；"他们被小说和悲剧所触动，有着按照爱尔维修的原则行事的英雄的小说……将是他们最不喜欢的"。③ 后来孔多塞曾写过，杜尔哥"把小说视为道德书籍，他甚至说过小说是他从中看到了道德伦理的唯一的东西"。④ 这似乎也已经成为他自己的观点了。正如我们已经看到的那样，他反对道德上的公共教育（使儿童接受"行为准则"，或者"教给他们真理"）。通过阅读"短小的道德故事"，儿童反而会想去"思考他们的情操"。⑤

孔多塞写道，读小说是理解我们的行为何影响"我们周围的

199

---

① "Dissertation philosophique et politique, ou réflexions sur cette question: s'il est utile aux hommes d'être trompés?" (1790), in *OC*, 5:371.

② Letters of December 4 and 13, 1773, in *Correspondance inédite de Condorcet et de Turgot*, 1770 – 1779, ed. Charles Henry (Paris:Didier, 1883), pp. 141, 148.

③ "如果他说的是人们用来与他人做比较并偏向他自己的思考的、预计的利益，那么甚至最堕落的人也总是按照这一原则来行动的思想是错误的。" Letter of December 1973, ibid. , pp. 143 – 144.

④ *Vie de M. Turgot* (1786), in *OC*, 5:175.

⑤ "Sur l'instruction publique," in *OC*, 7:234.

人们"的最好的方法，而且这反过来也是"最重要且最被忽视的一部分道德体系"；它是"家庭美德，这些美德适于所有人，通过它们每个人影响着与他有特定关系的人们的福利"，这些美德对社会的普遍幸福有最大的影响力。① 因此对孔多塞而言，早期的功利主义理论的处方——公共效用或者公共利益的计算是美德的基础——是极具欺骗性的。② 他尤其在有关公共教育的著作中坚持主张情感的重要性。道德体系建立于道德情操和家庭美德的基础之上。简单的、"实质上有机的"感情是感性的基础，而它是"一切道德和美德的首要有效原则，没有了这一原则，它只不过是一种利益的计算、一种理性的冷漠结合"。在某些情况下，感性与理性的确是替代品："富有同情心的人不需要为了善意而变得开明"，然而"与此相反，在无情的人看来，少量的美德都需要非常大的启蒙"。③

孔多塞甚至更加强烈地反对原始功利主义的假设，即政府加总不同人的幸福是可能的或者合意的。他曾写道，政策的目的应该是促进人的自然权利的享用，而非"社会的最大效用、一个模糊的原则和一个不道德的法律的孕育之源"。④ 他强烈批评当代人努力比较由不同的政府政策所引起的"幸福的量"的做法（就像内克尔推算生活在生存水平上的 2000 人的幸福总量，与衣食"无忧"的 1000 人的幸福总量的对比）。孔多塞曾写道，幸福不是与福利一样的事物，而且它不是一个合适的政府政策的目标。给人民带来福利而非幸福才是政府的"公正的责任"。福利"以不遭受痛苦、羞辱

① *Vie de M. Turgot*, in *OC*, 5:175, 194.
② 关于爱尔维修和边沁，参见 John Morley, *Diderot and the Encyclopaedists*（London:Macmillan, 1886）, 2:136 – 141。
③ "Sur l'instruction publique," in *OC*, 7:235 – 236.
④ *Vie de M. Turgot*, in *OC*, 5:187.

和压迫为主要特点。政府正是通过福利对人民尽责。幸福是必要的，　200
而且它可能不是充分的。但是它取决于做其他事情的性质"。①

孔多塞在他的关于承认妇女的公民权利的小册子中写道，"效
用的动机"不能"对一个真正的权利起到平衡作用"，"人们冲进
巴士底狱并开始确立图书检查制度正是凭借公共效用的权威"。②
谈论人们的共同幸福（或者不幸）——正如有别于个人幸福的共
同方式——是违背正义的，它愿意为了"多数人"而牺牲"少数
人"。③ 孔多塞在反对奴隶制的著作中摒弃了冷漠的利益讨论："我
认为一个人不应该冷言冷语地谈论令人反感的过分行为。"他说
过，商业的繁荣不应该用来与正义"相抗衡"，"一个国家的权力
与财富的利益必须在一个人的权利之前消失"。④

第三，孔多塞的个人独立的构想是他的政治思想的核心。与道
德体系一样，政治也取决于情操与情感。正如我们已经看到的那
样，在他的关于政治经济学的著作中，人们的动机是复杂而矛盾
的。一个农民可能决定仍然进行农业生产，而不选择在别处的一个
据称更荣耀的职业："人们宁愿依靠自然也不愿意依靠其他人；如
果他被一场雹灾而非一次不公正所毁坏，那么他受的苦难较少。"

---

① *Réflexions sur le commerce des blés*, in *OC*, 11:155；参见第三章。
② "Sur l'admission des femmes au droit de cité" (1790), in *OC*, 10:126.
③ 国家是一个"抽象的存在"，正因为这样它"既不能快乐也不能不快乐"。"因
此，当一个人说到一个国家的共同幸福感时，他只能明白两件事情：要么是一
种中间值，它被视为人们的幸福或者不幸的结果；要么是幸福的通常方式，也
就是说安宁与幸福的方式，通常而言它可以为公民提供土地、法律、工业以及
与外国的关系。只要对正义有一定了解的人，就会觉得应该选择后者。不然，
一个人将不得不接受在古代与近代共和派中间盛行的那句箴言，即少数人可以
正当地为了多数人而做出牺牲。" "De l'influence de la révolution d'Amérique sur
l'Europe" (1786), in *OC*, 8:4 – 5.
④ "Réflexions sur l'esclavage des nègres" (1781), in *OC*, 7:80 – 81, 120.

孔多塞曾说过，税收改革将会"减轻压迫的情感，压迫的情感要比苦难的情感还要痛苦一千倍"。对于穷人而言，贸易自由将会减少被忽视的恐惧感："那种被视为无足轻重的想法。"①

　　自由本身就是一种情操，它是一个目标而非工具。孔多塞曾写过，"感受自由的芬芳"与知道"如何计算它的益处"十分不同。② 在大革命初期，他就震惊于"在一个贪婪的国家，自由不过是保证财政运行安全的必要条件"的景象；他批评经济学家或者重农主义者们貌似"为了贸易自由的利益而远远忘记了政治自由的利益"。③ 但是，政治自由也采取多种形式。孔多塞在 1781 年的《对黑人奴隶制的思考》（ *Réflexions sur l'esclavage des nègres* ）中描述了两个不同"类型的自由"。一个接近于卢梭的政治自由的构想，但并非人人都感觉得到，它是"只服从于源自公民的普遍意志的法律"的自由。孔多塞继续写道："但是，还有另一种自由"，"由自己无拘无束地支配的自由，对于一个人的食物、情操、品位而言，不取决于一个人的一时兴致的自由。人们感觉到这种自由的丧失，以及对这种奴役状况的恐惧。"④

　　孔多塞笔下的其他自由——"不依赖"人的自由——是内在自我的一个条件。它是不公开的："如果一个人的任何私人行动不服从于任何其他人的主观意志，那么可以说他是自由的。"⑤ 就其他人的意志以及社会的意志而言，它也是自由的。孔多塞说过，政

---

① *Réflexions sur le commerce des blés*, in *OC*, 11:145, 161, 191.

② Ibid. , in *OC*, 11:179.

③ Condorcet, *Esquisse*, in *OC*, 6:191; "Plan d'un emprunt publique" (1789), in *OC*, 11:361.

④ "*Réflexions sur l'esclavage des nègres*," in *OC*, 7:122.

⑤ 这出自莱昂·卡亨（Léon Cahen）出版的一个节选，见 "Un fragment inédit de Condorcet," *Revue de métaphysique et de morale*, 22 (1914), 590。

治观点、道德观点以及宗教观点的自由是"自然自由最宝贵的部分之一"。但是，如果"社会要控制新一代，并强行指定给他们应该相信的事物"的话，那么它将只会是虚幻的。那些被教育赋予思想并将这种思想带入社会中的人"不再是一个自由的人"。他是"他的教师的奴隶"；他的束缚最难被打破，"因为他自己没有感觉到这种束缚，而且当他只不过是在服从于另一种思想时，他相信他正遵循着他自己的理性"。①

有趣的是，孔多塞继续把自由和观点的多样性描述为一种典型的现代商品。他把它与古代人的自由进行了对比："古代人根本没有这种自由；事实上在他们的机构中，他们似乎已经没有了任何目标，除了摧毁它。他们本来想只给人们留下立法者体系中的思想和情操。对他们而言，大自然只不过创造了机器，只有法律将调节弹性并指导行动。"在这里，对于本杰明·孔斯坦（Benjamin Constant）而言，孔多塞的确是激励者，就像孔斯坦在他关于古代与现代的自由的著名论文中所说的那样。孔斯坦把个人权利看作孔多塞的"某种自由"的同义词；他写道，"正如孔多塞所说的那样，古人没有任何个人权利的想法。可以说，人们只不过是机器，而机器的运转规律是控制弹簧和机轮"。②

最后，对孔多塞而言，强加给人们普遍而永恒的原则是最悲惨的暴政。他曾写过，古代的立法者试图建立永恒的宪法。但是，提倡宪法"作为符合普遍理性的原则的一种学说"是公共权力的专制统治。"在教导人们如何去珍惜它的托词之下，它违背了自由最

---

① "Sur l'instruction publique," in *OC*, 7：201 – 202.
② Ibid. , 7：202；Benjamin Constant, "De la liberté des anciens comparée à celle des modernes"（1819），in *écrits politiques*，p. 596.

202　为神圣的权利。"教育的目的不应该是把一个由既定观点组成的"永恒帝国"神圣化，而应该将这些观点交给后代评判"。对于男人和女人而言，它应该说明"这场关乎他们的权利与幸福的讨论，还应该为他们提供自行做决定所必需的手段"。人们应该被告知新的政治原则，也应该被告知"关于这些原则所产生的观点的冲突"。①

对孔多塞而言，把其他人看成孩子是启蒙思想的对立面。这是他在政治经济学中对原始功利主义计算的批判的论点，这是为其臣民提供幸福的统治者的观点。② 这一计划在公共教育中甚至更加险恶。孔多塞写道，那些所谓的知晓永恒的政治真理的"哲学家"希望把他们的影响强加给年幼的孩子，让孩子们"盲目地"热爱法律与宪法。他们想引导人们，"让他们真正地被动且盲目地顺从"。人们将只不过是"驯服的工具，由灵巧的手来争夺，以他们的意志来抛弃、中断或使用"。③

智慧与理性不是少数人的特权，这些人欺骗其他人并"控制他们的想象力"，"承担起为他们思考并指导他们永恒的童年的责任"。孔多塞曾问过，"他们如何确定他们所相信的信念是或者总

---

① "Sur l'instruction publique," in *OC*, 7:203, 211–213, 326; "Discours sur les conventions nationales"（1791），in *OC*, 10:209.

② 孔多塞在他有关政治经济学的非常早期的作品中就统治者的开明的自利问题向 Pietro Verri 提问。他问道，你正试图"让他们了解他们真正的利益在于令人们幸福……但是，你不怕在他们的主人看来你会贬低人们，而且他们最终会把自己看成只值他们所能带来的利益的牲畜吗？" Letter to Count Verri of 1771, in *OC*, 1:285.

③ "Sur l'instruction publique", in *OC*, 7:215, 327. 孔多塞在他 1774 年的"Lettres d'un théologien"中说道，真正的道德的特点是，它"令强者像对待兄弟般地尊重弱者，而不是像对待一个按照他的意志能够使用或者破坏工具般对待弱者"。In *OC*, 5:334. 他在《杜尔哥传》（1789）中也谴责了那些试图把其他人变成"他们的野心与贪婪的盲目的工具"的人们。In *OC*, 4:181.

会是真理？""谁给了他们权利来判断它会在哪里被发现？"这不是启蒙思想而是狂热："迷惑人而不是启发人，为了真理而教唆他们，像偏见一般地向他们展示它。"①

牢不可破的链条

这里的孔多塞——那个孔斯坦（Constant）笔下的孔多塞，或者为了不着边际的观点而矛盾着的孔多塞——是一个十分矛盾的人物。他既相信情操的多样性又相信规则的统一性。他认为存在普遍的政治真理，而且这些真理将被不断地质疑。孔多塞在《人类精神进步史表纲要》中的著名评论几乎是顺便做出的，它尤其涉及了道德情况：孔多塞问道，我们以后的作品不会证明"人的道德美德……能够经受无限期的改善，并且本性是通过一条牢不可破的链条与真理、幸福和美德联系在一起的吗？"② 但是，他在许多其他场合中提到了表面上不同的政治目标或利益之间矛盾的缺乏。③他甚至建议这种"联系"或者"链条"能为政治观点提供某种基础。他在关于投票的数学论文中曾写道，古人在他们的宪法中关注不同利益之间的制衡："'自由'和'效用'这些词比'真理'和'公正'更多地充满了他们的头脑；而且，尽管把这些事物彼此连

203

---

①　"Sur l'instruction publique," in *OC*, 7:215; *Sur les assemblées provinciales*, in *OC*, 8:482.

②　*Esquisse*, in *OC*, 6:263.

③　"这种所谓的利益的相反……到现在已经成为延缓仍然如此鲜为人知的自由、和平、真正的平等的进展的主要原因之一"。"Sur le préjugé qui suppose une contrariété d'intérêts entre Paris et les provinces"（1790），in *OC*, 10:13. 孔多塞曾写道，如果人们的利益真的是对立的，则"社会将会被这些敌对阶级之间无声的战争不停地困扰"。"Que toutes les classes de la société n'ont qu'un même intérêt（1793）", in *OC*, 12:646.

接起来的链环也许是被他们一些哲学家意识到的，但是它并未足够明显地被理解成为政治服务的基础"。①

　　一方面，孔多塞认为不同的人有着对政治利益不同的构想，事实上，就像他们在一个自由社会中所必须有的那样。在不同的时代、对不同的人，政治词语有着不同的含义。② 另一方面，他确认了这些词语所提及的政治"目标"——诸如真理和公正的目标；他甚至在这些基本目标的关联性中看到了政治观点的基础。因此，正如他严正申明个人必须永远不受限制地做出有关他们自己利益的决定，但这是可信的吗？如果一个人相信唯一的政治真理，那么，把这个真理托付给怀疑、错误和拖延的政治讨论，这是合情理的吗？

　　在这里，孔多塞遇到了极大的困难。他属于启蒙思想界，也属于它的批评者的世界。这使他的思想在某个特殊方面难以理解；如果一个人试图了解他的哲学难点和政治难点，那么让自己去思考两个不同的哲学世界和彼此共存的动荡时代是有必要的。但是，理解孔多塞的两难困境——让自己思考他本人的政治矛盾，或者思考他所关注的个人行为的选择，抑或思考启蒙运动晚期的道德情操的独特的普遍性——是为了理解他未发表的遗作中的启蒙思想。

----

① Condorcet, *Essai*, p. iii. 孔多塞所考虑的是哪个"古人"还不是完全地清楚；也许是西塞罗。

② 孔多塞持续关注的问题之一就是政治名词的竞争性用途；是关注"安慰并消除人们疑虑的词"。*Réflexions sur le commerce des blés*, in *OC*, 11：167；chap. 3. 他在大革命期间对于道德反思中的某种教育的论点是，它将使得人们有可能保护自己免受"引诱"："以正义的名义的掠夺、以自由或者平等的名义的专制、以人道的名义的愚昧野蛮。""Sur l'instruction publique," in *OC*, 7：329.

文明的冲突

孔多塞的田园诗（构想）在文明或者宪法上是矛盾的。也就是说，他调和单一性与多样性的努力是试图影响冲突的形式。他在政治理论中的主要创新就是为政治冲突勾画出一个宪法环境。他观察观点与利益的多样性，试图使政治因素之间的不协调制度化。他在有关社会决定的著名作品中假定偏好是异质性的。当人们拥有不同且以特定方式不同的偏好的时候，他所关注的投票困难就出现了。[1] 在这些情况下，他的宪法建议的重点是引入审议、延迟和可逆性的期望。

正如孔多塞所指出的那样，他喜欢的成对选举的方法在连续投票中可能需要长期、缓慢、烦琐的仪式。[2] 他反对强有力的执行权力；用阿克顿勋爵（Lord Acton）的话来说，"通过提倡孔多塞的主张而在法国得以确立的一个分离的制度已经证明了自身的软弱"。[3] 他认为，国家应该拥有一个由智者组成的第二议院——在英格兰的例子中，它将由诸如"洛克、休谟、斯密、普莱斯"这样的人组成，其首要职责将是把延迟引入有争议的宪法程序中。[4] 甚至当他忙于大革命时期外交政策的政治事务时，他的方法也处于

204

---

[1] 这个问题的一个例证就是对宪法排列的偏好：投票者必须在不同结果之间做出选择，在这些结果中，不同的次序会产生不同的机构，不同的次序会在一个单一的机构中产生不同的排列，而且不同的次序没有差别地存在于一个单一的机构中。*Sur les assemblées provinciales*, in *OC*, 8：589 – 598.

[2] Ibid. , p. 574.

[3] Lord Acton, "Sir Erskine May's *Democracy in Europe*"（1878），in *Essays in the History of Liberty*（Indianapolis：Liberty Classics, 1985）, p. 82.

[4] "Examen sur cette question：est-il utile de diviser une assemblée nationale en plusieurs chambres?"（1789），in *OC*, 9：358.

讨论中。在 1792 年，他向西班牙提议了一个共和宪法：“但是，如果我所信赖的推理看起来不像是西班牙人的实例，那么我有什么权利来希望他们选择我的推理而不是他们自己的推理？因此，我不会对他们说：去采用我认为对于一个自由民族是必要的东西；但我会告诉他们：至少要去抓住你现在视为自由的东西……那么你至少会被允许去审查和讨论所有的观点。”①

对孔多塞而言，最佳的决策程序——或者是那些“在某种意义上”是“自然的”程序——是相似于单独一个人做出决策的程序。个人仔细考虑不同的选择的原因，他发现新的原因，于是改变了主意，试图尽可能的审慎。② 孔多塞试图在政治生活中归纳出来的正是这种优柔寡断的构想。他赞成这种“最小可能的”或者“几乎不存在的”政府。③ 他认为，将会限制任何个人权利的决策只有在非常大数量的多数人同意时才能被采纳；当处于可能的困难情况中时，“延缓决定”总是最佳的。④ 这不是一个非常荣耀的政治社会。但是，它也不是一个专制的社会，或者是一个个人为了普遍真理而牺牲的社会。

孔多塞非常频繁地暗示了他对个人与团体的共同利益拥有一种特殊的洞察力，暗示他能够比人们更加清楚地看到在开明政策中的人们的共同利益。这正是时代的宗旨；这正是看不见手的含义，它

---

① “Avis aux Espagnols”（1792），in *OC*，12:131.

② “Sur les élections,” in *OC*，12:643.

③ “De la nature des pouvoirs politiques dans une nation libre”（1792），in *OC*，10:607.

④ 这一决定将会遵循对“所有观点以及作为这些观点的基础的所有原因”的“合乎逻辑的讨论”；它将由对提议的连续几轮投票所组成，而且它——在一个可能以任何方式违背包括财产权在内的个人权利的决定的例子中——将会要求有 3/4 的多数或者更多的多数。孔多塞说过，这种方法乍看之下似乎要求“不可有一丝拖延”。*Sur les assemblées provincials*，in *OC*，8:213 - 216，601.

对于哲学家而言是可见的，它只对相关的个人而言是不可见的。但
是，与斯密一样，孔多塞没有建议这种隐藏的秩序应该强加给未开
化的公民，他不建议去说服这些人，或者甚至去鼓励他们了解这种
秩序。相反的，他所展示出来的是一个社会的政治活动的轮廓，其
中的冲突得到了认可与承认。

　　孔多塞对价值观的关联性的信念几乎没有影响到他的宪法原则
或者他自己的政治活动。他相信政治目的的普遍性，但是他不相信
通过过多干预来控制它。他参与冗长而乏味的讨论，包括对他自己
的讨论、对于未来的展望或者说对政治基础的展望的讨论。但是这
些讨论被证明与他本人的政治生活几乎没有关系。

不协调的普世主义

　　在孔多塞的两难困境中的第二要素是有关政治的不确定性，
或者是有关原则与政策之间的关系的。他似乎乐于接受虚伪或者
有某种双重人格的指责。在他同时代的人对孔多塞的描述中，他
们的确被他的矛盾修辞所吸引：对杜尔哥而言，他是温和而又不
安的，是一只"被激怒的羊"；对达朗贝尔而言，他是热情而又
冷淡的，是一座"白雪覆盖下的火山"；对他的死敌罗伯斯庇尔
而言，他是一个"胆小的阴谋家"。① 在 1797 年的第一篇广泛的

---

① 参见 Arago, "Biographie de Condorcet," in *OC*, 1：clxii – clxiii; Elisabeth Badinter
and Robert Badinter, *Condorcet：un intellectuel en politique* (Paris：Fayard, 1988),
p. 42; letter of May 1774 from Turgot to Condorcet, in Henry, *Correspondance*,
pp. 175 – 176; *Oeuvres de Maximilien Robespierre* (Paris：Presses Universitaires de
France, 1967), 10：456. 也见 on Condorcet's writings of the Revolutionary period,
Hélène Delsaux, *Condorcet journaliste* (1790 – 1794) (Paris：Honoré Champion,
1931)。

对《人类精神进步史表纲要》叙述的作者安托万（Antoine Diannyère）看来，孔多塞对讨论的坦率是一种政治美德："唉，让我们永远都不要忘记！不要忘记理论的真理有必要在实践中加以改进，不要忘记正是孔多塞在他最后的著作中确立了这一点！"①

政治不一致的问题与对所有乌托邦思想的一个非常严肃的指责有关。据称，对未来的完善性的信念要么在他本人的政治活动中被（乌托邦主义）忽视，要么被当作当前压迫的一个正当理由。伯纳德认为，《人类精神进步史表纲要》能够解释法国大革命的现象，其中人们"出于对后代的纯粹的爱"而冷淡地目睹破坏与死亡，他们"通过确保后代获得启蒙、美德与幸福的好处"而证明当前的恐怖是正当的。② 就孔多塞本人的大革命生涯（对此，约翰·莫利曾写道，"以一种从未被超越的英雄主义精神来毅然面对风暴"）而言，这是不公正的。③ 但是，有关是否乌托邦主义者忽视了他在目前的政治活动中的信念或者预言的这一较为温和的问题（在政治生活中的普世信仰的作用问题）仍然令人头疼。

206　　这种困难——关于个人一致性，或者关于个人信念与他的生活方式之间的关系——是在大革命之前激烈讨论的一个主题，而且它为孔多塞的两难困境提供了一些深刻的见解。孔多塞创作最多的作品是颂扬文章和传记，而且他对于"一部传记"的思想有着持续的兴趣。他的《伏尔泰传》是为了保护伏尔泰免受政治不一致的

---

① Antoine Diannyère，"Notice," in Condorcet, *Esquisse d'un tableau historique des progrès de l'esprit humain*（Paris：Agasse，1797），p. 54.
② Bonald，"Observations," pp. 721 – 722.
③ Morley，*Diderot*，2：229.

指责而做的一次不大成功的努力。① 他的《杜尔哥传》则是一场良好的政治生涯的历史；在约翰·斯图亚特·穆勒看来，它是"由最明智且最卓越的一个人来描绘的最明智且最卓越的另一个生命"。②

与杜尔哥一样，对于孔多塞而言，这个困难在于相信至少某些政治真理的普遍性，并同时尊重其他人的不同的、相冲突的信仰。现代政治哲学的普遍性以及可以称之为"冲突论"的对照——认为冲突是道德生活与政治生活中的一个不可或缺的组成部分的观点——不是 18 世纪思想的一个特点。③ 但是，在柏林［以及 A. O. 洛夫乔伊（A. O. Lovejoy）］的理解中，孔多塞显然接近于相信普世主义。他相信所有人共同拥有某些统一的、恒定的特征；他认为这些特征有着政治上的重要性，并且他们特别指出了将对所有人、在所有社会中都是公正的立法的前景。④

正是这种普世性似乎与孔多塞的政治活动或者他从事政治生涯的方式相冲突。孔多塞的哲学著作表达了他十分通晓如何调解一个人的观点与他的生活方式之间的冲突。他在《人类精神进步史表纲要》中——在他的一个古代哲学史的项目中——曾写道，怀疑

---

① 例如，孔多塞说过，伏尔泰支持俄国对土耳其的专制已经能够受到政治原则与取悦凯瑟琳女皇的渴望的激励。人们反对专制，因为它违背了个人的权利，包括在"东方专制的风俗中"受到压迫的妇女的个人权利，"它使得整个一个性别注定受到可耻的奴隶制的摧残"；"这就是伏尔泰应该已经思考过的东西，也是杜尔哥的确在思考的东西"。*Vie de Voltaire*，in *OC*，4：145 – 146.

② John Stuart Mill，"Autobiography," in *Collected Works* (Toronto：University of Toronto Press，1981)，1：115.

③ 实际上，"普世性"至少在它的世俗意义上是那些反对它所代表的观点的人们常常使用的名词（像"理性主义"和"民族主义"那样）之一。

④ 关于普世性，参见 Berlin，*The Crooked Timber*，pp. 85，175 – 177，245；Arthur O. Lovejoy，*The Great Chain of Being* (1936) (Cambridge，Mass.：Harvard University Press，1970)，pp. 290 – 293。

者认为"人们甚至连怀疑一切的必要都应该怀疑"，持怀疑态度的人们只能被他们自己的行为所反驳："如果他们相当一致地被其他人的本能所反驳、被在他们生活中的行为中引导他们自己的本能所反驳，那么他们从未被哲学家们所很好地了解或者驳斥。"对于作为一名休谟主义者与决定论的反对者的孔多塞而言，人的一生的行为方式是与反驳哲学观点有关的。①

　　孔多塞提出的政治一致性的问题可以被视为怀疑论者的对立面，也是它的一个变形。对持怀疑态度的人而言，继续持有怀疑论是很难的，这是众所周知的；对于孔多塞这样一名胆小的信仰普世主义的人而言，这个问题是有关如何不继续持有他的普遍性观点。对于那些持怀疑态度的人而言，他自己的观点（或者政治原则）并不比其他人的观点（或者原则）更加正确，他们退回到自我否定当中。正如迈尔斯·伯尼特（Myles Burnyeat）所说的那样，"源于自我的如此彻底的一种超然是不容易理解的"，而且它的确构成了"怀疑论哲学根本的不一致性"。② 孔多塞的问题是成为一位教条主义者——至少是相信他自己的政治原则的普遍真理——而不是活在自己的教条主义中。彻底信仰普世主义的人是如此执着于他自己的原则，以至于他想要把它们（以及他本人）强加给这个世界。

① *Esquisse*, in *OC*, 6:86 – 87; David Hume, *A Treatise of Human Nature*, ed. L. A. Selby-Bigge（Oxford:Clarendon Press, 1978）, pp. 272 –274. 参见 on the influence of Hume on Condorcet, Baker, *Condorcet*, pp. 138 – 155; Keith Baker, "L'unité de la pensée de Condorcet," in *Condorcet:mathématicien, économiste, philosophe, homme politique*, ed. Pierre Crépel and Christian Gilain（Paris:Minerve, 1989）, pp. 515 – 524; Richard Popkin, "Condorcet and Hume and Turgot," in *Condorcet Studies*, vol. 2, ed. David Williams（NewYork:Peter Lang, 1984）, pp. 47 –62。

② Myles F. Burnyeat, "Can the Skeptic Live His Skepticism?" in *The Skeptical Tradition*, ed. Burnyeat（Berkeley:University of California Press, 1983）, p. 129.

这就是孔多塞不能强迫自己去做的事情，这不是他能够选择的一种生活方式。因为他所相信的普遍真理是一个有关尊重权利的真理。也就是说，他的信条是：一个人永远都不要把自己的信条强加给其他人。①

在伯纳德·威廉看来，对价值观的多元主义者的期望是"以政治变革的一位可怜的旁观者"而结束的，它由他的价值观理论变成他所厌恶的（以及可能甚至对他拥有政治原则的权利有影响的）不作为。② 对于相信普世主义的人，更加凶险的前景是由对永恒的政治真理变成过度反应、变成博纳尔德现在的祭品的信念诱发的。同时怀着公民生活与个体生活构想的孔多塞强烈地察觉到了这个危险。他在这里也是一个有瑕疵的人物：在写给外国统治者的信中，一个人仍然是（像伏尔泰一样）公共生活的旧制度的一部分，也是早期（像杜尔哥，或者像歌德）的新世界的一部分，在这个新世界中，按照政治观点与公众观点，一个人的生活是被构建的事物，是一致且真诚的事物。当圣伯夫提到，孔多塞认为他握有人们幸福的要诀的时候，圣伯夫是不公正的。从而，孔多塞的困难就是把这个要诀握在手中而不去使用它（或者只是顺其自然地使用

---

① 通常而言，"教条主义"不会造成这类问题。它不像怀疑主义那样缺乏连贯性；可以设想出（信念与生活）完全一致的教条主义者，他们如此执着于自身，以至于他们一直尽其所能地宣传自己的信条。伴随着孔多塞特定的教条主义观点，问题也出现了，在其中，被声明的信念（即"教条"）是一种不应该被（外界）断言的信仰；或者，一个人不应因此而干涉其他人决定自己的信念的权利。信念与生活的不一致性对于所有怀疑论者和一些教条主义者而言都是一个问题。

② Bernard Williams, "Conflicts of Values," in *Moral Luck : Philosophical Papers*, 1973 – 1980 (Cambridge : Cambridge University Press, 1981), p. 71. 正如威廉所指出的那样，自由主义的历史表明，相信价值观的多元化的后果"不一定是寂静主义者或者保守主义者"，而且"重申并捍卫价值观的多元化的活动本身就是一项政治任务"。

它）。在哈维尔（和柏林）的关于当前机构被想象为一个空白的政治时期的难题的隐喻中，它是为了知道正确的解决方法，而不是为了选举。

在 1794 年，罗伯斯庇尔最骇人的一场演讲是对优柔寡断的人的一次谴责，尤其是对孔多塞这个"胆小的阴谋家"的谴责，甚至是对在伊壁鸠鲁与芝诺之间犹豫不决的人的一次谴责。对罗伯斯庇尔而言，社会的职责是将创造出决定无知的人的道德行为的、"没有迟来的理性支持的一种迅速的本能"作为它的"杰作"（chef d'oeuvre）。① 在这里，罗伯斯庇尔与伯克惊人的相似：在伯克的《法国大革命反思录》中，几乎没有对偏见的颂歌，这是一种"不使人在做决定时犹豫、怀疑、困惑的状态。他也与博纳尔德相似：相似于博纳尔德对欧洲政府忽视其在"社会道德体系"或者"人的管理"方面的职责的谴责。② 在大革命期间及之后，这些人都是孔多塞的敌人。孔多塞自己的普遍准则是反对社会的官方原则并提倡对一切持怀疑态度。它不是一个特别有条理的观点，但也不是一个不光彩的观点。

---

① Séance du 18 Floréal An II (1794), in *Oeuvres de Robespierre*, 10:442–464. 对于罗伯斯庇尔而言，禁欲主义是如此明显的优越或者"崇高"，以至于它应该获得一个特殊的大革命节日——与"不幸"和所有高级存在一起，成为"斯多葛"节。孔多塞的确在《人类精神进步史表纲要》中讨论了芝诺与伊壁鸠鲁；他谈到了"至少在表面上把道德体系建立在相对的原则之上的两个新的教派"，他补充道，两派都有"强硬的、骄傲的、不公正的"人和"耽于声色犬马的、腐化的"人，并且他得出了结论，"渴望把自身提升到本性之上的哲学和只想要服从它的哲学，与只知道美德的道德体系和在声色犬马中寻找幸福的道德体系，它们导致了相同的实际后果"。*OC*, 6:89–92.

② Edmund Burke, *Reflections on the Revolution in France* (1790) (London: Penguin Books, 1982), p. 183; Bonald, "Sur l'économie politique" (1810)—an attack on Adam Smith—in *Oeuvres*, 2:299.

家庭美德

孔多塞认为普遍性建立在一个道德一律性的十分朴素的想法之上。在最低限度的意义上，所有人都是一样的，而且这就是为什么对每个人而言真理与正义都是一样的。他们有着同样的个人权利，而且"我们称这些权利是与生俱来的，因为它们来源于人的本性"。① 在 18 世纪 80 年代，这些都是熟悉的思想。孔多塞的特别之处在于，他认为人的本性与道德情操和道德反思有关。他确立了一种普遍的情操的观点，它在宪法权利的政治观点上接近于休谟或者斯密的观点。他在关于妇女的政治权利的小册子中写道，"人的权利唯一地遵循着他们正感受着生命、能够获得道德观念以及有关这些观念的推理的事实。因此，拥有相同特质的妇女们必然拥有同样的权利。要么人类没有一个人拥有真正的权利，要么所有人都拥有同样的权利"。② 在这一定义中，特质的次序是值得注意的：这个定义源于情操，接着发展到随后的道德观念的获得（尤其是儿童所获得的），然后发展到有关这些观念的推理。③

因此，正是简单的道德情操的普遍性成为自然的统一性的基础。在孔多塞的观点中，每个人——女人和男人、奴隶和主人、孩子和父母、外国人和公民——都有怜悯与喜爱这些相似的、简单的

---

① "Lettres d'un bourgeois de New-Haven à un citoyen de Virginie, surl'inutilité de partager le pouvoir législatif entre plusieurs corps" (1787), in *OC*, 9:14.

② "Sur l'admission des femmes," in *OC*, 10:122. 孔多塞在来自"纽黑文市"的信中（*OC*, 9:14）以及在 *Esquisse* 中（*OC*, 6:176）给出了一个相似的定义。

③ 在孔多塞所通晓的亚里士多德的方案中，（亚里士多德）遵循了期望儿童发展的（特质）的次序，却扭转了本性的次序：根据天性，国家不在个人之前，而且情感不服从于心灵的控制。Aristotle, *Politics*, 1253a, 1254b, 1334b.

情感。在他的关于教育的书中以及在对早期功利主义的批判中所描述的情感——孩子的敏感、他们"反思他们的情感"的倾向、适合于所有人的"家庭美德"及其对"特定关系"的影响——对于他的人的本性的观点是至关重要的。他曾说过，"在所有的特质中，公正是对行为的细节有着最大影响力的一个特质，也是分布最普遍且最均等的一个特质"。① 家庭不平等是尤其暗中为害的："平等无处不在，尤其是在家庭中，平等是幸福、和平和美德的首要因素。"②

209　　　与杜尔哥一样，孔多塞的道德情操的构想受到了苏格兰道德哲学家，尤其是亚当·斯密的强烈影响。它是一种情操观，而不是一种感受观。③ 他与杜尔哥之间就爱尔维修与功利主义小说的前景的通信是非常带有斯密特点的；维克多·库辛（Victor Cousin）在提到之前引用过的关于小说与悲剧文学的段落时曾说道，它们"能够被视为哈奇森与斯密的整个道德哲学的概要"。④ 道德特质普遍分布的思想是相当过时的：在柏拉图的《普罗泰戈拉篇》（*Protagoras*）中，宙斯命令赫尔墨斯（Hermes）把公正与羞耻平均地分发给所有人，而且普罗泰戈拉向苏格拉底评论道，每一个人

---

① *Vie de M. Turgot*, in *OC*, 5:207.

② 在他的延伸的争论中主张给妇女同等的教育。"Sur l'instruction publique", in *OC Oeuvres de*, 7:219.

③ 休谟写道，它"不是决定了激情的特点的当前的感觉、痛苦或愉悦的时刻，而是从开始到结束的通常的志向或者趋势"；"因此，激情必须依赖于原则"。Hume, *Treatise*, pp. 384 – 385, 387; 参见第一章。孔多塞所指的情操更加接近于休谟的而不是哈特利（Hartley）或者孔狄亚克（Condillac）的感觉（或者"振荡"）；关于孔多塞与孔狄亚克的分歧，参见 Baker, *Condorcet*, pp. 114 – 117。

④ Victor Cousin, *Philosophie écossaise* (Paris: Librairie Nouvelle, 1857), p. 151.

都必须有某种正义感。①

在孔多塞的构想中，引人注目的是他把这些简单的家庭情感作为公正理论的基础。② 道德反思的倾向是所有人共有的习惯，同时，它也是他们做出政治判断的基础。可以说，道德构想向外延伸，从情操到理性，从家庭到宇宙。孔多塞似乎已经认为，一旦孩子形成"明确的个人观念，他们就倾向于体验道德情操"，而且这些同情的感觉——想象着它与别人对事物的感觉相似——引导他们认清其他人所受的压迫并对此感到痛苦。他们的怜悯的感觉可以被恶劣的教养和残忍的风俗所扭曲。但是，将他人视为与自己相似的人以及与自己有"道德关系"的人，这是普遍的正义感的核心。③

这种核心的正义感是其他社会的人的判断依据。与杜尔哥一样，孔多塞寻找一些普遍的政治真理：即便是以"普遍习俗的不可克服的错误"为借口［就像埃帕米浓达④（Epaminondas）时代的奴隶制一样］的行为，从某种意义上说它们是错的，却也是合情理的。他希望能够否认"由法定权力所制定的每一项法律

---

① Plato, *Protagoras*, 322C – 323C. 孔多塞对这一思想的看法伴随着它对于家庭品行的细节的强调是与伯纳德·威廉的精神相同的事物："创造性的情绪反应的才能拥有若非平均，至少也是广泛地散布开来的优势。"见 Bernard Williams, *Problems of the Self* (Cambridge：Cambridge University Press, 1973), p. 229。

② 此处，孔多塞相似于休谟：在拜尔（Baier）看来，"休谟的道德理论的最核心处是他对家庭生活与父母之爱的赞颂。公正是主要的人为美德，它是家庭合作性与创造性的自利理性的产物"。见 Annette Baier, *Moral Prejudices：Essays on Ethics* (Cambridge, Mass.：Harvard University Press, 1994), pp. 57 – 58。

③ "Sur l'instruction publique", in *OC*, 7：234 – 236. 孔多塞写到殖民地种植园主时说道，"美国人忘记了黑人也是人；他与他们没有任何道德关系"；他还必须付出特别的努力来使得他的子女的心肠变得冷酷，例如，通过让他的女儿观看奴隶审判。"Remarques sur les Pensées de Pascal" (1776), in *OC*, 3：647 – 648。

④ 埃帕米浓达，古希腊底比斯城邦的统帅，以斜切战术大破斯巴达。——译者注

都是公正的"，即使当这种权力是民主的时候："什么？当雅典人通过一项对那些打破了墨丘利（Mercury）雕像的人们判处死刑的法律时，这样的法律能是公正的吗？"① 他的建议似乎就是，这种普遍真理建立在怜悯与同情之上。人们不应该就他的观点而应该是就他的道德品格来判断一个政治人物——比如，狄奥多西（Theodosius）皇帝或者奥朗则布（Aureng-Zeb）："在他的品格的基础之上，以及如果可以这样说，在他的道德构成的基础之上。"②

210　　有趣的是，此处孔多塞的灵感似乎来自伊壁鸠鲁。孔多塞在《人类精神进步史表纲要》中曾写道，伊壁鸠鲁设想了一个没有神的世界和一个没有宗教的道德体系。（孔多塞说，他的神是"不关心人的行为的，不习惯于宇宙的秩序的"；"在某种意义上是这个体系的'开胃菜'"。）③ 但是伊壁鸠鲁也设想了什么可以代替宗教，以及什么会成为孔多塞自己的体系的基础。孔多塞曾写道，"正是在人的道德构成中，人们寻求他的职责的基础，以及他的公正思想与美德思想的来源"；这是一个"与任何其他派别相比，伊壁鸠鲁派与之不是那么不相关的真理"。④

　　孔多塞的普遍的政治真理——或者是不冲突的价值观——在这一解释上是十分微不足道的。公正所要求的是承认其他人的权利，好像他们就是与自己有道德关系的人们一般来对待他们。孔多塞在

---

① "Sur l'instruction publique," in *OC*, 7:198; *Vie de M. Turgot*, in *OC*, 5:181 - 182.
② "Sur les Pensées de Pascal," in *OC*, 3:640.
③ *Esquisse*, in *OC*, 6:91, 其实早在 1765 年的《百科全书》中，"开胃菜"一词那时已经采用了"小菜配大餐"的现代烹饪的内涵。*Encyclopédie, ou dictionnaire raisonné des sciences, des arts et des métiers* (Neufchatel: Faulche, 1765), 8:313.
④ *Esquisse*, in *OC*, 6:92.

《人类精神进步史表纲要》中的欢快场景是关于共同的家庭生活的。实际上，就在他对无限的完善性进行评论之前，他一直在谈论进一步地了解"道德情操"和"我们的道德结构"，以及谈论"反思我们自己的品行的习惯"。如果一个人尊重他周围的人，那么他更有可能尊重其他人的权利。孔多塞接着说，他期望"已经在男女之间确立了权利的不平等的偏见的全部消除，偏见甚至对持有它的人也是灾难性的"。这种改变将鼓励"家庭美德，而它是所有其他美德的首要基础"，因此应该消除"不公正、残暴和犯罪"的肥沃根源。孔多塞曾在《杜尔哥传》中写道，个人美德是与家庭奴隶制和"对外国的粗鲁蔑视"不相容的；他在《人类精神进步史表纲要》中曾说过，随着国内启蒙思想的发展，"民族仇恨"最终将会消失。①

圣伯夫嘲笑孔多塞"轻信""公平精神"的平均且普遍的分布，并嘲笑《人类精神进步史表纲要》是一部极为轻信的书。② 仿佛孔多塞自己已经对怀疑论或者不信任的延缓不抱希望了，而是在尔凡多尼街（rue Servandoni）的房间里躲避恐怖。他相信简单的道德情操是所有人所共同拥有（或者曾经拥有）的。它们是美德的基础，也是权利的基础，因此也是公正和自由的基础。这是一个乌托邦式的构想。然而它并没有错，更不是一个险恶的乌托邦构想。

假想的启蒙思想

在这些著作中，孔多塞的原则与本应作为法国启蒙思想的特征 211

---

① Ibid. , pp. 261 – 265；*Vie de M. Turgot*, in *OC*, 5：195.

② Sainte-Beuve, "Causeries," p. 267.

的冷漠的、无情的、全部加总的"机械哲学"惊人的不同。法国学者马克斯·儒歇（Max Rouché）在写到赫尔德时曾说过，他的政治独创性存在于"同时作为大革命与反大革命的先驱"，而孔多塞则被视为是启蒙思想与反启蒙思想的一个有远见的人。① 恩斯特·卡西尔（Ernst Cassirer）曾写道，赫尔德对启蒙思想的征服是一次真正的"自我征服"，或者是真正胜利的一次（对启蒙思想的）挫败。② 而孔多塞的胜利与挫败也涉及了启蒙思想。

与赫尔德一样，孔多塞对于社会应被看作一台巨大的"机器"、人们是"驯服的工具"、他们的看法应该由他们所穿的"制服"来决定的事实感到震惊。③ 与席勒一样，他拒绝接受统治者所强加的幸福："王权有它自己的对于一个人的幸福应该是何物的想法。"④ 与荷尔德林（Hölderlin）一样，他发觉到最隐秘的压迫处于一种品德高尚的状态，或者作为一个"道德学派"的状态。⑤ 就

① Max Rouché, *La philosophie de l'histoire de Herder* (Paris：Presses Universitaires de France, 1940), p. 538.

② Ernst Cassirer, *The Philosophy of the Enlightenment*, trans. Fritz C. A. Koelln and James P. Pettegrove (Princeton：Princeton University Press, 1951), p. 233.

③ 因此，关于社会作为一台机器，参见 Johann Gottfried Herder, "Auch eine Philosophie der Geschichte zur Bildung der Menschheit" (1774), in *Sämtliche Werke*, ed. B. Suphan (Berlin：Weidmann, 1891), 5：516, 529, 533 – 536, 538, 546, 549, 564；或者关于人仅仅作为一个工具（Werkzeug），参见 pp. 524, 526, 547, 564。赫尔德问道，难道我们"注定是要在世界上为我们自己做一些事情的生物"吗，或者说，我们的"需求、目标以及决定是政治策划的对象：穿着它所做的集团的制服的人是一台机器?"（p. 539）。

④ 这是波萨（Posa）在《唐卡洛斯》（*Don Carlos*）中对菲利普国王（King Philip）说的话。Friedrich Schiller, *Don Carlos* (1787), trans. James Kirkup, Garden City, N. Y.：Doubleday, 1959), 3. 10. 3051 –53, p. 161. 这一幕是荷尔德林的"最爱"。Friedrich Hölderlin, *Oeuvres*, ed. Philippe Jaccottet Pairs Gallimard, 1967), p. 98.

⑤ 关于作为 Sittenschule 的状态，参见 Friedrich Höderlin, *Hyperion oder der Eremit in Griechenland* (Stuttgart：Reclam, 1976), p. 35。

像康德在《何谓启蒙》中那样，他设想了一个悲惨的世界，其中的男人与女人就像孩子，其他人都要"为他们着想"；就像康德在《系科之争》（*Contest of Faculties*）中那样，他把人的权利置于"一切（效用的）价格之上"，包括好像一个和善的主人给予他"驯服的绵羊"一般的由政府赋予的幸福。①

实际上，在孔多塞描述的个人自由中，存在着一些奇怪的类似于被认为是德国人的习性的观点的东西。对于博纳尔德（和圣伯夫）而言，《人类精神进步史表纲要》是令人震惊的启蒙思想的最高点，是从 18 世纪中期以来一直不可阻挡地向着雅各宾恐怖统治前进的法国哲学的最高点。相反，我们已经关注的著作表明，孔多塞应该被看作自由主义批判决定论和功利主义思想的一位早期代表人物。如果说在 18 世纪 90 年代的知识大分化中有两方——法国启蒙思想对它的批评者，或者统一性对多样性，或者科学知识对情操的表达，那么在某种意义上，他两方都归属。

孔多塞的作品的确表明这两方之间的边界很难找到。孔多塞的"德国风格"只不过是共同来源（包括斯密、休谟、卢梭）与共同对手的表现。杜尔哥的最不可思议的著作之一就是关于"德语的韵律学"的一个长期研究，尤其是关于克洛普史托克（Klopstock）对扬扬格（spondee）与扬抑格（trochee）的使用。② 孔多塞公开辱骂的对象也是赫尔德与康德所辱骂的对象：例如爱尔维修，或者

212

① Immanuel Kant, "Beantwortung der Frage: Was ist Aufklaung?" (1784), in *Werkausgabe*, ed. Wilhelm Weischedel (Frankfurt: Suhrkamp, 1968), 11: 53; idem, "Der Streit der Facultäten" (1798), in *Werkausgabe*, 11:359 – 360; *Kant's Political Writings*, ed. H. Reiss (Cambridge:Cambridge University).

② "Éclaircissements sur la versification allemande" (1761), in *OC*, 1:631 – 665; 参见 on Hume in Germany, "Hume and the Sources of German Anti-rationalism," in Berlin, *Against the Current*, pp. 162 – 187。

就像在康德的《先验的重农主义》中的魁奈。① 但是，这种共同的语段本身就是有哲学趣味的。作为准苏格兰的家庭情感理论家与准德国的主权个体的理论家，孔多塞原来是在 18 世纪知识领域的有序划分中的一个制造混乱的人物。② 在 19 世纪初期，利欧帕迪（Leopardi）在一篇他的法国文明的讽刺作品中谈到了欧洲哲学的"共同方式"："人们能够谈论'属于一个密切的普遍性质的事情'的一种小语种，或者一种完全通用的词"在诸如"专制""感性的"或者"分析"的"欧洲主义"中。③ 在大革命之前也有共同的评论启蒙思想的欧洲方式；对于像孔多塞或者康德那样的人而言，密切的普世性首先要受到保护，不受道德、算计、幸福分配状态的影响。

孔多塞的作品在时间上的边界甚至是更加难以捉摸的。用托克维尔著名的句子来说，法国大革命领导者们的目标是"把他们的命运分为两部分"，或者是"通过一个深渊"来区分他们的未来与过去。④ 在这些情况下，很难看到新旧之间的连续性。但是，也很难看到在启蒙运动与大革命之前的不连续性。在我们一直仔细研究的著作的基础之上，孔多塞本人的身份是一位持不同政见的哲学家。托克维尔认为，他与杜尔哥一样，是一位有着"政治自由的

---

① Immanuel Kant, *Critique of Pure Reason* （1787）, trans. N. Kemp Smith （New York：St. Martin's Press，1965）, p. 412.

② 保罗·珍妮特（Paul Janet）写道，"在 18 世纪，道德哲学有三个主要的学派，这三个学派本身在法国、英国和德国这三个主要的欧洲国家有所区别"；（法国的）快乐与兴趣的学说是与（英国－苏格兰的）道德情操的学说以及（德国的）纯粹理解力的学说相对立的。Paul Janet, *Histoire de la science politique dans ses rapports avec la morale* （Paris：Alcan，1913）, 2：574.

③ "Zibaldone di pensieri"（1821）, in Giacomo Leopardi, *Tutte le opere*, ed. Walter Binni（Milan：Sansoni，1993）, 2：1213 – 16.

④ Tocqueville, *L'ancien régime*, p. 43.

爱好"的哲学家与经济学家。① 与狄德罗一样，他是一位对情感感兴趣的百科全书编纂者。② 但是，他的著作也表明了关于启蒙思想的流派及其政治传承的一个更为一般的观点。

托克维尔的假设就是，18 世纪法国的真正革命性的变革发生在 18 世纪 50 年代至 70 年代中期。正是在这个时期，法国数百万人的情操、观点与思想完全改变了，这部分是由作为"那个时代的主要政治家"的文人所改变的。③ 也正是在那时，法国政府的改组——在第一次行政革命中以及在魁奈遗留下的影响之下——为全面控制与全面改观的现代国家确立了基础。④ 弗朗索瓦·傅勒（François Furet）写道，"托克维尔在最深刻的水平上引入怀疑：在这种不连续性的表达方式中，要是有的只不过是变革的错觉又怎样？"最重要的是，大革命是一场价值观与情操的变革；法国国家集中使它变为可能，"一切都始于 1750 年前后"。⑤

托克维尔的论文《通往法国坟墓的旅程》是一篇有着惊人的历史直觉的文章。但是，它提出了一个相当明显的问题，即 1776～1789 年哲学家的思想发生了什么变化。一个答案——博纳尔德的、伯克的或者圣伯夫的——是：这些思想在更大范围内产生。例如，这与孔多塞的《人类精神进步史表纲要》作为

213

---

① Tocqueville, *L'ancien régime*, p. 43.
② 有关狄德罗对情感的关注，参见 Roger Hausheer, "Introduction," in Berlin, *Against the Current*, p. xxxiii.
③ "J'y retrouvais une foule de sentiments que j'avais crus nés de la Révolution," Tocqueville, *L'ancien régime*, pp. 44–46, 231.
④ Tocqueville, *L'ancien régime*, pp. 259–261, 309.
⑤ François Furet, *Penser la Révolution francise* (Paris: Gallimard, 1978), pp. 36, 280.

哲学的理性主义的最终产品的构想相一致。历史学家科钦（Cochin）用了一个更加巧妙的隐喻；大革命之前的数十年是一段"酝酿"期，在这段时期中，破坏性的个人主义的思想在数百个组织与团体中得以滋长。① （对于托克维尔本人而言，在这一世纪中叶，这种思想已经广为传播，以至于它们甚至引发了"妇女与农民的想象"。）②

　　孔多塞的困境（为此问题）提供了同样明显的但不同的答案。它就是，实际上在大革命之前的那段时期中，有关启蒙的思想在一些非常重要的方面发生了变化，而且这些变化（孔多塞称之为"思想的意向"）是对第一次革命事件的回应。也就是说，对经济学家的反革命批判、冷酷的功利主义算计，以及对道德和教育的分配状态的反大革命的批判都存在于启蒙运动中。就在他们在大革命中被世俗神化之前，孔多塞还是一位爱尔维修或魁奈式的，甚至是他非常钦佩的伏尔泰的批评者。③ 18 世纪 90 年代初期的深渊掩盖了之前出现的事物或者革命的（与社会主义的）思想的来源将会从旧制度的范围中得以发现，这是托克维尔的论题。④ 但是，它也掩盖了之后出现的事物，或者（掩盖了）19 世纪自由主义思想的来源将会从法国启蒙思想，尤其是关于 18 世纪

---

① 引自 Furet, *Penser la Révolution francise*, pp. 280 – 281。

② Tocqueville, *L'ancien régime*, p. 231.

③ 孔多塞在 1789 年初曾写道，在立场——思想规则——的基础之上来批评伏尔泰是十分恰当的，在他去世后 10 年、他的哲学著作问世后 50 年他的立场才形成；例如，谴责他"区分了没有自由的情况下能够存在的益处与来自自由本身的幸福"。*Vie de Voltaire*, in *OC*, 4:182；参见第一章。

④ 托克维尔曾说过，在 18 世纪 50 年代的所有人中，经济学家在 19 世纪中期的社会主义中将会是最无拘束的，而且对于傅勒而言，他们的思想"预兆了"1793 年的专制而非 1789 年的自由主义。Tocqueville, *L'ancien régime*, pp. 261 – 262；Furet, *Penser la Révolution francise*, p. 248；也参见第一章。

60 年代开明专制的启蒙思想的评论——包括孔多塞的评论——中得以发现的范围。①

思考与讨论的自由

　　伟大的 19 世纪早期的自由主义者本身就是这种解释的见证人。正如我们已经看到的那样，孔斯坦认为孔多塞的思想是古代自由与现代自由之间的区别的根源。在 1797 年他的第一部主要的政治著作中，他一再地为孔多塞辩护，驳斥共和国的反对者，并称他们纵容恐怖时期的原则，并使用"罗伯斯庇尔的记忆"来辱骂孔多塞与维克蒂尼安（Vergniaud）的阴影："对于任何不尊重这些启蒙思想中极为珍贵的名字的人永远的蔑视。"② 孔斯坦曾说过，存在"某些明确且不可改变的原则"，它们"在所有思潮中都是合乎事实的"，是"不可争辩的"，并且"能够永不改变"；它们是明确了"个人的根本权利"的原则。③ 孔斯坦在他著名的对产生幸福的状态的质疑中又一次使用了接近于孔多塞风格的词语："让它把自身

214

---

① 对于托克维尔的现代评论者而言，他的旅程的一个后果就是表明了在革命思想的创始中大革命的不重要性。但同时也存在着一个不同的后果：它表明了反大革命或者大革命的批评者的政治思想在自由的、"多元化的倡导者的"个人主义的起源中同样也不重要。集中的统一性的批评性分析会从旧制度与启蒙思想中找到；会从在伯克的《法国大革命反思录》之前的、对最早的经济学家的经济理论的争论中找到。
② Benjamin Constant, "Des réactions politiques" (1797) and "Des effets de la terreur" (1797), in *De la force du gouvernement actuel de la France et de la nécessité de s'y rallier* (Paris: Flammarion, 1988), pp. 124, 173, 176, 178.
③ 它们是公正的司法程序的权利，以及无恶意的行使某人的才能的权利。Constant, *Réflexions sur les constitutions et les garanties* (1814), 他在 1815 年引用在他为他的 *Principes de politique* 所作的前言中。Constant, *Écrits politiquesÉ*, pp. 305 – 306.

限定于公正，我们将根据自身来认为它是幸福的。"①

在托克维尔对 18 世纪 60 年代的第一次哲学革命的评论中，他本人的观点有时听起来与孔多塞惊人的相似。他曾写道，经济学家赞成商品的自由交换，但并不赞成政治自由；正如我们已经看到的那样，孔多塞认为他们为了贸易自由的利益而忘记了政治自由的利益。② 托克维尔曾说过，多样性本身就为他们所憎恶的，而且他们安排"公共效用"来代替"私人权利"；对于孔多塞而言，公共效用必须在个人的私人权利之前放弃。与孔多塞一样，托克维尔震惊于国家想要"塑造公民精神"的抱负以及在单个公民行为中对一种"机械的规律性"的描述。他对比了自由的"优越性"与"能够没有约束地说话、行动、呼吸的愉悦"；早在 1776 年，孔多塞就已经区分了"自由的益处"与"人在自由中感觉到的愉悦"。③

当约翰·斯图亚特·穆勒谈到真理能"作为一种偏见"而停留在心中时，或者当他谈到"思考与讨论的自由"有赖于与观念相冲突的知识时（如果极重要的真理的反对者确实不存在，则想象他们存在是必需的）；当他说到"国家试图影响其公民关于有争议的主题的结论的一切做法都是有害的"时，他也引用了孔多塞的话。穆勒在他著名的《论自由》的结论中像孔多塞一样谈到了作为驯服工具的人：谈到了"为使人们可以成为它手中更加驯服的工具而阻碍人发展的政府"。④

---

① Constant, "De la liberté des anciens comparée à celles des modernes," p. 617.
② Tocqueville, *L'ancien régime*, p. 256; *Esquisse*, in *OC*, 6:191.
③ Tocqueville, *L'ancien régime*, pp. 255 – 262, 267; *Réflexions sur le commerce des blés*, in *OC*, 11:178 –179.
④ John Stuart Mill, *On Liberty* (1859) (London: Penguin Books, 1974), pp. 75, 97, 99, 178, 187.

　　穆勒曾对约翰·莫利说过，"在他还很年轻的时候，当他变得情绪低落时，他向孔多塞所写的《杜尔哥传》中寻求指引；他毫无例外地恢复了对自我的控制"。[①]　在 1870 年，莫利本人的结论是孔多塞是对自由的个人主义有远见卓识的人。他曾说过，孔多塞本来一直最反对"有关信念与秩序的最终的、不变的、普遍接受的解决方法"。事实上，他所得出的主要的政治差别是在孔多塞与"德·梅斯特尔和孔德（Comte）"之间，伴随着他们的社会"有组织的、有系统的重建"。孔多塞对未来完善的状况的构想是完全不同的；用莫利的话来说，"宗教审慎性使他憎恨作为最糟糕的一种亵渎的对理解力的自由与坦诚的一切干预，而这是与孔多塞的显著区别"。[②]

　　孔多塞在他的政治著作中经常是自我防御的，他易受早期的启蒙思想反对者的事件与思想的影响。在 18 世纪 70 年代，他为杜尔哥辩护，驳斥了对他的试图强迫他人接受冷淡又抽象的政治经济学原理的批评；在 18 世纪 80 年代，他期待数学方法能运用于社会科学中（在投票与章程理论中）；在 18 世纪 90 年代，他捍卫教学与理解的自由而反对马拉（Marat）和罗伯斯庇尔。因此，他的著作反映了那段异常动荡的时代。但是，它们也反映了大革命前后启蒙思想的连续性。

　　基佐（Guizot）在 1820 年退职进入反对派时曾住在索菲·孔多塞（Sophie Condorcet）的家中，他说起索菲·孔多塞时曾写道，"她的政治情操与我的十分不一样；尽管如此，她与她的强烈情感属于 18 世纪与大革命时期"；他补充道，她也是一个品格高尚、

---

①　John Morley, *Recollections* (London：Macmillan, 1918), 1：57.

②　John Morley, "Condorcet," in *Critical Miscellanies* (London：Macmillan, 1886), 2：254－255.

宽宏大量的人。① 托克维尔所说的大革命时期人们的不连续性的计划——努力把时期分为两部分——对于 19 世纪的自由主义者而言是一个不同种类的计划。他们也希望把他们的命运与之前已经发生的事情分开，他们也希望像基佐那样阐明 18 世纪的政治情操与他们自己的情操是十分不同的。这是一个明显有远见的建议。约翰·莫利在 1888 年评论道，法国大革命（与"破产世纪"）已经提供了一个无限的"惊人的相似"；在写完伏尔泰与杜尔哥之后，他发现，就连他关于威尔士教会的政教分离的观点也常遭到法国有影响势力的批评，或者有人批评他倾向于瓦解"综合性政治组织"。② 然而，这种维多利亚时代的被分隔开的命运、这种几个世纪以来的情操的排序，其本身仍然是对 18 世纪回忆的背景。

作为孔多塞的死敌，圣伯夫提到法国语文学家（兼塞尔维亚民歌收集者）克劳德·福里埃尔（Claude Fauriel）时曾写道，他描述了"18 世纪本身自然地过渡到 19 世纪"。在"这两种知识制度"的中断时期，圣伯夫曾说过，在一个"和平而寂静的进展"中、在使一个时代的结束互换为另一个时代的起点的"内部工作"中，福里埃尔成为一个缩影。他是"隐藏的中间人"之一，通过他，"表面上分开且断绝的两个时代仿佛通过内脏而彼此依附"。③ 我认为，孔多塞也是一个中间人，是两个世界的思想的交点。福里

---

① François Guizot, *Mémoires pour servir à l'histoire de mon temps* (Paris：Michel Lévy, 1858), 1：291.

② John Morley, "A Few Words on French Models," in *Studies in Literature* (London：Macmillan, 1891), pp. 157, 169.

③ C. -A. Sainte-Beuve, "M. Fauriel" (1846), in *Portraits contemporains* (Paris：Calmann-Lévy, 1889), 4：126 – 127, 179; J. -B. Galley, *Claude Fauriel：Membre de l'Institut*, 1772 – 1843 (Saint étienne：Imprimerie de la Loire Républicaine, 1909).

埃尔是富歇（Fouché）在警察部时的私人秘书，是索菲·孔多塞在 1822 年去世之前的二十年的伴侣，是施莱格尔（Schlegel）和曼佐尼（Manzoni）的朋友，他只不过是一位不重要的、稍微阴险的路人。孔多塞的内心选择——尤其是他的无穷尽的讨论自由的构想——是所有后来的自由思想的部分来源。

第八章　失序的世界

一种不同的启蒙思想

　　在孔多塞看来，启蒙的思想倾向是散漫、无序的。它是怀疑的、困惑的、不果断的人们的一个特征，也是与自己的子女进行长谈，以及想要思考他们自己的情操与品行的人们的一个特征。他们的生活是灰暗的。孔多塞在《人类精神进步史表纲要》的《第十个时代》的"节选"中期待着永恒的文明竞争，他的期望是一种正常的情形，在这种情况下，人们在"痛苦、需求和损失"中是幸福的。① 但是，生活并非没有温和的、思考的乐趣。与休谟一样，孔多塞把反省视为最令人愉快的家庭活动。对此，休谟在《对道德的探究》中问道，"什么能与买不到的谈话、陪伴、研究的满足，以及健康和本性的普遍的美，尤其是对某人自身品行的平静反思相比呢？"②

　　成为本书主题的经济思想是政治（或者哲学的）思想的一部分，而且它所描绘的经济生活是政治生活、情感生活与道德生活的一部分。约翰·斯图亚特·穆勒在 1836 年的关于政治经济学的定

---

① "Fragment de l'histoire de la Xe époque," in *OC*, 6:595.

② David Hume, *An Enquiry Concerning the Principles of Morals* (1751) (Oxford: Clarendon Press, 1961), pp. 283 – 284.

义的论文中使用了"城市的墙"的比喻，这堵墙围绕着经济生活的领域建造于"知识进步的更高级的阶段"。在他的形容中，政治经济学在 19 世纪已经成为有其自己的领域、定义和调查研究方法的一门科学。① 相比之下，本书所涉及的是更早期的、有较少限定的状况，在这里，经济生活的领域向各个方向扩展。正是在这一设定中，我试图描述一个不一样的政治经济学（一门较少地涉及效用、同质性和普遍的贸易利益的政治经济学）和一个不一样的启蒙思想。就像亚当·斯密在索福克勒斯（Sophocles）的《菲洛克忒忒斯》（*Philoctetes*）中那样，我一直期待着一种"浪漫的野性"。②

218

正如在斯密与孔多塞的经济著作中所表现出来的那样，18 世纪的政治思想涉及个人多样性、利益冲突以及不同原则之间的冲突，也涉及烦恼、历史以及人身压迫与公共压迫。如前所述，18世纪七八十年代的经济争论是法国启蒙主义（在狭义上是指启蒙"派"）的思想发生重要变革的时机。狄德罗与加利安尼批评经济学家或者重农主义者们所设想的世界的"微笑特征"，孔多塞批评

---

① John Stuart Mill，"On the Definition of Political Economy；and on the Method of Investigation Proper to It"（1836），in *Collected Works*（Toronto：University of Toronto Press，1967），4：310.

② *TMS*，p. 30. 菲洛克忒忒斯是海克力斯（Hercules）的剧毒武器保管人，他被奥德修斯（Odysseus）留在了荒凉的、树木丛生的无人岛利姆诺斯（Lemnos）上。斯密对于《菲洛克忒忒斯》的观点是，"影响我们、弥漫在那迷人的悲剧和浪漫的野性之上的不是那只疼痛的脚而是他的孤独，对于这一想象他是欣然接受的"。伏尔泰在他的《俄狄浦斯》中表明，随着脚伤的恢复，从荒芜中解救出来的菲洛克忒忒斯是乔卡斯塔失散多年的爱人，因此至少能够唤起人们"对一段合法爱情的回忆"。伏尔泰补充道，菲洛克忒忒斯不再是"可怜的海克力斯的马车夫"；"可以肯定的是"，他是"一位希腊王子，以其英勇事迹而闻名"。"Lettres sur Oedipe"（1719），in *Oeuvres complètes de Voltaire*（Paris：Firmin-Didot，1876），1：72；也参见第五章。

经济学家忘记了政治自由，杜尔哥批评他们的"秩序法则"与"监护当局"，斯密批评他们的"精确的制度"，孔多塞批评内克尔努力加总幸福的量的做法，杜尔哥批评爱尔维修忽视悔恨、友谊与对小说的爱好；正如已经表明的那样，所有这些都是一种不同的、更加自由的、更加生动的启蒙思想的表现。卡尔·门格尔曾写道，对于魁奈版的柏拉图而言，斯密就是亚里士多德；他是"一位伟大的思辨思想家"，除此之外也是"一位不畏困难的观察家，他已经为他的体系提供了一个基于经验的、有广泛支撑的知识基础，并试图通过对实际数据的全面考虑来确立他的哲学论文"。[①]

在这些情况下，经济启蒙思想的情景本身是不精确且可变的。它已经失去了精确的制度或者秩序法则的坚定的有序性。它的不确定性与启蒙思想意向的难以理解的现状密切联系在一起。我们已经知道，自由经济秩序的缺陷之一就是人们试图凭借政治手段来追求他们自己的经济利益。他们设法获得调控、政治影响力和受法律保护的垄断；他们用金钱换取权力，用权力换取金钱。他们也凭借孔多塞所说的"不正当手段"来追求他们的利益。[②] 他们使用欺诈的诡计和残忍的武力。不能指望他们总是或者通常像与他们自己利益有关的审慎且消息灵通的法官那样行动。他们没有充分地思考他们自己的品行；他们不是那种开明的人，在这些人的生活中，完全竞争的制度是可靠的。

自由秩序的另一个缺陷——它的不固定性——也与启蒙思想有关。我们已经知道，孔多塞持续的政治关注点是文明冲突的条件。

① Carl Menger, *Investigations into the Method of the Social Sciences with Special Reference to Economics*, trans. Francis J. Nock (New York：New York University Press, 1985), pp. 168 - 169.

② "Fragment de l'histoire de la Xe époque," in *OC*, 6：528; see Chapter 6.

他设想了制度详尽而复杂的宪法程序来处理从池塘财产权到代议制政府未来宪法的一切争论。但是，如果有太多人受到惊吓，或因无知而受伤，或者依赖于强大的邻居，那么这些程序也是不可靠的。如果组成了这个政治社会的人们本身就是缺乏安全感的，那么他们也是不可靠的。

因此，启蒙思想的意向，或者人类精神的温和与人类思想的进步，是政治保障的条件。孔多塞的连接着真理、幸福与美德的牢不可破的链条是在休谟 1752 年的论文《论奢侈》（"Of Luxury"）中所描述的一个古老的田园诗的版本。休谟说道，教育和勤奋是"有利于人类幸福的"，也有利于智力发展，就好像"极度无知完全被排除了"。对于政治社会而言存在着优势，因为人们变得更加不受"迷信的影响，这使政府摆脱了它的偏见"，还因为"管理艺术中的知识会自然产生温和与节制"。人们变得更加友好，他们有更多的交谈："男人与女人以轻松友好的方式接触"，"从共同交谈的这个习惯开始，他们不可能没有感受到人性的进步，并促成彼此的愉悦和娱乐。因此，勤奋、知识与人性是通过一条牢不可破的链条而联系在一起的"。①

还有一个相关的、潜在的自由秩序的缺陷。这就是它们自身并不包括自我有序性改进的来源。他们需要启蒙思想的意向，而他们能做的却很少。休谟在他的论文《论贸易》（"Of Commerce"）中认为，与统治者一样，新的政治社会中的男人与女人"像他们发现人类一样那样来理解人类，不能声称要引进任何在他们的原则与思维方式上的剧变。一段漫长和充满了各种意外的时间历程对于产

---

① 这篇论文后被更名为 "Of Refinement in the Arts," 见 David Hume, *Essays Moral, Political, and Literary*, ed. Eugene F. Miller (Indianapolis: Liberty Classics, 1987), pp. 269 – 273。

生这些大的变革而言是必要的，它使人类事务如此多样化"。① 即使政治经济学或者政治科学的法律的规律性也经历了无尽的怀疑与讨论，它们是拥有理论的人们的理论。自由秩序能够为公共教育——正如斯密设想的那样，包括在"思想与推断"上的教育，以及在"更想去检查并且更有能力来看透"政治计划的情况中——做准备。② 在没有停止自由，或者变成罗伯斯庇尔的而非孔多塞的那种秩序的情况下，它们不能教育人们要开明。与休谟一样，在《论奢侈》中，孔多塞与斯密几乎对"人类奇迹般的转变不感兴趣，仿佛这会赋予他们每一种美德，并使他们摆脱每一种陋习；这影响的并非那些瞄准可能的事的地方法官"。③

斯密与孔多塞

本书主要涉及的两个人物斯密与孔多塞在许多方面是十分不同的。他们尤其在各自的性情或者性格上有差异。正如已经看到的那样，孔多塞容易轻信，尤其是在他的《人类精神进步史表纲要》中更是这样。对斯密而言，轻信是孩童的一个缺点，"它需要长期而充分的经验将其减少到一个合理的程度，从而不盲信、盲从。……人的天性就是相信。只有后天获得的智慧与经验才教会人们怀疑，然而它们很少被充分教导"。④ 孔多塞是冲动的；他容易轻率，像火山爆发一样。他常常以一种持续且任意的愤慨的语气写文章，包括他在支持贸易自由的 18 世纪 70 年代的论证中也是如

---

① "Of Commerce," in Hume, *Essays*, p. 260.
② *WN*, p. 788；*LJ*, p. 540.
③ "Of Refinement in the Arts," in Hume, *Essays*, p. 280.
④ *TMS*, pp. 335 – 336.

此。相比之下，斯密是非常谨慎而细心的。他生前所出版的著作充满限定条件（"似乎""频繁地""无疑地"）；杜格尔德·斯图尔特谈到了"在他的著作中我们所赞赏的那些限定性的结论"。斯图尔特说道，斯密对好战的商人的批评是"以一种他的政治著作中少有的愤慨的语气表达出来的"。①

斯密与孔多塞的阅历也非常不同。斯密一生的大部分时间过着隐居的生活，大部分时间都在克科迪（Kirkcaldy）的一个海边小镇度过。他的公共生活或者政治生活的经历只是在 1764～1766 年去往法国与瑞士的一次单程长期旅行——这给《国富论》提供了大量资料——以及他晚年作为乔治三世时期（George III）的爱丁堡海关官员的一段经历。② 孔多塞 1/4 个世纪以上的时间住在或者接近法国（和欧洲的）政治中心，尽管他只是偶尔离开巴黎。他作为一位当选的政治家、一位日报的议会记者（为《巴黎周报》工作）、一位（有关犹太人的权利、度量衡的十进制、货币改革、公共教学机构的）政府委员会的成员，以及最终作为罗伯斯庇尔的恐怖统治的牺牲者，他深深参与到法国大革命当中。③

斯密在 1790 年 7 月逝世于爱丁堡，仅仅在巴士底狱被攻破一年之后，而且正如第二章中所说的那样，几乎没有关于他对于法国（大革命）事件看法的记录。他似乎已经有四本孔多塞关于宪法改革的小册子，最迟的写于 1789 年 9 月；他准备在 1789～1790 冬季出版的最后补充到《道德情操论》中的段落采用一种对价值观

221

---

① Dugald Stewart， "Account of the Life and Writings of Adam Smith, LL. D. ," in *EPS*, pp. 316, 331；也参见第二章。

② Ian Simpson Ross, *The Life of Adam Smith* (Oxford：Clarendon Press, 1995)．

③ Elisabeth Badinter and Robert Badinter, *Condorcet：un intellectuel en politique* (Paris：Fayard, 1988)．

冲突的注释的典型形式。斯密认为，有两种不同的公共生活的原则，其中包括对已有制度的"某种尊重与崇敬"，以及改善"整个社会的福利"的渴望；"在公众不满、政治派系斗争、混乱的时期，这两种不同的原则可能产生不同的方式"。① 比斯密多活了不足四年的孔多塞一生都生活在那个政治混乱的年代中。他有关人权、公共教育、思想与讨论的自由的几部著作影响最大，也成了对于在 1791～1793 年专制统治之下大革命原则被破坏的一个明确而心酸的回答。

在一些经济政策问题上，面对相似的问题，斯密和孔多塞却给出了不同的答案。财政改革就是这样。而孔多塞对斯密的唯一严厉的批评就是关于他在《国富论》中支持（对马车和其他奢侈品征收）间接税，而孔多塞、杜尔哥和杜邦·德·内穆尔把它看作令人烦恼的炼狱。② 在贸易、财政和法律改革等方面，斯密通常远没有孔多塞冲动。与孔多塞一样，斯密崇敬地关注杜尔哥及其 1776 年的改革法令。③ 但是，他对制度改革的许多计划都持怀疑态度，特别是他在晚年更是如此。为 18 世纪 80 年代由约瑟夫·温迪西 – 格拉茨（Joseph Windisch-Grätz）——把启蒙（Aufklärung）译为"流行文化"（populorum cultura）的奥地利伯爵——所确立的产权转让创造出一种新型的、简单的法律形式的竞争提供了一个很好的实例。孔多塞是这一计划的热心支持者，这一计划把 18 世纪晚期对普遍（至少是欧洲）改革的激情、对理性法理学的激情、对财产权保障的激情，以及对文学竞争的激情联系起来。在长期的无结果的通信之后，斯密最终的建议是，温迪西 – 格拉茨应该把他的努

① *TMS*，p. 231.
② *Vie de M. Turgot*（1786），in *OC*，5：45，125.
③ *Corr.*，p. 286.

力限定在改进不同国家，尤其是奥地利的律师所适用的"体例样本"上："这些体例样本是一代又一代的智慧与经验的产物，我相信它们及其所有的瑕疵（与我所见到的并非没有瑕疵的优越性）要比任何单独的个人或者单独一个团体所能够创造出来的任何事物都要更加完善。"① 222

不确定性与优柔寡断

斯密和孔多塞的经济思想与哲学思想存在着更加相似的其他方面，它们已经成为本书的主题。对这些最明显的相似的探究——这些相似的思维方式——与贸易自由有关。对于斯密和孔多塞而言，个人经济生活的自由本质上是一个目标。而它作为实现日益增加的共同（或者个人的）利益的目标的一种手段也是令人满意的；它在本质上也是适合的。获得劳动报酬的自由是劳动力价格不受管制的结果，就像斯密在提到这一点时所说的那样，"而且，它仅仅是公平的"。② 或者就像孔多塞在《杜尔哥传》中煞有介事地说到的那样，"无论它可能多么广泛，都存在一种比效用还要更高尚的实行贸易自由的理由"。③ 经济生活很难或者不可能与其他生活相区分，而且一个人的购买、出售、出借、旅行、工作等自由也很难与

---

① 关于竞争的记事，见 Ian Ross and David Raynor，"Adam Smith and Count Windisch-Gratz: New Letters，" *Studies on Voltaire and the Eighteenth Century*，358 (1998)，pp. 171 – 187。斯密关于苏格兰的体例样本的评论出自 1785 年 7 月的一封信（引用其中的第 179 ~ 182 页）中。Ian Ross 和 David Raynor 评论道 (pp. 175)，斯密沮丧的回答表明了他本人的身体欠佳以及他"启蒙思想的衰落"，这是对各国参与知识争论的议程的一种拒绝，对此，他之前就已经在关于修辞学和经济学的著作中表达出来了。

② *WN*，pp. 96，98.

③ *Vie de M. Turgot*，in *OC*，5:42.

他的其他自由相区分。斯密与孔多塞有关干预贸易自由的描述有时候是格外具体的。劳工或者工匠想要在某条路上运输一些物品，但他发现路被底层官员所阻挡；他想要加入某一圈子，但他发现它不对他开放，因为他不是某一行会的成员；他想要生活在某个村庄，但他被教会执事的雇员抓住，并被遣回他出生的那个村庄；他想安静地生活在自己家中，但海关雇员和税收官员会来搜查他的家。

　　与孔多塞一样，斯密频繁地提及"贸易自由""贸易自主""自然的自由"。但是，正如第二章中所说明的那样，"经济自由"——一种特殊的、无害的自由，用柯勒律治的船主朋友的话来说，它"对贸易与商业的繁荣是必不可少的，它是赚钱过程中的一个必要之恶"——是 18 世纪 90 年代的一个创新。[①] 经济自由的抽象性及其与政治压迫和人身压迫的所有具体细节的区别也是如此；甚至在大革命前夕的世界背景下，斯密与孔多塞在他们对贸易自由的个人详情的关注上都是杰出的。例如，在魁奈或者杜邦的著作中，几乎没有涉及啤酒酿造者与缝纫女工的观点。在后来的大革命后重建的背景下，斯密与孔多塞对自由的理解被视为难以理解且具有颠覆性的。孔多塞关于贸易自由的著作几乎对萨伊或者乔治·普莱梅把政治经济学重新定义为"有关财富的科学"的那段时期不感兴趣；斯密被视为较早的混乱时代的最后的理论家，这个时代还尚未认识到政治经济学的科学原则是"同样适用于专制和民主"的。[②]

---

① *The Notebooks of Samuel Taylor Coleridge*, ed. Kathleen Coburn（London：Routledge and Kegan Paul, 1962）vol. 2, *Text*（*1804 – 1808*）, p. 2578.

② "Discours préliminaire," in Jean-Baptiste Say, *Traité d'économie Politique, ou simple exposition de la manière dont se forment, se distribuent, et se consomment les richesses*（Paris：Deterville, 1803）, p. iii；George Pryme, *An Introductory Lecture and Syllabus, to a Course Delivered in the University of Cambridge, on the Principles of Political Economy*（Cambridge：Smith, 1823）, pp. 3, 5；也参见第一章。

斯密与孔多塞第二个共同的关注点是经济的情操。经济生活充满了烦恼、检查和压迫的具体细节。它也充满了情感。在斯密看来，人们决定成为普通的水手，因为他们喜欢冒险，还因为他们受到船只以及港口城镇的谈话的影响："危险的遥远前景……对我们来说并非是不愉快的事物。"麦芽与啤酒花商人讨厌"麻烦、烦恼和压迫"，而且"虽然严格地说，烦恼不是费用，但它无疑相当于每个人愿意为摆脱它而付出的代价"。[1] 孔多塞在他以一名皮卡迪（Picardy）的劳工的笔名写给内克尔的信中说道，向司法法庭就某人的谷物目的地进行书面通知的义务"将足以使人们反感这一贸易"。他问道："为了与贵国立法的小官员争吵，为了让你的密探以威胁手段逼我们让步，你认为我们会拿我们的积蓄冒险吗?"[2] 孔多塞与斯密都认为，对谷物商人的普遍反感只是为了吸引没有"个性"的人或者对他们来说，公众不喜欢的前景只是一种适度的抑制因素。[3]

斯密的道德情操的体系对孔多塞的道德思想有着深刻的影响，他的思想既包括在他就爱尔维修而与杜尔哥进行的早期交流中的思想，也包括在他的 18 世纪 90 年代有关公共教育和《第十个时代》中的未来社会等临终的著作中的思想。正如 19 世纪的学者马图林·吉莱（Mathurin Gillet）在一篇对孔多塞的"乌托邦"的研究中所写的那样，孔多塞"不是任何人的信徒，尽管他的偏好倾向

---

① *WN*, pp. 127, 827.

② "Lettre d'un laboureur de Picardie"（1775），in *OC*，11:7，21；那个出生于一个富裕而平凡的家庭中的劳工，每到周日，便向他的六个子女大声朗读内克尔的书（pp. 3 - 4，30）。

③ *WN*, p. 528；*Réflexions sur le commerce des blés*（1776），in *OC*，11:201.

于亚当·斯密的感伤主义"。[1] 经济关系与道德关系一样，对孔多塞而言它们都充满了情操。与斯密一样，对孔多塞而言，道德生活的基本意向是使自己考虑到其他人的感受。这在反射性上相似于经济生活的意向。思考经济决策就是考虑其他人是如何思考的。

224 　　在斯密与孔多塞对自然平等的深切召唤中，所有人（哲学家与街道搬运工、哲学家与普通水手）有着许多相同的普遍性情。去了解经济生活中的人们、麦芽商人与池塘业主、缝纫女工与花商等人的做决定的方式就是把他们想成是与我们自己一样的人，就是把自己放在他们的生活中去考虑。T. E. 克利夫·莱斯利在 1879 年曾写道，斯密"开始推行他的关于运用与牺牲的各种欲望和情操——以占有财富为目的除外——的动机理论"，并且他在"许多生活中的日常雇佣关系……诸如屠夫的、珠宝商的、士兵的、水手的、大律师的、作家的生活"中考察它们的运行。斯密的考察是依据观察的，而且克利夫·莱斯利推论道，指责他"从自己的意识出发逐渐形成了使一国的雇佣关系多样化的情形和动机"是不公正的。[2] 但是，考虑到其他人，就好像他们的意识与我们自己的意识一样，或者好像我们的观点是他们的观点的反映，这对于斯密和孔多塞而言也是一个涉及公正和同情的问题。

　　在斯密与孔多塞的思想中，第三个相似的关注点与公共教育和公众启蒙有关。在《国富论》的关于公共教育的章节中，斯密对文明社会的谴责是对于一种过程的描述，即除非受到公共教育制度

---

[1]　Mathurin Gillet, *L'utopie de Condorcet* (Paris：Guillaumin, 1883), p. 42；关于孔多塞和杜尔哥的一致参见第七章。

[2]　"Political Economy and Sociology," in Thomas Edward Cliffe Leslie, *Essays in Political and Moral Philosophy* (Dublin：Hodges, Foster, and Figgis, 1879), pp. 385，387.

的阻止，否则劳动分工倾向于引起"严重的无知与愚昧"的流行。
"把自己的全部生命都用在几个简单的操作上"的人不能运用他的
理解力或者智力，因此他是"伤残与畸形的"。他有一般的理解
力，不过它被从他的身上强行夺走了："迟钝的思想使他不仅不能
享受或者成为任何理性对话中的一部分，而且使他不能持有任何宽
宏的、高尚的或者温和的情感，因此也不能形成任何许多甚至有关
私人生活的通常职责的公正的判断。关于巨大而广泛的国家利益，
他完全不能判断。"①

　　孔多塞在大革命前不久的第一个"真正的公共教育"的提议中
提到了斯密；他总结道，普遍的公共教育是对现代商业社会的弊端
的"唯一有效的补救措施"。② 他在关于 1791～1792 年的公共教育的
回忆录中再次援引了斯密："教育是对这种弊端的唯一补救措施……法
律宣告了权利的平等，而只有公共教育的制度才能够使这种平等成为
现实。"③ 在 18 世纪的大部分时间里，普遍的公共教育被确认为经济
繁荣的一个来源。与魁奈给路易十五的建议十分相似，在费内隆
（Fénelon）的《忒勒马克思》（*Télémaque*）中，门特（Mentor）或者
米涅瓦（Minerva）的建议是，统治者应该"通过公共教育使人们敬
畏神、热爱国家、尊重法律"，还应该确保年轻人都被训练成"勤
劳、耐心、刻苦、清白、审慎和细心的"优秀木匠或者划桨人。④

---

① *WN*，pp. 782，787 – 788；也参见第四章和第五章。

② *Essai sur la constitution et les fonctions des assemblées provinciales*（1788），in *OC*，8：
476 – 477.

③ "Sur l'instruction publique"（1791 – 1792），in *OC*，7：192.

④ François de Fénelon，*Les aventures de Télémaque*（Paris：Garnier，1994），pp. 166，
169，348；也参见第 1 章；也参见 Emma Rothschild，"Condorcet and Adam Smith
on Education and Instruction," in *Philosophers on Education：Historical Perspectives*，
ed. Amélie Oksenberg Rorty（London：Routledge，1998），pp. 209 – 226。

但是斯密的教育观与孔多塞的一样，它与这种观点有着显著的不同。与贸易自由一样，公共教育在本质上是一个目标，类似于或者不只是作为实现国家（或者个人）富足的目标的一种手段。

斯密在《国富论》的开篇就说过，所有的孩子都有成为哲学家的资质；哲学家与搬运工之间的差距就在于习惯、风俗和教育，而非天才和性格，孩子在六岁或八岁之前都"可能非常相像"。所有孩子都有天生的在好奇心和交谈能力。因此，穷人子女的教育缺乏是"他们一个最大的不幸"。斯密在他的有关法理学的讲座中曾说过，他们被剥夺了"思考与推断的对象"；一个年纪很小的时候就开始工作的男孩子发现"当他长大以后，他不知道有什么娱乐方式"。① 孔多塞写道，作为社会的有益资源的科学教育应该"同样被视为人们幸福的手段"；它应该鼓励时间的一个用途，"尽管这一用途甚至仅限于简单的娱乐"，但它因此并不是"一种无聊的消遣"。教育或者智力才能的发展是"思考的乐趣"的一个来源，而且同时也是避免"那种痛苦的忧虑——意识到自己无知，以及产生出并非真正能够保护自己不受苦难威胁的模糊的恐惧感"的一种保护。②

对社会来说，公共教育的巨大收益的确是政治上的而非经济上的。最重要的是，它包括了政治保障。斯密说道，受过教育的人们

① *WN*, pp. 28 – 30；*LJ*, p. 540. 关于斯密对教育的观点，参见 Mark Blaug, "The Economics of Education in English Classical Political Economy: A Reexamination," in *Essays on Adam Smith*, ed. Andrew S. Skinner and Thomas Wilson (Oxford: Clarendon Press, 1975), pp. 568 – 599；and Andrew S. Skinner, "Adam Smith and the Role of the State: Education as a Public Service," in *Adam Smith's Wealth of Nations: New Interdisciplinary Essays*, ed. Stephen Copley and Kathryn Sutherland (Manchester: Manchester University Press, 1995), pp. 70 – 95。

② "Sur l'instruction publique", in *OC*, 7: 259, 284 – 285.

不大可能产生"热情与迷信的幻想"。一个"受过教育的、聪明的民族""总是比无知而又愚昧的民族更加得体、更加守秩序"。"他们每个人都感觉到自己是更值得尊敬的":

> 他们更愿意去检查，也更有能力去看透小派别的不满和煽动叛乱的言行……在自由国家中，政府的安全很大程度上取决于人们对政府行为所做出的有利判断。他们应该不想轻率地且随意地做出关于它的判断，这无疑是最重要的。

226

斯密说过，科学是"热情与迷信的毒害的最好解药"；公共娱乐令人产生"愉快的心情"，产生一种"理性的性情"，产生一种想要看到政治计划中的荒谬事情的倾向，这避免了"几乎总是作为滋生大众迷信与热情的温床的忧郁与沮丧的心情"。①

再一次的，这是休谟式的启蒙思想的田园诗，也是他的牢不可破的链条。在休谟安逸且好交际的时期，"人们享受理性人的特权来思考与行动"；科学、交谈和愉快的心情战胜了迷信，知识产生了温和与节制。② 它也同样是孔多塞的田园诗。在孔多塞的公共教育的计划中，甚至某个人自己国家的宪法也应该成为在公共学校中只作为信息或者一个被人谈论的事实而非传授的事物。不应该让儿童"赞赏一部宪法，并背诵人的政治权利"。新的公共教育的目标在相当程度上应该是向人们宣布"与他们的权利或者幸福相关的讨论"，并"向他们提供为他们自己做决定所必需的方法"。③

---

① *WN*, pp. 787 – 788, 796 – 797.
② "Of Refinement in the Arts," in Hume, *Essays*, pp. 271 – 274.
③ "Fragment de l'histoire de la Xe époque", in *OC*, 6:549; "Sur l'instruction publique," in *OC*, 7:211 – 213; 以及参见第七章。

　　斯密与孔多塞的经济思想中的第四个相似之处是不确定性。斯密在《国富论》中说明教育时说道，自然哲学与道德哲学对应着两种普遍存在的人的性情。一个是惊叹与好奇的性格，想要思考并试图把大自然（或者人类发明）中明显不相关的现象联系在一起。另一个是道德反思的性格："在世界上的每个时期和每个国家中，人们必须仔细考虑彼此的品格、意向和行为"，他们也必须试图把他们的评论与通常的格言、原则或规则联系起来。① 也就是说，日常生活的过程将充满着不连贯的且经常无序的事件：打雷与风暴、滑轮与染料车间的机轮、其他人的情绪。② 它是要设想这些事件是合情理的。它们组成了一个系统或者一种秩序。

　　这个富有想象力的不确定性的世界也是商业的世界。斯密在《国富论》中所描述的人们在不停地判断与错误判断他们成功的机会，就像孔多塞形容过的商人一直在推算如果他拒绝在某一特定的价格上出售谷物的话，他的一部分谷物将无法出售的可能性一样。③ 他们就像是"美国的主要人物"一样，这些人在"把时间浪费于能够从所谓的殖民派别不重要的抽奖中发现的微不足道的奖金"，与设法寻求"偶尔来自英国政界的巨大的国家博彩转轮的大奖"之间做出选择。④ 他们试图理解他们自己的成功机会和他们依靠过活的博彩。但是，就像在杜尔哥的《关于谷物贸易的通信》中所描写的天使般的管理人员一样，他们面临着"大量不为人知的事实，即缓慢、未知的原因在起作用"，它们"结合并改变了可

---

① *WN*, p. 768.
② 斯密在他的《天文学史》中一个对性情变化的惊叹的例证是关于"诸如染工、啤酒酿造者、酿酒工"等工匠的，这些人的想象力竟变得习惯于他所从事的艺术的奇特外表。"History of Astronomy," in *EPS*, p. 44.
③ *Réflexions sur le commerce des blés*, in *OC*, 11:127；参见第六章。
④ *WN*, pp. 622 – 623.

交易物品的价格"。① 就像在休谟的论文《论贸易》中具有实践常识或者特定常识的人那样,他们应该明白,他们绝不应该得出他们"过于精妙的观点,或者把一个太长的结果锁在一起","肯定发生了一些迷惑了他的推理的事情,并产生了与他的预料不同的事件"。②

甚至原因也是不确定的。对斯密与休谟而言,原因是一种持续不安的状态。它是值得尊敬的,也是被嘲笑的。正如在第五章中所看到的那样,在看不见的手的讨论中,它是多种多样的。它在不同的情况、不同的人(家庭生活的原因以及大人物的自命不凡的原因)以及不同的时期是不一样的。正如在第六章中所看到的那样,孔多塞的政治经济学的程序上的观点与可能性的观点也受到休谟的影响。孔多塞曾写道,在政治科学与道德科学中,"就像在他生活的管理中那样,人能够满足于几乎强大的可能性"。③ 他的世界与斯密的一样,都是一个不确定性与优柔寡断的场所。它是休谟在他的论文《柏拉图主义者》中所描述的那个世界:

> 具有相同本性且被赋予同样才能的人类在追求与倾向上竟有着如此大的差异,并且人们应该彻底谴责其他人所盲目寻求的事物。在有些人看来,更令人吃惊的是,一个人在不同的时期与自己有如此大的区别,并且在拥有之后轻蔑地抛弃之前他的一切誓言与愿望。对我而言,人类行

---

① "Lettres au Contrôleur Général(abbé Terray)sur le commerce des grains", in *OT*, 3:324, 327–328.

② "Of Commerce," in Hume, *Essays*, p. 254.

③ "Éloge de M. D'Alembert"(1783), in *OC*, 3:79.

为中的这种焦躁不安的不确定性与优柔寡断似乎是完全不可避免的。①

情操体系

228

与休谟一样，斯密的哲学世界是一个极度不安全的世界。在他看来，哲学家被盘旋变化着的无序的印象所包围，并要设想这种印象或者现象构成了一个单一、美丽和有序的体系。他在《天文学史》中写道，世界是由"似乎独立且不连贯的事件"构成的，而且哲学的努力就是"把秩序引入不和谐的、不一致的混乱的表象中"。它是"自然的连续原则的科学"。② 豁达地思考是为了寻找安宁。但是，人们已经意识到，已经引入的秩序是人们自己想象的产物；就像斯密在对牛顿宇宙学说的描述中所说的那样，所有的哲学体系"只不过是想象力的发明"，③ 会突然惊恐地发现自己再一次陷入无条理的印象的世界中。哲学的美学经验的确是一个无尽循环之旅，要从许多单个的、不一致的事件的认知能力，到一个充分有序的世界的认知能力，再一次回到不一致性的认知能力。

詹姆斯·比蒂（James Beattie）在他的《论真理》（*Essay on Truth*）一书中提到了休谟的形而上学，"宇宙只不过是没有实体的

---

① "The Platonist," in Hume, *Essays*, p. 155. 关于敌人的"理智……在王位的所有权、规定的法律和强加的格言之下，具有一种绝对的权威"，参见 David Hume, *A Treatise of Human Nature*, ed. L. A. Selby-Bigge（Oxford：Clarendon Press, 1978）, p. 186。

② "History of Astronomy," in *EPS*, pp. 45 – 46；也参见 the "General Introduction" by D. D. Raphael and A. S. Skinner in *EPS*, esp. pp. 12 – 14。

③ "History of Astronomy," *EPS*, p. 105；以及参见第五章。

知觉"；比蒂认为，对于休谟而言，"灵魂是一团乱麻，是许多不同看法和目标的汇集，它们接连掠过，快得匪夷所思，而且不断变化、不断运动"。① 这也是卢克莱修（Lucretius）的宇宙，又或者是许多不清晰的事件以难以计算的永恒变化交织在一起的宇宙。② 从它作为一种形而上学的不确定性的表示、作为斯密所说的"无序世界中的一个怀疑景象"的表示的意义上来讲，它也是卢克莱修的宇宙。哲学家会问，谁会强大到足以统治"无限之和"，这是斐洛在休谟的《自然宗教对话录》中引用的卢克莱修的话；谁能在手中握住"这莫测高深的事物的缰绳？"③ 斯密说过，相信一个"指挥自然界的一切运动的伟大、仁慈、洞悉一切的人"的力量是一种慰藉。认为"所有未知的极大的且无法理解的空间区域可能只是充满了无尽的痛苦与悲惨"，它是抑郁的一个来源。④ 哲学家的命运是在一种情况与另一种情况之间，或者在有序性的观点与一堆事物的观点之间无尽地犹豫。

　　休谟在《人性论》的第一篇中写道，"所有知识自身分解为可能性"，而且它是一个修正判断与情操的长期的、循环的过程。在

---

① James Beattie, *An Essay on the Nature and Immutability of Truth*, *in Opposition to Sophistry and Scepticism*（1776）（London: W. Baynes, 1823）, pp. 148; also in Edgar Wind, *Hume and the Heroic Portrait: Studies in Eighteenth-Century Imagery*, ed. Jaynie Anderson（Oxford: Clarendon Press, 1986）.

② Lucretius, *De rerum natura*, 2. 1054 - 63:"在深不可测的宇宙中有无数的开端，它们在永恒的运动中被驱使着用许多方式四处飞散……事物按照它们的方式形成自身的开端，它们偶然碰撞到一起，以各种各样方式发生冲突，毫不注意，没有目的，没有意图。" *On the Nature of Things*, trans. W. H. D. Rouse, rev. Martin F. Smith（Cambridge, Mass. : Harvard University Press, 1992）, p. 17.

③ David Hume, *Dialogues concerning Natural Religion*（1779）（London: Penguin Books, 1990）, p. 75; Lucretius, *De rerum natura*, 2. 1095 - 96; On the Nature of Things, p. 181.

④ *TMS*, p. 235; 以及参见第五章。

每一个可能性的判断中，"除了这一议题所固有的最初的不确定性之外，还存在着源自它所批评的能力缺点的一种新的不确定性"。但是，通常而言，这一过程相似于普通生活中的推理；例如，它相似于商人对于会计师的经验与"账目的人造结构"的坚定信赖。即使不时地陷入最深的黑暗之中的哲学家通过像其他人一样"在生活的日常事务中"（"我吃饭，玩西洋双陆棋游戏，与人交谈，并且与我的朋友在一起感到快乐……"）生活和交谈从而回到原处。① 从科学的观点来看，哲学家的生活就像牛顿的一样，在华兹华斯的《序曲》中："一个永恒的思想的大理石标志独自穿越思想的奇异海洋。"② 斯密与休谟的观点非常不同。他们在众多的印象与情操之中生活与交谈。他们试图从所有这些情操中创造一个体系或者连续不断的体系。他们有时候是有把握的，有时候是不确定的。就像在其他方面一样，在这一方面上他们与其他人一样；他们自己的看法是将被纠正的一部分看法，或者是众多人的一部分。

个人印象或者看法的体系在斯密、休谟以及孔多塞的哲学思想中是普遍存在的。它尤其是斯密的道德哲学或者在吉莱看来中体现休谟、斯密和孔多塞所共有的"感伤主义"的美学。在这一理论中，道德体系本身是无数的个人判断、思考、情操与交谈的结果。它是各种关系的集合，包括个人与他本人的过去自我和未来自我之间的关系。它是一种家庭美德的体系。从它是不确定的意义上来讲，它是没有"实质部分"或者基础的；像"大自然的运动"一样，它不是由一个"英明的人"或者一个唯一的、一致的理论所指挥的那种秩序。

---

① Hume, *Treatise*, pp. 181 – 182, 269.

② William Wordsworth, *The Prelude*, 3. 62 – 63.

　　杜格尔德·斯图尔特在他对斯密一生的"记述"中把斯密的道德情操理论称为对早期道德评价原理成功否决的结果。因此，就像霍布斯（Hobbes）［在他与拉尔夫·加德沃斯（Ralph Cudworth）的论战中］一样，斯密摒弃了认为道德差异是建立在理性基础之上的观点。像休谟（在他与弗朗西斯·哈奇森的论战中）一样，他摒弃了道德差异是建立在感觉或者道德意识的基础之上的观点。① 然后斯密与休谟在人们思考他们自己与其他人的感受并纠正他们的看法的过程中提出了同情体系，在这一体系中，道德评价是一个漫无边际的交往的思考过程的结果。在休谟的体系中，它是我们在行为的有益结果中的判断与乐趣，而这种结果正处于道德看法趋同的核心地位。效用或者"效用带来的满足"是道德评价的原则。但是在这一点上，斯密甚至摒弃了休谟的体系。在他自己的同情体系中，看法的趋同取决于对动机和结果的评价，取决于对其他人的意见（他们的感激）的评价，还取决于支持动机与感激的"普遍规则"。②

230

　　斯图尔特认为，斯密的理论的基本原则是：道德评价的对象是其他人的行为（与意见）。也就是说，道德评价的原则就是没有任何道德评价的基本原则。没有任何基础，全部拥有的就是纠正和看法的趋同。斯密比休谟更加关注休谟称为"非哲学类型的可能性"，并在哲学思考中提供一种记忆方法的普遍规则；正如休谟本人所说的那样，我们的处境是不断变化的。如果没有某些普遍的观

---

① Stewart, "Account," p. 279. 斯密与休谟同意哈奇森的道德差异来自情操而非理性的看法，但是他们拒绝接受他的简单的，但无法说明或无法分析的道德意识的假设。

② Stewart, "Account," p. 279；*TMS*, pp. 318 – 327.

点或规则，我们就无法在合理的条件下交谈。① 但是，斯密也比休谟更加关注人们的动机，或者说，关注为什么人们以他们现有的方式来做事的事实。在他看来，合乎情理的对话与人的品德和道德选择有关，也至少与人的行为的结果或者效用有关。② 它们常常是有关"最密切的亲属之间"的交谈。③ 正如在孔多塞的家庭美德的道德体系中那样，它们是有关某人自己的道德结果以及有关他的朋友、姐妹、子女的道德结构的交谈。就像在杜尔哥的放纵的道德体系中那样，它们是有关"被小说和悲剧所感动的"人们的谈话，是有关对"宽恕人们的环境"感兴趣的人们的谈话。④

　　休谟与斯密的道德情操体系彻底清除了一切（或者几乎一切），（这种体系）关乎（上帝的）启示。⑤ 它们是世俗美德的体系。建立在休谟与斯密所摒弃的理性的基础之上的加德沃斯的道德体系是建立在神的秩序的基础之上的道德体系；道德差别相似于真

---

① *TMS*, pp. 18, 159 – 165; Hume, *Treatise*, pp. 146, 581.

② 在现代，与休谟相比，斯密不是一位结果论者，因此他也不是一个认为道德体系在于对职责理性服从中的义务论者。斯密写道，"哲学家近些年来主要考虑了情感的趋势，并很少关注到与激发他们的原因之间的他们所代表的关系。然而，在日常生活中，当我们评价任何人的品行以及指导它的情操时，我们经常从这两个方面来考虑"；他补充到《道德情操论》中的最后的段落涉及了俄狄浦斯与乔卡斯塔的"令人误解的内疚感"，他们在情操上是无恶意的，但"趋向于引起致命的结果"。见 TMS, pp. 18, 107, 338 – 339。

③ *TMS*, pp. 143.

④ Letters of December 1773, in Charles Henry, ed., *Correspondance inédite de Condorcet et de Turgot*, 1770 – 1779 (Paris: Didier, 1883), pp. 143 – 144, 155. 关于斯密的道德哲学体系中谈话的重要性，参见 C. Clark, "Conversation and Moderate Virtue in Adam Smith's *Theory of Moral Sentiments*," *Review of Politics*, 54, 2 (Spring 1992), 185 – 210。

⑤ 这是康德用来形容道德形而上学的词语，"彻底清洗一切经验主义的事物"。Immanuel Kant, *The Moral Law: Kant's Groundwork of a Metaphysic of Morals* (1785), trans. H. J. Paton (London: Hutchinson, 1948), p. 55.

理与谬误的发现，因为存在着职责的法则，这也是上帝的法则。哈奇森的道德意义也是本性的一种状态，它是被上帝植入本性之中的。它是无法形容的，或者超出了理性理解的能力。一个连续的、对话的道德体系——道德情操的体系——的程序更不可靠。在杜格尔德·斯图尔特的说明中，斯密非常了解的道德体系的普遍规则是完全来自世界的情操与经验。斯图尔特写道，"他仍然坚持认为我们的道德情操总是不公开地涉及其他人的情操是什么的问题，或者我们设想其他人的情操应该是什么的问题"，"他仍然认为"甚至内心良知的管辖权"在很大程度上是来源于"动荡的外部世界的权限。①

在这些情况下，道德情操体系的实质将在情操本身或者在拥有这些情操的人们中发现。杜尔哥在 1774 年写信给孔多塞反对那些试图把道德体系建立在满足与痛苦之上的"漠视宗教的哲学家"，"这些自己感受着、思考着、计划着目的并决定着手段的人们构成了至少与所谓的完全物质的人们一样真实且确定的事物的秩序，纯粹机械的原因使这些人们开始行动"。② 在这种背景下，孔多塞的真理、幸福与美德的牢不可破的链条只不过是一个暂时性的、变化着的保障之源。在大多数时间中"大部分人的行为服从于道德体系的规则，尽管这些规则有时会导致犯罪"，这是一个可能性判断的表示。③ 与休谟的勤奋、知识与人性的另一条牢不可破的链条一

① Stewart，"Account，" p. 287. 斯图尔特对斯密避开任何"从外部借来的某种道德能力的存在"的假设的努力表示了某种疑惑，而且他的确在谈到《道德情操论》时说，"对于我个人来说，我必须承认，它不符合我的关于道德基础的概念"（pp. 287，290）；关于在爱丁堡初次学习斯图尔特的《记述》的情况，以及在反雅各宾派的镇压的动荡年代里它在捍卫斯密与斯图尔特的名誉中的作用，参见第二章。

② Letter of May 18，1774，in *OT*，3:670 – 671.

③ "Fragment de l'histoire de la Xe époque，" in *OC*，6:595.

样，这是相信人会按照道德准则来讨论和生活的表示，是相信人会温和且适度的表示，也是相信人从相互交谈的习惯中变得温文尔雅并感受到人性的升华表示。

文明的政治讨论

斯密的政治哲学的美感是非常相似的。与休谟一样，斯密的"哲学式的政治学"在很大程度上是一种政治情操理论。它是对于一个没有关于政治原则的暴力冲突、没有革命、没有必然性的世界的描述。斯密在《国富论》的对教育的说明中曾写道，"良好的性情与适度派系竞争在一个自由民族的公共道德中似乎是最基本的情形"，而且正是这个关于无数的、得体的政治对话的诗篇处于他的政治思想的核心位置。① 斯密在他的关于法理学的讲座中曾说过，教育或者至少在家庭教育中的最基本的部分就是孩子应该学会"压抑自己的激情"并学会包容他人。他在《国富论》中说道，甚至大学中的哲学教育也应该倾向于"增进理解力或者滋养心灵"。② 温和迁就的政治讨论的倾向或者看透政治计划的倾向本身就是政治保障的基础。正如在休谟安逸且好交际的时期中那样，"那时，派系还未由来已久，革命不是那么有悲剧性，当局不是太严苛，煽动叛乱的言行也不那么频繁"。③

在这个政治世界中，不存在任何神圣的权利，也不存在任何神圣的秩序。邓肯·福布斯在《休谟的哲学式的政治学》中写道，"休谟的政治哲学完全而明确的世俗的"；在《人性论》的政治哲学中，这篇文章"没有提到上帝"，而且对于与自然宗教或者天启

---

① *WN*, p. 775.

② *LJ*, pp. 142 – 143; *WN*, p. 772.

③ "Of Refinement in the Arts," in Hume, *Essays*, p. 274.

宗教有关的任何事，它都保持着一份"异乎寻常的沉默"。① 在
《国富论》中，统治王族在任何情况下都不是政治原则或者政治智
慧的代表。在相当程度上，他们及其大臣们一起，为所有人改善自
身境况的普遍利益而供职；他们包括了那些认为他们在铸造劣币中
获利的王室成员，通过出售锡矿权而追求在公共收入中的利益的康
沃尔的公爵们，为了"让大贵族看到"而建造了大的公路的"宫廷
中的傲慢的大臣"，向所提到的"他的敌人的敌人"的富有的市民授
予特权的中世纪的国王。② 休谟在他的《英格兰史》的结语中写
道，政治史的目的是传授"机遇的大混合体，它在创立最完善的
政府的复杂结构中通常与一小部分智慧的远见相一致"。③

因此，政治学的基础、原则或者"实质"就像道德判断的基
础一样，可以在数百万人的情操中找到，或者在他们文明的政治讨
论的倾向中找到。④ 正如唐纳德·温池所写的那样，对斯密与休谟
而言，政治学是一个"法律与宪法机制"问题，不只是政治美德

① Duncan Forbes, *Hume's Philosophical Politics* (Cambridge: Cambridge University Press, 1978), p. 65.
② *WN*, pp. 51 - 52, 188, 402, 729. 关于像腓特烈大帝一样试图奉行"某种全面的甚至成体系的完善的政策与法律的思想"，并"把自己的评价植入是非的最高标准中"的统治王族，参见 *TMS*, p. 234 和第二章。
③ David Hume, *History of England*, quoted in Forbes, *Hume's Philosophical Politics*, p. 309.
④ 在理查德·塔克（Richard Tuck）看来，与霍布斯一样，对于斯密和休谟而言，"达成意见一致的路径必须通过政治学"。见 Richard Tuck, *Hobbes* (Oxford: Oxford University Press, 1989), p. 57。但是，他们对政治讨论的信任以及对政治恐惧的厌恶与霍布斯的十分不一样。霍布斯在《利维坦》中曾写道，"没有了对某种强制力量的恐惧，语言的承诺太薄弱了，以至于无法约束人们的野心、贪婪、愤怒以及其他强烈的感情"；斯密在《国富论》中写到了这些持异议的神职人员，"在几乎所有情况下，恐惧都是政府的一个可怜的工具，它尤其不应该用来反对那些有着最小的独立要求的人们的任何秩序。试图使他们害怕的做法只能激怒他们"。参见 *WN*, pp. 798 - 799; and Hobbes, *Leviathan*, chap. 14, quoted in Tuck, *Hobbes*, p. 68。

（在公共环境中人的"特殊的政治素质"）的问题。① 这种机制在公民的道德方面几乎没有要求。杜尔哥的反对者塞吉尔称之为国家内的"小共和国"的公司对斯密而言是一个无尽压迫的场所，在这些公司中，每个公司都为全体的利益而经营，而没有了它们，工匠只不过是"一个孤立的人"。塞吉尔称之为"政治宪法中的一个弊端"的独立性对斯密而言是政治自由的一个条件。② 在休谟看来，作为政治宪法的一个格言，持有"每个人必须被假定为一个不诚实的人"的错误观点是公平的。他还补充说，但是还有一种情况，就是"人们通常在私人身份上会比在公共身份上更加诚实"。③

对斯密与休谟而言，有助于法律与宪法保障的美德是一个非常适度的条件。与构成了道德情操体系的家庭美德或者有关感激与懊悔的谈话一样，它是一种不英勇的英雄主义。它是生活的"中间的社会地位"的一个状态，有着典型的（"在与自己相当的人们之中的"）友谊美德，休谟就此曾写道，它是"作为公共自由的最佳且最坚定的基础的人们的中间等级"。④ 杜尔哥在致孔多塞的信中也写道，"正是在中间的社会地位（l'état mitoyen）中能够发现情操，它们是诚实的，经由教育、思考、公共尊重而指导并加强的"。⑤

这些政治美德是仁慈的美德，在一些情况下，它们甚至还是妇

① Donald Winch, *Adam Smith's Politics: An Essay in Historiographic Revision* (Cambridge: Cambridge University Press, 1978), p. 177.
② "Lit de Justice" (1776), in *OT*, 5:288.
③ "Of the Independency of Parliament," in Hume, *Essays*, pp. 42 - 43.
④ "Of the Middle Station of Life," ibid., pp. 546 - 547; "Of Refinement in the Arts," ibid., p. 277.
⑤ Letter to Condorcet of July 16, 1771, in *OT*, 3:529.

女的美德。斯密在《道德情操论》中曾写道，"仁慈是妇女的一个美德"，它存在于"观察者对其他人的情操所怀有的强烈的同情"之中，它不需要"自我否定、自我控制和礼节的运用"。但是，在斯密去世前补充的最后一些段落中，仁慈的人也是斯密的政治哲学的英雄。无论如何，他有着"全面的甚至成体系的完善的政策与法律的思想"，他是体制中的人或者统治王室的人的对立面。①

孔多塞的政治哲学在几个方面与之非常不同。他比斯密或者休谟都更加轻信；在性情上，他更易受热情骚乱的影响。② 在大革命之前，他天真地相信大臣甚至统治者的英雄主义（他在1782年曾说过，在统治王室把"个人的利益与公正、他们自己的幸福以及他们的同胞的幸福"联系在一起的情况下，存在着一个"牢不可破的链条"来描述路易十六年幼的儿子的未来启蒙）。③ 在大革命之前和大革命期间，他远比斯密和休谟对民主的哲学与政治学更加感兴趣并投入其中。④ 但是，孔多塞政治的美学也是一种情操的体系。政治生活是一个有着无数利益、观点、偏好、决定、冲突和突然转向的场景。政治哲学家的作用就是设想这个场景其实是有序的。这种设想是包含宪法以及政治决策规则在内的政治秩序体系的设想。这种设想会创造出人们能够协调排序他们自己的偏好与政治情操的方式。

---

① *TMS*, pp. 190 – 191, 233 – 234.

② 关于迷信的"沮丧而忧郁的"特性，以及热爱的"信赖""假设"与"想象力惊人的奔放"，参见《论迷信与热情》，见"Of Superstition and Enthusiasm," in Hume, *Essays*, pp. 73 – 74。

③ "Discours de réception à l'Académie Française"（1782），in *OC*, 1：401. 781：401.

④ 关于斯密的观点更确切地说是民主政治的观点的缺乏，参见 Winch, *Adam Smith's Politics*, esp. chaps. 1 and 8, and Duncan Forbes, "Sceptical Whiggism, Commerce, and Liberty," in Skinner and Wilson, *Essays on Adam Smith*, pp. 179 – 201。

在这个自由的政治秩序中没有不确定性。孔多塞在晚年写道，公共教育不应该把"哲学教义或者政治教义"作为它的对象，不应该有任何形式的教义问答。① 塔列朗（Talleyrand）与孔多塞一样，写过大量有关公共教育的文章。他认为，"如果法国 1791 年宪法没有植根于全体公民的精神之中，如果它永远铭记新情操、新道德、新习惯"，则它将不会存续下来："权利的宣告与宪法的原则在未来应该形成孩子的一种新的教义问答集，甚至王国最小的学校中都会教授它。"② 但是对孔多塞而言，不应该教孩子去尊敬甚至真正的政治观点，不应该教他们去崇拜那些准则，即"总有一天，公正地做出判断会成为他们的权利与职责"。③ 也就是说，成为与大革命时期的"政治的绝对怀疑主义者"一样的人会是他们的权利。本杰明·孔斯坦在 1796 年时形容这些人到处奔波着"收集怀疑、权衡可能性并无尽地询问大众是否他们仍然喜欢当前的形式"。④

与休谟一样，在孔多塞描述的新的、漫无边际的政治社会中，几乎没有政治美德。统治者绝非一个明智而又有远见的先驱。但是，统治者也不是民众。孔多塞在他的《杜尔哥传》中曾写道，假设"由合法权利所制定的每一部法律都是公平的"，错误可能只出现"在小共和国中，甚至在那些有着民主外衣的国家中。在其他任何地方，它们似乎有着最可耻的奉承的表示"。⑤ 在这样一个

① "Fragment de l'histoire de la Xe époque," in *OC*, 6:579.
② *Rapport sur l'Instruction Publique, Fait au nom du Comité de Constitution, par M. Talleyrand-Périgord* (Paris:Assemblée Nationale, 1791), pp. 4, 11 – 12.
③ "Fragment de l'histoire de la Xe époque," in *OC*, 6:552.
④ Benjamin Constant, *De la force du gouvernement actuel de la France et de la nécessité de s'y rallier* (Paris:Flammarion, 1988), pp. 41 – 42.
⑤ *Vie de M. Turgot*, in *OC*, 5:181.

社会中，确定性的唯一来源要在家庭美德与家庭交谈中寻找。休谟期待着"人的性情"的改善，它是与妇女进行交谈，并以一种简单而友好的方式与她们接触的一个结果。① 孔多塞也准备去捍卫现代生活的温柔或甜蜜；期待充满"简单的美德"的世界，其中对教育与法律的改善将使"勇气变得几乎无用"。② 他也承认这样一个世界的可怕的不安全感，在这个世界上，在对神圣权利的尊敬中，或者在恐惧中，或者在政治美德中，都不存在政治秩序的基础。

孔多塞在1791年时要求他的读者去"假设"，他在这一年的第一部《公共教育纪事》的末尾处，有一段感人的段落：在一个拥有自由宪法的国家的首都应该出现一个危险人物的小集团，他们应该在500个其他城市中形成更多的集团，他们应该得到温驯的支持者，他们最终应该把一切权力握在手中，"用诱惑来统治民众，用恐怖手段来统治公共人物"。他问那些"平等与自由的支持者们"，通过什么手段能使"尊重人的权利的法律去阻止这样一个阴谋？"孔多塞在公共教育中找到了他自己的答案和"公共美德"的可能性。③ 但是他最终相信，甚至这种可能性也只不过是一个几乎普遍存在的习惯的遥远期望。圣伯夫说过，在孔多塞描述的未来社会中，人们将会死于无聊，而且每个人都将生活在一个"普遍平

235

---

① "Of Refinement in the Arts," in Hume, *Essays*, p. 271. 孔多塞也同样说到了在希腊古代的第四个时代中，最早的"道德完善的进步"，"妇女所享有的更大的平等已经使得家庭美德更加常见"（男人仍然与女人分开生活，因此他们无法享有"共同的社会"）。具体见 *OC*, 6:463 – 464.

② "Discours de reception", in *OC*, 1:395.

③ "Sur l'instruction publique", in *OC*, 7:226 – 228.

庸"的状态中。① 这的确是孔多塞的期望：历史中没有"英雄主义行为"的国家，在这个国家中，伟大的美德越来越不是必要的，就这些公共美德而言，政策的目标是"使它们无用，而非使它们成为常态"。②

经济的情操

经济生活也是一种情操的体系。在杜尔哥的描述中，它是"众多模糊的事实""大量未知的原因""许多彼此互相联系并改变可交易物品的价格的原因"。③ 杜尔哥也在他的《凡·高传》中写道，它是制度的精神没有价值的领域，它"被一种思想或者一个原则所迷惑"，它"希望了解一切、解释一切、安排一切"；它包含"大量的业务活动。它的内涵太广博了，以至于人们很难理解它。此外它一直取决于许多总是在变化的，而且人们既不能控制也不能预测的经济状况"。④ 对于孔多塞而言，经济关系也不易受到"绝对而又精确的真理"或者"力学的一般原理"的规则或者规律性的影响。经济生活在相当程度上是"有许多人以独立的方式所完成的，并可谓是由利益、观点、本能所指导的业务活动"。⑤

在这些情况下，这门政治经济学的"新科学"的目标是描绘一种毫无规律的体系。在孔多塞看来，它适合于 17 世纪和 18 世纪新型的、自制的哲学思想。孔多塞在《人类精神进步史表纲要》

---

① C. -A. Sainte-Beuve, "Oeuvres de Condorcet," in *Causeries du Lundi* (Paris: Garnier, 1868), 3:345 – 346.

② "Fragment de l'histoire de la Xe époque," in *OC*, 6:596.

③ "Lettres sur le commerce des grains", in *OT*, 3:327 – 328.

④ "Éloge de Vincent de Gournay" (1759), in *OT*, 1:618 – 619.

⑤ "Tableau général de la science" (1793), in *OC*, 1:567.

中写道，约翰·洛克"确定了人类理解力的极限"；他明白哲学方法存在于"忽视者"（的脑海中），或者"终于知道（自己）何等无知，并且，不可知仍为不可知"。与莱布尼茨不同的是，洛克满足于"一种朴素的哲学"以及对信仰与自由的重大问题的不断的怀疑。孔多塞写道，他阐明了对人的思想的分析是"不使自己迷失在不完整的观点的混乱之中"的唯一方式，而它是不连贯且不确定的，机遇已经没有次序地向我们展示了它，而我们也已经不加思考地接受了它。孔多塞认为，洛克的新的哲学方法适合于 18 世纪的新的政治经济学。因为政治经济学的目标是在"这种表面上的混乱"以及这种"相对立的利益的外部冲击"中去寻求一个普遍法则。

236

> 在工作与产品、需求与资源的惊人的多样化中；在这个与社会的一般制度、生计、单独的个人的福利联系在一起的可怕的利益复杂性中；它使他依赖于大自然中的一切机遇以及政治活动的所有事件；它在许多方面上把他的体验享乐或者贫困的体会扩大到整个地球。

然而，政治经济学也必须把承认普遍法则的限度视为自己的事情。孔多塞曾写道，甚至当全部自由的原则都得到认可的时候，仍然会存在"公共权力"的职责；它们尤其存在于阻止或克制"本性中不可避免的弊病"或者"意料之外的事故"之中。①

在本书所涉及的时期内，对大量经济生活的描述是无处不在的。黑格尔在《权利的哲学》中有些居高临下地写道，政治经济

---

① *Esquisse d'un tableau historique des progrès de l'esprit humain*, in *OC*, 6:178 – 181.

学的发展"提供了逐步改进在一开始就面临大量细节，并由此而抽象出事物的原则的思想有趣的情景"。① 在 18 世纪 90 年代和 19 世纪最初十年这段政治经济学的重建时期，对斯密的一个批评的确是：他太少关注事物的简单原则了，或者他过多关注经济生活的全部细节。让 - 巴蒂斯特·萨伊在他《政治经济学概论》的引言中写道，《国富论》是一个"混杂的组合""一个混杂了一些有益知识的好的思想的巨大的混乱"，但是它"不是一篇完整的论文"，而且它作为一般原则或者基本原则的一个阐述是不足够好的。萨伊写道，"斯密在许多地方不够明确"；他的书是一个"事实的仓库"，其中充满了"细枝末节"。②

在这个意义上，《国富论》是不成体系的；从体系精神的哲学意义上来讲，杜尔哥称之为一种"解释一切现象"与区别于"特定事实"的"一般原则"的热情、一种对"大自然的无穷变化"的误解。从体系精神的通俗意义上，《国富论》作为一种政治意向或者对公共生活中的原则的一种保证，它也是不成体系的。对杜尔哥而言，商人古尔奈是第二种意义的体系中的一个人（而且事实上，"每个思考的人都有一个体系"）。③ 在斯密自己的描述中，他也是不太成系统的。在他所做的有体系的人与仁慈的人之间详尽而复杂、广泛的比较——在体系的爱所激励的公众精神之间与仁慈的爱所激励的公众精神之间——中，他在这两个原则中都发现了某种魅力。他描述了这两种原则趋于混合在一起的情况（在"动荡与混乱"的时代）。但是通常而言，他采取了支持仁慈的人，支持温

237

---

① G. W. F. Hegel, *Philosophy of Right* (1821), trans. T. M. Knox (Oxford: Oxford University Press, 1967), pp. 126 – 127.

② Say, "Discours préliminaire," pp. vi, xxiv – xxvi. 。

③ "Éloge de Vincent de Gournay," in *OT*, 1:602, 618 – 619.

和、适应、同情，以及对他人及其特权与偏见的尊重的立场。①

第五章已经表明，斯密使用"看不见的手"的词语表现了这些有关体系的精神的矛盾的倾向。一方面，看不见的手描绘的是"伟大而美丽的事物"或者"秩序之美"。另一方面，它又稍微显得荒唐。它是一个玩具，更像富人的"小玩意儿"和"玩具"；它相当于"艺术与发明的"美的物品。它对于迷恋于他自己的理想计划之美的有体系的人而言是有吸引力的。② 它对于有成体系思想的哲学家或者尚未"了解如何不知道"的哲学家也有吸引力。斯密对于看不见的手这一熟悉的、非世俗的比喻的使用是他矛盾性的表现，是他本人的不确定性的表现；他不确定他的体系是"把经济生活的现象与想象联系起来的一次尝试"，还是"对一条最重要且最崇高的真理的巨大链条的发现"。③ 它也是对他本人的判断的巨大优越的怀疑，以及对他本人的计划或者原则的怀疑的表现。

最一般地说，困难在于如何生活在不稳定之中。因为经济情操或者经济关系的体系是一种极度的不稳定的体系。从已经描述过的形而上学的意义上来讲，它是不稳定的；它是一种假想的秩序，而非大自然的一个永恒存在。但是，在它是一种秩序，同时从一个计划的意义上来讲，它也是不稳定的。它是对于理解经济生活的混乱的一个原则的描述；它是对于政策或者政治学的一个原则的描述；它也是对于这一政策的限度，或者完全自由的原则必须由公共力量的原则加以补充的情况的描述。孔多塞在《人类精神进步史表纲

---

① *TMS*，pp. 231 – 234.

② *TMS*，pp. 180，183，185，233 – 234.

③ 这是斯密所描述的"艾萨克·牛顿爵士（Sir Isaac Newton）的自然哲学体系"的两难困境。见 *EPS*，pp. 104 – 105。

238 要》中曾写道，存在着"对全社会有用的制度，而社会应该确立它、管理它或者监督它，它是对于私人意志或者个人利益的竞争可能无法立即去做的事情的一个补充"。① 斯密在《国富论》中说过，存在对一个"大的社会"极为有益的某种公共制度，其"利润可以永远不用于偿还任何人或者少数人的花费"。②

同样，经济关系的体系也是不稳定的，它必须服从于连续的重新安排。它是一个秩序的体系，也是一个政策的体系或者产生良好结果的一个体系，这个良好的结果就是斯密在说明有体系的人与仁慈的人时所谓的"全社会的福利"。③ 它建议了本应该用来补充人们的决心或者利润的计算。但是，"全社会"是由一群人组成的，他们有着关于他们自己利益的看法，有着关于社会的利益的看法，也有着关于很可能促进这些利益的政策的看法。它是有体系的人们的一个制度；它是像在斯密对 18 世纪的英格兰的描述中那样的社会，在这样的社会中，没有一个哲学的或者有关思索的原则体系，任何一方都不"能很好地支撑自身所依附的政治体系或者实践体系"。④

在本书所涉及的 18 世纪的经济学著作中所描绘的人们忙于一种散漫、不安和自觉的生活方式。他们缔结党派，因此他们是那种形成预期，并有着对原则的看法的人们。斯密在他的关于法理学的讲座中说道，合同中的义务是由那些收到承诺的人的"合理期望"所组成的。他还说道，休谟之后的原始契约学说是不健全的，因为本应该已经同意契约的人们"没有意识到它，因此也不能受它约

---

① *Esquisse*, in *OC*, 6:181.
② *WN*, p. 723.
③ *TMS*, p. 231.
④ "Of the Original Contract," in Hume, *Essays*, p. 465.

束……不管他们据以行为的原则是多么含混不清，他们都必须持有某种观点"。① 所有这些缔约方都拥有观点、原则和预期。就像在《蜜蜂》中作为詹姆斯·安德森（James Anderson）的记者的贸易旅行者一样，他们对"人类思想的历史"感兴趣。② 与那些斯密所描述的想要"开始推理"远距离事件（发生在中国的一场地震）对"欧洲贸易和大体上世界的贸易与商业"的影响的人们一样，他们是爱管闲事的人。③

　　在充满着新投资与新的经济关系的意义上，18 世纪的贸易世界是不稳定的或者充满风险的。对杜尔哥而言，贸易的崛起是"一场只能缓慢而逐渐起作用的革命"，它需要信任、经验、与记者保持联系以及建立"沟通方式"。④ 贸易、交通与符合规定的执法体系一起共同作为斯密在现代欧洲的早期中所描述的"大革命"的条件。一种沟通方式可以是商品交换，也可以是货币与信贷的流通（斯密曾写道，"银行明智的业务活动"提供了"一种空中车道"），或者是消息的交换。杜尔哥在昂古莱姆遇到的商人们拥有对公债的看法、对欧洲战争的传闻看法、对西班牙国王偿付能力的看法、对波罗的海恶劣天气的看法，以及对里昂丝绸商人的忧虑的看法。在斯密看来，生活在大帝国的首都中的人们"自在地享受着从报纸上读到他们自己的舰队和军队的英勇事迹的消息的快乐"。但是，他们也受到焦虑的摧残。从事柯尼斯堡的玉米贸易和里斯本的水果贸易的阿姆斯特丹商人想要在头脑中对于至少

239

---

① *LJ*, pp. 89, 403; "Of the Original Contract," in Hume, *Essays*, pp. 465 – 487; and see Winch, *Adam Smith's Politics*, pp. 51 – 54.

② James Anderson, "To Foreign Correspondents," *The Bee*, *or Literary Weekly Intelligencer*, 1 (1791), xvii – xxviii; and see Chapter 1.

③ *TMS*, p. 136.

④ "Lettres sur le commerce des grains" (1770), in *OT*, 3:119.

他的资本的一部分"总是"有清楚的计划，他们处在《国富论》中对看不见的手的描述的核心。他对与资本"分开这么远"而感到"忧虑"。他喜欢"国内贸易"，因为"他能够更好地了解他所信赖的人的品德与境况"，以及"他必须从中寻求补偿的国家的法律"。[①]

新的贸易世界也是不稳定的，因为在这个世界法律、规章和阐释所有权的法理学的频繁而经常地变化。在圣赫勒拿岛上思考着烦扰我们的"普遍骚动"、现代的"极度动荡"的拿破仑在"所有权的大变革"中确认了它们的主要来源。他在研究《国富论》的那个时期曾经说过，第一种土地上的所有权已经被第二种工业上的所有权所增加；这反过来又被"大量来自纳税人的费用"，并由政府分配的第三种所有权所增加了。他说过，这三种所有权之间的冲突是"我们这个时代的伟大努力"。[②] 在普遍骚动的时代的一开始，杜尔哥的1776年改革法令也已经以不同种类的所有权和不同种类的权利之间的矛盾为主要议题了：面包师与磨坊主行会的特权、征收费用的权利、对所有权"迷信的尊重"最初"建立在巧取豪夺"以及对"最神圣的所有权……即他的劳动的产物的所有权"的尊重之上。[③]

孔多塞与杜尔哥在旧制度的最后几十年的守旧的法国中所描述的世界，是一个"僵化的法律被事物的力量代替"，是一个"任意而变动着的法理"已经"在实践中放缓了它的思考原则"的世界。它同样也是一个令人对法律望而却步的世界，这些法律随着环境而

---

① *WN*, pp. 204, 321, 412, 421–422, 454–456, 526, 920.

② Comte de Las Cases, *Le Mémorial de Sainte-Hélène*, ed. Joël Schmidt (Paris：éditions du Seuil, 1968), 2：1441–42.

③ "Lettres sur le commerce des grains," in *OT*, 3：352, 以及参见第三章。

改变，而且"在这个世界商人永远不会知道是否他付出代价而获得的法律将会是那些他愿意交易的法律"。① 斯密说道，作为他在《国富论》中猛烈抨击的对象的大不列颠的整个商业体系本身是一个巨大的、无序的、变化着的管理与烦恼的系统。② 斯密在他对学徒制的讨论中涉及了 14 个阻碍"劳动力的自由流通"的连续法规。③ 在作为斯密的重要原始资料的理查德·伯恩的《太平绅士》的 1758 年的版本中，有不少于 42 个段落注意到了"淀粉与发粉"，以及其他涉及的多于 100 个关于羊毛生产的法规，而其目的仅仅是试图"降低为某种秩序"。④

　　18 世纪的贸易体系尤其以一种甚至更加潜在的方式而不稳定。因为它遭受到事件、规则以及组成这个体系的人们的意向的接连不断的变化。路易十六在讨论关于杜尔哥的法令的御前会议结尾时曾说过，"我绝不是想要混淆人们的阶级，我希望只通过公平与法律来统治"。⑤ 但是，在斯密、杜尔哥、孔多塞等人看来，人的阶级的连续变化是现代商业的基本情形。斯密在《国富论》中所说的"千篇一律的、经常的、不间断的"改善我们的境况的渴望是"最初产生公共财富、国家财富以及私人财富的准则"。⑥ 然而，改善某人的境况是为了改变他的阶级；也是为了改变他的意向，并使他变成一种不同的人。

---

① "Mémoire sur les prêts d'argent," in *OT*, 3∶163 – 164；*Réflexions sur le commerce des blés*, in *OC*, 11∶148；以及参见第六章。

② Letter of Smith to Andreas Holt of October 1780, in *Corr.* , p. 251.

③ *WN*, pp. 152 – 158.

④ Richard Burn, *The Justice of the Peace, and Parish Officer* (London∶A. Millar, 1758), 1∶443 –5, 516 –522, 2∶472.

⑤ "Lit de Justice," in *OT*, 5∶295.

⑥ *WN*, pp. 341 –345.

因此，阶级和意向的连续变化是 18 世纪晚期商业生活的核心。至少，这是商业改革的反对者的观点。塞吉尔在御前会议中反对杜尔哥并与国王辩论道，商业的"无限自由"将导致"保障不作为"，并因此导致所有商业活动的破坏，而这本身取决于"最盲目的自信"。它会导致人不断涌入大城市（在那里他们能够靠"最小形式的交易"过活），还会导致他们的思维方式的转变。他说过，这种无限的自由"只知道它的反复无常的法律，并且它只承认那些为自己设置的规则；这种自由就是一种真正的独立"。塞吉尔预料道，"只要服从精神一消失，对独立的热爱将会在所有人的内心中萌芽"；"没有什么能够遏制住的大众将造成最大的动乱"。①

相比之下，斯密认为对独立的热爱是公共繁荣的一个原因。他在《国富论》的开篇中对文明社会的"公正且有意交换"的颂词中写道，"只有乞丐才会选择主要依赖于他的同胞公民的善心"。（斯密带着他对例外与观察的典型爱好继续说道，"甚至一个乞丐都不完全地依赖于它"；乞丐用金钱来交换食物，用旧衣服来交换"更适合他的其他旧衣服"。）② 被斯密称为"那位冷淡的伟大说教者"的塞内加在《利益论》中指出了在商业关系中寻求善心或者利益的交换的愚蠢："在旅馆中，没有人把自己看成店主的客人。"③ 对斯密而言，商业关系的这种不服从的、不易察觉的独立是人的普遍意向或者区分开人类社会与动物群体的一个迹象；是使

---

① "Lit de Justice," in *OT*, 5:287, 290.

② *WN*, pp. 26 – 27.

③ Seneca, *De beneficiis*, in *Moral Essays*, vol. 2, trans. J. W. Basore（Cambridge, Mass. ：Harvard University Press, 1989），1. xiv. 1；塞内加的描述是斯密的，在 *TMS*, p. 48。

得经济生活的相互依存成为可能的精神独立的一个迹象。斯密说过，"我们并不指望从屠夫、啤酒酿造者和面包师傅的仁慈中得到我们的晚餐"。它在相当程度上来自我们与他们之间的、作为在修辞与认知的交流中大致平等的参与者的关系。我们"把注意力集中到"他们的自爱中，我们"与他们交谈"他们自己的优势，我们"唤起"他们进行交易的欲望，我们"向他们指出有利于他们自己的利益"；这是商业交换的"重要性"。①

塞吉尔对这种普遍的讨论的预感是：它最终将会是无限的，只承认那些为自己设置的规则，以及那些忙于对制定规则的规则感兴趣的自由或许最终将破坏所有的规则。因为当时和后来被大量评论的 18 世纪商业的一个特征就是，描述商业世界的规则——关于什么能够进行买卖的规则——本身就处于一种不断变化的状态中。杜尔哥在 1753 年曾写道，一个商业社会是其中的参与者"在买卖幸福"的一个社会。② 也就是说，每个人都在进行买卖活动，人们买卖着社会地位、幸福、印度棉布、政治影响力、次品、马匹、职位、体贴、店主人为的善心。简·奥斯汀在《曼斯菲尔德庄园》中写道，"一切都要用钱才能得到，这是真正的伦敦格言"。③

在 18 世纪的评论家们所熟悉的历史中，这种交易的普遍性本质上不是新颖的。与塞内加一样，塔西佗描述了在罗马帝国中"自利"或者"自身效用"的增加："一切都用来出售"，"到处都是拍卖与投机

---

① *WN*, pp. 26 – 27.
② 在一个商业社会中，人"来自他本身，他不再是孤立的，他开始了解这个世界"。"Plan d'un ouvrage sur le commerce, la circulation et l'intérêt de l'argent, la richesse des états"（1753 – 54），in *OT*, 1：380.
③ Jane Austen, *Mansfield Park*（1814）（London：Penguin Books, 1985），p. 90.

者，这个城市被诉讼搅乱"。① 但是，在早期无限的商业自由，或者至少在对贸易自由产生新兴趣的新情况下，商业社会的交易性是尤其使人不安的。因为斯密或者杜尔哥所说的独立商人不仅对于买卖面包或者在旅馆中逗留感兴趣，而且他们也对管理面包出售与逗留旅馆的规则感兴趣。在对包括招致恶劣名声的风险在内的特定商业风险的估计基础之上，他们选择出售何种物品（这也是商业活动的一个分支）。② 一旦他们确立了某一特定分支，他们将一次次面临着如何深化优势的选择，尤其是在不得不使用政治与商业（或者"竞争性的"）手段之间进行选择并赶走竞争者。他们必须选择他们要成为哪种人。

斯密在《道德情操论》中说道，个人在"财富、信誉和晋升的比赛"中竞争时，"他为了胜过所有他的竞争者，就会尽可能努力地跑，并绷紧每根神经与每块肌肉。但是，他若推搡或输给其他任何人，则观众的纵容就完全结束了"。③ 在真正的商业竞争中，使人担忧的情况是：竞争难以被阐明，而且在不同时期也有不同的定义。在斯密的家庭的、友好的道德体系中，交谈是人们纠正他们的情操，并了解其他人是如何思考的一种方式。斯密在《国富论》中曾写道，因一生都用在做几个简单的操作上而受到谴责的人变得不能从"任何理性的交谈"中获得乐趣，或者不能持有"任何宽宏大量的、高尚的或者善良的情操"。但是，交谈也能把一个人引入歧途。在《国富论》中的一种（不好的）交谈中，一个海边小

---

① Tacitus, *The Histories*, trans. Clifford H. Moore (Cambridge, Mass.: Harvard University Press, 1968), 1. vii, xv, xx, pp. 14 – 15, 30 – 31, 39；关于自利的必然与人类的贪婪，就像在塞内加笔下的尼禄（Nero）皇帝在位时所观察到的那样，参见 Seneca, *De beneficiis*, 5 – 7。

② 例如，参见 *WN*, pp. 118, 128；"Lettres sur le commerce des grains," in *OT*, 3: 323。

③ *TMS*, p. 83.

镇的小男孩被"船的视野和水手们的对话与冒险"所诱惑，从而
低估了"海洋中博彩似"的危险并出海。在另一个不好的交谈中，243
成为"交谈主题"的正是"伟大的道路、广泛的交流"，它对
"极具效用"的"小型作品"有害。还有一种甚至更糟糕的交谈，
商人们促进彼此通过不公正手段，或者至少通过排挤在行业的其他
分支机构中的商人的手段来竞争："同行的人们很少接触，即使是
为了行乐与消遣，但是，交谈是以针对公众的一个阴谋为结果
的。"①

　　在这些情况下，只有商业关系的扩大才能够为文明竞争提供基
础。与杜尔哥和孔多塞一样，斯密似乎已经相信，贸易自由的体系
将会比贸易管制的体系为阴谋或者竞争的政治（与商业相反）手
段的使用提供更加少的机会。与杜尔哥和后来的约翰·斯图亚特·
米勒一样，斯密相信"任何交换的情况不会是不公平的，除非它
们受到暴力或者欺诈的影响"。② 他自信，在一个自由、文明的商
业社会中，将几乎没有暴力存在的机会，也几乎没有从欺诈中获取
到的利益。孔多塞设想到，在第十个时代的新世界中，"少部分人
通过非法手段获取事物的兴趣将会不常出现"，而且人们将会更善
于估计"成功的不确定性、可能遭受到的危险、他人信任的丧失
而引起的合法资源的减少"。③ 基于孔多塞所说的"粗略的利益计

---

① 　*WN*, pp. 126 – 127, 145, 729 – 730, 782.

② 　"Mémoire sur les prêts d'argent"（1770）, in *OT*, 3：175；John Stuart Mill, *On Liberty*（1859）（London：Penguin Books, 1974）, pp. 163 – 164. 米勒写道，人们在他们追求一个"合法的目标"的过程中经常给其他人造成"痛苦或者损失"；"社会不承认失望的竞争者免除这种痛苦的法律权利或者道德权利，并且只有当成功的手段运用于违背允许的公众利益——欺诈、背叛或者武力时，社会才觉得被呼吁来实行干预"。

③ 　"Fragment de l'histoire de la Xe époque," in *OC*, 6：527 – 529.

算"之上的期望也是斯密本人最好的希望。斯密在他的关于法理学的演讲中说过，"商业对人们的风俗的影响"是，谈到最"流行的"美德时，他们转向"正直与守时"：

> 一个商人害怕失去他的名声，并十分诚实地奉行每一个承诺。当一个人一天签订了大约 20 个合同时，他不可能通过努力占他邻居的便宜而获得同样多的利益，因为骗子的表向本身就会使他蒙受损失。在人们很少打交道的地方，我们发现他们多少有欺骗的倾向……在交易频繁的各个地方，一个人不期望通过任何一个合同能获得像正直与守时一样多的利益。①

从这个令人安慰的观点来看，商业社会变得更加有弹性，因为它变得更庞大了。但是，相反的观点同样也有可能；例如，在法国大革命开始的 13 年前塞吉尔提倡的观点。根据这种观点，新社会中的孤立的人们会聚成有序的商业区，在商业区里，交易会随时间推移频繁重复。他们将会拥有短暂的、瞬时的、冷漠的关系。斯密谈到投机商人时说过，他"今年是一个谷物商人，明年是一个酒商，后年是一个卖糖、烟草或者茶的商人"。② 他也可能是对今年的法规改变投机的人，而明年成为获取法规或者执行法规的人。孔多塞在 1776 年说过，对"社会的普遍幸福"的兴趣"对金钱所有者几乎完全中止了，这些人通过银行业务瞬间就变成了英国人、荷兰人或者俄国人"；遵守社会的意向或者品德的兴趣可能也是如此。③ 也就是说，一种观点认为，随着社会规模的增加，商业社会

① *LJ*, pp. 538 – 539.
② *WN*, p. 130.
③ *Réflexions sur le commerce des blés*, in *OC*, 11:170 – 171.

244

中变化着的个体往往变得更加有序或者更好地被安排。另一种相反的、可怕的观点认为，他们变得不那么有序了。他们每天与遥远的、不同的人们签订无数合同。或许，他们不想欺诈。但是，他们的境况甚至更加不稳定，因为他们甚至不确定成为一个骗子会怎么样，以及得到很好的安排又会怎么样。他们不停地买和卖；最终他们买卖规则、习俗以及他们自己的情操。

我一直关注的道德启蒙、政治启蒙与商业启蒙的理论有一个相似的构成或者审美；情操体系的构成，或者变化着的个体世界的构成，同属于一个体系，但从它们彼此互相依存的意义上讲，不同的体系也是同一个体系。散漫的政治社会，或者表现出好性情的讨论的哲学式的政治学需要一个有好性情的、审慎的道德情操的社会，这是文明冲突的条件。商业体系要求一部有序的政治宪法，在其中，阐明了贸易自由的限度的公共权力本身就是政治讨论以及有序的政治改革的主题；这是孔多塞的经济竞争的《佩利恩》以及他的宪法选择的《奥萨》。正如刚刚看到的那样，贸易体系要求一个道德情操的体系或者一个好性情的、审慎的社会，这是文明竞争的条件。

在这个文明社会的博彩中，随处都充满着可能性；政治的、经济的、道德的改善的可能性全部建立在它们之上，它们最终也可能都变得毫无基础。当斯密使用看不见的手的比喻（这也是麦克白和俄狄浦斯的看不见的手）时，他是在表达他自己对无限的贸易自由体系的信赖，以及他认为它将对社会产生好的结果的判断。当孔多塞使用同样熟悉的、同样非世俗的牢不可破的链条的比喻（这也是路易十六的儿子的链条）时，他是在表达他对世俗的、话语的美德体系的信赖，以及他认为它也将对社会产生好的结果的判断。但是，他们的判断不是对崇高而重要的真理的表达。它们是关于人们如何在一个没有崇高真理的世界中生活的判断，它们是关于其他人的评价的判断。

尚未恢复的世界

1841 年，夏多布里昂在他的《墓中回忆录》中曾写道，"皇帝把我们留在一个先知的忧虑之中"。在政治社会的生活中，"一切都是短暂的。宗教和道德不再被接受，或者每个人以他自己的方式来解释它们"。存在着一个"普遍的社会"、一个"基本需要与概念的混淆"、一种"思想的混乱"，其中距离将会消失，而且"不仅只有商品才流通，思想也将插上双翼"。① 而皇帝自己（拿破仑——译者注）在他对《国富论》的悲哀思考中的预言也大致相同，英属印度帝国令人烦恼的政府把他包围在圣赫勒拿岛上。拿破仑曾对卡塞（Las Cases）说，"对所有人的贸易自由"的体系及其所有权的革命"自然地导致了独立"，而且它"与平等完全相同"。他也说过，"我没有忘记平等的情操超过想象力的力量"；"它是这个世纪的激情，而我是（我希望仍然是）这个世纪的孩子!"②

这种商业想象力的观点——拿破仑的观点或者夏多布里昂的观点——在后拿破仑重建时期的新的、有序的欧洲中是非常不适宜的。启蒙思想在黑格尔 1807 年对纯粹洞察力的领域及其传播的描述中，它像香味或者传染病一般地渗透进社会中。它的敌人是信仰，而信仰被觉悟所击败；"它无精打采地往复移动

---

① François-René de Chateaubriand, *Mémoires d'outre-tombe* (1849) (Paris: Le Livre de Poche, 1973), 3:712 – 720.

② Las Cases, *Le Mémorial de Sainte-Hélène*, 2:1441, 1526；以及参见第一章。

自身。它已经被驱逐出它的王国"。① 19世纪前十年的政治恢复
期是信仰向它的领域以及全欧洲的王国的回归。它是对宗教、
政治权威、王权保障、意向的从属性、哲学的无害性、科学的
有序性，以及法国在"它的国王父亲般的管理下重建"的信仰
的恢复。②

　　在法国大革命之后一代的期间，政治经济学的重建作为一个无
害的、非政治的主题是长期的恢复过程中的一部分。第一帝国本身
也是这样。拿破仑在1800年曾对顾问说："我们已经完成了大革命
这部小说；现在是时候开始它的历史了，我们只看到在原则的运用
中什么是真实的、可能的，而看不到什么是投机性的、假设的。现
在密切注意任何其他的路径将是为了思考而非统治。"③ 正如拿破
仑的宗教部长、《民法典》的主要作者J.-E.-M.波塔利斯（J.-E.-
M. Portalis）在他给杜尔哥的反对者塞吉尔的悼词中所写的那样，
皇帝（那位把一个被不敬和无政府状态所彻底毁灭的法国全部接
收的威严的解放者）已经设法"重建了祭坛，为了确立并巩固第
一帝国"。波塔利斯曾说过，塞吉尔应该很高兴看到"法国的重
生"。他应该尤其对作为"一个主要的秩序原则"的行会组织的
重建满意，这一原则反对"贪婪的错误推测"以及18世纪唯物
主义者与无神论者的精神，从中哲学家"只看到了该受责备的赌

246

---

① G. W. F. Hegel, *Phenomenology of Spirit* (1807), trans. A. V. Miller (Oxford:
Oxford University Press, 1977), pp. 329, 331, 349；以及参见第一章。

② 这是1814年《巴黎和平条约》中的话；参见 *Acten des Wiener Congresses*,
ed. J. L. Kluber (Erlangen, 1819), 1:9, 36; and Emma Rothschild, "What Is
Security?" *Daedalus*, 124, 3 (Summer 1995), 53-98.

③ François Furet, "Bonaparte," in *Dictionnaire critique de la Révolution francise*,
ed. Francis Furet and Mona Ozouf (Paris: Flammarion, 1988), p. 222.

博游戏"。①

　　漫长的 19 世纪恢复时期的一个基础就是重组国教的政治权力，将永恒且世俗的崇敬再次联合。约翰·亚当斯在 1815 年 11 月写信给托马斯·杰弗逊时（当时他们正在研究维也纳会议的消息）说过，"19 世纪将会是 18 世纪的一个对比吗？它是要它的前任的所有火花都不复存在吗？巴黎大学文理学院、宗教法庭、禁书目录和游侠骑士将得以恢复和重新采用吗？"② 但是，19 世纪的宗教建立在信仰以及权力的重新使用的基础之上。约翰·莫利在他关于孔多塞的论文中写到了 18 世纪，"在英格兰与法国，18 世纪的官方宗教是沉闷而又机械的"。③ 相比之下，19 世纪的国教关注人们的思想与感受。托克维尔在《旧制度与大革命》中认为，怀疑的缓慢减少或者"对宗教的尊敬逐渐重新获得它的帝国"的过程更多地取决于情操与记忆，而非政治制度。托克维尔写道，正是"对革命的恐惧"结束了 18 世纪的怀疑，至少结束了它的外在迹象；它更是一种思想的混乱，而不是内心或者道德体系的混乱，这已经成为大革命反宗教的全部影响中最极端的了。④

247

---

① 他们看见了"没有原因的影响和没有根基的深渊；他们随着一种阴沉的不确定性而徘徊，就像孤立的影子漂浮在空地上"，而且大自然"除了极大的沉默和混乱的永恒夜晚之外，没有为混杂的想象提供任何事物"。Jean-Etienne-Marie Portalis, *Éloge d'Antoine-Louis Séguier, avocat-général au Parlement de Paris* (Paris: Nicolle, 1806), pp. 50 – 51, 54 – 58, 76 – 78.

② *Letter of November 13, 1815*, in *The Adams-Jefferson Letters: The Complete Correspondence between Thomas Jefferson and Abigail and John Adams*, ed. Lester J. Cappon (Chapel Hill: University of North Carolina Press, 1959), 2:456.

③ John Morley, "Condorcet," in *Critical Miscellanies* (London: Macmillan, 1886), 2:212.

④ Alexis de Tocqueville, *L'ancien régime et la Révolution* (1856), ed. J. -P. Mayer (Paris: Gallimard, 1967), pp. 249 – 251.

这一重建也建立在对个人身份的一个新的保障的基础之上，这是在斯密的、孔多塞的、夏多布里昂的世界性的、无国籍的商人世界中。孔多塞在 1792 年写道，向那些想离开法国的人们要求持有护照是一个"对个人自由的正式剥夺"，包括一个人的"兴趣"与"爱好"的自由的剥夺；它是一种使人"厌恶那个人们只能通过其独立的情操以及能力的自由运用来热爱的国家"的方式。① 但是，18 世纪 90 年代也是国家本体的新宗教扩大的一个时期。对于在 1802 年从伦敦写信给拿破仑的记者约瑟夫·费维尔（Joseph Fiévée）而言，一个人对自己国家的"优越"感是一种"本能"，是一个已被"18 世纪法国作家们所残酷背叛"的东西。② 反之，国家情操的本能被一种新的种族身份与种族优越感的保障所加强了；以及被本杰明·孔斯坦在 1826 年称为"聪明的作家在不同种族基础之上建立起来的新的体系"，以及在孔斯坦认为的一个"不平等和压迫的借口"所加强了。③

19 世纪早期的恢复保障甚至更普遍地建立在一个科学的宗教基础之上，这对于恢复时期的人们以及他们的敌人（新革命的献身者）而言是共有的。④ 孔斯坦写道，在 19 世纪 20 年代的新的

---

① 这是他的一份报纸投稿；参见 Chronique de Paris，December 8，1792，p. 1369。
② Fiévée 在研究了由伦敦商人为庆祝《亚眠条约》（Treaty of Amiens）而生产的绶带之后曾写道，"和平（peace）与商业（commerce）这两个词在英国的意思就是和平（peace）与荣耀（glory）这两个词在法国的意思"；英国人仍然比法国人更坚持他们自己的国家优越感。Joseph Fiévée，Lettres sur l'Angleterre，et réflexions sur la philosophie du XVIIIe siècle（Paris：Perlet，1802），pp. 30 – 31，48.
③ Benjamin Constant，"De M. Dunoyer et de quelques-uns de ses ouvrages"（1826），in écrits politiques，ed. Marcel Gauchet（Paris：Gallimard，1997），pp. 668 – 669。
④ 关于乌托邦式革命的宗教信仰，参见 Gareth Stedman Jones，"Before God Died：The Rise and Fall of Socialist Utopia，1789 – 1989，" Carlyle Lectures，Centre for History and Economics，King's College，Cambridge，1998。

"工业"派把"那些声称自己是所有人的指导者的某些人的狂妄"作为它的基础；"这一派别认为，自由的思想几乎与现在没有关系，因为我们正迈进一个更迫切地需要协调而不是结束的时代，一个积极的理论必须接替批评的理论的一个时代"。① 这是 19 世纪中期的科学社会主义的实质含义；这是阶级斗争的革命观点的宗旨，用恩格斯（Engels）的话来说，它是"注定在历史上发生那些达尔文的理论在生物学上已经发生了的事情"。② 它也是对财富的科学研究的态度。让－巴蒂斯特·萨伊曾写道，政治经济学是一门实验科学；"我们在政治经济学中的知识是能够完整的，也就是说，我们能够成功发现所有共同组成这门科学的一般事实……从作为其基础的原则是源自对不可置疑的一般事实的严密推理的时刻开始，它就建立在不可动摇的基础之上"。③

248　　所有这些新的宗教最终都被预料会改变民众的意向。因为在后大革命的世界中，秩序的重建尤其是毫无疑问且不容置疑的思维方式的恢复。如此多的 19 世纪评论家来关注的情操的变化——托克维尔的旧制度的最后几十年的"那种内心的战栗"、索西（Southey）的英国较低阶层的"伟大的道德革命"、约翰·亚当斯同托马斯·杰弗逊回忆的"在人们的思想中的"革命、1806 年英国毛纺织品委员会如此关注的"思想与附属的感觉"的消减——在整个欧洲是连续惊异的对象。它们被以不同的、转变着的方式并列到在法国大革命期间发生的变化中，被并列到

① Constant, "De M. Dunoyer," p. 674; on Condorcet's description of the pretension of some men to be "guides" of others, see Chapter 7.
② Friedrich Engels, "Preface to the English Edition of 1888," in Karl Marx and Friedrich Engels, *The Communist Manifesto* (1848), trans. Samuel Moore, ed. A. J. P. Taylor (Harmondsworth:Penguin Books, 1977), p. 63.
③ Say, "Discours préliminaire," pp. vi – vii.

"所有革命的最重要的部分中……用伯克的话来说，我指的是自从 1789 年 10 月 6 日开始至今的情操、习俗和道德观念的彻底改变"。①

在这些情况下，公共教育的原则有着最高的政治利益。正如孔斯坦在《现代自由之比较》中狡黠地表明的那样，恢复中的极端保守主义者与 18 世纪的斯巴达狂热者们以及马布利（Mably）、卢梭拥有一些共同的渴望。与马布利一样，他们希望教育人们品德高尚并遵守法律。他们希望去指定遵守信仰；他们想要法律不仅对人的行为行使其权威，也要"法律扩展到他们的思想、他们最短暂的印象之中"。② 孔多塞认为，大革命时期的人们试图"控制新的一代，试图向他们强行灌输他们应该相信的事物"，与这些人们一样，他们相信，政府应该"控制新的一代，按照它所希望的那样来设计他们"。③

孔斯坦认为，恢复时期的保守派们不再对商业倾向感到害怕。他们明白，商业已经成为"日常状态、唯一目标、普遍趋势和国民的真实生活"。但是，他们想要一种顺从的、依赖的以及孔斯坦所认为的古怪的商业形式。他们想要勤劳的臣民，其唯一目标就是幸福。他们希望自己能不受限制地把幸福给予他们的臣民。他们想要那些有偏见的、肤浅的臣民；他们想要那些在"乐观的知识与严谨的科学"的帮助下很容易领导的臣民。④

1835 年，托克维尔在他去英国与爱尔兰的航海日记中写道，

---

① Edmund Burke, *Reflections on the Revolution in France* (1790), ed. Conor Cruise O'Brien (London: Penguin Books, 1982), p. 175.

② Benjamin Constant, "De la liberté des anciens comparée à celle des modernes" (1819), in *Écrits politiques*, p. 605.

③ Constant, "De la liberté," p. 611; "Sur l'instruction publique," in *OC*, 7: 201.

④ Constant, "De la liberté," pp. 598, 613, 616.

"在自由（liberty）和商业（commerce）这两个词之间存在着一种
249 隐秘的关系"。因为成为一个自由的人就不得不习惯于"一个充满
了不安、变动和危险的生活方式；习惯于总是保持着警惕，每时每
刻不安地环顾周围；这是自由的代价。所有这些事情对于商业的成
功也同样是必不可少的"。① 但是，对托克维尔而言，商业生活的
倾向也可能成为政治压迫的一个来源。一种结果是，商业上的不满
与革命的倾向密切相关，这是 18 世纪晚期的法国的特点。另一个
不同的结果是，生活方式的商业化影响在相当程度上分散了人们
的注意力，使人们暂时忘记了公共利益。在托克维尔后来的描述
中，它是第二帝国统治下的法国的特征。与孔斯坦的 19 世纪一二
十年代的保守主义政治家虚构的臣民一样，它把他们转变成顺从
的被压迫的受骗者。它用"衰弱的激情"、用"不惜任何代价成
为富人的渴望、对商业的爱好、对利润的热爱、对幸福与物质享
受的追求"来填充他们的生活。在这种暴虐的社会中，人们很容
易被统治。它把他们封闭在私人生活中；"它孤立他们，它使他
们在彼此的关系中变得冷漠，它使他们战栗"。它使他们"对革
命思想颤抖"。②

对托克维尔而言，商业的倾向与政治自由的倾向之间的关系是
19 世纪公共生活中的巨大问题。就像在 19 世纪 30 年代的曼彻斯
特或者 18 世纪 80 年代的汉堡或者吕贝克那样，不安的、独立的思
想——英国人的焦虑表情，或者 1819 年的孔斯坦所认为的现代人

---

① Alexis de Tocqueville, *Voyages en Angleterre et en Irlande*, ed. J. -P. Mayer（Paris：Gallimard, 1967）, pp. 205 – 206.

② Tocqueville, *L'ancien régime et la Révolution*, pp. 51 – 52.

的高贵的关系——有时候是自由的一个附属品。① 但是它有时是压迫的一个附属品；这种压迫是早期革命的压迫，或者是后恢复时期的欧洲的有序的、受惊的社会的压迫。这是一个启蒙思想的好的倾向，也就是说，其中的商业与自由在人的情操与观点上是相互关联的。还有一种启蒙思想的不好的倾向，其中的人们被他们自己的不满或者贪婪束缚在一个普遍商业的社会中。

合宜的平等

本书一直涉及一个较早期的、更加可信任的世界，在这个世界中，商业的不安——日常生活的不安的想象——是较少的恐惧的主体。它是一个有限不确定性的时代，预计这个不确定性的一个结果只不过是一场缓慢的革命。但是，正如我在本书开始处所暗示的那样，在 21 世纪早期的普遍商业社会对这个较早时期的争论也是熟悉的。

两个世纪之后，1989 ~ 1991 年的欧洲式革命（指苏联解体——译者注）已被视作漫长革命时期终结的标志。根据这一观

①　托克维尔在《法国大革命》的评注中写道，法国大革命之前的 10 年或者 15 年是"大繁荣"的时期，工业与商业都得到了改进与扩展。"人们可能会想，随着人们的生活在这一路径上变得更加繁忙而感性，人类的思想本应该已经从对作为研究对象的人与社会的抽象的研究转为越来越关注对细琐的日常事务的思考。这是在我们自己的时代才太常见的状况，而它与当时所见的情况相反。"例如，大革命之前那些年中，那些有着高思想界的交谈以及对哲学和政治学的讨论的汉堡银行家与商人们的"情景""毕竟是人类曾经显露出来的最伟大的美德，尽管带有那个时期的错误和荒谬"。Alexis de Tocqueville, *L'Ancien Régime et la Révolution : Fragments et notes inédites sur la révolution*, ed. André Jardin, in *Oeuvres complètes*, ed. J. -P. Mayer（Paris : Gallimard, 1952 – 1953）, vol. 2, pt. 2, pp. 37 – 38；Constant, "De la liberté," p. 617.

点，21 世纪将会是一个新的、有更少不安全因素的政治社会的时代，更是一个商业的世界。但是也存在一种不同的观点，它认为21 世纪初期在相当程度上是后大革命时代与后拿破仑重建时代的结束。也就是说，它是信仰已经重获她的领域的时代的结束。终结法国大革命这部"小说"并防止今后所有革命的共同决定本身就是一种信心之源，或者至少是安全之源。它是 200 年之久的自由放任与政治保守主义的联盟，在这个联盟中，贸易自由的体系与政治秩序的"旧制度"联合反对拿破仑的最终本能。这个联盟现在可能是不可靠的了。

在本书中，我一直关注着一种经济思想，其中，不确定性是商业社会的主要条件，而且用莫利形容孔多塞的话来说，"对理解力的自由与坦诚的干预"是"最糟糕的一种亵渎"。[1] 在"无限的贸易自由"体系最热情的胜利时刻，提醒自己不确定性对这一体系的众多理论家而言是多么的重要是很奇怪的，提醒自己他们有多么不喜欢狂热也是很奇怪的。但是，有一种新的自由伴随着经过近两个世纪后的反对制度或者经济生活的协调的积极理论的最终失败而出现。这是去记住一种不同的经济启蒙思想的一个自由或者一次机会。

我经常谈论自由经济秩序的缺陷。最明显的缺陷是拿破仑在圣赫勒拿岛上所指出的那个缺点。经济自由的体系是建立在所有人平等的基础之上的，而且它同时对平等是有破坏性的。[2] 这是一个无

---

① Morley, "Condorcet," p. 255.

② 弗朗索瓦·傅勒曾写道，在"中产阶级社会中，不平等是作为违禁品而流通的一种思想，它与人们设想自己的方式相矛盾"。据称是现代社会的基础的人们的平等与共性的思想"不断被财产与财富的不平等否定，又不断地从社会成员之间的竞争中产生。它的运动与它的原则、活力、合法性相矛盾"。见 Francis Furet, *Le passé d'une illusion : essai sur l'idée communiste au XXe siècle* (Paris : Robert Laffont, 1995), pp. 21 – 22。

尽的循环，其中的人们变得富有，并使用他们的金钱来获得权力、贿赂其他人，然后影响其他人思考的方式。在启蒙思想的虚构世界中，没有人极度富有，也没有人极度贫穷（或者贫穷到足以被收买的地步）；正如休谟在他的《论贸易》中所写的那样，"公民之间过度的不均衡会削弱任何一个国家。如果可能的话，每个人都应该享有自己的劳动成果，完全占有所有生活必需品和生活中的许多便利设施。没有人能怀疑，但是这样一种平等是最适合人类本性的"。① 斯密似乎已经假设这种意义上的平等是 18 世纪中期英国的情况，而孔多塞用他的社会保险或者防止保障不平等的保险的详尽而复杂的计划来努力确保它会是 18 世纪晚期的法国的情况。但是，他们也预计公民之间的不均衡在所有未来的贸易体系中会继续起起落落。在莫纳·奥佐夫（Mona Ozouf）看来，平等概括了孔多塞在法国大革命初期所参与的关于普遍的公共教育的争论，它"不是一种状态，而是成为一个状态的过程"。②

在这些情况下，自由经济体系的潜在缺陷是这个体系本身的不稳定性。它建立在所有人（最低的）保障或者（最小的）平等的基础之上，同时它对所有的保障都是有破坏性的。斯密和孔多塞生活在一个富有想象力的世界中，而根据 21 世纪早期的有序标准，它是一个非常不确定的世界，也是一个无序的世界。他们各自以不同的方式对人类性情的未来充满信心。他们同样相信交谈的普通美德以及政治讨论中的普通争论。与孔斯坦一样，他们相信商业社会中的人们渴望个人独立；与托克维尔一样，他们不相信他们被限定在个人孤立中。他们相信仁慈的奇怪状况，而在斯密看来，仁慈是

---

① "Of Commerce", in Hume, *Essays*, p. 265.

② Mona Ozouf, "Égalité," in Furet and Ozouf, *Dictionnaire critique de la Révolution francise*, p. 709.

妇女的典型美德。在孔多塞看来，仁慈是挂在所有专制君主嘴上的一个名词。他们甚至相信他们自己的和其他人的生活在充满不确定性的世界中的能力。这在 21 世纪是更加困难的。但是，我们日常的乐趣仍然与亚当·斯密在 1762 年 12 月的一次关于修昔底德（Thucydides）的历史风格的讲座中所形容的内容有一些相似："正是这些不安的情感主要影响了我们，并给我们带来些许愉快的忧虑。"①

① *LRBL*，p. 88.

缩略语

Corr. *The Correspondence of Adam Smith.* 2nd ed. Ed. E. C. Mossner and I. S. Ross. Oxford: Clarendon Press, 1987.

EPS Adam Smith. *Essays on Philosophical Subjects.* Ed. W. P. D. Wightman and J. C. Bryce. Oxford: Clarendon Press, 1980.

LJ Adam Smith. *Lectures on Jurisprudence.* Ed. R. L. Meek, D. D. Raphael, and P. G. Stein. Oxford: Clarendon Press, 1978.

LRBL Adam Smith. *Lectures on Rhetoric and Belles Lettres.* Ed. J. C. Bryce. Oxford: Clarendon Press, 1983.

OC *Oeuvres de Condorcet.* Ed. A. Condorcet O'Connor and M. F. Arago. Paris: Firmin Didot, 1847 – 1849.

OT *Oeuvres de Turgot et documents le concernant.* Ed. Gustave Schelle. Paris: Alcan, 1913 – 1923.

TMS Adam Smith. *The Theory of Moral Sentiments.* Ed. D. D. Raphael and A. L. Macfie. Oxford: Clarendon Press, 1976.

WN Adam Smith. *An Inquiry into the Nature and Causes of the Wealth of Nations.* Ed. R. H. Campbell and A. S. Skinner. Oxford: Clarendon Press, 1976.

致　谢

　　我要感谢加文·亚历山大（Gavin Alexander）、伯纳德·贝林（Bernard Bailyn）、基斯·贝克（Keith Baker）、迈尔斯·伯尼特（Myles Burnyeat）、南希·卡特赖特（Nancy Cartwright）、阿伊达·唐纳德（Aida Donald）、彭妮·詹韦（Penny Janeway）、斯特凡·克拉森（Stefan Klasen）、梅丽莎·连（Melissa Lane）、安妮·马尔科姆（Anne Malcolm）、史蒂芬·马丁（Stephen Martin）、梅拉夫·麦克（Merav Mack）、乔恩林·穆尔（JoEllyn Moore）、约雅金·帕尔姆（Joakim Palme）、马腾·帕尔姆（Marten Palme）、爱莎·帕特尔（Asha Patel）、艾米·普莱斯（Amy Price）、Tanni Mukhopadyay、马丁·里斯（Martin Rees）、维多利亚·罗斯柴尔德（Victoria Rothschild）、伊莱恩·斯卡里（Elaine Scarry）、阿马蒂亚·森（Amartya Sen）、约翰·肖（John Shaw）、诺拉·斯金纳 Noala Skinner、加雷思·斯特德曼·琼斯（Gareth Stedman Jones）、乔纳森·斯坦伯格（Jonathan Steinberg）、理查德·塔克（Richard Tuck）、格莱·维文扎（Gloria Vivenza）、帕特里夏·威廉姆斯（Patricia Williams）、唐纳德·温池（Donald Winch）和已故的朱迪斯·施克莱（Judith Shklar）所提出的许多非常有益的讨论。我特别感谢阿马蒂亚·森（Amartya Sen）、梅丽莎·连（Melissa Lane）、加雷思·斯特德曼·琼斯（Gareth Stedman Jones）、理查德·塔克（Richard Tuck）、阿曼达·海勒（Amanda Heller）、彭妮·詹韦（Penny Janeway）、梅拉夫·麦克（Merav Mack）和罗

西·沃恩（Rosie Vaughan）对书稿的评论。

本书的第二章以一个稍简短的版本发表在 1992 年 3 月的《经济史评论》中，第三章发表在 1992 年 6 月的《经济学杂志》中，第七章发表在 1996 年 5 月的《历史学杂志》中。第五章和第六章的版本已经在剑桥大学国王学院的历史学与经济学中心的历史学与经济学研讨会上讨论过了。我很感谢研讨会上的与会者提出的有益的评论，还感谢约翰·D. 与凯瑟琳·C. 麦克阿瑟基金会（John D. and Catherine C. MacArthur Foundation）对历史学与经济学中心的支持。

索　引

（索引页码为原著页码，即本书边码）

Acton, Lord, 65, 205
Adams, John, 46, 247, 249, 267n186
Aggregation, 180, 182, 185, 186
Alembert, Jean le Rond d', 16, 18, 21, 42, 118, 176, 177, 178, 198, 200
Alengry, Franck, 269n6, 326n14
Anderson, James, 17, 239, 260n59
Angoulême, 28, 44, 112, 240
Anxiety, 13, 14, 240, 252, 258n37
Apprenticeship, 33–34, 41, 44, 87–115
Aristotle, 132, 219, 269n7
Arrian, 303n100
Arrow, Kenneth, 116, 122, 140, 143, 310nn129, 133, 324n117
Atkins, Alderman, 105
Augustine, Saint, 120
Aureng-Zeb, 210
Austen, Jane, 243

Bagehot, Walter, 114, 273n34
Baier, Annette, 257n15, 331n79
Bailyn, Bernard, 40, 267n186
Baker, Keith, 41, 178, 256n8, 316n2, 321nn80,86,88, 326n14, 330n79
Banquo, 119, 120
Barruel, Abbé, 18, 35
Beattie, James, 229, 336n47
Bee, The, 17, 260n59, 271n24
Bentham, Jeremy, 103, 123, 197
Berlin, Isaiah, 195, 207, 208, 325n8, 332n96
Bernoulli, 161
Black, Joseph, 309n119
Blanc, Louis, 65
Blaug, Mark, 335n32
Bloch, Marc, 47
Bonald, Louis de, 26, 190, 197, 206, 208, 212, 213

Bonar, James, 65–66, 290n9
Boswell, James, 55, 273n34
Brennan, Geoffrey, 311n144
Brentano, Lujo, 93, 102, 109–110, 286n63
Brougham, Lord, 106
Brown, Vivienne, 267n174
Bruce, John, 301n84
Buccleuch, Duke of, 276n81, 301n84
Buchan, Lord, 271n24, 300n82
Buchanan, James, 148, 279n117, 324n118
Buffon, G. L. L. de, 177
Burke, Edmund, 17, 18, 25, 67, 68, 69, 133, 149, 151–152, 166, 187, 197, 208, 214, 249, 263nn107,112, 270n17, 272n30, 275nn78,79, 278n106, 314n177, 315n190, 333n110; on the state, 29, 31, 32, 34; *Reflections on the Revolution in France*, 53–54, 260n60, 263n107, 278n106; and Smith, 53–54, 63–64, 275n77, 276nn81,82, 279n117, 300n80; *Thoughts and Details on Scarcity*, 63–64, 263n112, 275n79; and Condorcet, 197, 270n18
Burn, Richard, 43, 109, 241
Burnyeat, Myles, 208
Butler, Marilyn, 269n8

Caeneus/Caenis, 119, 294n44, 295n49
Carlyle, Alexander, 17, 55, 67, 273n35
Cassirer, Ernst, 212
Catherine II, 36, 329n64
Chardin, Jean-Baptiste, 21
Charles I, 293n27
Chateaubriand, François-René de, 246, 248
Child, William, 104
Children, 38, 39, 99, 103, 104, 105, 106, 107, 114, 115, 203, 209–210, 212, 286n63

Chrysippus, 132, 305n107
Cicero, 42, 131, 156, 296n56, 302n91, 303n97, 304n104, 307n114, 312n147
Civilized society, 8, 9–12, 14, 150
Clark, Henry C., 337n58
Clarke, Samuel, 133, 135, 139, 304n104
Cochin, Augustin, 214
Cockburn, Lord, 56, 58, 273n39
Colbert, Jean-Baptiste, 20, 37, 125, 126, 164, 317n23
Coleridge, Samuel Taylor, 30, 59–60, 70, 151, 223
Competition, 90, 144, 145, 154, 161–162, 163, 172, 188, 189, 193, 194, 243–244
Comte, Auguste, 216
Condorcet, Eliza, 4, 257n7
Condorcet, Marie-Jean-Antoine-Nicolas de, 2–6, 8–16, 23–29, 31–33, 36–39, 41–48, 50–52, 57, 60, 67–68, 70, 91, 100, 102, 112, 120, 123, 141–142, 149, 154, 156, 157–217, 218–228, 230–232, 234–237, 239, 241, 244–246, 248–249, 251–252, 256n15, 257n7, 266nn156,170, 268n6, 269n7, 270n18, 271n26, 277nn96,97, 279n117, 280nn9,19, 282nn56,70, 302n87, 312n147, 316–333, 338n84; and Smith, 2, 3, 26–27, 37, 41, 54, 221–228; on mathematics, 2–3, 161, 175–178, 180, 320n72; on free commerce in corn, 72–78, 80–85; on merchants, 75, 162–163, 165–168; on officials, 85, 163–165; on economic subjects, 158–176, 236–237; on probability, 178–179, 182–184, 191, 323n104; on truth, 183–186, 191, 203–204, 208; on discussion, 185, 187–188, 203; on public instruction, 191–192, 199, 225–227, 234–236; and Constant, 202, 214–215
Condorcet, Sophie (Grouchy), 68, 70, 216–217
Conflict of values, 195, 196, 207
Consciousness, 26, 141, 142, 151, 152, 153, 154, 225, 312n144
Constant, Benjamin, 152, 196, 202–203, 214–215, 235, 248–250, 252, 315n190, 333n112
Constitutions, 188, 189, 192, 202, 203, 205, 233

Conversation, 11, 21, 150, 218, 231, 232, 243–244
Corn trade, 13, 22, 72–77, 79–81, 82–84, 167
Corporations, 32, 33–34, 87, 88, 90, 92, 94, 96, 102, 108, 110
Corporation spirit, 27, 88, 92, 94, 108, 110
Corvée, 22, 42, 44, 185
Cousin, Victor, 210
Croiset, Maurice, 305n107
Cudworth, Ralph, 43, 230–231

Darnton, Robert, 16, 274n59
Darwin, Charles, 248
Davis, Mary Ann, 105, 286n69
Death penalty, 182
Deloche, Régis, 320n70
Derby, Lord, 105
Descartes, René, 121
Design, 134, 135, 136, 139, 310n135
Destutt de Tracy, Antoine, 197
Diannyère, Antoine, 206, 332n95
Diderot, Denis, 16, 18–21, 85, 213, 219, 332nn95,102
Discussion, 8, 16–17, 23, 67, 98, 185, 187–188, 190, 193, 203, 204, 205, 206, 215, 217, 232–233, 324n117, 328n59
Disequilibrium, 73, 76–77, 171
Diversity, 177, 182, 198–199, 202, 204
Division of labor, 11, 97, 100, 150, 225
Domestic virtues, 200, 209–211, 231, 235
Draco, 41
Drèze, Jean, 282n62
Dundas, Henry, 272n30
Dunlop, O. Jocelyn, 111
Dunn, John, 298n74
Dupont de Nemours, Pierre Samuel, 25, 35, 44–45, 54–55, 66–67, 76, 79, 192, 222, 224, 264n139, 271n29, 277nn91,92

East India Companies, 16, 27, 30, 32, 73
Eckstein, Walther, 299n77, 299n78
Économistes or Physiocrats, 18, 19, 30, 34–36, 40, 54, 57, 176, 185, 191–192, 198, 215, 270n16
Eden, Sir Frederick, 92, 108, 109, 110, 114, 284n16
Eden, William, 267n191

Education, 35–36, 96–100, 112–113, 172, 191–192, 199, 200, 226–227, 232, 234–235; in virtue, 190, 191, 192, 193, 200, 212

Emotions, 200, 201, 213

Engels, Friedrich, 248

England, 10, 13, 15, 31, 32, 35, 192

Enlightenment, 2, 5, 14–23, 26, 34, 37, 38, 39, 149, 185, 189, 191, 195–197, 200, 203, 204, 212–214, 219–220, 246, 259n50; as a disposition, 15, 16, 17, 19, 20–22, 37, 38, 49, 123, 151, 157, 158, 189–192, 194, 219, 250; as a sect, 15, 16, 17–19, 21, 24, 34–35, 41, 124–125, 196, 213, 260n60, 295n49; and economic thought, 16–17, 18–19

Environmental harm, 172–173

Epaminondas, 210

Epictetus, 124, 132, 134, 303n100, 306n108, 316n3

Epicureanism, 38, 211, 303n97, 304n104, 305n107, 330n72

Epicurus, 38, 133, 198, 208, 211, 305n107, 312n147, 330n72

Equality, 4, 11, 59, 169, 193, 209, 225, 246, 251–252

Equilibrium, 73, 76–77, 143–145, 160–162, 174–176, 183, 310n133, 312nn146,147, 313n153, 321n75

Esteem, 164, 165, 167

Europe, 15, 25–26, 213

Evolution, 143, 146–153, 155, 248

Faccarello, Gilbert, 320n70

Faith, 130, 155–156, 299n79

False conscience, 154, 168, 318n41

Famine, 73–75, 78–80, 170, 282n62

Fauriel, Claude, 216–217

Faust, 178

Fear, 12–14, 38, 177, 337n69

Febvre, Lucien, 41

Feilbogen, Siegmund, 82

Fénelon, François, 36, 226

Ferguson, Adam, 123, 294n46

Fiévée, Joseph, 248, 340n141

Fleischaker, Samuel, 296n55

Fontenelle, Bernard de, 302n87

Forbes, Duncan, 233, 258n17, 338n78

France, 13, 14, 15–16, 18–19, 20, 23–24, 25, 29, 38, 40, 54, 56

Francis, Sir Philip, 263n107

Frängsmyr, Tore, 15–16

Frederick II, 31, 55, 67, 123, 182, 272n31, 337n67

Freedom, 10, 23, 36, 39, 58–61, 70, 71, 85, 123, 154, 161, 164, 170, 173, 193, 201–202, 215, 217; of commerce, 1, 5, 10, 20, 27, 29, 36, 59, 60, 161, 164, 166, 167, 168, 186, 193, 194, 201, 223, 246

French Revolution, 2, 3, 5, 6, 26, 40–41, 46, 48, 52–56, 66, 68, 91, 100, 158, 185, 190, 191, 196, 197, 216, 221, 293n26, 333n110; causes of, 18–19, 24–25, 213–214

Furet, François, 214, 332n109, 341n155

Galiani, Abbé, 16, 20, 60, 151, 219

George III, 55, 221

Gillet, Mathurin, 224, 230

Gladstone, W. E., 107, 110, 289n9

Godwin, William, 53, 95, 109, 197, 285n29

Goethe, Johann Wolfgang von, 22, 44, 208

Gournay, Vincent de, 168, 238, 313n151, 322n96

Government, 10, 27, 29–34, 72–73, 81–86, 108, 146, 169–175, 184, 200–201, 205

Greuze, Jean Baptiste, 21

Groenewegen, Peter, 280n9

Guilds, 22, 32, 33, 34, 84, 85, 90

Guizot, François, 43, 216

Haakonssen, Knud, 294n37

Hahn, Frank, 116, 122, 140, 143, 145, 310nn129,133, 313nn153,157

Halévy, Elie, 53, 276n82

Hamann, Johann Georg, 16, 26, 31

Happiness, 200–201, 212, 242, 327n35

Harvey, John, 306n108

Havel, Václav, 196, 208

Hayek, Friedrich, 123, 140, 141, 145, 146–149, 151–153, 155, 279n117, 310n133, 311n139, 313n159, 314n177

Hegel, Georg Wilhelm Friedrich, 3, 15, 26, 125, 237, 246, 296n56

Held, Adolf, 290n12, 295n49

Helvétius, Claude Adrien, 26, 31, 39, 197, 199, 200, 210, 213, 214, 219, 224

Herder, Johann Gottfried, 15, 16, 25, 47, 196, 212, 213, 259n51, 268n193, 331n92
Hermes, 210, 296n53
Hildebrand, Bruno, 309n120
Hirschman, Albert O., 37, 265n150
History, 7, 11, 39–40, 44, 46, 47, 90, 113, 114, 233; of the human mind, 7–8, 10, 11, 17
Hobbes, Thomas, 43, 230, 337n69
Hodgskin, Thomas, 65
Holbach, Baron d', 197
Hölderlin, Friedrich, 196, 212, 331nn93,94
Holmes, Stephen, 265n150
Homer, 119
Hont, Istvan, 294n37, 295n53
Horne, George, 297n72, 300n82, 308n119
Hume, David, 4, 10, 12, 19, 21, 36, 37, 42, 44, 48, 54, 81, 148, 150, 153, 155, 156, 178, 209, 212, 218, 220, 228–235, 239, 251–252, 258n30, 268n3, 293n28, 299n79, 302, 306n110, 308n119, 312n147, 330nn79,82, 332n96, 336n53, 337n69, 338n76; and Smith, 52, 55–56, 68, 120–121, 129–131, 228–235, 271n24, 273n34, 279n117, 293n28, 297n73, 298n74, 299n79, 300n82, 301n84, 304n104, 336n56, 337n69; and orderliness, 134–135, 137, 140, 306n113; and reason, 150, 227, 228, 231, 257nn13,15, 315n182, 336n44
Hutcheson, Francis, 196, 210, 230, 231, 336n53
Hutton, Joseph, 309n119

Imagination, 12, 122, 137, 177, 229
Inconsistency, 206–207
Independence, 8, 10, 14, 19–20, 22, 23, 28, 201–202, 242
India, 92, 94
Indifference, 26, 38, 39, 132, 156, 266n156, 303n100
Indissoluble chain, 5, 195, 203–204, 220, 232, 234, 318n23
Indulgence, 39, 231, 266n156
Inequality, 12, 33, 193, 209, 211, 341n155
Information, 31, 160, 163

Ingram, John Kells, 118, 290n10
Insecurity, 13, 46–47, 111–112, 238–241, 252
Institutions, 10, 33–34, 68, 88, 108, 110, 127, 147, 148, 152, 155
Invisible hand, 5, 116–156, 205–206, 238, 289–291, 295n49, 310n135, 311n144, 312n146, 317n23
Irony, 130–131, 135, 138, 294n37, 302n86, 315n182

Jacobinism, 4, 18, 35, 59, 60
Janet, Paul, 332n98
Jefferson, Thomas, 4, 46, 247, 249
Jevons, W. S., 287n71, 319n66
Jocasta, 119, 124, 139, 334n4, 336n56
Johnson, Samuel, 268n2, 271n24
Jones, C. P., 305n107
Jones, Peter, 293n28, 302n91
Joseph II, 123
Jupiter, 117, 119, 120, 124, 132, 133, 149, 294n33, 303n101, 306n108
Jurandes, 22, 24, 35, 42, 102
Justice, 13, 14, 85, 156, 168, 173, 210–211

Kames, Lord, 293n29
Kant, Immanuel, 4, 15, 16, 17, 26, 45, 120, 125, 137, 140, 146, 152, 153, 191, 212, 213, 260n54, 296n55, 337n59
Kaplan, Steven L., 261n65, 262n80, 281n37
Kenyon, Lord, 286n69
Keohane, Nannerl O., 265n149
Kepler, Johannes, 121
Klopstock, Friedrich, 213
Kundera, Milan, 196

Lactantius, 42, 120, 293n27, 306n108
Lagrange, Joseph Louis de, 160, 161, 176
Laissez-faire, 1, 20, 21, 37, 38, 163–164; psychological or moral, 37, 38–39, 193, 216
Lamennais, Félicité de, 34, 35, 37, 38, 295n49
Language of politics, 24, 85, 185, 204, 328n51
Lansdowne, Lord, 54, 270n17, 271n22
La Porte, J. Barthélemy de, 256n4

Las Cases, Emmanuel de, 30, 246, 293n26

Lassalle, Ferdinand, 65

Laws of settlement, 27, 42, 43, 62, 63, 101, 108

Le Gendre, François, 20

Leibniz, Gottfried Wilhelm, 135, 196, 236

Leopardi, Giacomo, 9, 50, 213

Leslie, T. E. Cliffe, 118, 129, 225, 290n10

Lespinasse, Julie de, 257n7

Letrosne, Guillaume-François, 18, 34

Levesque de Pouilly, 43

Liberal economic order, 154–156, 157, 166, 188, 189, 190, 193, 219–220, 251–252

Liberalism, 48–49, 152, 214–217, 251–252, 279n117, 329n71, 333n110

Limousin, 74, 75, 78–81, 82, 85

Lit de Justice of March 1776, 22, 23, 42, 81, 85, 102, 126, 185, 241, 266n169

Locke, John, 4, 54, 205, 236, 237

Loughborough, Lord, 54, 271n23

Louis XV, 190, 226

Louis XVI, 22, 24, 35, 42, 44, 81, 85, 192, 234, 241, 246, 264n139, 293n26

Lovejoy, Arthur O., 207

Lucian, 38, 42, 124, 130, 131, 133, 135, 258n30, 295n53, 302n85, 305n107

Lucretius, 38, 229, 336n48

Luxury, 33, 167, 220

Lycurgus, 185

Mably, Gabriel de, 249

Macaulay, Catharine, 270n18

Macbeth, 5, 119, 120, 246, 291n15

Macfie, A. L., 117, 121, 129, 131, 136, 156, 289n8, 295n49, 297n71, 302n91, 307n117

Machines, 171, 319n57

Mackintosh, Sir James, 53

Maistre, Joseph de, 120, 187, 190, 197, 216, 315n192

Malthus, Thomas Robert, 3, 62, 63, 82, 109, 197, 285n29

Mansfield, Lord, 273n34

Manzoni, Alessandro, 217

Marat, Jean-Paul, 216

Marcet, Jane, 2

Marcus Aurelius, 141, 311n138

Margarot, Maurice, 57

Marivaux, Pierre de, 132

Markets, 30–32, 34, 73, 83–84, 145, 153, 154, 263n112, 280n19

Marshall, Alfred, 118, 290n12, 295n49

Marshall, Dorothy, 104

Marx, Karl, 65

Mathematics, 160, 175–178, 180, 319n66, 320n72, 321n77

McCulloch, James, 118

Menger, Anton, 65

Menger, Carl, 65, 118, 148, 219

Merchants, 31–32, 33, 75, 84, 85, 96, 117, 126–128, 158, 162–163, 165, 168, 243–245, 289n6

Mercier de la Rivière, 18, 34, 35

Mercury, 210

Métra, François, 87

Mill, James, 103

Mill, John Stuart, 50, 188, 193, 196, 207, 215, 218, 244, 298n74, 340n126

Milton, John, 56

Miromesnil, Armand-Thomas-Hue de, 42

Mizuta, Hiroshi, 271n26

Money and power, 51, 154, 155, 156, 157, 162–163, 166, 219

Monopoly, 64, 127, 128, 145, 161, 163

Montaigne, Michel de, 316n3

Montana, Jennifer Paige, 267n177

Montesquieu, Charles de Secondat de, 37, 265n150

Morality, 38–39, 200, 211, 231

Moral judgment, 230

Morellet, Abbé, 16, 36, 60, 61, 87, 102, 259n51, 274n59, 283n1, 302n85

Morelly, 18, 40

Morley, John, 74, 190, 193, 206, 215–216, 247, 251

Mossner, Ernest, 131, 302n86

Muir, Thomas, 56, 59, 273n40

Mullan, John, 257n15

Müller, Adam, 30

Namier, Sir Lewis, 32

Napoleon I, 1, 23, 30, 240, 246, 247, 248, 251, 292n26

Necker, Jacques, 23, 25, 31, 37, 39, 41, 46, 123, 142, 145, 146, 153, 159, 164, 180, 193, 200, 219, 224, 265n150, 317n23, 335n24

Nero, 339n122

Newton, Isaac, 150, 161, 229, 230, 309n119, 339n98

Newtonianism, 130, 150, 309n119

Norms, 127, 146

Novels, 200, 210

Nozick, Robert, 122, 123, 141, 142, 143, 288n1, 310n135

Nussbaum, Martha, 257n15

O'Connell, Daniel, 106

O'Connor, Arthur Condorcet, 4

Oedipe, 5, 119, 291n18, 334n4

Oedipus, 49, 119, 124, 139, 246, 291n18

Oncken, August, 289n9

Onslow, Serjeant, 92, 99, 100, 103, 109, 111, 284n27, 285n28

Oppression, 27–28, 33–34, 71, 85, 100–101, 108, 110, 149, 169, 192, 233

Order, 122, 134–136, 137, 139, 140, 143, 151, 310nn133,135, 311n144

Ovid, 119, 292n20

Ozouf, Mona, 252

Paine, Thomas, 29, 48, 53, 55, 56, 296n10

Palmer, Thomas, 56

Paris, 21, 31, 35, 85

Pascal, Blaise, 120, 181, 316n3

Peter I, 36

Pettit, Philip, 311n144, 323n104

Phillips, George, 92, 93

Philoctetes, 333n4

Philosophy, 11, 12, 16, 18–19, 26, 121, 178, 227, 228–230, 315n187

Pitt, William, the Younger, 62, 63, 69, 272n30, 275n79

Place, Francis, 95, 103, 284n27

Plato, 132, 210, 219, 269n7, 305n107

Playfair, William, 18, 20, 45, 91, 96–97, 98–99, 100, 102, 104, 105, 109, 112, 113, 118, 127, 145

Pocock, J. G. A., 16, 259n50, 260n60

Poincaré, Henri, 320n72

Political economy, 2–4, 16, 27, 50, 57–60, 176, 177, 178, 198, 218, 236–237, 248, 321n77

Portalis, J.-E.-M., 23, 247, 340n136

Portugal, 13

Poverty, 69, 79, 171–172, 179, 319nn58,60

Prejudice, 10, 54, 68, 69, 163, 166, 208

Price, Richard, 54, 260n60, 278n106

Probability, 12, 163, 177, 178, 179, 183, 187, 190, 191, 229, 321n82

Procedures, 186–187, 188

Protagoras, 210

Proudhon, P. J., 140, 155, 310n131

Providence, 130, 131, 132, 133, 135, 300n80, 305n107, 308n117

Prussia, 31

Pryme, George, 3, 109, 224

Public expenditure, 173–175

Public instruction, 11–12, 51, 98, 99, 100, 150, 172, 185, 190–192, 199, 225–227, 249

Public opinion, 51, 67, 163, 166, 178

Pythagoras, 305n107

Quesnay, François, 16, 18, 34, 35, 36, 40, 67, 161, 213, 214, 219, 223, 226, 277n92, 300n80

Rabelais, François, 41

Racine, Jean, 12, 55

Raphael, D. D., 131, 301n82, 308n117

Rationalism, 146, 195, 196

Rationality, 77, 114–115, 182, 200

Ray, Major, 52

Raynor, David, 334n18

Reading and writing, 97, 98, 99

Reason, 25–26, 125, 149, 150, 187, 191, 203, 228, 231, 257nn13,15, 296n56, 315n182

Regulation, 28, 41–42, 61, 158, 162, 163, 173

Religion, 12, 32, 33, 38, 42–43, 64, 68, 112, 129–131, 133, 247, 290n10, 298n76, 299nn78,79

Republicanism, 184, 323n109, 327n35

Ricardo, David, 89, 237, 298n74, 319n57

Riccoboni, Mme., 132, 291n16

Richardson, Samuel, 132

Richter, John, 284n27

Rights, 6, 22–23, 33, 39, 48, 61–62, 80, 84–85, 103, 155, 168–169, 172–173, 184, 187, 200–203, 208, 209, 211, 215, 282n70, 323n104, 329n64

Rights of man, 6, 24, 48, 209, 212

Robbins, Lionel, 127, 143, 145

Robertson, William, 8, 257n5

Robespierre, Maximilien de, 35, 67, 190, 206, 208, 215, 216, 220, 221
Romilly, Sir Samuel, 268n2
Rose, George, 99
Rosenberg, Nathan, 68
Ross, Ian Simpson, 277n91, 334n18
Rouché, Max, 212
Rousseau, Jean Jacques, 9, 21, 26, 54, 184, 185, 201, 212, 249, 271n24, 279n117, 312n147
Rowley, Admiral Sir Charles, 106
Russia, 16

Sainte-Beuve, C. A. de, 189, 195, 197, 208, 211, 212, 214, 216, 217
Salt, regulation of, 31, 41–42
Say, Jean-Baptiste, 2, 3, 40, 224, 237, 248, 298n74
Say, Léon, 289n9
Scarcity, 74, 75, 76
Schiller, Friedrich, 212, 331n93
Schlegel, Wilhelm von, 217
Schüller, Richard, 137, 309n120
Schumpeter, Joseph, 158
Schwartz, Joachim, 169, 318n41
Scipio, 19
Scotland, 55–56, 273n39, 274n43
Security, 10, 12, 14, 112
Sedition trials in Scotland, 56–57, 58, 273n40
Séguier, Antoine-Louis, 23, 34, 35, 46, 85, 102, 126, 127, 233, 241, 242, 245, 247
Self-delusion, 125, 154, 168
Self-interest, 25, 26, 27, 41, 51, 125–126, 128, 134, 162, 168, 199, 243, 265n150, 296n59, 306n110, 326n26, 327n45
Sen, Amartya, 309n126, 310n133
Seneca, 242, 243, 302n93, 312n147, 339nn118,122
Sentiments, 7–9, 11, 24, 43, 46, 132, 133, 165, 199–200, 201, 209–211, 224, 232, 245, 249, 304n104; history of, 7–8, 11, 24, 43–44; reason and, 9, 43, 257n15; revolution in, 45–47, 249; system of, 49, 228–232, 234, 236, 238, 245
Sheridan, Richard, 103, 104
Sieyès, Abbé, 68
Silva, Dr., 161
Sinclair, Sir John, 130, 301n84
Skepticism, 196, 207, 329n70

Skinner, Andrew S., 285n41, 335n32
Skirving, William, 56
Slavery, 105–107, 168, 169
Smith, Adam, 1–20, 22, 26–34, 36, 37–38, 40, 41–51, 52–71, 72–76, 81–82, 87–115, 116–156, 157, 158, 162, 164, 180, 205, 209, 210, 212, 219, 220, 221–234, 237, 238–246, 248, 252, 256n1, 258nn28,30, 259n48, 265n150, 266n174, 267n191, 268–279, 280nn19,20, 282nn53,56,61, 283nn73,1,2,10, 285n32, 287n71, 288–316, 321n75, 334nn4,18, 335n38, 336n56, 337n69; and Condorcet, 2, 3, 26–27, 37, 41, 54, 221–228; on self-interest, 27, 125–126, 128, 265n150, 296n59; and religion, 32, 68, 118, 129–131, 133, 135, 290n10, 295n49, 298–301; and Hume, 52, 55–56, 68, 120–121, 129–131, 228–235, 336n56, 337n69; and Burke, 53–54, 63–64, 275n77, 276nn81,82, 279n117, 300n80; on merchants, 75, 84, 117, 126–128, 144, 240, 243–244, 245, 289n6, 296n59; on apprenticeship, 87–115; on the invisible hand, 116–156, 288–316; and Stoicism, 124, 131–134, 136, 141, 154, 155, 156, 302–307
Smithianismus, 65
Snell, K. D. M., 90
Social choice, 159, 180–184
Social insurance, 172
Social sciences, 140–142, 150, 180
Socrates, 120, 210, 303n100
Sophocles, 119, 291n18
Southey, Robert, 15, 249, 259n48
Spain, 13, 269n7
State, 29–34, 148–149, 185; and market, 29–34; and church, 32, 42–43
Statistics, 179, 322n89
Stedman Jones, Gareth, 341n143
Steiner, Philippe, 320n70
Stephen, Sir James, 106
Sterne, Laurence, 257n7, 262n100
Steuart, Sir James, 36, 37, 265n150, 300n82
Stewart, Dugald, 7, 37, 52–53, 56, 57–62, 66, 67, 68, 70, 92, 98, 118, 122, 129, 142, 147, 164, 221, 230–232, 270n16, 271n22, 274n45, 277n97, 292n18, 313n151, 337n60

Stirner, Max, 309n120
Stoicism, 124, 131–134, 302n93, 303nn97–100, 304nn102,104, 305nn105–107, 306n109, 308n117, 330n72
Sturge, Joseph, 106, 110
Suard, Amélie, 46, 257n7, 316n3
Subordination, 99, 102
Superstition, 10, 12, 15, 54, 68, 258n28, 300n82
Sweden, 15
Swift, Jonathan, 130

Tacitus, 7, 46, 243, 339n122
Talleyrand, Charles de, 234, 260n60
Tâtonnement, 73, 76, 160–161, 175, 183, 187–188
Taxation, 13, 28, 29, 33, 80, 82, 174
Taylor, Charles, 197
Teichgraeber, Richard F., III, 277n98
Terray, Abbé, 78, 79
Tertullian, 42
Theodosius, 210
Three-body problem, 176, 320n72
Thucydides, 114, 252
Tobin, James, 116
Tocqueville, Alexis de, 18, 19, 20, 23, 24, 25, 34, 35, 40, 46, 165, 169, 192, 196, 213, 214, 215, 247, 249, 250, 252, 264n139, 318n30, 332nn103,109, 333n110, 341n153
Tomaselli, Sylvana, 294n37
Toynbee, Arnold, 95, 109
Training, 97, 98
Tranquillity, 131, 302n93
Truth, 178, 183, 184, 185, 191, 203, 204, 210, 323n104
Tuck, Richard, 337n69
Tucker, Dean, 52, 282n53
Turgot, Anne-Robert-Jacques, 2, 4, 8, 18, 19, 20, 25, 27, 28, 32, 33, 35, 43, 44, 45, 70, 87, 105, 109, 112, 120, 123, 126, 127, 142, 145, 150, 158, 165, 166–168, 170, 176, 180, 181, 183, 185, 186, 187, 190, 192, 199–200, 206, 207, 208, 210, 212–213, 215, 216, 219, 222, 228, 232, 233, 234, 236, 237, 238, 240, 241, 242, 243, 244, 247, 264n139, 280nn9,19,25, 282n53, 302n87, 313n151, 314n180, 322n96, 329n64,

339n120; on indulgence and indifference, 38–39, 231; on free commerce in corn, 72–85; on equilibrium, 76–77, 160–162, 174, 312n147, 313n153
Turgot's Reform Edicts, 22–25, 29, 31, 33, 42, 80–81, 85, 102–103, 126, 240, 241

Uncertain jurisprudence, 28, 34, 47, 50, 88, 109–112, 168, 169, 241
Uncertainty, 6, 14, 15, 37–38, 46–47, 51, 156, 227–228, 229, 251, 340n136
Uniformity, 177, 199
Unintended consequences, 123, 124–126, 139, 316n201
United States, 6, 169, 256n15
Universalism, 196, 206–209, 329n66
Utility, 160, 174, 175, 200, 201

Vaughn, Karen, 139, 140, 146, 309n128, 316n201
Veitch, John, 270n16, 273n43
Venturi, Franco, 16, 261n65
Vergniaud, Pierre, 215
Verri, Pietro, 52, 175, 268n4, 327n45
Vexation, 27–28, 33, 110–111, 165, 169, 262n100
Viner, Jacob, 129, 136, 298n76, 307n117
Vivenza, Gloria, 132, 303nn97,98, 304n102, 305n104, 308n117
Voltaire, F. M. A., 5, 34, 35, 36, 49, 52, 54, 55, 58, 66, 118, 119, 124, 148, 159, 207, 208, 214, 216, 279n117, 291nn17,18, 297n73, 316n3, 329n64, 332n108, 334n4
Voting, 159, 180, 181, 183, 184, 186, 205, 322n96

Wages, 10–11, 61, 62, 76, 79
Walras, Léon, 188, 320n72
War and Peace, 30
Waterman, A. C., 295n49, 298n76
Webb, Beatrice, 65, 89, 109, 110, 113
Weber, Max, 149
Welfare, 77–78, 83, 201
Whitbread, Samuel, 61–63, 64, 68, 69, 97, 99, 274n61
Wilberforce, William, 82

Wilkes, John, 55
Williams, Bernard, 139, 195, 208, 329n71, 330n81
Wilson, Woodrow, 40
Winch, Donald, 41, 66, 233, 272n32, 338n78
Windisch-Grätz, Count, 15, 222
Wollstonecraft, Mary, 53, 55

Women: employment of, 17, 79, 94; conversations with, 21, 235; rights of, 201, 209, 329n64; and equality, 211, 338n84; and virtue, 234, 329n64
Wordsworth, William, 230

Zeno, 132, 155, 208
Zeus, 119, 210, 292n21, 305n107

译后记

艾玛·罗斯柴尔德（Emma Rothschild）是英国著名的经济史学家，哈佛大学历史系教授、历史与经济学研究中心主任。她出生于英国伦敦，是英格兰最为显赫的金融家族——罗斯柴尔德家族中的一员。艾玛在 15 岁的时候，作为牛津大学最年轻的女学生进入了萨默维尔学院学习，19 岁时获牛津大学哲学、政治学和经济学学士学位，次年获得麻省理工学院（MIT）肯尼迪奖学金，成为该校的一名学者。艾玛·罗斯柴尔德在 18 世纪的欧洲史，特别是经济思想和经济史研究领域颇有建树，《经济情操论》便是她的主要著述之一。

对于大多数国内读者而言，艾玛·罗斯柴尔德并不是一个熟悉的名字。实际上，艾玛·罗斯柴尔德写过大量关于历史和经济思想史方面的著作，包括《帝国内部的生活：18 世纪史》[*The Inner Life of Empires: An Eighteenth-Century History* (Princeton University Press, 2011)]、《失乐园：自动化工业时代的衰落》[*Paradise Lost: The Decline of the Auto-Industrial Age* (Random House, New York: 1973)]，以及《经济情操论》等。由于国内对于艾玛·罗斯柴尔德的介绍并不多见，本书的出版也正弥补了这一方面的缺憾。

《经济情操论》本身是一本内涵十分丰富的著作。罗斯柴尔德以启蒙时期两位最具争议的思想家亚当·斯密和孔多塞的著作为例，内容不仅涵盖了启蒙运动的政治、经济思想，也涉及这一时期的经济和政治史。相信本书将为读者们提供重新思考关于亚当·斯密和孔多塞原有的知识可信度的机会。对于作者在本书中的观点，本文仅举一例说明。

　　作者在本书的一个重要贡献，是澄清了学术界对亚当·斯密"看不见的手"意义的认识。在 20 世纪大多数时候，这一思想被视为斯密经济学思想的主题，作者通过分析指出，被后人所津津乐道的"看不见的手"，其实只被亚当·斯密用过三次。而斯密本人其实对"看不见的手"持有不同的观点，甚至对它持怀疑态度。艾玛·罗斯柴尔德指出，最好将"看不见的手"理解为亚当·斯密一个有温和讽刺意义的玩笑（见本书第五章）。而亚当·斯密喜欢"看不见的手"的理由有一个，就是其使用会带来美学上的欢欣；因此，艾玛·罗斯柴尔德指出，"看不见的手"可能就是亚当·斯密行文中一个挖苦性的修辞。作者还富有洞见地指出，如果斯密确实认真地从正面使用这一词语，那么这个词和他最深刻的信仰，即个人的情操和责任，以及个人意志的重要性等，就有了直接的冲突。在书中，艾玛·罗斯柴尔德意味深长地提醒读者，20 世纪的人们喜欢使用"看不见的手"来讨论个人自利行为对社会意想不到的贡献，但是，个人行为也可能存在一些意想不到的毁灭性后果，弑父娶母的俄狄浦斯就是一例。这种观念，早已深入西方人的集体无意识中，也在亚当·斯密作品中得到讨论。但是，当 20 世纪的经济学家在讨论人们追求自身利益带来的社会影响时，对这一可能性却避而不谈。艾玛·罗斯柴尔德这一冷静的提醒，可以说澄清了 20 世纪最流行的一个谬误，即在排除任何道德内涵的条件下，就把"看不见的手"解释成万能的市场经济规则。

　　今天，我们普遍将经济学定义为一门社会科学。这门科学仅关注"效率""产出最大化"这样的目标。作为这一古老学科历史上最有影响的思想家们，亚当·斯密、孔多塞等人的思想，肯定也关乎这些议题。但艾玛的著作向我们展示出，这些伟大思想家最终的深刻关切却在于如何改变大众情操。从这个意义上说，自由贸易、增加国家的财富等，仅仅都是手段而不是最终目的。他们的最终目标是建立起一个全新的世界，在这样的世界里，人民是自由而幸福的，不再受到政府或者其他权威，不论公或私的支配，从而能实现更高的善。在经济学影响范围更加广泛的今天，这样的反思是必需的。

本书根据哈佛大学出版社 2001 年出版的英文版译出。其中，别曼博士负责了本书初稿的翻译，赵劲松博士对译稿和注释进行了校对，王玉茹教授对全书进行了总审核。在本书翻译过程中，涉及书名、人名的部分，若已有中文译本的，都按中文译名翻译；不常见的，则根据原文直译。原文中的引用内容，都在页下加了注释。为了方便读者查阅引文，注释中我们只翻译了解释说明性的部分，涉及文献来源的则一律沿袭原文。

对于这样一本内涵丰富的思想史著作，其翻译难度可想而知。译者不仅要熟悉古典哲学、古典政治学、经济思想史，还需要对 18 世纪末 19 世纪初的欧洲史有深刻了解。为此，我们查阅了大量关于亚当·斯密、孔多塞著作的中文译本，尽量掌握他们的思想脉络。尽管如此，译文肯定还存在疏漏错误之处。对于书中浅陋和不恰当的地方，恳请得到读者的指正。

译　者

图书在版编目（CIP）数据

经济情操论：亚当·斯密、孔多塞与启蒙运动 /
（英）艾玛·罗斯柴尔德（Emma Rothschild）著；赵劲
松，别曼译. -- 2 版. -- 北京：社会科学文献出版社，
2019.4
　　（思想会）
　　书名原文：Economic Sentiments：Adam Smith，
Condorcet and the Enlightenment
　　ISBN 978 - 7 - 5097 - 7052 - 8

Ⅰ. ①经…　Ⅱ. ①艾…　②赵…　③别…　Ⅲ. ①西方经
济学　Ⅳ. ①F0 - 08

中国版本图书馆 CIP 数据核字（2018）第 274972 号

思想会
经济情操论
亚当·斯密、孔多塞与启蒙运动

著　　者 / 〔英〕艾玛·罗斯柴尔德（Emma Rothschild）
译　　者 / 赵劲松　别　曼

出 版 人 / 谢寿光
责任编辑 / 祝得彬　刘学谦
文稿编辑 / 吕　剑

出　　版 / 社会科学文献出版社·当代世界出版分社（010）59367004
　　　　　　地址：北京市北三环中路甲 29 号院华龙大厦　邮编：100029
　　　　　　网址：www. ssap. com. cn
发　　行 / 市场营销中心（010）59367081　59367083
印　　装 / 北京盛通印刷股份有限公司

规　　格 / 开　本：880mm × 1230mm　1/32
　　　　　　印　张：13.625　插　页：0.25　字　数：338 千字
版　　次 / 2019 年 4 月第 2 版　2019 年 4 月第 1 次印刷
书　　号 / ISBN 978 - 7 - 5097 - 7052 - 8
著作权合同
登 记 号 / 图字 01 - 2009 - 6695 号
定　　价 / 68.00 元